Schöningh

RUTAS para ti

Spanisch
ab Jahrgang 8

Herausgegeben von
Hella Klink und Birgit Willenbrink

Erarbeitet von
Björn Boos
Katharina Funk
Nicole García-Grizelj
Gabriele Heufelder
Hella Klink
Christina May
Birgit Willenbrink
Iris Wülfing

unter Mitarbeit und sprachlicher Betreuung von
María Jesús Beltrán Brotons

www.schoeningh-schulbuch.de
Schöningh Verlag, Jühenplatz 1–3, 33098 Paderborn

Druck 5 4 3 2 1 / Jahr 2016 15 14 13 12
Die letzte Zahl bezeichnet das Jahr dieses Druckes.

Umschlaggestaltung: Nora Krull, Bielefeld
Druck und Bindung: westermann druck GmbH, Braunschweig

ISBN 978-3-14-011020-4

Vorwort

Das **einbändige Lehrwerk** RUTAS para ti ist für den Spanischunterricht in der zwei- bzw. dreijährigen differenzierten Mittelstufe von Gymnasien, Gesamt- und Gemeinschaftsschulen konzipiert. RUTAS para ti ist an den Kompetenzstufen A1 und A2/A2+ des Gemeinsamen Europäischen Referenzrahmens ausgerichtet und damit durchgehend kompetenz- und kommunikationsorientiert.
Die Progression der **thematisch zusammenhängenden** Module 1 bis 15 berücksichtigt das jugendliche Alter der Lernenden, ihren Entwicklungsstand und ihre Lernerfahrungen. Weil das **Mitteilungsbedürfnis** der Schülerinnen und Schüler dieses Alters stark vom **persönlichen Umfeld** und den **jugendspezifischen Interessen** bestimmt ist, leiten sich hieraus die **inhaltlichen Schwerpunkte** ab, nämlich Familie, Schule, Wohnort, Freundschaften sowie Jugendkultur, insbesondere Musik und Freizeitgestaltung. Der interkulturelle Fokus richtet sich auf die gleichen oder ähnlichen Interessen und Bedürfnisse spanischer und deutscher Jugendlicher bei gleichzeitiger Vermittlung von **Orientierungswissen über die spanischsprachige Welt**. In diesen Zusammenhängen erwerben die Schülerinnen und Schüler die notwendigen **interkulturellen** und **sprachlichen Kompetenzen**, um in **Privat- und Alltagssituationen** sowie solchen der **Berufsvorbereitung** bestehen zu können.
Die Module 17 und 18 sind als **optative** erweiternde Angebote für interkulturelles, literarisches und selbstständiges Lernen konzipiert. Das **Modul 16** „Asuntos personales: mi diario y yo" hat insofern eine **Sonderstellung**, als es auf der Grundlage von Auszügen aus zwei aktuellen Jugendromanen Funktion und Morphologie des *pretérito perfecto* entwickelt. Wer es vorzieht, den *pretérito perfecto* vor dem *pretérito indefinido* einzuführen, kann das Modul 16 im Anschluss an Modul 9 einsetzen. Der chronologische Wortschatz ist entsprechend angepasst.
Die Verteilung des Stoffes auf die zwei bzw. drei Jahre der differenzierten Mittelstufe ist abhängig von den bisherigen Lernerfahrungen und dem individuellen Lerntempo der Schülerinnen und Schüler. So können im ersten von drei Lernjahren sieben bis acht und im ersten von zwei Lernjahren neun bis zehn Module bewältigt werden.

Der Aufbau des Buches:

Die Module:

Die einleitende Doppelseite zu den Modulen besteht aus Fotos oder Grafiken sowie dem ***advance organizer*** mit einem kompakten Überblick über Inhalte, Kompetenzen, Strategien und grammatische Schwerpunkte. Das ein- bis zweiseitige Zusatzangebot mit Festigungsübungen – ***Bloque de ejercicios adicionales*** – ergänzt und erweitert das bereits vorhandene Übungsmaterial.
Den Abschluss jedes Moduls bildet die Doppelseite ***Gramática y estructuras***, auf der die für das Modul relevanten grammatischen Strukturen übersichtlich und mit deutschsprachigen Erläuterungen versehen dargestellt sind.
Der inhaltliche Schwerpunkt jedes Moduls wird in **zwei bis vier Unterkapiteln**, zu denen punktuell auch eine *Investigación gramatical* gehört, entfaltet. In der Randspalte finden sich Piktogramme zur Unterrichtsmethode, gelegentliche Übersetzungshilfen, grammatische Verweise oder knappe Erläuterungen sowie Hinweise zum Strategieaufbau. Die **Hauptspalte** enthält die Unterrichtsmaterialien, genaue Arbeitsanweisungen, Übungen und *sistemas de apoyo*.
Die **Basismaterialien** sind unterschiedliche, i. d. R. authentische Texte und Materialien. Neben jugendspezifischen Formaten wie dem Interneteintrag in Form von *blogs* oder Forumseinträgen finden sich kontinuierliche und diskontinuierliche Texte aus Internet und Druckmedien. Typisch schulische Formate wie etwa Stundenplan oder Übersicht über das Schulsystem stehen neben Stadtplänen, Übersichten über Öffnungszeiten oder Wetterkarten. Die Basismaterialien sind **hellgrün unterlegt** und heben sich somit gut sichtbar von den Arbeitsanweisungen und Übungen ab.
Die vorrangige Funktion der **Texte und Materialien** liegt darin, Schülerinnen und Schüler zu **mitteilungsbezogener Kommunikation** anzuregen. Hierzu werden Lernhilfen wie *sistemas de apoyo*, *placas informativas*, Erläuterungen und Übersetzungshilfen bereitgestellt. Der **Textumfang** ist so bemessen, dass in den Stunden die **aktive Kommunikation** im Mittelpunkt steht und diese durch ein breites Angebot an Übungen und Aufgaben unterstützt wird. Der für die Bewältigung der kommunikativen Situationen notwendige **themenspezifische Wortschatz** wird durch **häufiges Umwälzen und Erweitern** sukzessiv auf- und ausgebaut. Speziell gekennzeichnete

Lernaufgaben führen Schülerinnen und Schüler an komplexere Anforderungen heran. Unterstützung finden die Lernprozesse vor allem durch die *sistemas de apoyo* mit Ausdrucksalternativen für variantenreiches und flüssiges Sprechen.
Eine weitere Funktion der Texte ist der Erwerb **grammatischer Kenntnisse**. In der Regel ist das zu lernende sprachlich-grammatische Phänomen natürlich, häufig und funktional in dem Text oder Material enthalten, sodass Sprache in Funktion authentisch erlebbar wird. Die in Einzel-, Partner- oder Gruppenarbeit zu lösenden Aufgaben befinden sich der Übersichtlichkeit halber unmittelbar hinter den Texten und dienen dem **Üben, Festigen und Anwenden** des Erlernten.
Die **Grundfertigkeiten** des Hörens, Sprechens, Lesens und Schreibens werden gleichrangig entwickelt. Für die kommunikative Situation des **Sprachmittelns** in privaten und öffentlichen Situationen finden sich zahlreiche Beispiele.

Der Anhang:

Überprüfung des Lernfortschritts: Selbstevaluation und -bewertung

Das Kapitel **Evaluation** nimmt insbesondere die Selbstevaluation in den Blick. Es ermöglicht die Reflexion der individuellen Art des Sprachenlernens. Mit Hilfe eines Selbsteinschätzungsbogens, der anhand der Kompetenzstufen des Europäischen Referenzrahmens konzipiert und konkret auf RUTAS para ti bezogen ist, kann der individuelle Lernfortschritt ermittelt werden. Ein Bogen unterstützt die Selbstbewertung in der sonstigen Mitarbeit und macht Beurteilungskriterien transparent.

Die Verbtabellen

Die regelmäßigen und unregelmäßigen Verben sind in **Verbtabellen** zusammengestellt. Diese dienen der Übersicht und erleichtern das schnelle Nachschlagen.

Der Wortschatz

Der Wortschatz ist in vier Darbietungsformen angelegt. Neben dem **chronologisch-modulbezogenen** sowie dem **alphabetischen Wortschatz** werden zwei weitere Varianten angeboten: Für die Module 2–8 stehen für die selbstständige Arbeit **Mehrsprachigkeits-** und **Wortbildungsboxen** z. T. mit Aufgaben zur Verfügung. Die vierte Variante ist der zweisprachige, lernfreundlich angeordnete **thematische und kommunikative** Wortschatz in Themenfeldern, Kollokationen und sonstigen Verbindungen. Da das erste Modul auf die rezeptive Mehrsprachigkeit bzw. auf die eigenen Lernerfahrungen der Lernenden abhebt, wurde an dieser Stelle auf ein Wörterverzeichnis verzichtet.

Übersicht über die Kompetenzen und die *sistemas de apoyo*

Die Kompetenzen werden in RUTAS para ti systematisch und integriert ausgebaut. Die konkreten Schwerpunkte im Kompetenzausbau der einzelnen Module sind in einer Übersicht zusammengefasst. Die *sistemas de apoyo* sind so angelegt, dass sie mehrfach verwendet werden können. Die Übersicht bietet Lernenden und Lehrkräften eine schnelle Möglichkeit zum Nachschlagen.

Index der Grammatik

Ein Index der behandelten Grammatik erleichtert das Auffinden von grammatischen Phänomenen und Strukturen in den Modulen.

Arbeitsanweisungen und Wendungen für den Klassendiskurs

Die Zusammenarbeit im Kurs wird durch einen Anhang mit den **Arbeitsanweisungen** und **nützlichen Wendungen** für die Kommunikation im Unterricht unterstützt.

Erläuterungen der Piktogramme:

CD Dieses Zeichen steht dafür, dass sich das Material als Audio-Datei auf der CD befindet.

DVD Im Zusammenhang mit diesem Thema oder Text befindet sich eine Audio- oder Video-Datei auf der DVD.

lesen Wenn du dieses Zeichen siehst, sollst du etwas lesen.

schreiben Wenn du dieses Zeichen siehst, sollst du etwas schreiben.

Kurzvortrag/hablar un minuto Bei diesem Zeichen bereitest du dich darauf vor, etwa eine Minute lang zu einem Thema zu sprechen.

Einzelarbeit Dieses Piktogramm steht für Einzelarbeit. Du sollst dich für die Dauer dieser Übung ganz darauf konzentrieren, dass du sie selbstständig löst.

Partnerarbeit Wenn dieses Zeichen am Rand steht, sollt ihr zu zweit arbeiten.

Gruppenarbeit Die betreffende Aufgabe soll in Gruppenarbeit gelöst werden. Wenn nichts anderes angegeben ist, sollte die Gruppe vier bis fünf Mitglieder haben.

Kette/cadena Bei der *cadena* ruft ihr euch gegenseitig auf und beantwortet eine Frage, löst einen Übungsteil oder gebt eine Antwort. Ihr könnt Regeln für die cadena aufstellen (z. B. Mädchen rufen Jungen auf und umgekehrt). Wenn Fragen gestellt werden, stellt eine Person die Frage, eine andere nennt die Antwort, eine weitere stellt eine neue Frage etc. So kommt ihr alle dran.

Placemat/mantelito Bei dieser Methode arbeitest du zunächst allein an einem Gegenstand und schreibst in dein freies Feld deine Gedanken und Ergebnisse. Danach tauscht ihr euch über eure Ergebnisse aus und schreibt anschließend die zentralen Punkte, über die ihr euch geeinigt habt, in die Mitte des *mantelito*. Danach werden die Resultate den anderen Kursmitgliedern zugänglich gemacht (z. B. auf einer Wandzeitung). Die unterschiedlichen Ergebnisse bilden dann die Basis für den weiteren Unterricht.

think-pair-share Bei dieser Methode gibt es drei Phasen: Zunächst arbeitest du allein an einer Aufgabenstellung. Du kannst dir Stichworte machen. In der folgenden Phase setzt ihr euch zu zweit zusammen und tauscht eure Ergebnisse miteinander aus. Deine Lehrerin oder dein Lehrer entscheidet, wer von euch beiden in der dritten Phase die Ergebnisse einem neuen Paar vorstellt.

Würfel Er dient dazu, das Üben von Verbformen etwas abwechslungsreicher zu gestalten.

Lernaufgabe Lernaufgaben sind solche, bei denen mehrere Anforderungen zu bewältigen sind. Wenn du z. B. einen kleinen Vortrag halten sollst, musst du zunächst zusammentragen, was du alles über das Thema weißt. Dann musst du überlegen, wie du das am besten ausdrückst, also etwa welchen Wortschatz du verwendest. Weiterhin solltest du den Vortrag abwechslungsreich gestalten; du solltest ihn frei halten und dabei die Klasse anschauen. Ferner musst du entscheiden, ob du sitzen oder stehen willst und welche Hilfsmittel oder welches Anschauungsmaterial du brauchst. Eine Lernaufgabe kann auch eine Gruppen- oder Partnerarbeit sein. Was genau ihr tun sollt, steht in der Arbeitsanweisung.

Lupe Sie bedeutet, dass du etwas genau untersuchen sollst. Meistens ist es etwas aus der Grammatik.

Rollenspiel Was ein Rollenspiel ist, weißt du sicher schon. Ihr stellt paarweise oder in der Gruppe etwas dar. Das kann ein Restaurantbesuch sein, aber auch ein Einkauf oder etwas anderes.

Sprachmittlung/mediación Bei diesem Zeichen bist du als eine Art Dolmetscher bzw. Dolmetscherin gefragt. Da du Spanisch lernst, kannst du jemandem, der kein Spanisch (oder auch kein Deutsch) kann, verständlich machen, worum es geht. Dazu musst du sprachmitteln.

Wörterbuch/diccionario Manchmal brauchst du ein Wörterbuch. Dieses Zeichen steht dafür, dass du es benutzen sollst.

Omniumkontakt Bei diesem Zeichen sollst du durch die Klasse gehen und mit möglichst vielen Leuten sprechen.

fakultativ/optativo Dieses Zeichen kennzeichnet eine Aufgabe, die du zusätzlich lösen kannst, wenn du mit anderen Aufgaben schon fertig bist oder dich noch näher mit etwas befassen möchtest.

Internet Manchmal ist es nötig, sich im Internet schlau zu machen. Dieses Zeichen zeigt dir an, dass es an dieser Stelle besonders wichtig ist.

Kugellager/rodamiento de bolas Das Kugellager dient dazu, möglichst viel zu sprechen und dabei immer besser zu werden. Der Innenkreis bleibt sitzen, der Außenkreis wandert jeweils zwei Plätze weiter. Das Kugellager wird in Gruppen vorbereitet und danach durchgeführt. In großen Kursen macht man oft zwei oder drei kleinere Kugellager, weil für ein großes oft der Platz fehlt.

Debatte/mesa redonda Das ist ein Streitgespräch zu einem bestimmten (oft umstrittenen) Thema. Dabei bereitet ihr euch darauf vor, ein Problem oder einen Sachverhalt aus verschiedenen Richtungen zu betrachten und zu diskutieren. Die debattierenden Personen haben unterschiedliche Meinungen, die sie – und das ist besonders wichtig – mit nachvollziehbaren Argumenten darlegen und mit eigenen Erfahrungen untermauern. Wenn ihr eine solche Debatte führt, kann es sein, dass ihr auch bisweilen gegen eure eigenen Überzeugungen sprechen müsst, wenn ihr eine bestimmte Rolle zugewiesen bekommt. Ihr müsst euch also in eine fremde Person/Sichtweise hineinversetzen. Bei der *debate* gibt es im Normalfall ein Podium, auf dem der Moderator/die Moderatorin und vier oder fünf Personen als „Sachverständige" und „Betroffene" sitzen. Nachdem diese ihre Beiträge abgegeben haben, kann eine kurze Diskussion zwischen den Sachverständigen folgen. Es kann sich aber auch gleich das „Publikum", also der Rest der Klasse, einschalten und mitreden. Alle bereiten sich darauf vor, zwei bis drei Sätze hintereinander zu sprechen und etwas zu der Debatte beizutragen. Genaueres lest ihr in den Arbeitsanweisungen.

Índice

Ofertas optativas • fakultative Zusatzangebote

1 ¡A empezar!

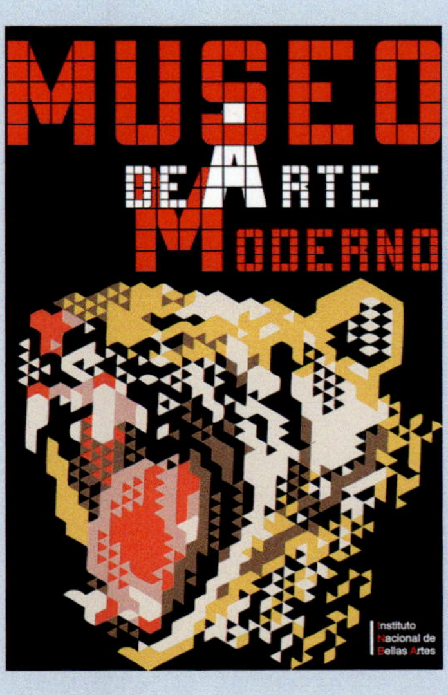
MUSEO
DE ARTE
MODERNO
Instituto Nacional de Bellas Artes

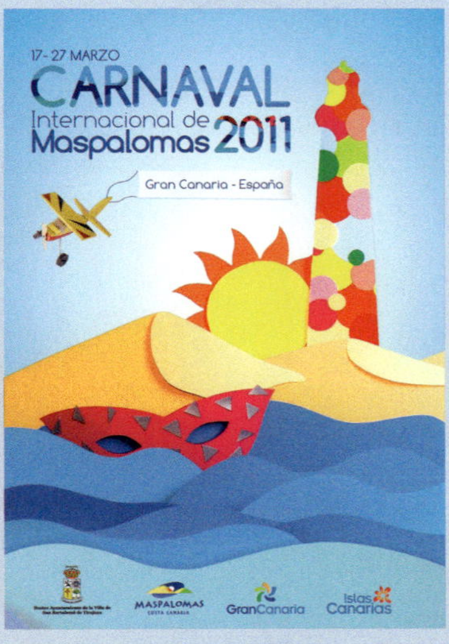
17-27 MARZO
CARNAVAL
Internacional de Maspalomas 2011
Gran Canaria - España
MASPALOMAS
GranCanaria
Islas Canarias

Campamentos de Inglés
en Páramo del Sil (León)
hello
Verano 2011
PARA NIÑOS Y NIÑAS A PARTIR DE 9 AÑOS
Progesti@
www.progestia.com
983 208 030
Plaza de la Libertad 5
47002 Valladolid (España)
CON LA COLABORACIÓN Y APOYO DEL EXMO. AYUNTAMIENTO DE PÁRAMO DEL SIL (LEÓN)

Día Mundial del Libro
Celébralo en las
Bibliotecas
Públicas
Municipales
23 de Abril
2009

LA DANZA A TODO COLOR
Danza Clásica • Danza Española • Danza Contemporánea • Baile Flamenco
CONSERVATORIO PROFESIONAL DE DANZA
MARIBEL GALLARDO
Maribel Gallardo

VIII FIESTA DE LA ESCUELA PÚBLICA
LA DE TODOS
22 MARZO
De 16 A 21 Horas
SALA MULTIUSOS
AUDITORIO
Organiza:
Plataforma
Escuela Pública
Dibujo de Iván Membrado del Colegio de E.I. "Gloria Fuertes" de Andorra

MÚSICA
AL AIRE!
Y EN EL AGUA!
verano
2009
27 junio
18.00 h Piscina Municipal
Cuartelillo DJs
(Música para niños)
11 julio
18.00 h Piscina Municipal
JesusEasy y Cuartelillo DJs
(Música para niños)
11 julio
22.00 h Piscina Municipal
JesusEasy y Cuartelillo DJs
(El mejor pop y rock de todos los tiempos)
25 julio
22.00 h Piscina Municipal
Jon Stroke y Cuartelillo DJs
(Pop, rock y electrónica Indie)
8 agosto
22.00 h El Cuartelillo
Zaera y Cuartelillo DJs
(Hip-Hop) +
(Pop, rock y electrónica Indie)
14 agosto
22.00 h El Cuartelillo
Jon Stroke y Cuartelillo DJs
(Pop, rock y electrónica Indie)
22 agosto
22.00 h El Cuartelillo
Pm Deforest Jock,
Fox A.S.D, Thony Vera,
Dj Cactus, Dj Paytus y Dj Angel
(Techhouse, techno 80, electro, techno, minimal)
La Cotorra
easy

PAZ PARA LA GENTE
PAZ PARA LA TIERRA
otro mundo
es posible
23-25 ENERO
ENCUENTRO DE MOVIMIENTOS SOCIALES
SEVILLA - ALAMEDA DE HÉRCULES
26 ENERO CÓRDOBA
GRAN MANIFESTACIÓN
www.forosocialsevilla.org
CAMBIO CLIMÁTICO - GUERRA GLOBAL - DERECHOS Y LIBERTADES - ROTA Y MORÓN - PRECARIEDAD LABORAL

trofeos
ZARAGOZA
2011
XIV MEDIA
MARATÓN
Ciudad de Zaragoza
08|05|11 9:30h.
PASEO INDEPENDENCIA
K-SWISS
Zaragoza Deporte

1 Una avenida de aprendizaje • eine Lernstraße

1. Stationen
Bildet Gruppen und bearbeitet die verschiedenen Stationen. Jede Gruppe beginnt an einer anderen Station.

Station 1

a) Lies die spanischen Plakate auf der Einstiegsseite und notiere in vier Minuten all die Wörter, die du verstehst (ggf. nach Kategorien sortiert).
b) Besprecht in der Gruppe, warum ihr diese Begriffe versteht.

Beispiel:
biblioteca *Bibliothek (→ wie im Deutschen und Französischen)*

Station 2

a) Notiere in vier Minuten so viele dir bekannte spanische Wörter wie möglich.
b) Besprecht in der Gruppe, aus welchen Situationen euch die Begriffe geläufig sind (Urlaub, Sport, Pop-Musik etc.).

Beispiel:
la ola *die Welle (→ im Sport, z. B. Fußball)*

Station 6

a) Was weißt du über die Länder, in denen Spanisch gesprochen wird? Notiere
- die Hauptstadt Spaniens,
- die Nachbarländer Spaniens,
- eine Stadt, einen Fluss oder eine Küste in Spanien,
- eine bekannte Persönlichkeit aus Spanien oder Lateinamerika,
- einen spanischen Vornamen,
- ein spanisches Lied,
- eine spanische Spezialität oder ein spanisches Getränk,
- fünf weitere Länder (außer Spanien), in denen Spanisch gesprochen wird.

b) Tauscht eure Antworten in der Gruppe aus. Bei einigen Fragen hilft euch sicherlich auch ein Blick ins Buch.

Station 3

a) Besprecht in der Gruppe, welche Definition zu welchem Wort gehört.

¡Caramba!	– eine Reispfanne mit Safran, Huhn und Meeresfrüchten
ambiente	– die längere Ruhepause nach dem Mittagessen
fiesta	– eine Wellenbewegung, die das Publikum z. B. bei einem Fußballspiel macht
la ola	– eine Party oder auch ein Volksfest
paella	– eine besonders einladende, stimmungsvolle Atmosphäre
playa	– Strand
siesta	– ein argentinischer Tanz
tango	– ein Mann, der gegen einen Stier kämpft
tapas	– Ausdruck des Missfallens, wenn einem etwas schiefgegangen ist
torero	– kleine Häppchen, die man als Zwischenmahlzeit verzehren kann

b) Schreibe die Begriffe, die neu für dich sind, mit der Definition in dein Heft.

Station 4

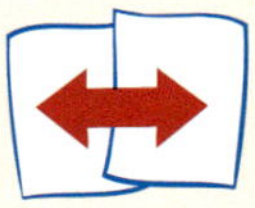

a) Lies die folgenden spanischen Wörter und schreibe die deutsche Übersetzung in dein Heft.

nación – religión – tradición
bicicleta – atención – fruta
activo – creativo – sustantivo
internacional – social – irreal
turismo – realismo
universidad – realidad – calidad

b) Besprecht in der Gruppe, warum ihr diese Wörter leicht übersetzen und verstehen könnt.

1

Station 5

a) Höre dir in Ruhe die Präsentation auf der CD an und konzentriere dich auf die Antworten auf die folgenden Fragen:

1. Wie heißt der Mann?
2. Was macht er beruflich?
3. Welche Nationalität hat er?
4. Wo lebt er?
5. Expertenfrage: In welchen Ländern hat er schon einmal gearbeitet?

b) Besprecht in der Gruppe, warum einige Informationen leicht und andere schwieriger herauszuhören sind.

2. Strategien

Vergleicht eure Lösungen im Plenum und besprecht, welche Strategien ihr angewandt habt, um die Aufgaben zu bearbeiten.

Zusatzstation

a) Erstelle eine Liste aller Länder, in denen Spanisch gesprochen wird.
b) Notiere die entsprechenden spanischen Ländernamen und die Hauptstädte. Dabei hilft dir die Landkarte auf der hinteren inneren Umschlagseite.

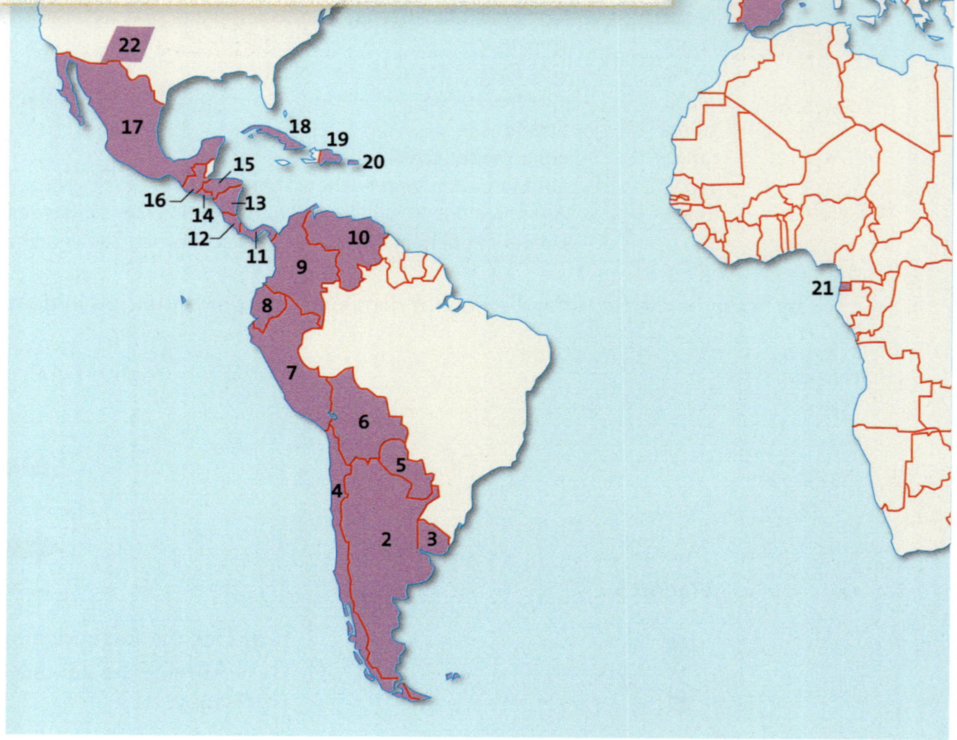

2

1. Die spanischsprachigen Länder

Höre dir die Lösung an und vergleiche deine Ergebnisse.

2. Die Aussprache

a) Notiere, welche Besonderheiten dir bei der Aussprache der spanischen Länder- und Städtenamen auffallen.
b) Was fällt dir bei der Aussprache der folgenden Buchstaben auf?
c) Kennst du weitere Buchstaben (-kombinationen), die im Spanischen anders ausgesprochen werden als im Deutschen? Tauscht euch im Kurs aus und nennt Beispiele.

2 Tú y tus lenguas: un juego de dados • Du und deine Sprachen: ein Würfelspiel

SALIDA → START	Wo bist du schon einmal in Kontakt mit dem Spanischen gekommen?	Welche Sprachen sprechen deine Familienmitglieder?	Zähle von 1 bis 10 in einer Sprache deiner Wahl.	„Ich höre Musik auf [redacted], und zwar [redacted].“	Wo begegnen dir fremdsprachige Begriffe, wenn du dich in deinem Zimmer umschaust?
„Ich habe Freunde, deren Familien aus folgenden fremden Ländern kommen: [redacted].“	„Ich habe schon einmal einen längeren Text in einer Fremdsprache gelesen, und zwar [redacted].“	Hast du schon einmal für jemanden etwas übersetzt? In welcher Situation? In welche Sprache(n)?	Wo hast du schon einmal fremdsprachiges Fernsehen gesehen? Was für eine Sendung?	Nenne vier Wörter, die in einer Fremdsprache so ähnlich klingen wie in deiner Muttersprache.	Sing einen Teil eines Liedes in einer anderen Sprache.
Nenne sechs Gerichte mit fremdsprachigem Namen.	Bedanke dich in mindestens vier Sprachen.	Welche Fremdsprache hast du als erste gelernt?	Was macht dir im Fremdsprachenunterricht besonders viel Spaß? Warum?	Rücke drei Felder vor.	Welche Dialekte sprichst du oder kannst du nachmachen?
Du musst in dieser Runde leider aussetzen.	Gehe zehn Felder zurück!	**META — ZIEL**	Wird deine Muttersprache in mehreren Ländern gesprochen? In welchen?	Hast du schon einmal in einer Fremdsprache jemandem etwas geschrieben (z. B. Brief/E-Mail)?	Nenne fünf verschiedene Vornamen aus fünf verschiedenen Ländern.
Konntest du als Kind eine Geheimsprache? Wie ging die?	Welche Fremdsprachen kannst du nicht lesen, weil sie eine andere Schrift benutzen?	Sage „Ich liebe dich!“ in mindestens einer Fremdsprache.	Kennst du jemanden mit mehreren Muttersprachen? Welche Sprachen sind das?	Welche Fremdsprachen würdest du gern noch lernen. Warum?	Du darfst noch einmal würfeln!
Welche Fremdsprache hast du im Urlaub schon einmal benutzt? Wie war das?	„In folgenden Fremdsprachen kann ich jemanden begrüßen: [redacted]. Das klingt so: [redacted].“	Erkläre, wie du dir am besten neue Wörter merken kannst.	Welcher fremdsprachige Werbeslogan fällt dir ein? Übersetze!	„Ich kenne ein Wort in mehreren Fremdsprachen, nämlich [redacted].“	Welches ist dein Lieblingswort aus einer Fremdsprache? Warum?

Ein Würfelspiel

a) Bildet Vierergruppen und spielt das Würfelspiel. Es wird reihum gewürfelt; der/die Jüngste beginnt. Beantwortet die Fragen zu euren Erfahrungen mit Fremdsprachen. Im Anschluss an jeden Zug dürfen die Mitspieler Rückfragen stellen. Gewonnen hat, wer zuerst in der Mitte angekommen ist.

b) Stellt im Plenum einige Aussagen eurer Mitschüler vor, die euch beeindruckt oder überrascht haben, die ihr interessant, witzig oder seltsam fandet.

2 Así soy y así somos

Hola, me llamo María, ¿y tú?

Kompetenzen:

Miteinander-Sprechen:
- sich in einem Kennenlern-Dialog vorstellen
- Alter und Telefonnummern austauschen

→ **Zahlen 1–20**

Hörverstehen:
- Dialogelemente und Telefonnummern verstehen

→ **allgemeine Kenntnisse von Begrüßungsdia-logen nutzen**

Sprachenlernen:
- Regelmäßigkeiten und Besonderheiten in der Aussprache und Schreibweise erkennen

→ **Aussprache**
→ **Orthografie**

Estudiantes de todo el mundo

Kompetenzen:

Sprechen und Miteinander-Sprechen:
- Informationen über Spanischlernende erfragen und wiedergeben
- kurze Vorstellungsgespräche führen

→ **Fragepronomen**
→ **buchstabieren**

Hör- und Leseverstehen:
- Informationen über Teilnehmende eines Sommerkurses entnehmen und ordnen

Schreiben und zusammenhängendes Sprechen:
- kurze Vorstellungen von Sprachenlernenden verfassen und (frei) vortragen

Sprachenlernen:
- spanische Verben systematisieren
- Karteikarten anlegen

→ **Vokabellernen**

Así soy y así somos

Estrellas del mundo hispánico

Kompetenzen:

Lesen und interkulturelle Kompetenzen:
- Steckbriefen und dem Internet Informationen über berühmte Personen entnehmen

Schreiben:
- Profile berühmter Personen verfassen

zusammenhängendes Sprechen:
- berühmte Personen aus Spanien und Lateinamerika vorstellen

Sprachenlernen:
- Regeln der spanischen Akzentsetzung und Aussprache erkennen

1 Hola, me llamo María, ¿y tú?

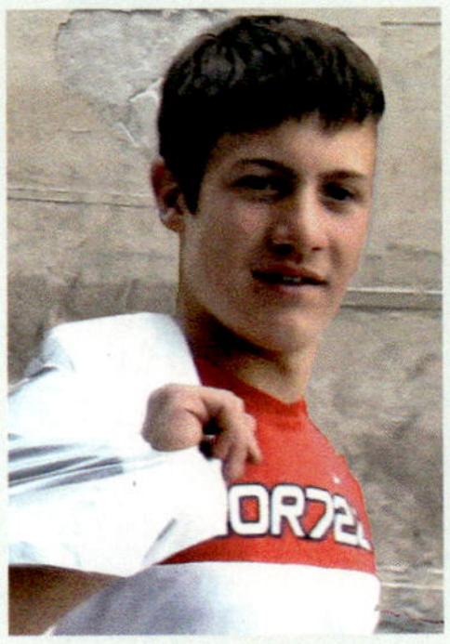

Español

- Hola, me llamo María.
- ¿Tú cómo te llamas?
- Juan. ¿De dónde eres?
- De Madrid. ¿Y tú?
- De Barcelona.
- ¿Cuántos años tienes?
- Catorce.
- ¡Adiós!
- ¡Nos vemos!

Las lenguas abren nuevos horizontes, © Comunidades Europeas 2009, Oficina de Publicaciones de las Comunidades Europeas, Luxemburg 2009

1. Sich kennenlernen und miteinander sprechen

a) Schließe das Buch und höre dir den Kennenlern-Dialog an.

b) Notiere, was du verstehst. Dabei kannst du ruhig ein wenig raten bzw. auf deine passiven Kenntnisse eines Begrüßungsdialogs zurückgreifen.

c) Lies den Dialog und vergleiche das, was du jetzt verstehst, mit dem Gehörten.

d) Bildet Gruppen und spielt den Dialog. Macht euch Notizen auf kleinen Rollenkarten. Versucht, auswendig zu sprechen.

e) Steht alle auf und geht durch den Klassenraum. Wenn die Musik aufhört, bleibt ihr stehen und sprecht den Kennenlern-Dialog mit der Person, der ihr gegenübersteht.

→ *estrategia de interacción • miteinander sprechen*

2. Das Mädchen und der Junge

a) ¿Cómo se llama el chico?
b) ¿Y la chica?
c) ¿Cuántos años tiene María?
d) ¿De dónde es Juan?
e) ¿Y María?

chico m *Junge*
chica f *Mädchen*

3. Aussprache und Rechtschreibung vergleichen

a) Erstellt in Partnerarbeit eine Tabelle mit den Buchstaben(kombinationen), die nicht so ausgesprochen werden wie im Deutschen, und denkt euch Merkhilfen aus. Berücksichtigt auch die Wörter aus der Lernstraße.

ortografía • Orthografie

Hola	*ola* → Das „h" wird nicht ausgesprochen
llamas	*jamas* → „ll" wie „j" : Beispiele: Mallorca, paella
cómo	…
…	…

b) Im Grammatikteil findet ihr das Kapitel „Laute und ihre Schreibweise". Sucht dort weitere Beispiele, um die Tabelle zu vervollständigen.

→ *gramática p. 27 ↗ 1.1*

¿Qué número tienes?

1. Telefonnummern verstehen

→ *Vorkenntnisse nutzen*

a) Warum weißt du, was auf dem AB zu hören ist, obwohl du die Wörter nicht kennst?

b) Höre zu, welche Telefonnummer die Person hat, und sprich sie leise mit.

2. Zahlen üben und vorlesen

a) Lest paarweise die Zahlen und achtet auf die Aussprache.

b) Schließe das Buch. Schreibe eine Ziffer zwischen 0 und 9 auf oder zeige sie mit den Fingern. Deine Nachbarin oder dein Nachbar nennt die Ziffer.

3. Telefonnummern nennen und austauschen

a) Welche Telefonnummer hast du? Übe sie auf Spanisch.

b) Sagt euch gegenseitig eure Telefonnummern und schreibt sie auf. Vergewissere dich, ob du sie richtig notiert hast, indem du sie wiederholst. Dabei kannst du die Floskel *o sea* (das heißt) verwenden.

2 Estudiantes de todo el mundo

Estudiantes que aprenden español en Gijón

7

rumano de Rumanía

Acabo de llegar. *Ich bin gerade angekommen.*
Aún no sé hablar. *Ich kann noch nicht sprechen.*

chino de China
Todavía no hablo español. *Ich spreche noch kein Spanisch.*

hermana f *Schwester*

senegalés de Senegal

1. Los estudiantes de Gijón • **die Schülerinnen und Schüler aus Gijón**

Contestad a las preguntas. Preguntaos mutuamente. • Beantwortet die Fragen. Fragt euch gegenseitig.

a) ¿Cómo se llama el chico de Rumanía?
b) ¿Cómo se llaman las personas que todavía no hablan español?
c) ¿Quién es la hermana de Larisa?
d) ¿De dónde es Cristina?
e) ¿De dónde son Madalina y Roxana?
f) ¿Quién es de Nigeria?
g) ¿Quién es de África? ¿Y de Asia?
h) ¿Cuántas chicas hay en el curso? ¿Y chicos?

hay *es gibt*

→ *gramática p. 27*
↗ *1.2*

2. Nombres de todo el mundo • **Namen aus aller Welt**

Algunos nombres son difíciles de entender. Hay que deletrearlos. • Einige Namen sind schwer zu verstehen. Man muss sie buchstabieren.

a) Soy Adrián, se escribe con a – de – erre – i – a con tilde – ene, ¿y tú?
b) Soy Madalina, se escribe con…
c) …

tilde *grafischer Akzent*
No sé. *Ich weiß es nicht.*
Creo que se escribe con… *Ich glaube, es (er) schreibt sich mit …*

3. ¿Y vosotros? • **Und ihr?**

Deletread cambiando de pareja vuestros nombres y apellidos. • Geht durch die Klasse und buchstabiert euch gegenseitig eure Vor- und Nachnamen.

Un curso de verano internacional para aprender español

8

Bélgica *Belgien*
Francia *Frankreich*
Polonia *Polen*
Austria *Österreich*

vivir *wohnen*
no *nicht, kein*
un poco de español *ein bisschen Spanisch*
¿qué tal? *wie geht's?*

1. El curso de verano • **der Sommerkurs**

comprensión auditiva • *Hörverstehen*

a) Escucha las presentaciones e inserta la palabra en los huecos en tu cuaderno.
• Hör dir die Vorstellungen an und ergänze die Lücken in deinem Heft.

b) ¿De dónde son los jóvenes y qué lenguas hablan? Rellena la tabla en tu cuaderno. • Woher kommen die Jugendlichen und welche Sprachen sprechen sie? Vervollständige die Tabelle in deinem Heft.

nombre	lengua(s)	país	ciudad
Camille	francés, español	Bélgica	Bruselas
...	...	...	...

c) Añade los nombres, las lenguas, los países y las ciudades de origen de los estudiantes de Gijón. • Ergänze die Namen, Sprachen und Herkunftsländer und -städte der Schülerinnen und Schüler aus Gijón.

2. Perfiles • **Profile**

perfil m *Profil*
producción escrita • *schreiben*

a) Redacta presentaciones de las personas del curso de verano según el ejemplo. • Erstelle kurze Vorstellungen von den Personen des Sommerkurses nach dem folgenden Beispiel.
Ejemplo: Camille es de Bélgica y vive en Bruselas. Habla francés y español, pero no habla inglés.

pero *aber*

b) Presentaos mutuamente. • Stellt euch gegenseitig vor.

interacción • *Interaktion*
hablar • *sprechen*

Hola, soy Betül de Turquía. Hablo alemán, turco, inglés y un poco de español.

¡Adivinar quién es!

¿quién? *wer?*

escribir • *schreiben*

10 diez
11 once
12 doce
13 trece
14 catorce
15 quince

latín m *Latein*

1. ¿Quiénes sois? • **Wer seid ihr?**

a) ¿Qué preguntas conoces ya? Apunta todas las preguntas. • Welche Fragen kennst du schon? Schreibe alle auf.

b) Caminad por el aula y preguntaos unos a otros sin mirar el cuaderno. Hablad con muchos compañeros. • Geht durch den Raum und befragt euch gegenseitig, ohne ins Heft zu schauen. Sprecht mit möglichst vielen Mitschülern.

c) Presenta a una compañera o a un compañero de otra clase que acabas de conocer. Utiliza los verbos *ser, vivir, hablar* y *tener.* • Stell eine Mitschülerin oder einen Mitschüler aus einer anderen Klasse vor, den / die du neu kennengelernt hast. Benutze die Verben *ser, vivir, hablar* und *tener.*

Ejemplo: La chica es de Grecia y vive en Colonia. Habla alemán, inglés y un poco de español. No habla francés, pero estudia latín. El número de teléfono es el... ¿Cómo se llama?

→ *gramática p. 28*
↗ 2

2. ¡A sistematizar! • **systematisieren**

Copia y rellena los huecos de la tabla en tu cuaderno. Puedes comparar los resultados en la parte gramatical del libro. • Ergänze die Tabelle und übertrage sie in dein Heft. Im Grammatikteil kannst du die Ergebnisse vergleichen.

	habl**ar**	ser	tener	viv**ir**	llamarse
1ª sg.	habl-o	¿?	tengo	viv-o	¿?
2ª sg.	¿?	eres	¿?	¿?	¿?
3ª sg.	¿?	¿?	¿?	¿?	¿?
1ª pl.	¿?	¿?	ten-emos	¿?	¿?
2ª pl.	¿?	¿?	¿?	viv-ís	¿?
3ª pl.	¿?	¿?	¿?	¿?	se llam-an

3. Personas y prefijos • Personen und Vorwahlen

Leonie	Alemania	+ 49
Pablo	España	+ ¿?
Lolek	Polonia	+ ¿?
Jane	Reino Unido	+ ¿?
Leopold	Austria	+ ¿?
Ana	Portugal	+ ¿?
Yvette	Francia	+ ¿?
Maria	Rumanía	+ ¿?
Jeanette	Bélgica	+ ¿?

Leonie es de Alemania. El prefijo de Alemania es cuatro nueve.

9

a) Escucha a las personas que se presentan y anota sus prefijos de teléfono. • Höre den Personen zu, die sich vorstellen, und notiere ihre Vorwahlnummern.

b) Formula frases según el ejemplo. • Bilde Sätze nach dem Beispiel.

4. Encontrarse y conocerse • sich treffen und kennenlernen

a) Hablad en grupos sobre lo que ya sabéis. • Sprecht in Gruppen über das, was ihr schon könnt.

b) Confeccionad fichas con todos los elementos discursivos tratados en clase. • Erstellt Rollenkarten mit möglichst allen behandelten Dialogelementen.

c) Buscad un sitio en el aula para practicar. Charlad sin mirar el texto. • Sucht euch einen Platz, um zu üben. Führt die Gespräche, ohne auf den Text zu schauen.

¡Hola!
Buenos días
Buenas tardes
Me llamo...
¿Qué número de...?
¿De dónde...?
...

5. Método para aprender palabras y estructuras

• **Methode, um Wörter und Strukturen zu lernen**

Preparad fichas pequeñas (DIN A7) para cada tema, p. ej.: ciudades y países, lenguas... • Bereitet für jedes Thema kleine Karteikarten vor, z. B. Städte und Länder, Sprachen ...

L

lenguas

español – alemán – francés – ruso...

vocabulario • *Wortschatz*

→ *estrategia* • *Strategie*

3 Estrellas del mundo hispánico

Dos estrellas

Nombre: Shakira Isabel
Apellidos: Mebarak Ripoll
Edad: 34 (treinta y cuatro)
País de origen: Colombia
Ciudad: Bahamas y Barcelona
Lenguas: inglés, español, portugués
Profesión: cantante

http://de.wikipedia.org/wiki/Shakira

Nombre: Lionel Andrés
Apellido: Messi Cuccitini
Apodo: Leo, El Mesías
Edad: 23 (veintitrés)
País de origen: Argentina
Ciudad: Barcelona, España
Lenguas: inglés, español
Profesión: futbolista

http://de.wikipedia.org/wiki/Messi

Placa informativa

Die Nachnamen von Messi sind beide italienisch. Das kommt daher, dass zu Beginn des 20. Jahrhunderts sehr viele Italiener nach Argentinien ausgewandert sind.

país m **de origen** m *Herkunftsland*
profesión f *Beruf*
cantante f *Sängerin*
apodo m *Spitzname*

1. Shakira y Messi • **Shakira und Messi**

Contesta a las preguntas. • Beantworte die Fragen.

a) ¿Cómo se llama la cantante / el futbolista?
b) ¿Cuántos años tiene Shakira / Messi?
c) ¿De dónde es Shakira / Messi?
d) ¿Dónde vive?
e) ¿Qué lenguas habla?
f) ¿En qué trabaja?

2. Los perfiles de dos personas famosas • **Profile zweier berühmter Personen**

a) Redacta una presentación de Shakira o de Messi. Puedes empezar así: • Erstelle eine schriftliche Präsentation von Shakira oder Messi. Du kannst so anfangen:
Shakira tiene treinta y cuatro años y es de Colombia. Vive en...

b) Marca en tu texto palabras clave. Apunta las palabras en un papelito y presenta a tu persona. Mira solo los apuntes. • Markiere in deinem Text Schlüsselwörter. Notiere sie auf einem Zettel und stelle deine Person dem Kurs vor, indem du nur auf die Stichpunkte schaust.

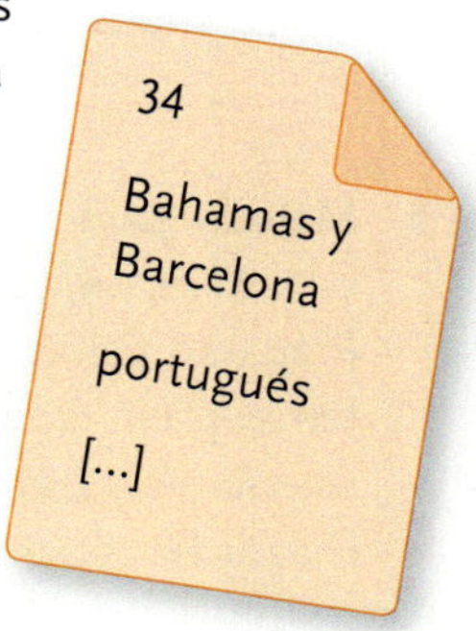

→ *estrategia de presentación* • *Präsentationsstrategien*

1'

Gente famosa

10

José Carreras
cantante de ópera

Rosa Montero
escritora y periodista

Carlos Ruíz Zafón
escritor

Carmen Maura
actriz

Fernando Alonso
conductor de Fórmula Uno

1. Cómo funcionan la acentuación y la pronunciación • **Wie Akzentsetzung und Aussprache funktionieren**

a) Esucha las presentaciones de la gente famosa. • Höre die Präsentationen der berühmten Leute.

b) Escucha otra vez. Marca las sílabas tocando palmas. • Höre noch einmal. Klatsche bei jeder Silbe.

c) Escucha y palmea otra vez. Toca muy fuerte en la sílaba acentuada. • Höre und klatsche noch einmal. Klatsche bei der betonten Silbe besonders laut.

d) Ordena las palabras en dos grupos y formula dos reglas de acentuación. • Ordne die Wörter in zwei Gruppen und formuliere je eine Regel zur Betonung.

actriz – cantante – Carlos – Carmen – Carreras – conductor
escritor – escritora – Fernando – Montero – periodista

… □□□□■□	… □□□□■
…	…

e) Lee otra vez las palabras siguientes y formula una regla por qué se escriben con tilde. • Lies die folgenden Wörter noch einmal und formuliere eine Regel, warum sie mit einem Akzent geschrieben werden.

José – Ruíz – Zafón – Fórmula

cantante m **de ópera** f *Opernsänger*
escritora f **y periodista** f *Schriftstellerin und Journalistin*
actriz f *Schauspielerin*
conductor m **de Fórmula Uno** *Formel-1-Rennfahrer*

2. Citas rápidas • **„Speed Dating"**

a) Busca en la red más personas famosas de España y Latinoamérica y confecciona fichas como las de Shakira y Messi. • Suche im Internet nach weiteren berühmten Personen aus Spanien und Lateinamerika und fertige Steckbriefe wie zu Shakira und Messi an.

WWW.

b) Formad grupos y presentaos mutuamente las personas. La profesora da el ritmo. El que escucha toma apuntes en la tabla del cuaderno. • Bildet Gruppen und stellt euch gegenseitig die Personen vor. Eure Lehrerin gibt den Rhythmus vor. Wer zuhört, macht sich Notizen in der Tabelle im Heft.

nombre	¿?	¿?
país de origen	¿?	¿?
ciudad	¿?	¿?
lenguas	¿?	¿?
profesión	¿?	¿?

c) Redacta una presentación y preséntala de forma libre. Los otros adivinan quién es. • Schreibe eine Präsentation und stelle sie frei vor. Die anderen erraten, wer gemeint ist.

1'

Bloque de ejercicios adicionales

1. Llevar una conversación • **eine Unterhaltung führen**
Inserta las palabras que faltan. • Füge die fehlenden Wörter ein.

Hola, ___ ___ Carolina.	___, me llamo Richi.
¿Qué tal, bien?	Muy ___.
¿De ___ eres?	Soy ___ Barcelona. ¿Y tú?
___ de Sevilla.	¿Cuántos ___ ___?
___ 13 años, ¿y tú?	___ 14 ___. ¿Hablas ___?
Sí, ___ español y francés, ___ tú?	___ inglés, alemán y un ___ de español.
¿Nos ___?	Sí, ___ vemos.
¡Adiós!	¡___!

2. Conocerse • **sich kennenlernen**

a) Practicad el diálogo • Übt den Dialog.

b) Presentad el diálogo de forma libre, o sea, sin mirar el cuaderno. • Tragt den Dialog möglichst frei vor, das heißt, ohne ins Heft zu schauen.

Tándem

compañera A	
Du begrüßt **B** (mit zwei Luftküssen), stellst dich vor und fragst, wie es geht.	Du notierst die Telefonnummer und den Namen. Jetzt verabschiedest du dich.
Du sagst, aus welcher Stadt du kommst und in welchem Land sie sich befindet. Du willst das Gleiche wissen.	Du kontrollierst, ob **A** die Nummer richtig aufgeschrieben hat, und buchstabierst deinen vollständigen Namen. Dann fragst du nach der Telefonnummer.
Du zählst die Sprachen auf, die du sprichst und die du nur ein bisschen sprichst, und erwähnst eine Sprache, die du nicht sprichst. Dann fragst du nach den Sprachen, die dein Gegenüber spricht.	Du nennst deine Telefonnummer.
Du nennst dein Alter und fragst nach der Telefonnummer.	Du reagierst, indem du ebenfalls alle Sprachen aufzählst, die du gut oder ein bisschen sprichst, auch eine, die du nicht sprichst. Dann fragst du nach dem Alter.
Du notierst die Telefonnummer und fragst, wie man den Namen schreibt.	Du beantwortest die Fragen nach Wohnort und Land und erkundigst dich nach den Sprachen, die er/sie spricht.
Du notierst den Namen, nennst deine Nummer und buchstabierst deinen Namen.	Du antwortest, wie es dir geht, stellst dich ebenfalls vor und möchtest wissen, woher er/sie kommt.
Du verabschiedest dich von **B**.	**compañero B**

Hinweis: Hast du Lust, ein Gedicht zu lesen oder selbst eins zu schreiben? Wenn ja, schlag das Buch auf Seite 228 auf.

Grammatik und Strukturen • Gramática y estructuras

1. Orthografie und Aussprache • ortografía y pronunciación

1.1 Laute und ihre Schreibweise

Schreibweise	Aussprache	Beispiel	Lautbeschreibung
b	[b]	Barcelona	Barcelona (weicher als im Deutschen)
v		nos vemos	
$c^{e,i}$	[θ]	catorce	gelispeltes s (vgl. Englisch: stimmloses th)
$z^{a,e,i,o,u}$		Venezuela	
$c^{a,o,u}$	[k]	Colombia	Kolumbien
$qu^{e,i}$ (k)		paquete kilogramo	Paket Kilogramm
ch	[tʃ]	Chile	Tschüss (ohne die Lippen nach vorne zu stülpen!)
d d (am Wort-ende)	[d] [d] [θ]	tienes Madrid	Das **d** wird weicher als im Deutschen gesprochen. Am Wortende wird es wie d oder wie z ausgesprochen.
$g^{e,i}$	[χ]	geografía	Krach
$j^{a,e,i,o,u}$		personaje	Krach
$g^{a,o,u}$	[g]	grupo	Gruppe (weiches G)
h	stumm	himno	['imno] Hymne
ll	[j] ([ʎ])	paella	zumeist wie j
ñ Ñ	[ɲ]	España	Tanja
rr intervokalisch r im Anlaut	[rr]	José Carreras Raúl	stark gerolltes r, ähnlich wie in Franken oder im Sauerland; brrrr!!!!
r intervokalisch	[r]	Shakira	einfach gerolltes r (wie ein leicht gelispeltes d)
s x	[s]	Larisa texto	immer stimmlos wie ß oder ss
y	[j] im Wort [i] im Auslaut	coyote	Kojote

1.2 Das Alphabet

A a	J jota	R erre (ere)
B be	K ca	S ese
C ce	L ele	T te
D de	M eme	U u
E e	N ene	V uve
F efe	Ñ eñe	W doble uve
G ge	O o	X equis
H hache	P pe	Y ye
i i	Q cu	Z ceta / zeta

Es gibt im Spanischen vier Buchstaben, die im Deutschen so nicht existieren: ñ (Ñ), rr (nur zwischen Vokalen), ll (Ll), ch (Ch).

Merke:
- Die Buchstaben sind immer weiblich, also: *la erre*, *la a*. Es heißt auch *la consonante*, *la vocal*.
- Es gibt keine Umlaute (ä, ö, ü).

Die Schreibweise richtet sich immer nach der Aussprache.
- Wenn du ein Wort hörst, kannst du es in den allermeisten Fällen auch schreiben. Sicher kennst du das Wort *chiquita*. Es ist die Verkleinerungsform von *chica*. Du siehst, dass chi**c**a anders geschrieben wird als chi**qu**ita. Der Grund dafür liegt darin, dass der Laut [k] vor a, o, u **c** geschrieben wird, aber vor den Vokalen e und i **qu**.
- *Chica* ist übrigens ein Adjektiv und ein Nomen. Es heißt klein und ist gleichzeitig das Wort für Mädchen.
- Die Aussprache von abgeleiteten Formen richtet sich immer nach dem ursprünglichen Wort, also: chica mit [k] und chiquita als Verkleinerungsform auch mit [k]. Du wirst noch sehen, dass diese Regel bei der Flexion von Verben wichtig ist.

Im Spanischen gibt es im Gegensatz zum Deutschen
- **keine** Doppelvokale und Doppelkonsonanten: z. B. interesante (interessant); diferente (engl.: different). Wenn dennoch mal gleiche Buchstaben hintereinander stehen, gehören sie jeweils zu einer anderen Silbe, z. B.: *reaccionar* (reagieren); *leer* (lesen).
- **kein** sp, sf oder st im Anlaut: z. B. estadio (Stadion); esfera (Sphäre); estrofa (Strophe); espiar (spionieren).
- **kein** ph, th, rh: z. B. terapia (Therapie), filosofía (Philosophie), ritmo (Rhythmus). Das vereinfacht die Rechtschreibung.

- **keine** englische oder französische Schreibweise. Ausländische Begriffe werden normalerweise direkt an die spanische Schreibweise angepasst: z. B. gol (*goal*), fútbol (*football*), feisbuquear (auf Facebook unterwegs sein).

1.3 Betonung und Akzentsetzung

Worauf du bei der Aussprache achten musst:
- Es gibt keine Längen oder Kürzen wie im Deutschen (z. B.: Fall/fahl).
- Der Buchstabe -e wird immer offen und recht kurz gesprochen. Du musst besonders beim -e am Wortende auf die richtige Aussprache achten: Es muss ein e sein wie z. B. im Wort „Geld". Das spanische -e darf **nie** wie das deutsche -e am Wortende ausgesprochen werden, z. B. bei Gab**e** oder Klag**e**.

Die Betonung der Silben:
- Wörter, die auf **Vokal oder auf die Konsonanten n** und **s** enden, werden auf der vorletzten Silbe betont: año (Jahr), hermanas (Schwestern), hablan (sie sprechen).
- Wörter, die auf **Konsonant** (außer n und s) enden, werden auf der letzten Silbe betont: vivir, español.
- Wenn die Aussprache von beiden Regeln abweicht, trägt die betonte Silbe einen Akzent (*tilde* oder *acento gráfico*): fútbol, Adrián.
  Merke: Ein Wort kann im Singular einen Akzent haben, aber im Plural nicht, z. B.: nación – naciones.
  Erklärung: Im Singular weicht die Betonung von der Regel ab; im Plural entspricht sie der Regel.

1.4 Großschreibung und Kleinschreibung

- Im Spanischen werden nur Eigennamen großgeschrieben.
- Nach einem Punkt wird großgeschrieben.
- Nach einem Doppelpunkt wird groß angefangen, wenn ein vollständiger Satz folgt.

2. Die Konjugation der Verben • la conjugación de los verbos

2.1 Verben auf -ar, -er und -ir: die regelmäßige Konjugation

	habl**ar** *sprechen*		le**er** *lesen*		viv**ir** *wohnen*	
1. Ps. Sg.	habl**o**	ich spreche	le**o**	ich lese	viv**o**	ich wohne
2. Ps. Sg.	habl**as**	du sprichst	le**es**	du liest	viv**es**	du wohnst
3. Ps. Sg.	habl**a**	er, sie, es spricht	le**e**	er, sie, es liest	viv**e**	er, sie, es wohnt
1. Ps. Pl.	habl**amos**	wir sprechen	le**emos**	wir lesen	viv**imos**	wir wohnen
2. Ps. Pl.	habl**áis**	ihr sprecht	le**éis**	ihr lest	viv**ís**	ihr wohnt
3. Ps. Pl.	habl**an**	sie sprechen	le**en**	sie lesen	viv**en**	sie wohnen

Wie du siehst, braucht man im Spanischen keine Pronomen (ich, du, er...), denn es ist an der Endung zu erkennen, um welche Person es sich handelt. Es gibt aber Pronomen, die in bestimmten Situationen verwendet werden. Dazu lernst du später etwas.

2.2 Drei sehr häufige Verben mit kleinen Besonderheiten

	tener *haben*		ser *sein*		ver *sehen*	
1. Ps. Sg.	tengo	ich habe	soy	ich bin	veo	ich sehe
2. Ps. Sg.	tienes	du hast	eres	du bist	ves	du siehst
3. Ps. Sg.	tiene	er, sie, es hat	es	er, sie, es ist	ve	er, sie, es sieht
1. Ps. Pl.	tenemos	wir haben	somos	wir sind	vemos	wir sehen
2. Ps. Pl.	tenéis	ihr habt	sois	ihr seid	veis	ihr seht
3. Ps. Pl.	tienen	sie haben	son	sie sind	ven	sie sehen

- Wie du siehst, haben bis auf *ser* in der 1. und 3. Person alle diese Verben die regelmäßigen Personalendungen. Bei *ver* werden diese direkt an den Buchstaben v angehängt.
- Bei *tener* ist die erste Person unregelmäßig, aber die kannst du ja schon! Weiterhin musst du darauf achten, dass in der 2. Person Singular sowie in der 3. Person Singular und Plural das -e- zum -ie- wird. Das liegt an der Betonung. Diese Erscheinung kommt häufiger vor, und du lernst später etwas dazu. Im Wörterverzeichnis steht dann hinter dem Infinitiv, also der Grundform, -ie-. Beispiel: tener -ie- *haben*.
- Ein besonderes Verb ist **hay** (es gibt). Es ist unveränderlich und steht vor Mengenangaben.

3. Fragepronomen • pronombres interrogativos

¿Cómo? *Wie?*	¿Cuántos? *Wie viele?*	¿De dónde? *Woher?*	¿Quién? *Wer?* ¿Quiénes? *Wer?*	¿Qué + Nomen? *Was für.../welche?*
¿Cómo te llamas? *Wie heißt du?*	¿Cuántos años tienes? *Wie alt bist du?*	¿De dónde es? *Woher ist sie?*	¿Quién es? *Wer ist es?* ¿Quiénes son? *Wer sind sie?*	¿Qué número tiene? *Welche Nummer hat er?*

Eine Besonderheit ist, dass das Pronomen *¿quién?* (wer?) auch eine Pluralform hat.

4. Präpositionen • preposiciones

en *in*	sin *ohne*	de *von, aus*	con *mit*	después de *nach*
en tu cuaderno *in deinem Heft*	sin mirar el texto *ohne auf den Text zu schauen*	Soy de Madrid. *Ich bin aus Madrid.* ¿De dónde es? *Woher (von wo) ist sie?*	Juan habla con María. *Juan spricht mit Maria.*	Habla después de la señal. *Sie spricht nach dem Ton.*

Präpositionen sind die Wörter, durch die die Lage der Dinge zueinander beschrieben wird. Bisweilen verwendet man im Spanischen andere Präpositionen als im Deutschen. Manchmal lernt man die Präposition direkt mit dem Verb mit. Die Präposition *después de* ist zweigliedrig, sie besteht aus dem Adverb *después* (nach) und der Präposition *de*.

5. Die Konjunktionen *y* und *pero* • las conjunciones y y pero

Die Konjunktionen *y* (und) und *pero* (aber) werden wie im Deutschen verwendet. Konjunktionen verbinden zwei Sätze.

6. Nationalitätenangabe • las nacionalidades

Land	Person aus dem Land		Adjektiv	
Alemania	alemán (m)	alemana (f)	el chico alemán	*der deutsche Junge*
España	español (m)	española (f)	la chica española	*das spanische Mädchen*
Senegal	senegalés (m)	senegalesa (f)	el amigo senegalés	*der senegalesische Freund*
China	chino (m)	china (f)	la alumna china	*die chinesische Schülerin*
Polonia	polaco (m)	polaca (f)	el compañero polaco	*der polnische Mitschüler*

Du siehst, dass die Nomen, die die Personen in ihrer Nationalität bezeichnen, gleichzeitig Adjektive sind, die die Herkunft einer Sache oder einer Person näher bezeichnen. *La alemana* ist die Deutsche, *la chica alemana* ist das deutsche Mädchen. Weiterhin ist die maskuline Form des Nomens gleichzeitig auch die Bezeichnung für die Sprache des Landes. *El español* heißt also nicht nur „der Spanier", sondern auch (die Sprache) „Spanisch".

7. Das Personalpronomen • el pronombre personal

Singular 1. yo *ich* 2. tú *du* 3. él / ella *er/sie/es* usted *Sie* **Plural** 1. nosotros / nosotras *wir* 2. vosotros / vosotras *ihr* 3. ellos / ellas *sie* ustedes *Sie*	Dir ist vielleicht aufgefallen, dass die Personalpronomen, also „ich, du, er, sie, es, wir, ihr, sie", im Spanischen kaum gebraucht werden. Das liegt daran, dass bereits an der Endung des Verbs zu erkennen ist, um welche Person es sich handelt: *Habl***o** *español* heißt: **Ich** spreche Spanisch. Das „o" der Endung gibt dir Auskunft darüber, wer spricht. Manchmal brauchst du aber ein Pronomen, z. B. wenn du dich an eine Person wenden möchtest, ohne ein Verb zu benutzen. So sagt María, woher sie ist, und fragt dann: *¿y tú?* Und du? Hier verwendet sie das Pronomen, weil es in dieser Situation unnötig wäre, die Frage zu wiederholen. Weiterhin verwendet sie das Pronomen, als sie Juan nach dem Namen fragt. Hier möchte sie besonders betonen, dass er ihr seinen Namen nennt, nachdem sie sich bereits mit Namen vorgestellt hat. Im Deutschen würden wir hier das Pronomen wiederholen: Und du, wie heißt du? Das Pronomen wird auch verwendet, wenn es sonst zu Unklarheiten käme: *Ella estudia español y él estudia chino.* Sie lernt Spanisch und er lernt Chinesisch. Wenn da nur stünde: *Estudia español y estudia chino*, würdest du nicht wissen, dass es zwei Personen sind und ob es eine Frau oder ein Mann ist. Zusammenfassend kannst du dir merken, dass das Personalpronomen nur zur besonderen Betonung oder bei Unklarheiten verwendet wird.

3 Una mirada hacia España... y Alemania

España: un país en el sur de Europa

Kompetenzen:

Leseverstehen:
- eine Spanienkarte und die Beschriftung verstehen
- Vorkenntnisse über geografische Namen und aus anderen Sprachen sowie Internationalismen nutzen

→ **Strategien zur Bedeutungserschließung entwickeln**

Orientierungswissen:
- Grundkenntnisse über Spanien erwerben

→ **Kenntnisse langfristig speichern**

zusammenhängendes Sprechen (fakultativ):
- eine Kurzpräsentation über Spanien erstellen und vortragen

→ **Stichwörter nutzen**

Una investigación gramatical

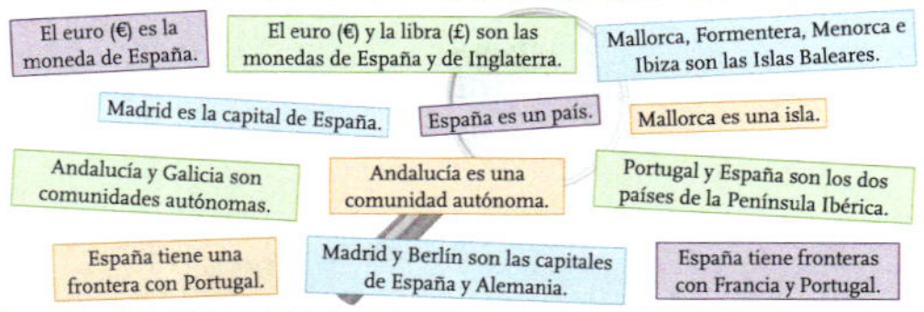

Kompetenzen:

Sprachenlernen:
- Regeln zu Singular und Plural von Artikeln und Substantiven herausfinden

→ **grammatisches Geschlecht**
→ **bestimmter und unbestimmter Artikel**
→ **Pluralbildung**

Grammatik:
- Regeln im Kontext zu Spanien anwenden

Una mirada hacia España... y Alemania

Alemania, un país en el centro de Europa

Kompetenzen:

Sprachenlernen:
- spanische Bezeichnungen Ländernamen und den Namen deutscher Bundesländer zuordnen

→ **Verstehensstrategien**

Orientierungswissen und Miteinander-Sprechen:
- Grundkenntnisse über Spanien und Deutschland richtigstellen und sich darüber verständigen

→ **Kenntnisse langfristig speichern**
→ **sistema de apoyo**

zusammenhängendes Sprechen:
- einen Kurzvortrag über das eigene Bundesland vorbereiten und halten

→ **einen Vortrag anhand von Kriterien gezielt üben**

1 España: un país en el sur de Europa

Mapa de la Península Ibérica

Un mapa y fotos de la Península Ibérica • eine Landkarte und Fotos der Iberischen Halbinsel

comprensión • Inhaltsverständnis

a) Describe en alemán lo que puedes deducir del mapa. • Beschreibe auf Deutsch, was du der Karte entnehmen kannst.

b) Lee las explicaciones que hay en el mapa y debajo de las fotos. • Lies die Erläuterungen in der Landkarte und die Bildunterschriften.

c) Habla con tu pareja sobre el significado de las palabras nuevas sin consultar el vocabulario. • Sprecht zu zweit über die Bedeutung der neuen Wörter, ohne ins Wörterverzeichnis zu schauen.

→ estrategias de lectura y de vocabulario • Strategien des Lesens und des Wortschatzes

d) ¿Qué significan las palabras siguientes en alemán? • Was bedeuten die folgenden Wörter auf Deutsch?

comunidad autónoma – norte – península – también – capital – mar – océano – ciudad – oeste – isla – moneda

Una playa en la costa del Atlántico: olas, agua y arena

Hondarribia está situada en el País Vasco.

El Parque del Retiro es un oasis en el centro de Madrid.

11

La Giralda de Sevilla, la capital de Andalucía

Esto es España

España y [illegible]tugal forman la Península I[illegible]a. España es un [illegible] europeo. Andalucía es una [illegible] autónoma; Castilla-La Mancha es también una comunidad autónoma. Mallorca es una [illegible] Menorca es [illegible] una isla. Mallorca, Ibiza y M[illegible]orca [illegible] tres islas. El Atlántico es un [illegible]. El [illegible] es un mar. Sevilla es [illegible]dad. Madrid es la c[illegible]pi[illegible]l de [illegible]. El Ebro es [illegible]. El euro es la [illegible] de España. [illegible] limita [illegible]on Francia y [illegible].

1. ¡Qué mala suerte, un texto manchado! • **Was für ein Pech, ein verwischter Text!**

a) Seguro que no tienes problemas con el texto. Léelo y escríbelo en tu cuaderno. • Sicher hast du keine Probleme mit dem Text! Lies ihn und schreibe ihn richtig in dein Heft.

b) Un dictado en pareja • ein Partnerdiktat
Dicta las primeras tres líneas a tu pareja. Después te dicta las últimas líneas. Tenéis que escribir sin mirar el texto. • Diktiere deiner Nachbarin oder deinem Nachbarn die ersten drei Zeilen. Danach bekommst du die letzten Zeilen diktiert.

c) Comparad los resultados. • Vergleicht die Ergebnisse.

comprensión lectora
• *Leseverstehen*

2. Lo que sabes sobre España • **Was du über Spanien weißt**

Contesta las preguntas. • Beantworte die Fragen.
Ejemplo: ¿Qué es España? España es un país.

A) ¿Qué países forman la Península Ibérica?
B) ¿Qué es Castilla-La Mancha?
C) ¿Qué son Mallorca, Ibiza y Menorca?
D) ¿Qué es el Atlántico?
E) ¿Qué es el Mediterráneo?
F) ¿Qué es Sevilla?
G) ¿Cómo se llama la capital de España?
H) ¿Qué es el Ebro?
I) ¿Qué moneda tiene España?
J) ¿Con qué países limita España?

El euro es la moneda de España.

3. Las capitales de las Comunidades Autónomas • **die Hauptstädte der Comunidades Autónomas**

a) Escucha y apunta qué capital pertenece a qué comunidad. • Höre zu und notiere, welche Hauptstadt zu welcher Comunidad Autónoma gehört.

Zaragoza	Navarra
Pamplona	Comunidad Valenciana
Santander	Aragón
Oviedo	Asturias
Sevilla	País Vasco
Barcelona	Cantabria
Valencia	Andalucía
Vitoria	Cataluña

b) Pregunta y contesta según el modelo: ¿Dónde está situada la ciudad de Zaragoza? La ciudad de Zaragoza está situada en Aragón. • Frage und antworte nach dem Modell: Wo liegt die Stadt Zaragoza? Die Stadt Zaragoza liegt in Aragón.

12

comprensión auditiva
• *Hörverstehen*

La Sagrada Familia en Barcelona, la capital de Cataluña

España: información básica sobre tierra y gente

Territorio: España tiene una superficie de 504.800 km². Las islas Baleares en el Mar Mediterráneo y las islas Canarias en el Océano Atlántico son partes integrantes del país, que también incluye algunos pequeños territorios en el norte de África [...]. Sus fronteras terrestres son Francia al norte y Portugal al oeste.

Población: España tiene una población de 45 millones de habitantes. [...] La lengua principal es el castellano. El catalán, el vasco y el gallego son lenguas oficialmente reconocidas en sus respectivas comunidades autónomas.

Europa en Movimiento. Viaje a través de Europa, p. 23; © CECA-CE-CEEA, Bruselas, Luxemburgo, 1996

504.800 km² *ca. eine halbe Million km²* (medio millón de kilómetros cuadrados)
incluir *einschließen*
incluye 3ª ps. sg.
incluyen 3ª ps. pl.

→ *estrategias de lectura y de comprensión • Lese- und Verstehensstrategien*

internacionalismo *Wort, das in vielen Sprachen gleich oder ähnlich ist; Beispiel: Nation*

1. Aplicar estrategias de lectura y de comprensión • **Lese- und Verstehensstrategien anwenden**

a) Lee el texto y apunta lo comprendido en tu cuaderno. • Lies den Text und notiere das Verstandene in dein Heft.

b) Deduce el significado de las palabras siguientes de otras lenguas, del contexto o de tus conocimientos previos. Prepara una tabla y apúntalas. • Leite die folgenden Wörter aus anderen Sprachen, dem Textzusammenhang oder aus Vorkenntnissen ab. Trage sie in eine Tabelle ein.
superficie – Baleares – integrante – norte – algunos – pequeño – frontera – terrestre – oeste

sistema de apoyo	**Comprendo la palabra**					**Creo que la palabra**	
	por		**porque es un / una**				
	otra lengua*.	el contexto.	internacionalismo.	palabra conocida.	nombre propio.	significa en alemán:	no es importante.
la parte	part (i) pars (l)	–	partiell, teilweise	–	–	der Teil	–
Islas Canarias	island (i) île (f)	–	–	✓	✓	Kanarische Inseln	–
integrante, etc.	¿?	¿?	¿?	¿?	¿?	¿?	¿?

* i = inglés
l = latín
f = francés

c) Dialogad sobre lo entendido. • Tauscht euch paarweise über das Verstandene aus.
Ejemplo: Comprendo la palabra "parte" por otra lengua. En inglés es "part".

d) ¿Queda alguna palabra sin comprender y crees que es importante para la comprensión? Intenta adivinarla antes de preguntar a tu profe. • Ist ein Wort übrig, das du nicht verstehst, und glaubst du, dass es wichtig für das Verständnis ist? Versuche es zu erraten, bevor du nachfragst.

e) Reflexiona: ¿Qué te ayuda a recordar las palabras? • Überlege: Was hilft dir dabei, die Wörter zu behalten?

2. Retener la información sobre España en la memoria • **sich die Informationen über Spanien einprägen**

→ *estrategia de memorización* • *Behaltensstrategien*

a) Relaciona las dos partes de la frase en la tabla • Verbinde die beiden Teile des Satzes in der Tabelle.

13

A) España tiene una superficie de	1. Francia al norte y Portugal al oeste.
B) Tiene fronteras con	2. oficial de España.
C) Madrid es la	3. capital de España.
D) Andalucía es una	4. comunidad autónoma.
E) Mallorca y Menorca son	5. islas.
F) Las Baleares y las Canarias	6. medio millón (500.000) de kilómetros cuadrados.
G) El euro es la moneda	7. son partes integrantes de España.
H) España tiene territorios	8. forman la Península Ibérica.
I) Portugal y España	9. un mar.
J) El Mediterráneo es	10. en el norte de África.

billetes del euro

b) Comparad los resultados. • Vergleicht die Ergebnisse.

c) Practica la lectura de las frases leyendo en voz baja. • Übe das Lesen: Lies die Einzelsätze murmelnd vor dich hin.

d) Leed las frases en parejas y comentad la lectura. • Lest euch die Sätze gegenseitig vor und kommentiert das Lesen.

e) Dictaos algunas frases con la información sobre España. Comentad qué palabras escribís ya bien y dónde hay problemas. • Diktiert euch einzelne Sätze mit Informationen zu Spanien. Besprecht, welche Wörter ihr schon gut schreiben könnt und wo noch Probleme sind.

3. Tarea optativa

Presenta la información sobre España en forma de una presentación coherente. Puedes prepararte una "chuleta" del tamaño de la palma de tu mano. • Freiwillige Aufgabe: Stelle die Informationen über Spanien in einem kurzen zusammenhängenden Vortrag vor. Du kannst dir vorher einen Spickzettel – „una chuleta" – von der Größe deiner Handfläche machen.

→ *estrategias de presentación* • *Präsentationsstrategien*

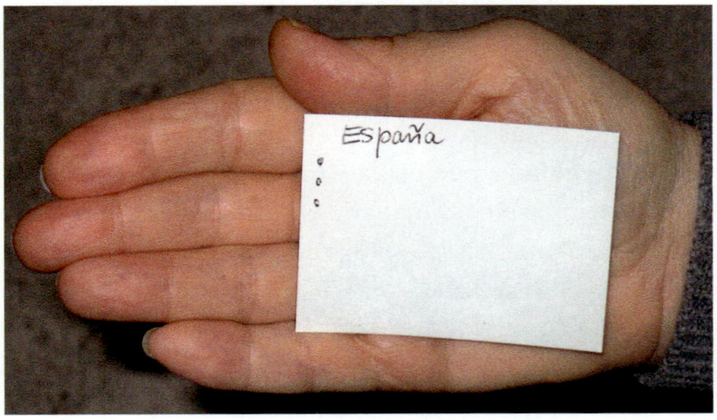

4. Un poema • **ein Gedicht**

¿Existe un poema relacionado con la geografía? Abre la página 231 y mira. • Gibt es ein Gedicht, das etwas mit Geografie zu tun hat? Schlage die Seite 231 auf und schau nach!

2 Una investigación gramatical sobre los artículos, el singular y el plural de los sustantivos

El euro (€) es la moneda de España.

El euro (€) y la libra (£) son las monedas de España y de Inglaterra.

Mallorca, Formentera, Menorca e Ibiza son las Islas Baleares.

Madrid es la capital de España.

España es un país.

Mallorca es una isla.

Andalucía y Galicia son comunidades autónomas.

Andalucía es una comunidad autónoma.

Portugal y España son los dos países de la Península Ibérica.

España tiene una frontera con Portugal.

Madrid y Berlín son las capitales de España y Alemania.

España tiene fronteras con Francia y Portugal.

investigación f **gramatical** *grammatische Untersuchung*

1. ¡Qué desorden! • **Was für eine Unordnung!**

a) Lee y ordena las frases en seis parejas. • Lies die Sätze und ordne sie in sechs Paaren an.
Ejemplo: España es un país. – Portugal y España son los dos países Ibéricos.

b) Subraya los artículos y los sustantivos. • Unterstreiche die Artikel und die Nomen.

c) Prepara una tabla. • Bereite eine Tabelle vor.

	singular					plural		
el artículo de los sustantivos	¿?	¿?	¿?	¿?	¿?	¿?	¿?	–
	der	die	das	ein	eine	die		–

d) Deduce de los ejemplos una regla para la formación del plural. • Leite die Regel für die Bildung des Plurals aus den Beispielen ab.

e) Apunta los sustantivos que terminan en vocal o consonante. • Notiere die Nomen im Singular und Plural, die auf Vokal oder Konsonant enden.

sustantivos en	**vocal:** *ejemplo: una isla*	*islas*
	consonante: *ejemplo: un país*	*países*

2. Aplicar los conocimientos y practicar • **Kenntnisse anwenden und üben**

a) Forma el plural de las palabras siguientes. • Bilde den Plural der folgenden Wörter:
ciudad – comunidad – península – río – dólar ($) – euro (€) – libra (£) – mar

b) Inserta las palabras en el singular o el plural. Añade el artículo definido e indefinido donde sea necesario. • Füge die Wörter im Singular oder Plural ein. Setze, wo nötig, den bestimmten oder unbestimmten Artikel ein.
ciudad – país – comunidad – Mar – Península – Océano – frontera (2) – euro – isla (2) – moneda

A) España y Portugal son ■ dos ■ de ■ ■ Ibérica. B) Francia y España tienen ■ ■. C) España tiene también ■ ■ con Portugal. D) ■ (€) ■ es ■ ■ de España. E) Sevilla y Málaga son ■ españolas. F) Andalucía, Cataluña y Aragón son ■ autónomas. G) Gran Canaria y El Hierro son ■ en ■ ■ Atlántico. H) ■ Baleares son un grupo de ■ en ■ ■ Mediterráneo.

Zeichenerklärung:
■ = Wort
■ = Artikel

3 Alemania, un país en el centro de Europa

15

Los estados federados alemanes:
Baviera
Berlín
Renania del Norte-Westfalia
Hesse
Baden-Wurtemberg
Baja Sajonia
Hamburgo
Renania-Palatinado
Sajonia
Schleswig-Holstein
Brandeburgo
Brema
Meclemburgo-Pomerania Occidental
Sarre
Sajonia-Anhalt
Turingia

Los países vecinos de Alemania:
Austria
Bélgica
Dinamarca
Francia
Luxemburgo
Países Bajos (Holanda)
Polonia
República Checa
Suiza

bandera f *Fahne*

1. Los estados federados alemanes • **die deutschen Bundesländer**

a) Lee los nombres españoles en voz alta y relaciónalos con los alemanes. • Lies die spanischen Namen laut vor und verbinde sie mit den deutschen.

b) Relaciona las letras de las matrículas automovilísticas con el nombre del país. Preguntaos los nombres. • Verbinde die Autokennzeichen mit den Namen der Länder. Fragt euch nach den Namen.

Ejemplo: ¿Cómo se llama el país con la letra A en la matrícula? (El país) Se llama Austria. • Wie heißt das Land mit dem Autokennzeichen A? Es (das Land) heißt Österreich.

2. España y Alemania • **Spanien und Deutschland**

¿Son correctas las afirmaciones? Explícalo con ayuda del sistema de apoyo adjunto. • Sind die Feststellungen richtig? Erkläre es mit dem sprachlichen Hilfssystem S. 38.

Ejemplo: España tiene una frontera terrestre con Francia. Sí, efectivamente sí que es correcto. • Spanien hat eine Landgrenze mit Frankreich. Ja, das ist in der Tat richtig.

a) España tiene 14 comunidades autónomas y Alemania 17 estados federados.
b) Los dos países, España y Alemania, tienen fronteras con Portugal.
c) Alemania limita con siete países y España con dos.
d) La capital de Alemania es Munich y la capital de España es Madrid.
e) Las islas Baleares en el Océano Atlántico y las islas Canarias en el Mar Mediterráneo son partes integrantes del país.
f) El territorio alemán incluye algunos pequeños territorios en el norte de África.
g) Niedersachsen se llama Sajonia-Anhalt en español.
h) Los estados federados y las comunidades autónomas tienen capitales.
i) La matrícula automovilística de España es la E y la de Alemania es la A.

sistema de apoyo

Sí, efectivamente sí que es correcto, porque... *Ja, es ist in der Tat richtig, weil ...*
Pues sí, claro que es correcto: ... *Ja, klar, dass es richtig ist: ...*
Sí, es así: ... *Ja, es ist so: ...*
No, no es así, porque... *Nein, so ist es nicht, weil ...*
No, no es correcto, porque... *Nein, es ist nicht richtig, weil ...*

3. Habla sobre tu estado federado. • Sprich über dein Bundesland.

Possessivpronomen:
mi / tu } estado federado
mein / dein } Bundesland

a) Contesta las preguntas por escrito. • Beantworte die Fragen schriftlich.
¿Tiene fronteras con otros países?
¿Cómo se llaman los estados federados vecinos?
¿Cómo se llama la capital de tu estado federado? ¿Cómo se llama tu ciudad?
¿Qué matrícula tiene tu ciudad?
¿Qué río importante tiene tu estado federado?

b) Presenta tu estado federado, a partir de las respuestas y otra información que quieres dar. • Stelle, ausgehend von den Antworten und weiteren Informationen, die du geben möchtest, dein Bundesland vor.
- Lo puedes hacer primero por escrito. Después podéis mirar en pareja si todo es correcto. • Du kannst es erst schriftlich machen. Danach könnt ihr paarweise das Geschriebene überprüfen.
- Prepara una chuleta. • Bereite einen Spickzettel vor.

c) Practicad varias veces la presentación en pareja y fijaos en los aspectos siguientes: • Übt mehrmals paarweise die Präsentation und achtet auf die folgenden Aspekte:

evaluación • Evaluation

– información completa y comprensible • vollständige und verständliche Informationen
– pronunciación correcta • richtige Aussprache
– concordancia de sustantivo, adjetivo y verbo • Übereinstimmung zwischen Nomen, Adjektiv und Verb
– vocabulario correcto y variado • richtiger und vielfältiger Wortschatz

d) Presenta la información sobre España a todo el curso. • Stelle die Informationen über Spanien dem Kurs vor.
- Habla libremente sin miedo a los errores. Empiezas a estudiar español y los errores son normales. • Sprich frei ohne Angst vor Fehlern. Du fängst erst an, Spanisch zu lernen, und Fehler sind etwas Normales.
- Presenta con ayuda de la chuleta una intervención. • Halte einen durch die Stichworte gestützten Vortrag.

Bloque de ejercicios adicionales

1. Sustantivos y adjetivos • **Nomen und Adjektive**

Relaciona el sustantivo con un adjetivo. • Verbinde das Nomen mit einem Adjektiv.

una comunidad ▬ las Islas ▬ (2) parte ▬
estado ▬ (2) una frontera ▬ país ▬ (2)

2. Relacionar palabras • **Wörter verbinden**

Relaciona el verbo con un sustantivo y / o con otras partes de frases. • Verbinde das Verb mit einem Nomen und ggf. weiteren Satzgliedern zu einer Wortverbindung.

Ejemplo • **Beispiel:** tener dos países vecinos

ser (5); limitar con (1); formar (1); incluir (1); tener (5)

3. ¿Qué palabra no compagina? • **Welcher Begriff gehört nicht in die Reihe?**

a) comunidad – país – ciudad – teléfono
b) río – frontera – océano – mar
c) terrestre – autónomo – automovilístico – país
d) la – el – los – una
e) formar – incluir – tener – centro

4. ¿Tienes buena memoria? • **Hast du ein gutes Gedächtnis?**

Apunta todas las palabras que se te ocurren en un minuto. • Schreibe alle Wörter auf, die dir in einer Minute einfallen.

5. Busca la solución • **Suche das Lösungswort!**

Las letras en los huecos verdes forman una palabra que conoces. • Die Buchstaben in den grünen Kästchen bilden ein Wort, das du kennst.

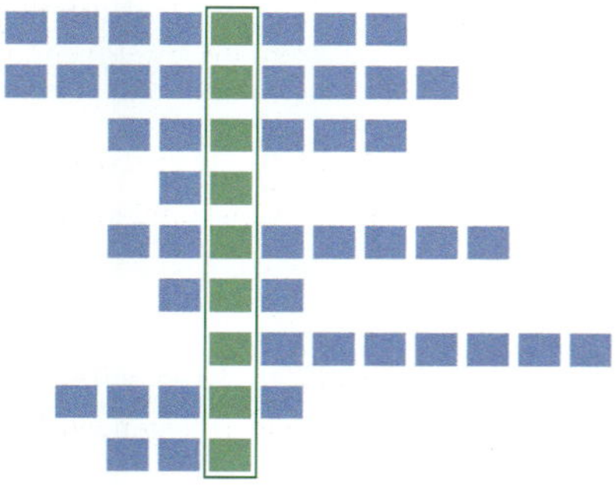

un país en el centro de Europa
parte de España
la capital de España
el artículo femenino
¿Qué número de ☏ tienes?
pronombre interrogativo
Sevilla y Málaga son ¿?
nombre de una chica
artículo indefinido femenino

6. Deletrear • **Buchstabieren**

16

Deletrea la palabra alemana para los estados federados siguientes en español. Añade tu estado federado si falta. • Buchstabiere das deutsche Wort für die folgenden Bundesländer auf Spanisch. Füge dein eigenes Bundesland hinzu, wenn es fehlt.

Mecklenburg-Vorpommern – Nordrhein-Westfalen – Schleswig-Holstein – Bayern – Saarland – Hessen – Baden-Württemberg – Hamburg – Sachsen

7. Género y número • **Geschlecht und Numerus**

a) Añade el artículo indeterminado. • Füge den unbestimmten Artikel hinzu:
parte – <u>comunidad</u> – <u>estado</u> – <u>país</u> – isla – capital – <u>territorio</u> – sigla – frontera – <u>mar</u> – río – <u>ciudad</u> – <u>sistema</u> – bandera

b) Apunta el plural de las palabras subrayadas. • Schreibe den Plural der unterstrichenen Wörter auf.

Grammatik und Strukturen • Gramática y estructuras

1. Das grammatische Geschlecht • el género gramatical

1.1 Das Genus (Geschlecht) bei Personen

Maskulinum	Femininum	Merke:
chic**o** *Junge*	chic**a** *Mädchen*	Wenn das Nomen, das eine Person bezeichnet, auf -o endet, endet das Nomen für die weibliche Form auf -a.
señor *Herr*	señor**a** *Frau*	Wenn das Nomen auf Konsonant endet, endet die weibliche Form auf -a.
autor *Autor*	autor**a** *Autorin*	
tur**ista**	tur**ista**	Wörter auf -ista und -e können sowohl feminin als auch maskulin sein. Ob man eine Studentin oder einen Studenten meint, erkennst du am Artikel.
estudiant**e**	estudiant**e**	
padre *Vater*	madre *Mutter*	Nomen, die weibliche oder männliche Personen bezeichnen, haben das natürliche Geschlecht, sind also weiblich bzw. männlich.
hombre *Mann*	mujer *Frau*	

Im Folgenden findest du einige Hinweise darauf, wie du erkennst, ob ein Wort feminin oder maskulin ist (ein Neutrum gibt es bei den Nomen nicht):

- Nomen, die auf -o enden, sind zumeist maskulin.
- Nomen, die auf -a enden, sind zumeist feminin.
- Nomen auf -ad und -ión sind feminin (einzige Ausnahme: *camión* Lastwagen).
- Bei einigen Nomen (z. B. *mar*) ist nicht zu erkennen, welches Geschlecht sie haben. In einem Satz erkennst du das Geschlecht dann zumeist am Artikel (*el* bzw. *la* oder *un* bzw. *una*) oder auch am Adjektivattribut. Wer von euch Französisch oder Latein hat, kennt das schon. Zum Adjektiv wirst du später etwas lesen.

1.2 Der bestimmte und unbestimmte Artikel im Singular und im Plural

	Maskulinum Singular	Femininum Singular	Maskulinum Plural	Femininum Plural
bestimmter Artikel	**el** río *der Fluss*	**la** isla *die Insel*	**los** ríos *die Flüsse*	**las** islas *die Inseln*
unbestimmter Artikel	**un** río *ein Fluss*	**una** isla *eine Insel*	(unos) ríos *Flüsse*	(unas) islas *Inseln*

- Da es, wie du oben gesehen hast, nur Maskulinum und Femininum gibt, gibt es entsprechend auch nur zwei bestimmte Artikel: ***el***, den männlichen, und ***la***, den weiblichen Artikel.
- Anders als im Deutschen gibt es nicht nur einen Artikel für die Mehrzahl, den Plural, sondern zwei: ***los*** ist der männliche und ***las*** der weibliche Plural-Artikel.
- Der unbestimmte männliche Artikel ist ***un***, der weibliche ***una***.
- Es gibt auch die Pluralartikel ***unos*** und ***unas***. Wie im Deutschen steht das unbestimmte Nomen im Plural oft ohne Artikel.

2. Die Bildung des Plurals • la formación del plural

der Plural auf -s		der Plural auf -es
océano – océano**s** *Ozean – Ozeane*	isla – isla**s** *Insel – Inseln*	nación – nacion**es** *Nation – Nationen*
bebé – bebé**s** *Baby – Babys*	mamá – mamá**s** *Mama – Mütter*	capital – capital**es** *Hauptstadt – Hauptstädte*
		mar – mar**es** *Meer – Meere*

- Wörter, die auf Vokal enden, erhalten ein -s im Plural.
- Wörter, die auf Konsonant enden, erhalten ein -es im Plural. Wie du im Beispiel siehst, entfällt bei *naciones* der Akzent. Wie du weißt, kommt das daher, dass das Wort jetzt der Regel entsprechend auf der zweitletzten Silbe betont wird.

3. Fragen • preguntas

3.1 Fragen ohne Fragepronomen

¿Es el Tajo un río? *Ist der Tajo ein Fluss?*	Wie im Deutschen machst du durch die Satzmelodie deutlich, dass du eine Frage stellst: Du hebst die Stimme am Ende der Frage.
¿Vives en Madrid? *Wohnst du in Madrid?*	

3.2 Fragen mit Fragepronomen (Fortsetzung)

¿Qué?	¿**Qué** es Sevilla?	***Was*** *ist Sevilla? (Sevilla ist eine Stadt.)*
¿Con qué...?	¿**Con qué** países limita España?	***An welche*** *Länder grenzt Spanien?*

4. Präpositionen (Fortsetzung) • preposiciones (continuación)

4.1 Die Präposition *para*

para	RUTAS para ti. La palabra es importante para comprender el texto.	*RUTAS für dich.* *Das Wort ist wichtig, um den Text zu verstehen.*

- Präpositionen sind immer unveränderlich.
- Die Präposition *para* (für) ist sehr wichtig und kommt häufig vor.
- Wenn *para* mit einem Infinitiv steht, wird diese Struktur übersetzt mit „um zu...".
- Dass einige Verben immer eine bestimmte Präposition mit sich führen, weißt du schon. Die Präpositionen müssen nicht dieselben sein wie im Deutschen. So steht die Präposition *con* (mit) immer bei limitar. Im Deutschen steht aber die Präposition „an": „grenzen an". Deshalb ist es gut, die Präpositionen mit dem Verb zusammen zu lernen. Oder du merkst dir als Beispielsatz: *Portugal limita con España.*

4.2 Die Verschmelzung der Präpositionen a und de mit dem bestimmten männlichen Artikel im Singular

de	Madrid es la capital **del** país. *Madrid ist die Hauptstadt des Landes.*	Die Präposition **de** verschmilzt mit dem maskulinen Artikel **el** des Singulars zu **del**.
a	España limita **al** oeste con Portugal. *Spanien grenzt im Westen an Portugal.*	Die Präposition **a** verschmilzt mit dem maskulinen Artikel **el** des Singulars zu **al**.

Die Verschmelzungen *a* + *el* zu ***al*** und *de* + *el* zu ***del*** sind die einzigen, die es im Spanischen gibt.

5. Das Adjektiv • el adjetivo

Francia es un país **vecino** de España.	*Frankreich ist ein benachbartes Land (ein Nachbarland) von Spanien.*	• Du hast bei den Nationalitätenadjektiven gesehen, dass sich die Adjektive in Geschlecht und Zahl nach dem Nomen richten, auf das sie sich beziehen. • Die Adjektive auf -o haben im Femininum die Endung -a. Das heißt, du musst gut aufpassen, welches Geschlecht das Wort hat und ob es in der Einzahl oder in der Mehrzahl steht. • Andere Adjektive sind im Femininum und Maskulinum gleich. Die Pluralbildung ist wie beim Nomen (S. 40/2).
Madrid es la capital **española**.	*Madrid ist die spanische Hauptstadt.*	
La moneda **oficial** es el euro.	*Die amtliche Währung ist der Euro.*	
El Tajo es un río importante.	*Der Tajo ist ein wichtiger Fluss.*	

6. Die Possessivpronomen (besitzanzeigende Fürwörter) • los pronombres posesivos

Mi estado federado es Sajonia.	***Mein*** *Bundesland ist Sachsen.*
Tu comunidad autónoma es Madrid.	***Deine*** *comunidad autónoma ist Madrid.*
Su estado federado es también Sajonia.	***Sein/ihr*** *Bundesland ist auch Sachsen.*

Du kannst dir schon mal merken, dass die Possessivpronomen *mi*, *tu* und *su* (mein/e, dein/e, sein/e bzw. ihr/e) für das Femininum und Maskulinum gleich sind. Die anderen Possessivpronomen und die Pluralformen lernst du später.

4 Gente joven desde la Red: ¡y en español!

Estudiantes de español de todo el mundo en Madrid

Kompetenzen:

Hör- und Leseverstehen:
- einfachen, kurzen Texten Informationen über Sprachenstudierende entnehmen

Sprechen:
- sich über bekannte Personen unterhalten

→ **Verneinung**
- Personen mit Basisinformationen vorstellen

→ **Präsentationsstrategien**

Schreiben:
- einen kurzen Bericht über bekannte Fußballspieler verfassen

→ **(Schreib-)Stil verbessern**

El adjetivo y su papel en una frase

	singular		plural	
	masculino	**femenino**	**masculino**	**femenino**
1	simpático	simpática	simpáticos	simpáticas
2	japonés	japonesa	japoneses	japonesas
3	amable		amables	

Kompetenzen:

Sprachenlernen:
- Regeln der Adjektivangleichung entdecken

→ **Adjektivangleichung**

Grammatik:
- Regeln in der Beschreibung von Personen korrekt anwenden

→ **Adjektivangleichung**

→ ***muy / mucho***

Sprechen:
- jemanden aus dem Kurs oder dem Freundeskreis vorstellen

→ **Vortrag anhand von Kriterien gezielt üben**

Gente joven desde la Red: ¡y en español!

Estudiantes de español en Alemania

Kompetenzen:

Hör- und Leseverstehen:
- einen Text über einen Kölner Spanischkurs erschließen

Sprechen:
- Fragen zum eigenen Spanischkurs beantworten

→ **Possessivpronomina**

zusammenhängendes Sprechen:
- den eigenen Spanischkurs vorstellen

→ **Präsentationsstrategien**

→ **sistema de apoyo**

Estudiantes españoles mandan saludos desde *La Gaceta extremeña de educación*

La Gaceta digit@l
extremeña de la educación

Kompetenzen:

Leseverstehen und interkulturelle Kompetenzen:
- einfachen Forumsbeiträgen spanischer Schülerinnen und Schüler wesentliche Informationen über Freunde, Familie und Schule entnehmen

→ **Objekt bei Personen**

Sprachenlernen:
- Regeln für die Verwendung von *a* bei Personen erkennen

Schreiben:
- einen Gruß für ein Forum verfassen

→ **Objekt bei Personen**

1 Estudiantes de español de todo el mundo en Madrid

17

Dos futbolistas famosos:

el español Raúl

Estados Unidos de América (EEUU) *USA*

el inglés David Beckham

Megumi
Megumi es japonesa. Tiene 20 años [...]. Es muy simpática. Y ella cree que Beckham es más guapo que Raúl.

Hiroko
Hiroko es una chica de Japón. [...] Habla español muy bien, y sabe muchas cosas. Es muy simpática, amable, inteligente y guapa.

Brandom
Brandom es de Estados Unidos. [...] Es chistoso, alto, guapo, simpático [...]. Ahora estudia en Madrid.

Melanie
Es francesa, activa, amable y guapa. Sabe muchas cosas. Y tiene un novio que estudia en la Universidad de Alcalá.

http://www.abrilescuela.com/spanish/index.html [14/03/2009_21.30]

1. Presentar a personas • **Personen vorstellen**

comprensión • Inhaltsverständnis

a) Escucha y lee atentamente las presentaciones. Prepara una tabla con las respuestas a las preguntas siguientes. • Höre und lies die Präsentationen aufmerksam und bereite eine Tabelle mit den Antworten auf die folgenden Fragen vor.

¿Cómo se llama? Wie heißt sie/er?	**¿Es chica o chico?** Ist es eine junge Frau (Mädchen) oder ein junger Mann (Junge)?	**¿Cuántos años tiene?** Wie alt ist sie/er?	**¿De dónde es? ¿Qué es?** Woher kommt sie/er? Was ist sie/er?	**¿Cómo es?** Wie ist sie/er?
Megumi	Es una chica.	Tiene 20 años	Es japonesa. / Es de Japón.	Es muy simpática.

interacción • miteinander sprechen

b) Cierra el libro. Preguntaos mutuamente sobre las personas. • Schließe das Buch. Fragt euch gegenseitig nach den Personen.

2. ¡No es así! • **So ist es nicht!**

Corrige las frases según el modelo y utiliza la negación. • Verbessere die Sätze nach dem Muster und verwende die Verneinung.

Ejemplo: Megumi tiene 18 años. Megumi **no tiene** 18 años **sino** 20. • Megumi ist 18 Jahre alt. Megumi **ist nicht** 18, **sondern** 20.

a) Melanie es japonesa. b) Hiroko es antipática.
c) Brandom estudia en Zaragoza. d) El novio de Melanie estudia en Madrid.
e) Brandom es de Portugal.

→ *gramática p. 52*
↗ *4/5*

sino *sondern*

3. Insertar la información que falta • **die fehlende Information einfügen**

18

Llamaos y leed las frases en voz alta. • Ruft euch gegenseitig auf und lest die Sätze laut vor. **Ejemplo:** Melanie ■ ■ cosas. Melanie ***sabe muchas*** cosas.

a) Una estudiante de Japón ■ ■ Megumi.
b) Hiroko es ■ ■ de Japón.
c) Hiroko es muy ■ ■ y guapa.
d) Habla ■ ■ bien.
e) Brandom de ■ ■ es ■ y simpático.
f) La francesa Melanie tiene un novio que ■ ■ ■ ■ de Alcalá.

4. Dar un informe oral • **einen mündlichen Bericht geben**

hablar • *sprechen*

a) Relaciona las informaciones sobre los estudiantes. • Verbinde die Informationen zu den Studierenden. **Ejemplo:** La escuela tiene muchos estudiantes.

A) La escuela tiene	1. Japón.
B) Son chicas y un chico de	2. Estados Unidos
C) Megumi e Hiroko, p. ej. son de	3. español muy bien.
D) El chico es de	4. ahora en Madrid.
E) Brandom es alto,	5. Europa, Asia y América.
F) Estudia	6. estudia en Alcalá de Henares.
G) El novio de Melanie	7. chistoso y guapo.
H) Hiroko habla	8. muchos estudiantes.

b) Cierra el libro y presenta la información sobre los estudiantes. • Schließ das Buch und informiere über die Studierenden.

5. Tres futbolistas • **drei Fußballer**

→ *estrategia* • *Strategie mejorar el estilo* • *den Stil verbessern*

una familia numerosa *eine große Familie*

escribir • *schreiben*

a) Relaciona las frases cortas. • Verbinde die kurzen Sätze miteinander.

Ejemplos: David Beckham es futbolista. Es de Inglaterra. Tiene 36 años. Es alto, (no) guapo y simpático. Vive en EEUU. Tiene una familia numerosa. Su mujer se llama Victoria...

– David Beckham es futbolista inglés de 36 años. Es alto, guapo y simpático... / – El futbolista inglés David Beckham de 36 años es alto y guapo, pero no es simpático. Actualmente...

actualmente *gegenwärtig*

b) Da un informe corto sobre Raúl. • Gib einen kurzen Bericht über Raúl.

Raúl González Blanco – Madrid – español – 34 años (*27.06.1977) – ahora: futbolista en Schalke 04 en Gelsenkirchen – alto – ¿guapo – inteligente – amable...? – vivir con la familia en Düsseldorf

c) Da otro informe sobre Messi. • Gib einen weiteren Bericht über Messi.

2 El adjetivo y su papel en una frase

Estudiantes de Madrid
Megumi, Hiroko y Melanie son muy simpáticas y amables. Brandom también es simpático. Además, es chistoso, alto y guapo. Hiroko es muy simpática, inteligente y guapa. Melanie es activa y guapa.

→ *gramática p. 53 ↗ 8*

1. Los rasgos característicos • **Eigenschaften**
Fíjate en los adjetivos. ¿Qué observas? • Achte auf die Adjektive. Was beobachtest du?

2. Los cambios del adjetivo • **die Veränderungen des Adjektivs**
a) Mira la tabla y formula una regla. • Schau dir die Tabelle an und bilde eine Regel.

	singular		plural	
	masculino	**femenino**	**masculino**	**femenino**
1	simpático	simpática	simpáticos	simpáticas
2	japonés	japonesa	japoneses	japonesas
3	amable		amables	

La Plaza Mayor de Madrid

b) Ordena los adjetivos siguientes sistemáticamente en una tabla. • Ordne die folgenden Adjektive nach dem Modell in eine Tabelle.
alemana – chistoso – franceses – muchas – inteligente – bueno – guapa – alto – joven – activo – pequeño

expresión oral • mündlicher Ausdruck

3. Describir a personas con adjetivos • **Personen mithilfe von Adjektiven beschreiben**
Inserta los adjetivos. • Füge die Adjektive ein.
Ejemplo: La francesa Melanie es muy simpática.
japonés – activo – guapo (3x) – simpático – alto – inteligente – amable – holandés – chistoso – francés
a) Hiroko y Megumi son chicas ■. b) Brandom es ■, ■ y ■. c) Brandom no es ■. d) Melanie no es alemana, es ■. e) Además, Melanie es ■ y ■. f) Hiroko es ■ ■ ■ y ■.

→ *gramática p. 52 ↗ 2*

4. Utilizar expresiones de la intensidad • **unbestimmte Mengenangaben verwenden**
Inserta muy o mucho, mucha, muchos, muchas. • Füge „sehr" oder „viel, viele" ein.
a) En Madrid estudian ■ personas. b) La estudiante Hiroko es ■ simpática. c) Megumi cree que Beckham es ■ guapo. d) ■ chicas creen que el futbolista Raúl es ■ guapo. e) Brandom es ■ chistoso y ■ amable. f) La profesora de Hiroko, Megumi y Melanie es ■ inteligente. g) La profesora habla ■ con los estudiantes. h) ■ chicas de Japón estudian en Madrid. i) Brandom estudia ■.

→ *estrategias de presentación • Präsentationsstrategien*

5. Presentar a una persona (p. ej. a una amiga o a un amigo) • **jemanden (z. B. eine Freundin oder einen Freund) vorstellen**
a) Reflexiona: ¿Qué detalles quieres presentar? ¿Cómo los expresas? • Überlege: Welche Details willst du vorstellen? Wie drückst du sie aus?
b) Practicad en pareja la presentación. Utiliza la evaluación para la presentación (p. 38). • Übt paarweise die Präsentation. Nutzt die Auswertung zur Präsentation (S. 38).

3 Estudiantes de español en Alemania

Un curso de español

¡Hola gente! Es una foto de nuestro curso de español. Como veis somos un grupo pequeño con solamente dieciséis estudiantes: 8 chicas y 8 chicos entre 13 y 14 años. Nosotras, las chicas, somos buenas amigas y pasamos también el tiempo libre juntas. Los chicos del curso son simpáticos y bastante chistosos. Yo me llamo Alina y soy alemana como todos en el curso. Tengo 13 años. Vivo en Köln, en español: Colonia. Normalmente voy al colegio en bicicleta, por el parque, a veces voy en autobús. Nuestro profesor de español, que no vemos en la foto, es joven, guapo y muy simpático. Es un hombre muy bueno, pero a veces es un poco severo. Sus asignaturas son español y matemáticas.
Casi todos vivimos en Colonia, una ciudad bonita, moderna, y muy antigua a orillas del Rin, famosa por su catedral gótica y, ante todo, por su ambiente.
En nuestro instituto hay estudiantes de todo el mundo, p. ej. nuestras compañeras Scherwin y Katharina. Scherwin es de Irán, pero tiene la nacionalidad alemana. La madre de Katharina es de Brasil, su padre es alemán. Entonces Katharina es brasileña y alemana.

http://www.apostelgymnasium.de/faecher/curricula/curso_de_espanol_8.pdf

19

La chica en la foto soy yo, Alina.

ir a *gehen zu / fahren nach:*

voy	vamos
vas	vais
va	van

1. Comprender la presentación de un curso de español de Colonia • **die Vorstellung eines Kölner Spanischkurses verstehen**

comprensión • Inhaltsverständnis

a) Escucha y apunta lo comprendido. • Höre zu und notiere das Verstandene.
b) Lee la presentación en voz baja. ¿Hay palabras o estructuras que no comprendes? • Lies den Text leise. Gibt es noch Wörter oder Strukturen, die du nicht verstehst?
c) Comprobad la comprensión. • Vergleicht paarweise das Verständnis.
d) Lee la presentación en voz alta. • Lies die Vorstellung laut vor.

2. El curso de español del instituto de Colonia • **der Spanischkurs des Kölner Gymnasiums**

a) Contesta a las preguntas. • Beantworte die Fragen.

A) ¿Cómo es el curso?
B) ¿Cuántas personas hay en el curso?
C) ¿Cuántas chicas hay?
D) ¿Cómo son los chicos?
E) ¿Dónde viven casi todos?
F) ¿Quién presenta al curso?
G) ¿Cómo va al colegio?
H) ¿Cómo es el profesor?
I) ¿Qué nacionalidad tiene Scherwin?

vocabulario y estructuras • Wortschatz und Strukturen

b) Formula la pregunta a la respuesta dada. • Stelle die Frage zu der gegebenen Antwort.

A) ¿? [Se llama] Alina.
B) ¿? [Tiene] 13 años.
C) ¿? [Viven en] Colonia.
D) ¿? [Es] joven, guapo, simpático y a veces un poco severo.
E) ¿? [Es] de Irán.

c) Inserta las palabras que faltan. • Füge die fehlenden Wörter ein.

A) Las ■ del profesor son matemáticas y español.
B) Colonia es una ciudad antigua ■ ■ del Rin.
C) Colonia es famosa ■ ■ ■ gótica y su ■.
D) Los estudiantes del instituto son de ■ ■ ■ .

→ *gramática p. 53*
↗ *6*

3. Los pronombres posesivos • die Possessivpronomen

a) Vuelve a leer la presentación del curso de español y apunta los nuevos pronombres posesivos. • Lies die Vorstellung des Kurses noch einmal und notiere die neuen Possessivpronomen.

b) Compara los pronombres nuevos con "mi" y "mis". ¿Qué diferencias notas? • Vergleiche die neuen Pronomen mit „mi" und „mis". Welche Unterschiede fallen dir auf?

c) ¿Cómo es tu curso? Contesta a las preguntas utilizando el pronombre posesivo. • Wie ist dein Kurs? Beantworte die Fragen und verwende das Possessivpronomen.

Ejemplo: ¿Cuántas personas sois en tu curso de español? Somos 21 personas en mi curso.

A) ¿Cómo es vuestro profesor de español?
B) ¿Tus amigos también tienen clase de español?
C) ¿Quién es tu profe de matemáticas?
D) ¿Cómo se llama el novio de tu amiga?
E) ¿Cómo se llama tu novio o novia?
F) ¿Viven todos tus amigos en tu ciudad?
G) ¿Vas en autobús a tu instituto?
H) ¿Cuántos años tienen tus amigas o amigos?
I) ¿Cómo se llaman tu madre y tu padre?

presentación • präsentieren

1'

4. Presentar a vuestro curso de español • euren Spanischkurs vorstellen

Utiliza el sistema de apoyo y prepara una chuleta del tamaño de la palma de tu mano. Puedes añadir otros detalles. • Verwende das sprachliche Hilfssystem und bereite einen Spickzettel von der Größe deiner Handfläche vor. Du kannst weitere Einzelheiten hinzufügen.

sistema de apoyo

Somos Es	el curso de español del	instituto colegio	de	¿? la ciudad de ¿?
Somos	un grupo de ¿? estudiantes:	¿? chicas y ¿? chicos		
Nuestra profesora Nuestro profesor	se llama ¿? Es [muy] ...			
En	el curso la clase el grupo	hay muchas nacionalidades [no] somos de	muchos países ¿? países	
Las compañeras / chicas del curso / Mis amigas Los compañeros / chicos del curso / Mis amigos	son inteligentes y amables			

4 Estudiantes españoles mandan saludos desde *La Gaceta extremeña de educación*

Gracia, Nerea, Miguel, Mariola y Menacho saludan a sus amigos

La Gaceta digit@l
extremeña de la educación

Hola, soy *Gracia León Sanguino*. Quiero saludar a mis amigos y maestros [...], y a toda mi familia.

Hola, soy *Nerea* de Nogales. Quiero saludar a mi familia y a todas mis amigas y amigos [...].También quiero saludar a unas amigas muy especiales, a Lara y Estre [...]. Adiós

Hola, me llamo *Miguel Antúnez* y quiero mandar un saludo a todos los profesores y alumnos del C. P. *Gabriel de Gévora*, y, en especial, a mis amigos y a mi prima Mirella.

Hola, soy *Mariola Moreno Oliva* de 4º A del C. P. *Nª Sra de la Antigua*, de Mérida. Doy un saludo a mi colegio y a todas las niñas, niños, maestros y a mi tutora Maribel.

Soy *Menacho*, de Salvatierra. Saludo a mi familia, a mis hermanos, a mis cuñados, a todos los maestros, a mi tutora Lali y a toda mi clase. ¡Adiós!

http://www.educarex.es/lagaceta/antiguos/html/882004/paginas/anuncios22.html [05/10/2009_13:42]

Cáceres (Extremadura)

C. P. (Colegio Público) *öffentliche Schule*
Nª Sra (Nuestra Señora) de la Antigua *(bezieht sich auf die Muttergottes)*

Placa informativa

Die öffentlichen Schulen in Spanien sind die *escuela* (Grundschule) und der *instituto* (weiterführende Schule). Der *colegio* ist eine Privatschule.

1. Saludos por Internet • Grüße per Internet

comprensión • Inhaltsverständnis

a) Apunta la pregunta con la respuesta correcta. • Schreibe die Frage mit der richtigen Antwort auf.

A) ¿A quiénes quiere saludar Nerea?	1. Es de Nogales.
B) ¿Cuáles son los apellidos de Gracia?	2. Saluda a sus cuñados y a su tutora Lali.
C) ¿De dónde es Nerea?	3. Quiere saludar a sus amigos y maestros [...], y a toda su familia.
D) ¿Cómo se llaman las amigas especiales de Nerea?	4. Se llama Mirella.
E) ¿Cómo se llama el chico que manda saludos?	5. Se llama C. P. *Gabriel de Gévora*.
F) ¿Cómo se llama el colegio público de Miguel?	6. Se llama *Miguel Antúnez*.
G) ¿A qué grupos de personas del colegio manda Miguel saludos?	7. Manda un saludo a todos sus profesores y alumnos y a sus amigos.
H) ¿Cómo se llama la prima de Miguel?	8. Se llaman Lara y Estre.
I) ¿En qué ciudad vive Mariola?	9. Vive en Mérida.
J) ¿A qué colegio va Mariola?	10. Va al C. P. *Nª Sra. de la Antigua*.
K) ¿Cómo se llama la tutora de Mariola?	11. Se llama Maribel.
L) ¿De dónde es Menacho?	12. Es de Salvatierra.
M) ¿A quién saluda Menacho?	13. Son *León Sanguino*.

b) Preguntaos mutuamente. • Fragt euch gegenseitig.

→ *gramática y estructuras p. 53 ↗ 7*

c) En los saludos, las preguntas y respuestas encuentras a menudo la preposición "a" delante del complemento. Examina este fenómeno y explica cuándo hay que poner "a". • In den Grüßen, den Fragen und den Antworten findest du häufig die Präposition „a" vor dem Objekt. Untersuche das und erkläre, wann man „a" setzen muss.

admirar *bewundern*

el verbo conocer • *das Verb „kennen, wissen":*

cono**zco**	conocemos
conoces	conocéis
conoce	conocen

2. Más información sobre Nerea • mehr Information über Nerea

Conjuga los verbos y relaciona las partes de la tabla. ¡Ojo! A veces tienes que añadir la preposición "a" y a veces no. • Konjugiere die Verben und verbinde die beiden Seiten der Tabelle. Achtung! Manchmal musst du die Präposition „a" hinzufügen, manchmal nicht.

¿con o sin "a"?		
a) *Nerea saluda*	*a*	*su amiga Lara.*
b) Lara y Nerea – *ser*	■	buenas amigas.
c) Estre – *admirar*	■	su tutor.
d) Estre – *saludar*	■	las compañeras.
e) El profe – *ser*	■	simpático y guapo.
f) *Explicar* – todo	■	los estudiantes.
g) Lara – *preguntar*	■	muchas cosas.
h) Lara – *ser*	■	una estudiante inteligente.
i) *Estudiar*	■	mucho con su prima.
j) La prima – *llamarse*	■	Gabriela.
k) Gabriela – *conocer*	■	Nerea y Estre.
l) Gabriela – *tener*	■	16 años.
m) Estre – *mandar saludos*	■	Gabriela.
n) Nerea – *preguntar*	■	Eva: -¿Cómo se llama tu tío?
o) Eva – *contestar*	■	Nerea: -Se llama José María.

3. Saludar al maestro y a otras personas • den Lehrer und andere Personen grüßen

a) Entre los saludos hay algunos al maestro del colegio. Recapitula lo que pasa aquí con la preposición y el artículo masculino. • Bei den Grüßen sind einige „**al** maestro **del** colegio", für den Lehrer der Schule. Rekapituliere, was mit den Präpositionen „a" und „de" vor dem männlichen Artikel passiert.

→ *gramática p. 41 ↗ 4.2*

b) Inserta al, del, a la o de la. • Füge al, del, a la oder de la ein.

A) Nerea saluda ■ tutora Maribel.
B) Miguel es estudiante ■ C. P. *Gabriel de Gévora*.
C) Estre es la amiga ■ chica de Nogales.
D) Mariola manda un saludo ■ colegio.
E) Mariola va ■ C. P. *Nª Sra.* ■ *Antigua*.
F) Miguel saluda ■ prima Mirella.
G) Mariola va ■ colegio ■ capital de Extremadura, de Mérida.

4. Y tú ¿a quién saludas? • Und du, wen grüßt du?

a) Escribe un anuncio con tus saludos según el modelo de "La Gaceta". • Schreibe eine Kurzanzeige mit deinen Grüßen nach dem Muster von „La Gaceta".

b) Repartid los anuncios por el curso. Cada persona tiene que presentar libremente sus propios saludos y los saludos de un anuncio en la 3ª persona. • Verteilt die Anzeigen im Kurs. Jede Person muss ihre eigenen Grüße in der 1. Person und die Grüße einer anderen Anzeige in der 3. Person frei vortragen.

Ejemplo: (Yo) saludo a mi familia y a mi novio. Johanna saluda a **su** amiga Laura y a **sus** primas.

Bloque de ejercicios adicionales

1. Practicar en pareja la conjugación • **paarweise die Konjugation üben**
Nombra uno de los verbos siguientes, tira el dado y tu compañera o compañero dice la forma. • Nenne eines der folgenden Verben, wirf den Würfel und deine Mitschülerin oder dein Mitschüler nennt die Form.
hablar – ser – estudiar – vivir – tener – conocer – creer – incluir – formar
Ejemplo: A: hablar → 6 → **B:** hablan

Te toca a ti. *Du bist dran!*
Es tu turno. *Du bist an der Reihe.*

2. ¿Qué género tiene la palabra? • **Welches Genus hat das Wort?**
Recuerda que algunas palabras pueden ser masculinas y femeninas. Apunta la palabra con el artículo indefinido y forma el plural. • Denk daran, dass einige Wörter Maskulinum oder Femininum sein können. Schreibe das Wort mit dem unbestimmten Artikel auf und bilde den Plural.
chica – cosa – instituto – amiga – universidad – año – novio – estudiante – francesa – escuela – futbolista – grupo

3. ¿De qué país son las personas y qué nacionalidad tienen? • **Woher kommen die Personen und welche Nationalität haben sie?**
Contesta según el modelo. • Antworte wie in den Beispielen.
Ejemplos: Megumi es japonesa, **o sea**, es de Japón. • Megumi ist Japanerin, **d. h.**, sie ist aus Japan.
Carmen es de España, **pero** es alemana. • Carmen ist aus Spanien, **aber** sie ist Deutsche.
a) Los estudiantes: Brandom; Melanie; Hiroko; Katharina; Scherwin
b) Las compañeras y compañeros de mi curso: Yo ¿?; mi compañera ¿?; mi profesor ¿?; mis amigas ¿?

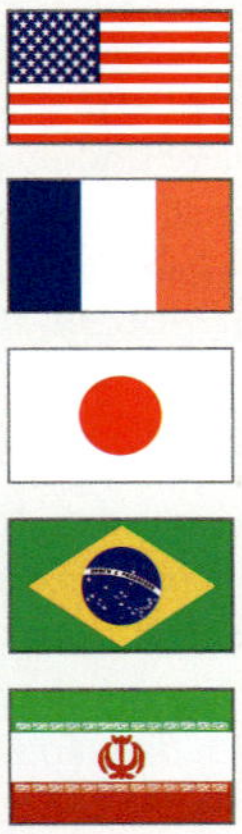
EEUU
Francia
Japón
Brasil
Irán

4. ¿Es correcto? • **Ist das richtig?**
Corrige las afirmaciones. • Korrigiere die Feststellungen.
Brandom es el novio de Melanie. Para Megumi Beckham es más guapo que Raúl. Melanie es portuguesa. Su novio estudia en Barcelona.

5. Partes de las frases • **Satzglieder**
Pregunta por las partes subrayadas. • Frage nach den unterstrichenen Satzgliedern.
Es una foto de nuestro curso de español. Somos 16 estudiantes. Casi todos tenemos 13 años. Yo me llamo Pia y soy alemana. Vivo en Köln. Nuestro profesor es joven y guapo. A veces es un poco severo. En el instituto hay estudiantes de muchas nacionalidades. Nuestras compañeras Scherwin y Katharina, por ejemplo, son de Irán y de Brasil, pero tienen la nacionalidad alemana.

6. Aprender las palabras en contexto • **Wörter im Zusammenhang lernen**
Relaciona los sustantivos o adjetivos con uno de los verbos siguientes. • Verbinde die Nomen oder Adjektive mit einem der folgenden Verben:
vivir – estudiar – llamarse – ser – saber – hablar – tener – deletrear
Ejemplo: ser alemana
■ español (2); ■ amable; ■ en España; ■ turco; ■ muchas cosas; ■ muy interesante; ■ alemán muy bien; ■ el novio de Melanie; ■ de Estados Unidos; ■ Hiroko y Megumi; ■ activa; ■ 18 años; ■ una palabra; ■ un novio guapo (2); ■ muchas amigas; ■ en Madrid

Grammatik und Strukturen • Gramática y estructuras

1. Verben (Fortsetzung) • verbos (continuación)

1.1 Häufige Verben

	conocer *wissen, kennen*	saber *wissen*	querer -ie- *wollen, mögen*	poder -ue- *können*	ir *gehen, fahren*	dar *geben*
1. sg.	cono**zco**	**sé**	qui**e**ro	pu**e**do	**voy**	**doy**
2. sg.	conoces	sabes	qui**e**res	pu**e**des	vas	das
3. sg.	conoce	sabe	qui**e**re	pu**e**de	va	da
1. pl.	conocemos	sabemos	queremos	podemos	vamos	damos
2. pl.	conocéis	sabéis	queréis	podéis	vais	dais
3. pl	conocen	saben	qui**e**ren	pu**e**den	van	dan

- Diese sechs Verben sind sehr häufig, weshalb du sie unbedingt lernen musst. Wie du siehst, weichen bei *conocer* und *saber* die Formen der 1. Ps. von der normalen Konjugation ab. Auf diese musst du also besonders achten. Auch *ir* ist unregelmäßig, aber bis auf die 1. Ps. ist an den Endungen zu erkennen, um welche Person es sich handelt.
- Bei *querer* siehst du die Veränderung des Stammvokals **e** zu **ie** (1. und 2. Sg sowie 3. Sg. und Pl.), die du schon von *tener* (S. 28 ↗ 2.2) kennst. Du hattest erfahren, dass diese Veränderung häufiger vorkommt. Da *querer* ein sehr häufiges Verb ist, wirst du es viel gebrauchen und schnell lernen.
- Bei *poder* passiert Ähnliches wie bei *querer* und *tener*. Aber der Vokal, der sich verändert, ist das **o**, das zu **ue** wird. Auch diese Veränderung wirst du noch bei anderen Verben beobachten.
- Wenn *querer* und *poder* mit einem Infinitiv gebraucht werden, sind es sogenannte Modalverben, mit denen du ausdrücken kannst, ob du etwas tun kannst oder willst. Beispiele: *Quiero saludar a mi amiga.* Ich möchte (will) meine Freundin grüßen. *¿Puedes saludar a Alina?* Kannst du Alina grüßen?
- Merke dir, dass Modalverb und Infinitiv immer zusammen stehen und nicht getrennt werden dürfen.

1.2 Das Verb "hay" (*„es gibt, sind"*)

En nuestro instituto **hay estudiantes** de todo el mundo. *In unserer Schule gibt es (sind) Schülerinnen und Schüler aus der ganzen Welt.* En la foto **hay muchas personas**. *Es gibt (sind) viele Personen auf dem Foto.*	Das sehr häufige, unveränderliche, unpersönliche Verb *hay* (es gibt) kennst du schon. Gebrauch: hay + { unbestimmter Artikel (un / una) Mengenangabe (z. B. mucho) Zahlwort (z. B. 20, 15) Nomen im Plural (ohne Artikel) }

2. unbestimmte Mengenangaben • expresiones de la intensidad

Melanie es **muy** simpática. *Melanie ist sehr nett.* Habla español **muy** bien. *Sie spricht sehr gut Spanisch.* Sabe **muchas** cosas. *Sie weiß viele Sachen.* La escuela tiene **muchos** estudiantes. *Die Schule hat viele (Schülerinnen und) Schüler.* Nuestro profesor trabaja **mucho**. *Unser Lehrer arbeitet viel.*	Du siehst, *muy* und *mucho* werden ähnlich wie im Deutschen gebraucht: *Muy* (sehr) steht immer zusammen mit einem Adjektiv oder einem Adverb und nie allein. *Mucho/a/os/as* (viel, viele) wird wie ein Adjektiv gebraucht. Wenn du sagen willst, dass jemand viel arbeitet, liest, singt usw., dann wird nur *mucho* gebraucht.

3. Fragepronomen (Fortsetzung) • pronombres interrogativos (continuación)

¿Dónde? *Wo?*	¿**Dónde** viven casi todos? *Wo wohnen fast alle?*

4. Die Verneinung • la negación

Brandom **no estudia** en Granada. *Brandom studiert nicht in Granada.* El chico **no se llama** Raúl. *Der Junge heißt nicht Raúl.*	Im Gegensatz zum Deutschen steht die Verneinungspartikel *no* immer vor dem Verb bzw. bei reflexiven Verben vor dem Pronomen.
No, Brandom **no estudia** en Granada. *Nein, Brandom studiert nicht in Granada.* No, **no se llama** Raúl. *Nein, er heißt nicht Raúl.*	Wenn du eine Frage verneinen willst, benutzt du auch das Wort *no* (nein). *No* heißt also „nein" und „nicht".

5. Die Konjunktionen „aber" und „sondern" • las conjunciones "pero" y "sino"

pero *aber*	Tengo clase de español. **Pero** mi amiga tiene italiano. *Ich habe Spanisch, aber meine Freundin hat Italienisch.*
sino (que) *sondern*	No tengo italiano **sino** español. *Ich habe nicht Italienisch, sondern Spanisch.*

Im Spanischen musst du, wenn nach *sino* ein ganzer Satz folgt, *sino que* sagen. Beispiel: **No tengo italiano sino que tengo español.** *Ich habe kein Italienisch, sondern ich habe Spanisch.*

6. Der Possessivbegleiter • el adjetivo posesivo

Singular Maskulinum Femininum	**Plural Maskulinum Femininum**		
mi amigo mi amiga	mis amigos mis amigas	mein/meine	*Mi, mis, tu, tus, su, sus* sind dir schon bekannt und du verwendest sie oft.
tu compañero tu compañera	tus compañeros tus compañeras	dein/deine	Du siehst, der Possessivbegleiter wird wie ein Adjektiv behandelt. Er richtet sich in Singular und Plural nach dem folgenden Nomen, das den Besitzgegenstand angibt.
su profesor su profesora	sus profesores sus profesoras	sein/seine ihr/ihre – Ihr/Ihre	
nuestr**o** profesor nuestr**a** profesor**a**	nuestr**os** profesor**es** nuestr**as** profesor**as**	unser/unsere	Die Begleiter *nuestro/s* und *nuestra/s* sowie *vuestro/s* und *vuestra/s* müssen auch im Geschlecht dem folgenden Nomen angeglichen werden.
vuestr**o** curs**o** vuestr**a** clase	vuestr**os** curs**os** vuestr**as** clases	euer/eure	
su profesor su profesora	sus profesores sus profesoras	ihr/ihre/Ihre	

7. Das Objekt bei Personen • el complemento con personas

Saluda **a su familia**. *Sie grüßt ihre Familie.* Presenta **al curso**. *Sie stellt den Kurs vor.* Quiero presentar **a Alina**. *Ich will Alina vorstellen.* Saludan **a sus amigos**. *Sie grüßen ihre Freunde.*	Die Präposition *a* steht immer beim Objekt, wenn dies eine bestimmte Person bzw. Personengruppe bezeichnet. Wenn es sich nicht um eine Person handelt, ist es wie im Deutschen: Sie schickt einen Gruß. *Manda un saludo.* Aber: Sie grüßt ihre Mutter. *Saluda a su madre.* Versuche am besten, dir ein Beispiel einzuprägen, vielleicht: *Quiero ver **a** mi novio (mi novia). Ich will meinen Freund (meine Freundin) sehen.*

8. Das Adjektiv • el adjetivo

una chica simpátic**a** *ein nettes Mädchen* un chico simpátic**o** *ein netter Junge* (unos) chicos simpátic**os** *nette Jungen* (unas) chicas simpátic**as** *nette Mädchen* una chica inteligen**te** *ein kluges Mädchen* un chico ama**ble** *ein netter Junge* chicas y chicos guapos *gut aussehende Jungen und Mädchen*	Du kennst schon aus den ersten Modulen viele Adjektive und weißt auch, dass sie sich im Numerus und im Geschlecht nach dem Nomen richten. Du weißt auch schon, dass die Endung des Adjektivs dir angibt, ob es weibliche und männliche Formen oder ob es nur eine Form für beide Geschlechter gibt. • Adjektive auf -o (und *-án, -ón, -dor*) bilden das Femininum auf -a. • Alle anderen Adjektive haben nur eine Form. • Die Pluralbildung ist wie bei den Nomen. • Die Adjektive werden normalerweise nachgestellt • Adjektive, die sich auf ein feminines <u>und</u> ein maskulines Nomen beziehen, stehen in der maskulinen Form.
Hiroko es **una** estudiante japones**a**. *Hiroko ist eine japanische Studentin.* Son las chic**as** japones**as**. *Sie sind die japanischen Mädchen.* No es el estudiante japonés. *Er ist nicht der japanische Student.* No hay chicos japoneses. *Es gibt keine japanischen Jungen.*	Viele Nationalitätenadjektive enden im Maskulinum auf Konsonant (häufig **-és**) und im Femininum auf **-a**. Der maskuline Plural ist **-es** und der feminine **-as**. **Merke:** Im Plural Maskulinum entfällt der Akzent, weil die zweitletzte Silbe regelgerecht betont wird. Beispiel: *alemán / alemanes; francés / franceses* Das Nationalitätennomen ist identisch mit dem Adjektiv. Beispiel: der Deutsche – *el alemán*, deutsch – *alemán*

5 Ir al instituto en España y en Alemania

Horario y materias escolares

HORA	LUNES	MARTES	MIÉRCOLES	JUEVES	VIERNES
08.30–09.25	Tutoría D 50	Matemáticas D 50	Alemán D 50	Castellano D 50	Matemáticas D 50
09.25–10.20	Medidas de atención educativa D 50	Ciencias de la Naturaleza LABCND	Música Mus 3	Música Mus 5	Alemán D 50
10.20–11.15	Inglés D 50	Alemán D 50	Castellano D 50	Ciencias de la Naturaleza LABCND	Castellano D 50
11.15–11.45	Recreo				
11.45–12.40	Castellano D 50	Alemán D 50	Castellano D 50	Ciencias de la Naturaleza LABCND	Castellano D 50
12.40–13.35	Alemán D 50	Inglés D 50	Medidas de atención educativa D 50	Ciudadanía D 50	Ciencias de la Naturaleza LABCND
13.35–14.30	Matemáticas D 50	Geografía e historia D 50	Educación física GIM 1	Educación física GIM 1	Inglés D 50
14.35–15.30	Geografía e historia D 50		Geografía e historia D 50	Alemán D 50	

competencias:

leer y conocimientos interculturales:
- conocer horarios de estudiantes españoles

expresión e interacción oral:
- entrevistarse y comentar horarios
- presentar horarios españoles

→ **la hora**
→ **números ordinales**

mediación:
- explicar el propio horario a estudiantes hispanohablantes
- integrar a estudiantes de intercambio en conversaciones sobre el instituto

→ **estrategias de mediación**
→ **sistema de apoyo**

Ir al instituto en España y en Alemania

Las instalaciones de un instituto

competencias:

leer y conocimientos interculturales:
- comprender una página web de un instituto español sobre las instalaciones
- comprender una pregunta de un foro español sobre un año escolar en Alemania
- conocer básicamente el sistema escolar español

interacción oral:
- entrevistarse sobre el sistema escolar español

producción escrita:
- redactar un mensaje de respuesta para un foro

→ **sistema de apoyo**

mediación:
- explicar las instalaciones del propio instituto a estudiantes de intercambio

→ **pronombres demostrativos**
- comparar los sistemas escolares español y alemán
- explicar la vida escolar a un estudiante español

1 Horario y materias escolares

Hacer "ESO"

En el gimnasio tiene lugar la clase de educación física.

En el aula o la sala de música tienen lugar las clases de música.

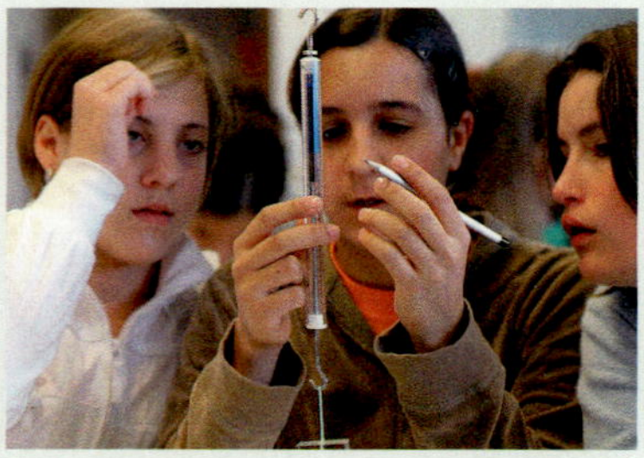

En el laboratorio de ciencias naturales tienen lugar las clases de ciencias de la naturaleza (química, física y biología).

ESO (Educación Secundaria Obligatoria) *Sekundarstufe I*

El horario de un alumno de 2º de ESO

HORA	LUNES	MARTES	MIÉRCOLES	JUEVES	VIERNES
08.30–09.25	Tutoría D 50	Matemáticas D 50	Alemán D 50	Castellano D 50	Matemáticas D 50
09.25–10.20	Medidas de atención educativa D 50	Ciencias de la Naturaleza LABCND	Música Mus 3	Música Mus 5	Alemán D 50
10.20–11.15	Inglés D 50	Alemán D 50	Castellano D 50	Ciencias de la Naturaleza LABCND	Castellano D 50
11.15–11.45	Recreo				
11.45–12.40	Castellano D 50	Alemán D 50	Castellano D 50	Ciencias de la Naturaleza LABCND	Castellano D 50
12.40–13.35	Alemán D 50	Inglés D 50	Medidas de atención educativa D 50	Ciudadanía D 50	Ciencias de la Naturaleza LABCND
13.35–14.30	Matemáticas D 50	Geografía e historia D 50	Educación física GIM 1	Educación física GIM 1	Inglés D 50
14.35–15.30	Geografía e historia D 50		Geografía e historia D 50	Alemán D 50	

Las materias o asignaturas:
Alemán: segunda lengua extranjera
Inglés: primera lengua extranjera
Castellano: lengua materna y literatura
Medidas de atención educativa: Es la alternativa de religión católica, o sea, hay que escoger entre religión católica y medidas de atención educativa.

Las aulas:
D 50: el aula donde tienen lugar casi todas las clases
Mus 3: el aula o la sala de música
LABCND: laboratorio de ciencias naturales (edificio D)
GIM 1: gimnasio

comprensión

Placa informativa

Das Fach *Educación para la ciudadanía* wurde 2006 mit dem Ziel eingeführt, junge Menschen zur Achtung vor Demokratie und Verfassung sowie zur Mündigkeit zu erziehen.

1. Las clases y materias de 2º de ESO

a) Lee atentamente el horario y las explicaciones. Si hay problemas, aclaradlos en pareja.

b) Los alumnos españoles no tienen clase el fin de semana, o sea, el sábado y el domingo. ¿Y qué días tienen clase?

c) A lee en voz alta las asignaturas del primer día de la semana, B las del segundo día, etc.

d) Preguntas sobre el horario:

A) ¿Qué asignaturas cursa la alumna en segundo de ESO?

B) ¿Cuántas horas de clase tiene al día?

C) ¿Cuántas horas de clase de alemán tiene?
D) ¿Qué asignatura tiene solo una vez a la semana?
E) ¿Cuántas horas de clase de lengua materna cursa?
F) ¿Qué asignaturas no tienen lugar en el aula D 50?

2. Los números

Todavía no conoces todos los números. Consulta la página "Gramática y estructuras" (p. 62).
Practica los números en voz alta: 28, 25, 19, 29, 21, 18, 20, 23, 11, 9, 17

3. La hora

comenzar *(beginnen)*
(p. 62 ↗ 3)
comienzo
comienzas
comienza
comenzamos
comenzáis
comienzan

a) Mira primero cómo se indica la hora a que comienza o termina la clase. Comentad en alemán cómo se indica la hora.

Las clases comienzan **a las** ocho **y media**.

El recreo termina **a las** doce **menos cuarto**.

La clase de inglés comienza **a las** diez **y** veinte.

La clase de alemán termina **a la** una **menos** veinte.

→ *estructuras p. 63 ↗ 9*

reflexión de estructuras

b) ¿A qué hora tiene clase el estudiante español? Recuerda poner el artículo del singular **o** del plural.

A) Todos los días la primera clase comienza a ■ ■.
B) El viernes, las clases terminan a ■ ■.
C) El martes las clases terminan a ■ ■.
D) El lunes y el miércoles la última clase es geografía. Dura desde ■ ■ hasta ■ ■.
E) Las clases de alemán tienen lugar todos los días de la semana: el lunes desde ■ ■ hasta ■ ■, el martes desde ■ ■ hasta ■ ■, el miércoles desde ■ ■ hasta ■ ■, el jueves desde ■ ■ hasta ■ ■ y el viernes desde ■ ■ hasta ■ ■.
F) Todos los días tienen media hora de recreo: desde ■ ■ hasta ■ ■.

último,a *letzte,r*
durar *dauern*
desde... hasta *von ... bis*

Placa informativa

Falls Unklarheiten bestehen, fügt man hinzu:
de la mañana (morgens) oder *de la tarde* (nachmittags).

4. Otras materias

a) ¿Sabes qué materias son? Apunta la palabra alemana y la española. ¿Por qué entiendes (casi) todas las palabras?
b) ¿A qué hora tienes qué clase?
Ejemplo: A primera tengo inglés. Dura desde las ocho hasta las nueve.
c) ¿Qué clases tienes tú que el estudiante español no tiene?
d) ¿Qué clases tiene el estudiante español que tú no tienes?
e) ¿Qué clase es fácil o difícil?

Un horario alemán de la clase ocho

la primera clase
la segunda clase
la tercera clase
la cuarta clase
la quinta clase
la sexta clase
la séptima clase
la octava clase
la novena clase
la décima clase

Jens y Tobias de la clase ocho

Stundenplan gültig ab 14.02.2012 (Klasse 8c)

Std.	Uhrzeit	Montag	Dienstag	Mittwoch	Donnerstag	Freitag	Sonnabend
1.	8^{00}-8^{45}	Kunst	Politik	Sport	Sport	Geschichte	/
2.	8^{50}-9^{35}	Kunst	Deutsch	Geschichte	Englisch	Religion	
3.	9^{55}-10^{40}	Mathe	Diff	Latein	Englisch	Religion	
4.	10^{45}-11^{30}	Mathe	Diff	Latein	Mathe	Deutsch	
5.	11^{45}-12^{30}	Englisch	Chemie	Deutsch	Mathe	Sport	
6.	12^{35}-13^{20}	Chemie	Geschichte	Deutsch	–	Diff.	
7.	13^{30}-14^{15}		Förder.		Latein	Diff.	
8.	14^{20}-15^{05}				Politik		

Un horario alemán

a) Discutid en pareja cómo podéis explicar el horario a un estudiante español que no sabe alemán. Puedes
- "hispanizar" internacionalismos: Politik,
- indicar nombres como Picasso para *Kunst*,
- explicar algo con el vocabulario que tienes.

Ejemplo: "Diff" son clases obligatorias, pero no es una materia como matemáticas sino que son tres o más materias y tienes que escoger una, p. ej. español.

b) Practica con tu pareja la explicación del horario de arriba o de vuestro horario alemán.
Utilizad palabras y expresiones de la tabla. Ayudan en momentos difíciles.
Ejemplo: Mira, el lunes tenemos "Politik" en la primera hora. ¿Entiendes "Politik"?

→ *estrategias de mediación*

ayudar *helfen*

sistema de apoyo

Ausdrücke, die nützlich sind, um etwas umzuformulieren	Sprechpausen zu überbrücken	nachzufragen oder sich zu vergewissern	Aufmerksamkeit zu erlangen
o sea quiero decir que... es decir que... *das heißt* *ich will sagen, dass*	... a ver... ... bueno... ... pues... *mal sehen...* *gut* *nun / na ja*	¿Cómo se dice...? ¿Entiende(s)? ¿Es correcta la palabra? *Wie sagt man...?* *Verstehst du?* *Ist das Wort richtig?*	Mira,... Fíjate... Date cuenta... *Guck / schau mal!* *Stell dir mal vor!*

2 Las instalaciones de un instituto

Por ejemplo: El I.E.S. Vicente Aleixandre en Pinto (Madrid)

El I.E.S. Vicente Aleixandre cuenta con las siguientes instalaciones:

- Biblioteca: En la planta baja, con aproximadamente 60 plazas de lectura para el estudio en los ratos libres y servicio de préstamo para los alumnos del centro [...].
- Cafetería: Abierta en horario escolar a profesores y alumnos.
- Gimnasio: Situado junto al patio, de 300 m^2, con todo tipo de material deportivo [...].
- Instalaciones escolares: Además de las numerosas aulas donde se da clase, el instituto también cuenta con dos talleres de tecnología, dos aulas de informática, un aula de música, un aula de dibujo y laboratorios de física, química y biología.
- Salón de actos: En él se pueden realizar diversas actividades tales como conciertos, obras de teatro, proyecciones de películas, etc.

http://www.educa.madrid.org/web/ies.vicentealeixand.pinto/recursos.htm [18/02/2011_13:25]

cafetería y comedor

biblioteca

salón de actos

1. Las instalaciones del instituto madrileño

a) Lee qué instalaciones tienen en el Vicente Aleixandre. ¿Cómo se llaman las aulas e instalaciones en alemán?

b) Comprueba la comprensión e inserta las palabras que faltan.

A) La clase de educación física tiene lugar en ■.
B) Si un estudiante quiere leer un libro o estudiar puede ir a ■.
C) Puede tomar una taza de chocolate en ■.
D Las clases normales se dan en una de las numerosas ■.
E) En ■ puedes trabajar con el ordenador.
F) En ■ hay conciertos, proyecciones de películas y obras de teatro.
G) Para la clase de música tienes que ir a ■.
H) Los experimentos de física o química se hacen en ■.

aula de informática

c) Tu compañero de la clase de ruso quiere saber cómo es el IES. Prepara un resumen en alemán.

→ *gramática y estructuras p. 63* ↗ *7*

2. Quizás tu instituto tiene un intercambio con un instituto español.

Prepárate para poder enseñar las instalaciones y servicios de tu instituto a una estudiante española. Utiliza los pronombres demostrativos:

Ejemplo: Mira, este es el gimnasio, esta es la sala del profesorado, estos son los laboratorios y estas son las aulas para los pequeños.

	masculino	femenino
singular	este	esta
plural	estos	estas

Una entrada en Internet: ¿Cómo es ir a un instituto alemán?

Aquí me veis con la pelota.

Hola, me llamo Javier, soy estudiante de 2° de **ESO**. Mis padres tienen que ir por un año a Alemania. Y, claro, tengo que ir a un instituto alemán. ¿Me podéis mandar un horario modelo y explicar qué materias tenéis, si tenéis asignaturas optativas y obligatorias, la duración de las clases, etc.? ¿Qué instalaciones tienen los institutos alemanes normalmente? En fin, quiero saber si todo es diferente. Una cosa: ¿Cómo vais al instituto? ¿Es posible ir andando o vais en tranvía o en bicicleta? Soy un gran futbolista y aficionado del Atlético Bilbao. Muchas gracias y "chus" Javier

Educación Secundaria Obligatoria ESO	
3–5 años	2° Ciclo de educación infantil
6–11 años	Educación primaria: 1°–6°
12–15 años	Educación secundaria obligatoria: 1°–4°
16–17 años	Bachillerato: 1°–2°

comprensión

1. Una pregunta en la Red desde España

a) Lee la entrada de Javier. Infórmate en el cuadro sobre la ESO.

b) Conversad en alemán sobre las etapas escolares en España y comparadlas con las etapas en tu estado federado de Alemania: ¿Cuántos años dura la ESO y qué cursos comprende? ¿Qué es la ESO en Alemania? ¿Cuántos años tienen los alumnos?

c) Explica, por qué necesita Javier información.

→ gramática y estructuras, p. 63 ↗ 5

2. Expresar un deseo, una obligación y una posibilidad

a) Javier utiliza los verbos modales "querer", "tener que" y "poder". Busca las frases con estos verbos y explica en alemán lo que expresan.

b) Inserta los verbos modales: querer (3), poder (5), tener que (4)

La familia de Javier ___ pasar un año en Alemania. Por eso, Javier ya no ___ ir al instituto español sino que ___ ir a un instituto alemán. En realidad, Javier no ___ ir a Alemania, pero ___ ser. ___ estudiar alemán, porque si no sabe alemán no ___ hablar con los compañeros, no ___ hacer compras, no ___ comprender a los profes. ___ estudiar alemán antes de ir a Alemania. En su entrada Javier ___ saber cómo es el sistema alemán. ¿___ ayudar a Javier?

3. Un mensaje de respuesta

Redacta por escrito un mensaje de respuesta a Javier. Explica qué clases son optativas y obligatorias, las instalaciones que tenéis, el horario, etc

sistema de apoyo

Hola Javier: Te voy a explicar / Aquí te explico mi horario de clase
Normalmente / Todos los días / A menudo tenemos / entre ¿? y / ¿? horas de clase
Entre la... y la... / Después de la... / Antes de la... hora de clase tenemos... minutos de recreo / podemos / se puede ir a la cafetería / al comedor para...
Mis materias obligatorias / facultativas son (las siguientes:)... / Tengo las siguientes...
Para mí / En mi instituto el español / y... / es una materia / son materias...
Mi instituto cuenta con... / Además de... / En el... se puede(n) / podemos realizar... / La(s) clase(s) (de...) tiene(n) lugar en...
Para ir a... (no) hay que / (no) se puede... / En mi clase muchos / ¿? / van en... / van andando
Aquí en (Gelsenkirchen, Rostock...) (casi) todos somos del (Schalke, Hansa...)
Bueno, eso es todo. / Creo que eso es todo. / ¿Tienes más preguntas?

Bloque de ejercicios adicionales

1. ¿Qué asignaturas son?
Las letras en los cuadros verdes forman una palabra del mismo contexto.

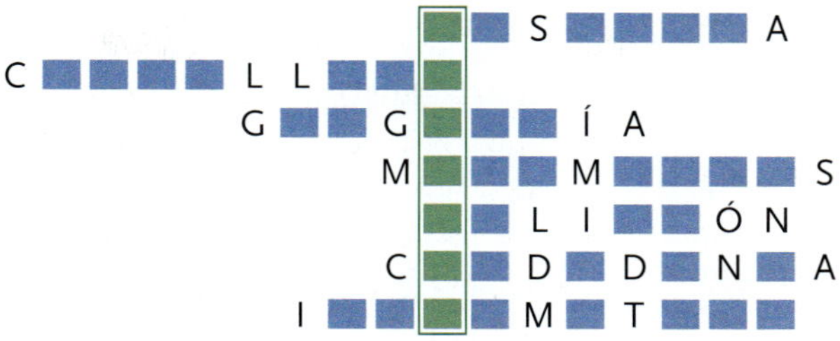

2. ¿Cuál es el...
a) 4° día de la semana?
b) último día de la semana?
c) primer día de la semana?
d) 6° día de la semana?
e) ¿Qué dos días faltan?

3. Las lenguas en el colegio
a) ¿Cuál es tu lengua materna?
b) ¿Cuál es la 1ª lengua extranjera que estudias en el instituto?
c) ¿Cuál es la 2ª lengua extranjera que se estudia en ESO?
d) ¿Cuál es tu 2ª lengua extranjera?
e) ¿Cuál es la 1ª lengua extranjera que se estudia en ESO?
f) ¿Cuál es tu 3ª lengua extranjera que estudias?
g) Preguntaos: ¿Qué asignatura tienes en la 1ª / 2ª, etc. hora?

4. ¿A qué hora...?
Ejemplo: A: ¿A qué hora termina la clase de inglés? B: Termina a las tres menos cuarto. ¿A qué hora...?

A	B
terminar la clase de inglés →	14:45
12:20	← comenzar la clase de física
comenzar la clase de español →	7:30
8:15	← terminar la clase de biología
terminar el recreo →	10:15
9:00	← comenzar la clase de religión
comenzar la clase de informática →	14:00
15:30	← terminar la clase de química

5. Conjugación
Practicad la conjugación de los verbos siguientes: poder, querer, comenzar, tener.

6. Explicar tu horario
Explica a una chica española tu horario:
- Unterrichtsbeginn morgens, Pausen und Unterrichtsschluss
- Anzahl der täglichen Stunden
- Wochentage
- Fächer (Pflicht- und Wahlfächer), Fremdsprachen

Grammatik und Strukturen • Gramática y estructuras

1. Die Zahlwörter • los numerales

1.1 Die einfachen Zahlen (Kardinalzahlen)

0 cero	10 diez	20 veinte	200 doscientos	1000 mil
1 uno	11 once	30 treinta	300 trescientos	2000 dos mil
2 dos	12 doce	40 cuarenta	400 cuatrocientos	10.000 diez mil
3 tres	13 trece	50 cincuenta	500 **quinientos**	100.000 cien mil
4 cuatro	14 catorce	60 sesenta	600 seiscientos	1.000.000 un millón
5 cinco	15 quince	70 setenta	700 **sete**cientos	1.000.000.000 mil millones (un millardo)
6 seis	16 dieciséis	80 ochenta	800 ochocientos	
7 siete	17 diecisiete	90 noventa	900 **nove**cientos	
8 ocho	18 dieciocho	100 cien		
9 nueve	19 diecinueve			

Beachte:
21 veintiuno, 22 veintidós,
23 veintitrés, 24 veinticuatro, etc.

Ejemplos:
31 treinta **y** uno
92 noventa y dos
555 quinientos cincuenta **y** cinco

Ejemplos:
12.333 doce mil trescientos treinta **y** tres
522.001 quinientos veintidós mil uno
1.392.721 un millón trescientos noventa **y** dos mil setecientos veint**i**uno

- Wie im Deutschen steht „y“ („und“) nur zwischen den Zehnern und Einern: *treinta* ***y*** *dos* – zwei**und**dreißig.
- Die Zahlen werden in der Reihenfolge der Ziffern gelesen. Du siehst: Es ist einfacher als im Deutschen!
- Die Zahlen bis 29 werden zusammengeschrieben, alle anderen getrennt.
- Die Zahl 100 heißt *cien*. Der Plural ist immer *cientos* (Hunderte).
- Wenn eine Anzahl von Dingen oder Personen in Hunderten angegeben wird, richtet sich die Endung nach dem Geschlecht des folgenden Nomens: *trescient**as** chic**as**, trescient**os** chic**os***.
- Das Nomen bei *millón*, *miles* und *cientos* wird mit „de“ angeschlossen: *un millón / millones de personas*.

1.2 Die Ordnungszahlen

1º primero	erstens
2º segundo	zweitens
3º tercero	drittens
4º cuarto	viertens
5º quinto	fünftens
6º sexto	sechstens
7º séptimo	siebtens
8º octavo	achtens
9º noveno	neuntens
10º décimo	zehntens

Die Ordnungszahl als Adjektiv

La 1ª clase es alemán, en la segunda clase tenemos historia. *Die 1. Stunde ist Deutsch, in der 2. Stunde haben wir Geschichte.*
El **primer** alumno es español, el segundo chico es italiano, el **tercer** chico es ruso. *Der erste Schüler ist Spanier, der zweite Junge ist Italiener, der dritte Junge ist Russe.*

- Die Ordnungszahlen haben im Spanischen keinen Punkt, sondern ein hochgestelltes o: º bzw. a: ª
- Ab 11 steht die Kardinalzahl. Beispiel: Die 11. Stunde: *la hora once.*
- Ordinalzahlen vor einem Nomen werden wie **Adjektive** behandelt.
- Merke dir, dass *primero* und *tercero* sich vor maskulinen Nomen im Singular zu ***primer*** (1er) und ***tercer*** (3er)verkürzen!

2. Die Konjunktionen „y“ und „o“ vor Wörtern, die mit i (hi) oder o (ho) beginnen

y *und*	recursos e instalaciones *Arbeitsmittel und Einrichtungen* arte e historia *Kunst und Geschichte*	Damit nicht zwei **i** oder **o** zusammenstoßen, verwandelt sich die Konjunktion „y“ vor Wörtern, die mit **i** oder **hi** beginnen, in „e“ und die Konjunktion „o“ vor Wörtern, die mit **o** oder **ho** beginnen, in „u“.
o *oder*	estos u otros libros *diese oder andere Bücher* días u horas *Tage oder Stunden*	

3. Häufige Verben (Fortsetzung) • verbos frecuentes (continuación)

	comenzar -ie- *beginnen*	recordar -ue- *sich erinnern*	poner *setzen, stellen, legen*
1ª sg. (yo)	com**ie**nzo	rec**ue**rdo	**pongo**
2ª sg. (tú)	com**ie**nzas	rec**ue**rdas	pones
3ª sg. (él, ella, usted)	com**ie**nza	rec**ue**rda	pone
1ª pl. (nosotros/as)	comenzamos	recordamos	ponemos
2ª pl. (vosotros/as)	comenzáis	recordáis	ponéis
3ª pl. (ellos, ellas, ustedes)	com**ie**nzan	rec**ue**rdan	ponen

4. Der Artikel vor betontem „a" • el artículo delante de "a" tónica

Wenn ein feminines Wort mit betontem **a** beginnt, wird im Singular der maskuline Artikel *el* oder *un* verwendet: **Beispiel: el (un)** aula pequeña, aber: **las (algunas)** aulas pequeñas. Diese Veränderung liegt wieder an der Aussprache: Es sollen nicht zweimal dieselben betonten Vokale aufeinanderstoßen.

5. Die Modalverben • los verbos modales

tener que ***müssen*** Tengo que estudiar. *Ich muss lernen.*	**poder** ***können*** ¿Puedo ayudar? *Kann ich helfen?*	**querer** ***wollen, mögen*** ¿Quieres leer? *Willst du lesen?*

- Du kennst diese sehr häufigen Verben schon aus den Arbeitsanweisungen und auch aus dem Modul 4. Du erinnerst dich sicher: *Miguel Antúnez* ***quiere mandar*** *saludos* (Miguel Antúnez **will** Grüße **senden**).
- Man nennt die Verben Modalverben. Wie im Deutschen stehen sie immer mit einem Infinitiv zusammen. Du verwendest sie, um damit auszudrücken, dass du etwas **tun willst** (*querer*), **tun kannst** (*poder*) oder **tun musst** (*tener que*). Im Spanischen dürfen Modalverb und Infinitiv **nie** getrennt werden: ***Tengo que aprender*** *las palabras.* Ich **muss** die Wörter **lernen**.
- An die Struktur *tener que* musst du dich etwas gewöhnen! Aber sie wird so häufig gebraucht, dass dir das schnell gelingen wird.
- Die Modalverben können auch Vollverben (also ohne Infinitiv) sein, z. B.: *Te quiero.* Ich mag (liebe) dich.

6. Die Fragepronomen „cuál"/„cuáles" • los pronombres interrogativos "cuál" / "cuáles"

¿**Cuál** es tu lengua materna? *Welches (Was) ist deine Muttersprache?* ¿**Cuáles** son las asignaturas obligatorias? *Welches sind die verpflichtenden Fächer (Pflichtfächer)?*	Mit diesen Fragepronomen fragst du nach einer Person oder Sache aus einer bestimmten Anzahl. *Cuál/cuáles* steht nie direkt vor einem Nomen: *cuál, cuáles* + **Verb** bzw. + **de** + Artikel + Nomen

7. Die Demonstrativpronomen • los pronombres demostrativos: *este, esta, estos, estas*

Este es el salón de actos, **esta** es la sala de música. *Das (hier) ist die Aula, das (hier) ist der Musikraum.* **Esta chica** es simpática. *Dieses Mädchen ist nett.* **Este chico** es español. *Dieser Junge ist Spanier.*	Diese Formen kommen allein vor, wenn sie ein Nomen ersetzen oder etwas gezeigt wird. Sie können auch in Begleitung eines Nomens stehen und werden dann wie ein Adjektiv behandelt. Im Deutschen wird meist der bestimmte Artikel besonders betont und kein Demonstrativpronomen gebraucht. **Beispiel:** Der Junge (hier) ist Spanier.
Estos son los chicos y estas las chicas del curso. *Dies sind die Jungen und das die Mädchen aus dem Kurs.* **Estos chicos son** españoles y estos chicos alemanes. *Diese Jungen (die Jungen hier) sind Spanier und diese Deutsche.*	

8. Präpositionen (Fortsetzung) • preposiciones (continuación)

entre (zeitlich, örtlich) *zwischen*	Tengo recreo entre las dos y las tres. *Ich habe zwischen 2 und 3 Pause.*
antes de (zeitlich) *vor*	La clase comienza antes de las dos. *Die Stunde fängt vor 2 Uhr an.*
desde... hasta (zeitlich, örtlich) *von ... bis*	Dura desde la una hasta las tres. *Sie dauert von ein Uhr bis drei.*

9. Die Uhrzeit angeben • indicar la hora

¿Qué hora es? *Wie spät ist es?*
Son las tres. / Es la una. *Es ist drei./Es ist ein Uhr.*
¿A qué hora...? *Um wie viel Uhr ...?*

- Die Stunde ist wie im Deutschen in die erste Hälfte nach der vollen Stunde und die zweite vor der vollen Stunde eingeteilt.
- Die volle halbe Stunde wird anders als im Deutschen der ersten Hälfte zugerechnet. Beispiel: 15.30: **las tres y media** *halb vier*
- Etwas aufpassen musst du mit *cuatro* (4) und *cuarto* (Viertel).
- Wie im Deutschen gibt es auch die Möglichkeit der Präzisierung oder des Offen-Haltens der genauen Uhrzeit:
  Beispiele: 3.00 = las tres en punto *Punkt drei*
  ~ 15.00 = a eso de las tres *so gegen drei*

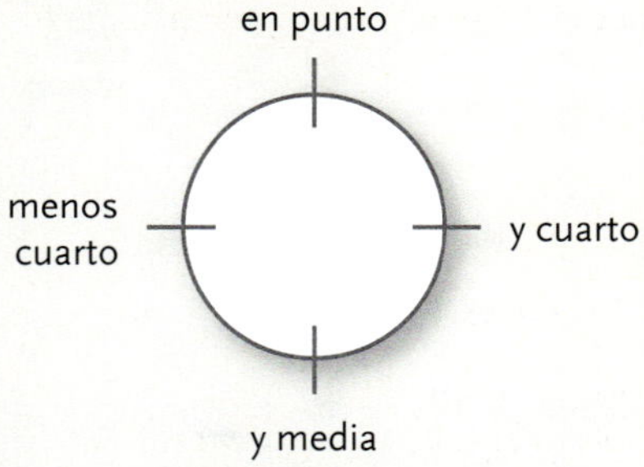

6 La rutina diaria

La rutina diaria

Pasar un día normal y corriente

competencias:

leer y conocimientos interculturales:
- conocer la rutina diaria de estudiantes hispanohablantes de un fotolog y un blog

interacción y presentación oral:
- entrevistarse sobre actividades matinales y la rutina diaria
- resumir y presentar datos sobre las actividades matinales de un grupo del curso

→ verbos reflexivos
→ la hora

aprendizaje del idioma:
- explicar las formas de los verbos reflexivos
- investigar los cambios en la conjugación de algunos verbos

¿Rutina diaria?

competencias:

leer y conocimientos interculturales:
- comprender mensajes de Internet sobre el aburrimiento en clase de jóvenes españoles

escribir:
- redactar un breve mensaje para un blog sobre clases aburridas

→ verbos reflexivos

conciencia lingüística:
- reflexionar sobre el uso del lenguaje juvenil

Dos poesías

competencias:

leer:
- comprender las primeras estrofas de dos poemas cortos sobre la rutina diaria

producción creativa:
- continuar un poema
- redactar una poesía alternativa

Una pregunta por Internet

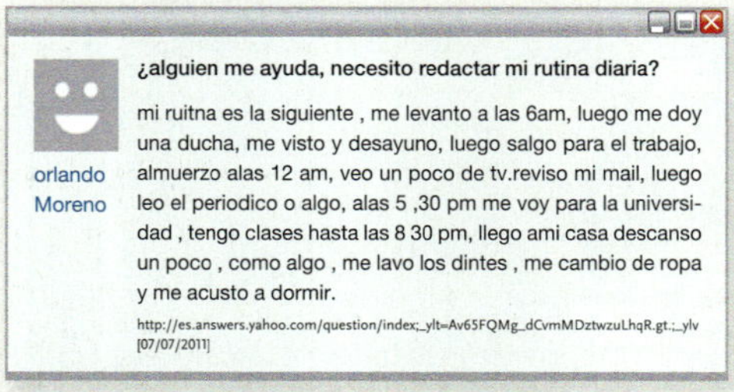
orlando Moreno

¿alguien me ayuda, necesito redactar mi rutina diaria?

mi ruitna es la siguiente , me levanto a las 6am, luego me doy una ducha, me visto y desayuno, luego salgo para el trabajo, almuerzo alas 12 am, veo un poco de tv.reviso mi mail, luego leo el periodico o algo, alas 5 ,30 pm me voy para la universidad , tengo clases hasta las 8 30 pm, llego ami casa descanso un poco , como algo , me lavo los dintes , me cambio de ropa y me acusto a dormir.

http://es.answers.yahoo.com/question/index;_ylt=Av65FQMg_dCvmMDztwzuLhqR.gt.;_ylv [07/07/2011]

competencias:

corrección de textos:
- encontrar y corregir faltas de ortografía y gramática en un mensaje sobre la rutina diaria

producción escrita:
- mejorar el texto del usuario
  - con ayuda de enlaces y estructuras con infinitivos
  - con expresiones para estructurar un texto

→ estrategias de revisión de textos

1 Pasar un día normal y corriente

1.1 El *fotolog* de Felicia

Hola, soy Felicia, este es mi *fotolog*. Las fotos de hoy son de mi hermana Teresa y de cómo pasa la mañana.
Las dos tenemos los ojos negros y el pelo castaño oscuro. Ambas tenemos el pelo largo y un poco rizado.

A las 6:58 Teresa duerme todavía. A las 7 en punto suena el despertador y Teresa se despierta.

Se levanta de la cama. Hoy como casi siempre se pone la bata blanca y...

va al baño.

Aquí veis en el espejo como saco la foto de Teresa cuando se lava los dientes.

Acaba de ducharse y se seca con la toalla. Como veis me saca la lengua. ¡Qué mala es!

Teresa delante del armario.

Teresa nunca sabe qué ponerse. Abre el armario y saca la blusa estampada. Y ahora, ¿qué?

Conozco a mi hermana. No se pone la blusa. Pienso: "Seguro que se pone su prenda favorita, la chaqueta negra." ¿Y qué se pone? Claro, la chaqueta negra.

Aquí veis a Teresa delante del espejo. Se pinta los ojos. Ya son las siete y veinte...

Mientras se cepilla el pelo suena el teléfono. Ya sé quién es: Sebastián...

Antes de echar un vistazo a su libro de Historia (a las diez y cuarto comienza el test de historia...) chequea los correos electrónicos. Seguro que espera un mensaje de Sebastián...

Teresa tiene una manera muy original de ordenar su escritorio.

Aquí nos veis a las dos. Ahora vamos a la cocina para desayunar. Ya son las siete y media.
Ah, una cosa: Como veis en la foto las dos nos llevamos bastante bien.
Bueno, gente, me despido. Como el colegio se encuentra a dos kilómetros de mi casa, hay que salir temprano...

1. Las actividades matinales de Teresa *comprensión*

Mira las fotos y lee los comentarios de Felicia. ¿Cómo es la rutina diaria de su hermana Teresa?

a) ¿A qué hora se despierta?
b) ¿Qué se pone para ir al baño?
c) ¿Qué hace en el baño? → *hacer p. 247 ↗ 7*
d) ¿Qué pasa delante del armario?
e) ¿Cuál es su prenda favorita?
f) ¿Qué hace delante del espejo?
g) ¿Quién llama por teléfono?
h) ¿Por qué enciende el ordenador?
i) ¿Por qué abre el libro de Historia?

2. ¿Y tú? ¿Cómo pasas la mañana?

Contesta según el modelo.

Ejemplo: ¿A qué hora te levantas? Me levanto a las siete.

a) ¿A qué hora te levantas y vas al baño?
b) ¿Te lavas los dientes antes o después del desayuno?
c) ¿A qué hora más o menos te duchas?
d) ¿Te peinas o cepillas el pelo? ¿Te pintas?
e) ¿Enciendes el ordenador? ¿Para chatear o feisbuquear?
f) ¿Estudias todavía un poco antes de desayunar?
g) ¿Llamas al móvil de tu novia o de tu novio?
h) ¿A qué hora más o menos desayunas?

llamar *anrufen*

3. Los verbos reflexivos

Entre los verbos que describen las actividades rutinarias hay algunos reflexivos.

Ejemplo: Teresa se **levanta**. • Teresa steht auf (Teresa erhebt sich).

a) Mira atentamente la tabla y explica las formas del español y del alemán. ¿Qué diferencia hay?

→ *gramática p. 76* ↗ *1.1*

lavarse	*sich waschen*
(yo) me lavo	*ich wasche mich*
(tú) te lavas	*du wäschst dich*
(ella, él, usted) se lava	*sie (er, es) wäscht sich*
(nosotros, nosotras) nos lavamos	*wir waschen uns*
(vosotros, vosotras) os laváis	*ihr wascht euch*
(ellas, ellos, ustedes) se lavan	*sie waschen sich*

un dado

practicar las formas

b) Practicad las formas de los verbos reflexivos: lavarse, pintarse, cepillarse, levantarse

La persona A dice un verbo y tira el dado; B dice la forma.

Ejemplo: A: levantarse - 6 - **B:** se levantan

c) Reconstruye y apunta las formas de los verbos que hay en el cuadro (dos son reflexivos y uno no).

En cada paradigma falta una forma verbal. ¿Qué tres formas son?

4. Hablar sobre la rutina diaria

→ *gramática p. 76* ↗ *1.2*

interacción

a) Vuelve a leer los textos y las actividades y apunta todos los verbos reflexivos en la 1ª o 3ª persona de singular.

b) Conversad sobre vuestras actividades diarias y utilizad el pronombre reflexivo según el modelo.

Ejemplo: –¿Qué haces primero? –Me levanto.

c) Formulad preguntas sobre las actividades de vuestras familias y contestad.

1.2 La rutina diaria de Maya

21

Mi día

Me levanto a las ocho y media. Me lavo la cara y me peino. Desayuno fruta; después me visto. Mientras me lavo los dientes chequeo los correos electrónicos. Llego a la escuela a las nueve. Tengo tres clases; historia, conversación y gramática. Después de las clases estoy en CADDI para estudiar y hacer tareas. En el camino a casa muchas veces como churros y entro en la tienda para mirar o comprar algo. Almuerzo a las tres en casa. Luego me lavo los dientes y me echo la siesta. En la tarde leo libros españoles y estudio la gramática un poco. Me baño por la noche y ceno cereales. Muchas veces veo un DVD en mi computadora. A veces hablo con mis amigas en Japón en Skype. Me acuesto a las doce.

http://misnotasmentales.blogspot.com/2006/04/rutina-diaria-el-despertar.html [28/07/2010_11:51]

cereales (f)

churros

1. Decidir si una afirmación es verdadera o no

comprensión
→ sistema de apoyo, p. 38

a) Maya se levanta a las siete y cuarto.
b) Se ducha, se peina, desayuna fruta y se viste.
c) Mientras chequea los correos se lava los dientes.
d) Coge el autobús y llega a la escuela a las nueve.
e) Tiene clase de geografía, matemáticas y ciudadanía.
f) Después de las clases tiene tiempo libre.
g) Muchas veces, antes de ir a casa toma churros.
h) A las tres y media almuerza.
i) No se echa la siesta sino que va otra vez a la escuela.
j) Por la tarde lee y estudia. Visita a una amiga.
k) Por la noche se lava la cara y las manos y cena fruta.
l) A veces ve un DVD, habla por Skype con su novio.
m) Se acuesta temprano porque tiene que levantarse a las siete y media.

2. Un día normal y corriente de Maya

Entrevistaos sobre el día de Maya.

Ejemplo: ¿A qué hora se levanta de la cama? ¿Qué hace en el baño?

3. Una entrevista ficticia con Maya sobre su rutina diaria

La mitad del curso (A) toma el papel de Maya y la otra mitad (B) la de la persona que hace la entrevista.

a) A: Leed otra vez el texto de Maya. Teneis que conocerlo bien para poder contestar.
B: Formulad preguntas sobre la rutina diaria.
¡Recordad que hay que saludarse, despedirse y ser cortés!

b) Haced un rodamiento de bolas y practicad la entrevista varias veces. ¡Ojo con la pronunciación, la entonación, la concordancia entre sustantivo, verbo y adjetivo y la conjugación!

interacción

4. ¿Y tú y tus compañeros? ¿Qué hacéis antes de ir al instituto?

Leed primero las preguntas y decidid qué cinco o seis preguntas hacéis.

1ª etapa: Dos personas hacen las preguntas y las otras apuntan las respuestas.

a) ¿A qué hora te levantas normalmente?
b) ¿Te duchas por la mañana o por la noche? ¿A qué hora?
c) ¿Te vistes antes de desayunar?
d) ¿Qué desayunas?
e) ¿A qué hora desayunas?
f) ¿Te lavas los dientes antes o después del desayuno?
g) ¿Chequeas el correo electrónico antes de salir de casa?
h) ¿A qué hora llegas al instituto?

Tabla:

Actividades ↓	estudiante **A**	estudiante **B**	estudiante **C**	estudiante **D**
1 Se levanta a	las 7:00	las 6:00	las 6:30	6:15
2 Se ducha por	la mañana	la mañana	la mañana	la mañana
3 ¿?	¿?	¿?	¿?	¿?

2ª etapa: Dos personas informan sobre la rutina matinal.

Ejemplo: –A se levanta a las siete. B y D se levantan a las seis. Yo me levanto a las seis y media. –Nos duchamos todos por la mañana.

Investigación gramatical: Los verbos con cambios en la conjugación

1. Los cambios en la conjugación de algunos verbos

a) Ya conoces los verbos "comenzar", "tener", "querer", "poder" con cambios en la conjugación. ¿Qué cambios hay? Si necesitas ayuda mira las páginas 28, 52 y 62.
Ejemplo para la entrada en el vocabulario: tener -ie-

gramática

b) Entre los verbos usados para las actividades diarias se encuentran los tres siguientes que tienen cambios en la conjugación: despertarse, almorzar y acostarse.
Practicad en pareja la conjugación. ¡Recuerda poner el pronombre reflexivo!
Ejemplo: A: ¿Cuál es la 1ª ps. sg. de despertarse? B: Me despierto.

A	B
1ª sg. de despertarse →	← 3ª pl. de almorzar
2ª pl. de almorzar →	← 3ª sg. de despertarse
1ª sg. de despertarse →	← 2ª pl. de acostarse
1ª pl. de acostarse →	← 1ª pl. de despertarse
2ª sg. de almorzar →	← 3ª pl. de almorzar
3ª sg. de acostarse →	← 1ª sg. de acostarse
3ª pl. de despertarse →	← 2ª sg. de despertarse

2. Cambio de vocal

Entre los verbos nuevos hay uno que tiene un cambio de la vocal **e** a la vocal **i**: Es el verbo "vestirse". Qué crees: ¿cómo son las formas? Conjuga el verbo, apunta las formas en tu cuaderno y compara el resultado con tu pareja.

2 ¿Rutina diaria?

¿Por qué dormimos en clase?

22

Wilhelmine
Yo duermo principalmente en las clases de ciencias políticas, y es porque el profe es demasiado lateroooo!!!! Cero motivación escucharlo y, además, la materia puede ser entrete para algunos, pero si no entiendes [...] se hace monótono y solo escuchas blablablabla (como la profe de Charlie Brown).

Andrea
Porque las clases son fomes, yo me quedo dormida en cálculo... la profe es muy latera y [...], se me cierran solos los ojos.

Viarly
Yo duermo porque:
1.- Me aburro en clases. [...]
3.- Porque tengo que recuperar el sueño, o sea, si me acuesto como a las 4 de la mañana... [...]
4.- Porque dormir es lo mejor. Me desconecto del mundo.
5.- y porque cuando despierto es lo mejor despertar relajadita. :)

http://www.facebook.com/topic.php?uid=30390431543&topic=5886 [16/10/2010_18:44]

entrete (= entretenido,a) *(ugs.) unterhaltsam*

se me cierran solos los ojos *die Augen fallen mir von alleine zu*

relajada,o *ausgeruht*
relajadita *(Diminutiv von relajada) etwa: gut ausgeruht*

1. ¿Quién opina qué?

comprensión

a) Relaciona el comentario con su autora.

	W	A	V
Duerme durante las clases.	¿?	¿?	¿?
El profe es muy latero.	¿?	¿?	¿?
Para otros la clase puede ser entretenida.	¿?	¿?	¿?
Para ella todo es monótono	¿?	¿?	¿?
Tiene cero motivación.	¿?	¿?	¿?
Su profesor habla solo blablabla.	¿?	¿?	¿?
Duerme en cálculos.	¿?	¿?	¿?
La profe es muy latera.	¿?	¿?	¿?
Las clases le aburren; no presta atención.	¿?	¿?	¿?
Se acuesta tarde, sobre las cuatro de la mañana.	¿?	¿?	¿?
Durante el sueño se desconecta del mundo.	¿?	¿?	¿?
Se encuentra relajada después de dormir.	¿?	¿?	¿?

b) El lenguaje de las entradas es el de gente joven. Traduce las entradas al alemán y utiliza palabras del lenguaje juvenil, o sea, como habláis entre vosotros.

reflexión sobre la lengua

2. ¿Recuerdas también clases aburridas?

Date un apodo y escribe una entrada para el blog.

apodo *Spitzname*

3 Dos poesías

23

rutina

día uno
levantarse ducharse comer clases comer dormir estudiar comer dormir
día dos
levantarse ducharse comer clases comer dormir estudiar comer dormir
día tres
levantarse ducharse comer clases comer dormir estudiar comer dormir
día cuatro
levantarse ducharse comer clases comer dormir estudiar comer dormir
día cinco

http://mylittlesecret.spaces.live.com/blog/cns!6C30D188D2281B50!158.entry [14/05/2009_ 19:15]

Lo que puede expresar una poesía:

alegría
tristeza
optimismo
pesimismo
melancolía
monotonía
felicidad

1. La rutina diaria como tema poético

a) Escucha y lee la poesía de autoría anónima. ¿Qué expresa?
b) Añade tres versos para los días cinco, seis y siete.
c) Presenta tus versos al curso.
Puedes empezar así: Presento mis versos... / Estos son mis versos...

2. Una poesía alternativa

Redacta una poesía alternativa. También puede ser una poesía visual como la de la primera página del módulo.

24

ayer *gestern*

eterno,a *ewig*
andar *gehen*

Gustavo Adolfo Bécquer: Rima LVI (1ª estrofa)

Hoy como ayer, mañana como hoy,
¡y siempre igual!
Un cielo gris, un horizonte eterno
y andar... andar.

En: Gustavo Bécquer: Rimas y Leyendas. J. Pérez del Hoyo (Ed.), Madrid, p. 35

Gustavo Adolfo Bécquer (1837 – 1870)

1. Cuatro versos del gran poeta andaluz

a) ¿Qué sentimiento predomina?
- Siente...
- Predomina el sentimiento de...
- El sentimiento predominante es...

b) ¿Qué palabras subrayan este sentimiento?

2. Una segunda estrofa

Escribe una segunda estrofa de cuatro versos.

4 Una pregunta por Internet

orlando Moreno

¿alguien me ayuda, necesito redactar mi rutina diaria?

mi ruitna es la siguiente , me levanto a las 6am, luego me doy una ducha, me visto y desayuno, luego salgo para el trabajo, almuerzo alas 12 am, veo un poco de tv.reviso mi mail, luego leo el periodico o algo, alas 5 ,30 pm me voy para la universidad , tengo clases hasta las 8 30 pm, llego ami casa descanso un poco , como algo , me lavo los dintes , me cambio de ropa y me acusto a dormir.

http://es.answers.yahoo.com/question/index;_ylt=Av65FQMg_dCvmMDztwzuLhqR.gt.;_ylv [07/07/2011]

1 ¿Puedes ayudar a Orlando?
Lee su entrada y corrige todas las faltas.

expresión escrita

2. Ejercicios de estilo

a) Lee atentamente el sistema de apoyo.

sistema de apoyo

primero / después / a continuación / luego / más tarde	*(zu)erst/danach/dann/später*
al final, finalmente	*zum Schluss, schließlich*
durante + artículo y sustantivo	*während + Nomen*
antes de ←→ después de + infinitivo / artículo y sustantivo	*vor ←→ nach + Nomen/Infinitiv*
por la mañana / al mediodía por la tarde / noche	*morgens/mittags* *nachmittags/am späten Abend; nachts*
mientras + verbo	*während + Gliedsatz*
nada más + infinitivo	*etwa: direkt nach*

b) Relaciona las frases con la estructura dada.
Ejemplo: Se levanta. Va al baño. *Nada más levantarse va al baño.*
A) Las clases son fomes. Se queda dormida en cálculo. *(porque)*
B) Desayuna. Se pone la ropa. *(antes de + infinitivo)*
C) Se acuesta pronto. Es lo mejor despertar relajadita. *(porque)*
D) Se lava los dientes. Chequea los correos electrónicos. *(mientras)*
E) Se acuesta. Se queda dormido. *(nada más + infinitivo)*
F) Llega a casa. Enchufa el ordenador. *(nada más + infinitivo)*
G) Se ducha. Se viste. *(antes de + infinitivo)*
H) Desayuna. Se lava los dientes. *(después de + infinitivo)*
I) Despertarse. Llamar a su novia al móvil. *(nada más + infinitivo)*

c) Escribe una redacción sobre la rutina diaria para Orlando.

d) **La revisión:** Contenido: mencionar todas las actividades importantes y, a veces, la hora o la parte del día. Estructuras: seleccionar las frases más bonitas, utilizar distintas estructuras y variar el vocabulario. Ortografía y gramática: conjugación (persona, número, diptongo o no); concordancia (sustantivo y adjetivo o verbo); palabras adecuadas; ortografía (puntos y comas, acentos gráficos, sin consonantes dobles como ~~ss~~)

estrategia
estrategias de revisión de textos

Bloque de ejercicios adicionales

1. Poner en orden

Pon las actividades siguientes en su orden.

Ejemplo: despertarse, levantarse...

ir al colegio, despertarse, desayunar, acostarse, levantarse, ducharse, vestirse, peinarse, lavarse los dientes, tener clase, chequear los correos electrónicos

2. El pronombre reflexivo

Apunta el pronombre reflexivo con la forma verbal en tu cuaderno:

os	peina	nos	visten
se	visto	se	visto
me	acuestas	me	vistes
te	despertáis	te	vestimos
se	lavamos	nos	vestís
nos	laváis	nos	visten
os	lavan	os	despierto
os	visten	se	despertamos
se	vestís	me	despertáis
os	acostáis	os	levantamos

3. Practicar cómo preguntar

Formula la pregunta a la respuesta dada.

Ejemplo: a las ocho y media *¿A qué hora se levanta Maya?*

a) ¿? a las ocho y media
b) ¿? la cara
c) ¿? fruta
d) ¿? después
e) ¿? los correos electrónicos
f) ¿? a la escuela
g) ¿? tres
h) ¿? historia, conversación y gramática
i) ¿? después de las clases
j) ¿? churros y entra en la tienda para mirar o comprar algo
k) ¿? a las tres
l) ¿? los dientes
m) ¿? la gramática
n) ¿? por la noche
o) ¿? un DVD
p) ¿? con mis amigas
q) ¿? a las doce.

4. Combinar palabras

Añade verbo, sustantivo, artículo o / y adjetivo / preposición.

a) lavarse ■ ■
b) secarse ■ ■ ■
c) hacerse ■
d) quedarse ■
e) despertar ■
f) ■ ■ mundo
g) tener ■ motivación
h) gente ■
i) ■ el despertador
j) lenguaje ■
k) ■ ■ sueño
l) ■ ■ periódico

5. Lo contrario de...

a) por la mañana ■
b) antes ■
c) entretenido,a ■
d) primero ■
e) acostarse ■
f) comenzar ■

6. Actividad oral tándem sobre la rutina diaria: ¿A qué hora...?

25

A
Ejemplo: **despertarse** ¿? ¿A qué hora te despiertas? *(Me despierto a las seis en punto.)* 6:15 Me levanto a las seis y cuarto.
ducharse ¿? (¿A qué hora...?) → *(Casi siempre me ducho a las seis y veinte.)* nunca – antes de – 6:25
secarse el pelo ¿? (¿A qué...?) → *(A menudo me seco el pelo a las siete menos diez.)* 7:00
llamar tu novio / novia ¿? (¿A...?) → *(Llama sobre las seis y media.)* (también) ~6:30
desayunar ¿? → *(Desayuno sobre las siete y cinco.)* ~7:15
tomar el autobús ¿? → *(Casi siempre tomo el autobús a las siete y media.)* 7:45
empezar las clases ¿? → *(Nunca empiezan antes de las ocho.)* siempre – 13:00
llegar a casa tu padre (madre) ¿? → *(Normalmente llega a las dos y media.)* 15:00
clase de educación física ¿? → *(Los lunes y los martes tengo clase de educación física a las tres.)* Solo – miércoles – 13:00
terminar las clases ¿? → *(Las clases terminan a las tres de la tarde.)* 15:13

B
Ejemplo: 6:00 Me despierto a las seis en punto. levantarse ¿? ¿A qué hora te levantas? *(Me levanto a las seis y cuarto.)*
casi siempre – 6:20 → vestirse ¿? (¿A qué hora...?) *(Nunca me visto antes de las seis y veinticinco.)*
a menudo – 6:50 → pintarse los labios ¿? (¿A qué...?) *(Me pinto los labios a las siete.)*
~6:30 → llamar tu novio / novia ¿? (¿A...?) *(Mi novio / novia me llama también sobre las seis y media.)*
~7:05 → lavarse los dientes ¿? *(Me lavo los dientes sobre las siete y cuarto.)*
casi siempre – 7:30 → llegar al instituto ¿? *(Llego al instituto a las ocho menos cuarto.)*
nunca – antes de – 8:00 → comer ¿? *(Siempre como a la una.)*
normalmente – 14:30 → llegar tu madre (padre) ¿? *(Llega a las tres.)*
15.00 – lunes – martes → de arte ¿? *(Solo tengo clase de arte los miércoles a la una.)*
todos los días – 15.00 → llegar el autobús ¿? *(Llega a las tres y trece.)*

Grammatik und Strukturen • Gramática y estructuras

1. Das Verb • el verbo

1.1 Die reflexiven oder rückbezüglichen Verben

levantarse			
1. Sg.	**me**	lavo	*ich wasche mich*
2. Sg.	**te**	lavas	*du wäschst dich*
3. Sg.	**se**	lava	*sie/er/es wäscht sich*
1. Pl.	**nos**	lavamos	*wir waschen uns*
2. Pl.	**os**	laváis	*ihr wascht euch*
3. Pl.	**se**	lavan	*sie/Sie waschen sich*

- Die reflexiven Verben benutzt du häufig, z. B. bei vielen morgendlichen Tätigkeiten: sich waschen, sich duschen, sich kämmen, sich schminken, sich rasieren und andere.
- Die Akkusativpronomen (*me, te, se, nos, os, se*) beziehen sich immer auf das Subjekt: Beispiel:
  Mi madre se ducha. Meine Mutter duscht sich.
  Se bezieht sich zurück auf *mi madre*.

- Die reflexiven spanischen Verben müssen im Deutschen nicht immer reflexiv sein und umgekehrt auch nicht. „Aufwachen" heißt auf Spanisch despertarse. Deshalb musst du diese Verben immer zusammen mit dem Reflexivpronomen lernen.
- Die meisten reflexiven Verben können auch als transitive Verben gebraucht werden, also mit einem Objekt, das kein rückbezügliches Pronomen ist:
  Beispiel: Me lavo. *Ich wasche mich.* Lavo el coche. *Ich wasche das Auto.*

1.2 Diphthongierende Verben: i → ie; o → ue

com**e**nzar *anfangen*	desp**e**rtarse *aufwachen*	alm**o**rzar *zu Mittag essen*	c**o**ntar *erzählen*	d**o**rmir *schlafen*
com**ie**nzo	me desp**ie**rto	alm**ue**rzo	c**ue**nto	d**ue**rmo
com**ie**nzas	te desp**ie**rtas	alm**ue**rzas	c**ue**ntas	d**ue**rmes
com**ie**nza	se desp**ie**rta	alm**ue**rza	c**ue**nta	d**ue**rme
comenzamos	nos despertamos	almorzamos	contamos	dormimos
comenzáis	os despertáis	almorzáis	contáis	dormís
com**ie**nzan	se desp**ie**rtan	alm**ue**rzan	c**ue**ntan	d**ue**rmen

- Verben, bei denen sich der Stammvokal **o** oder **e** in der 1,. 2., 3. Person Singular sowie in der 3. Person Plural ändert, kennst du schon und verwendest sie häufig. Es sind z. B. *tener, querer, poder, comenzar*.
- Woran erkennst du, dass sich der Stammvokal verändert? Das erkennst du daran, dass die entsprechenden Verben im Wörterverzeichnis folgendermaßen gekennzeichnet sind: *querer -ie-* oder *poder -ue-*. Das -ie- oder -ue- bedeutet, dass du bei der Konjugation auf den Diphthong achten musst.
- Wann ändert sich der Stammvokal? Er ändert sich mit der Betonung. Nimm als Beispiel das Verb *comenzar*. Der Infinitiv wird auf der letzten Silbe betont, also nicht auf dem Stammvokal e. Die Betonung wandert bei den vier Verbformen auf die zweitletzte Silbe, bei der sich dann der Stammvokal **e** in den Diphthong **ie** verwandelt. Dasselbe passiert mit dem **o**, das zu **ue** wird.

1.3 Wechsel des Stammvokals bei Verben auf -ir

vestirse *sich anziehen*	corregir *verbessern*
me v**i**sto	corr**i**jo
te v**i**stes	corr**i**ges
se v**i**ste	corr**i**ge
nos vestimos	corregimos
os vestís	corregís
se v**i**sten	corr**i**gen

- Bei einigen Verben der i-Konjugation gibt es auch eine Änderung des Stammvokals **e**. Dieser verwandelt sich aber nicht in einen Diphthong, sondern in ein **i**.
- Du siehst noch eine orthografische Veränderung in der 1. Ps. Sg. von *corregir*. Die liegt daran, dass der Laut [χ] erhalten bleiben muss. Da g vor o [g] gesprochen wird, muss hier das j stehen. Aber das weißt du schon!

2. Der Gebrauch des Infinitivs • el uso del infinitivo

Antes de vestirse se ducha. *Vor dem Anziehen duscht sie sich.*	**antes de** + Infinitiv drückt die Vorzeitigkeit aus.
Después de ducharse se viste. *Nach dem Duschen zieht sie sich an.*	**después de** + Infinitiv drückt die Nachzeitigkeit aus.
Nada más sonar el despertador se levanta. *Direkt nach dem Läuten des Weckers steht er auf.*	**nada más** + Infinitiv drückt eine unmittelbar vorher-gehende Handlung aus.
Acabo de despertarme. *Ich bin gerade aufgewacht.*	**acabar de + Infinitiv** (*gerade etwas getan haben*): bezeichnet eine gerade abgeschlossene Handlung

- Durch diese Konstruktionen werden deine Ausdrucksmöglichkeiten größer, deine Texte variabler und flüssiger.
- Mit der Struktur *acabar de hacer algo*, die du schon aus dem ersten Modul kennst – du erinnerst dich: *Daniela acaba de llegar.* Daniela ist gerade angekommen –, kannst du die unmittelbare Vorzeitigkeit ausdrücken, was ganz praktisch ist. Beispiel: *La clase acaba de comenzar.* Die Stunde hat gerade angefangen. *Acabo de decir que no tengo tiempo.* Ich habe gerade gesagt, dass ich keine Zeit habe.

3. Präpositionen (Fortsetzung) • preposiciones (continuación)

en +	Ortsangabe	Dormimos en clase. *Wir schlafen im Unterricht.*
	Zeitraum	en media hora *in einer halben Stunde*
	Transport-mittel	Va en autobús al instituto. *Sie fährt mit dem Bus zur Schule.*
	Mittel	Explica la palabra en alemán. *Erkläre das Wort auf Deutsch.*

para +	Zweck	Escribe una entrada para el foro. *Sie schreibt einen Beitrag fürs Forum.*
	Absicht (um zu)	para desayunar *um zu frühstücken*
	Ziel, Bewe-gung auf	Se va para la universidad. *Er geht zur Universität.*
	persönliche Meinung	para mí... *für mich...*

a +	Zielangabe	Va a la cocina. *Sie geht in die Küche.*
	Objekt bei Personen	Saluda al amigo. *Sie grüßt den Freund.*
	Uhrzeit	Se despierta a las 7. *Sie wacht um 7 auf.*
	Entfernung	El colegio se encuentra a 2 km de la casa. *Die Schule liegt 2 km von zu Hause entfernt.*

por +	Ursache/ Motiv	Gracias por la ayuda. *Danke für die Hilfe.*
	Medium/ Hilfsmittel	mandar saludos por Internet *Grüße per Internet schicken*
	ungefähre Zeitangabe	Me ducho por la mañana. *Ich dusche morgens.*
	ungefähre Ortsangabe	Alina va por el parque al instituto. *Alina geht durch den Park zur Schule.*

4. Die Substantivierung von Adjektiven mit „lo" • la sustantivación de adjetivos con "lo"

Dormir es lo mejor. *Schlafen ist das Beste. (Am besten ist es zu schlafen.)* Lo bueno de las vacaciones es poder relajarse. *Das Gute an den Ferien ist es, sich ausruhen zu können.* Lo malo de la mañana es tener que levantarse. *Das Schlechte am Morgen ist, dass man aufstehen muss.*	Bisher hattest du gelernt, dass es im Spanischen nur den maskulinen und den femininen Artikel gibt. Heute lernst du eine Ausnahme, nämlich die Möglichkeit, ein Adjektiv zu einem Nomen zu machen. Im Deutschen machen wir das mit dem sächlichen Artikel „das" (das Schöne, das Gute, das Beste). Im Spanischen hat man einen eigenen Artikel für die Substantivierung, und zwar „lo".

Die Formen *mejor* (besser) und *peor* (schlechter) sind Steigerungsformen der Adjektive *bueno,a* und *malo,a*. Du kannst mit den beiden Formen Vergleiche anstellen.
Beispiele: *La poesía de Bécquer es mejor que la de Internet.* Das Gedicht von Bécquer ist besser als das aus dem Netz. *Mis notas en matemáticas no son buenas, son peores que las en español.* Meine Noten in Mathematik sind nicht gut, sie sind schlechter als die in Spanisch.

7 Disfrutar del tiempo libre

La música nos acompaña

competencias:

conocimientos interculturales:
- conocer al cantante Manu Chao en un concierto en Cosquín Rock

→ *me gusta*
→ *ir a* + inf. (el futuro próximo)
→ el tiempo
→ uso de *ser* y *estar* (+ adjetivo)

comprensión oral / audición:
- comprender lo que le gusta a Manu Chao

→ estrategias de audición

producción creativa:
- escribir una estrofa para la canción "Me gustas tú"

→ *me gusta*

leer:
- comprender una información de Internet sobre un concierto

aprendizaje del idioma:
- formular una regla para el uso de *me gusta(n)*
- reflexionar sobre el uso del diccionario
- formular una regla para el futuro próximo

hablar / interacción:
- expresar los gustos de otras personas y los gustos propios
- expresar lo que va a pasar en el concierto
- hablar sobre el tiempo en varios lugares

→ sistema de apoyo
- describir a Manu Chao y los fans

Disfrutar del tiempo libre

Actividades en el tiempo libre

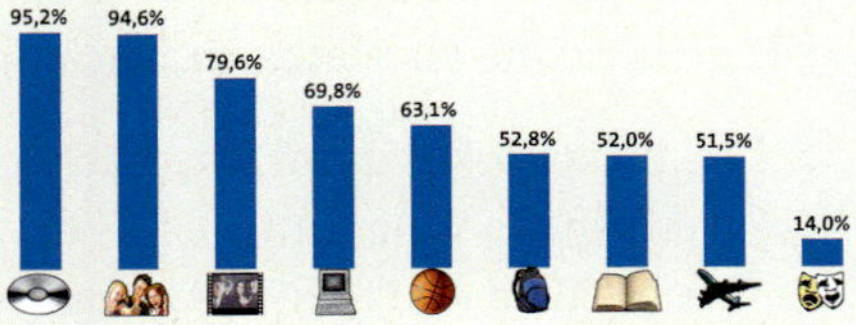

competencias:

leer y conocimientos interculturales:
- conocer los datos estadísticos de una encuesta sobre las actividades de ocio de la juventud española

interacción oral:
- entrevistarse sobre las actividades de ocio favoritas
- hablar sobre planes para el fin de semana

→ *ir a* + inf. (el futuro próximo)

presentación oral:
- comentar los datos de una estadística

→ indicar el porcentaje
→ sistema de apoyo
- presentar las actividades de ocio favoritas de la juventud española en comparación con las de la juventud alemana

→ sistema de apoyo

Organizar un desayuno español con el curso

competencias:

leer y conocimientos interculturales:
- conocer el desayuno español
- comparar los desayunos español y alemán

→ sistema de apoyo

aprendizaje del idioma:
- explicar el uso y la colocación de los pronombres

interacción:
- organizar un desayuno español con el curso

→ pronombres de complemento directo

1 La música nos acompaña

Manu Chao: Me gustas tú

1. Las situaciones en que la música te acompaña
Mira las fotos y cuenta cuándo escuchas música.

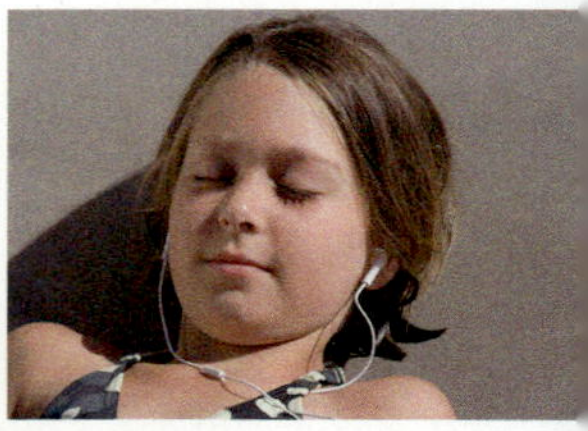
descansar

correr

chatear

leer

hacer los deberes

bailar

arreglar la habitación

→ *estrategias de audición*

2. Una canción de Manu Chao
a) Escucha la canción con el libro cerrado y apunta palabras o frases que entiendes.

¿Qué horas son, mi corazón?

12 de la noche en la Habana, Cuba.
11 de la noche en San Salvador, El Salvador.
11 de la noche en Managua, Nicaragua.

Me gustan los aviones, me gustas tú.
Me gusta viajar, me gustas tú.
Me gusta la mañana, me gustas tú.
Me gusta el viento, me gustas tú.
Me gusta soñar, me gustas tú.
Me gusta la mar, me gustas tú.

¿Qué voy a hacer?
Je ne sais pas.
¿Qué voy a hacer?
Je ne sais plus.
¿Qué voy a hacer?
Je suis perdu.
¿Qué horas son, mi corazón?

Me gusta la moto, me gustas tú.
Me gusta correr, me gustas tú.
Me gusta la lluvia, me gustas tú.
Me gusta volver, me gustas tú.

b) Usa el diccionario para saber lo que le gusta a Manu Chao.
Ejemplo: A Manu Chao le gusta(n)... lo que significa en alemán...

c) Hablad en alemán sobre el uso del diccionario. Posibles temas: diferentes significados, información en el diccionario, el uso de la parte alemán-española,...

3. Reflexión gramatical: gustar

Lee las frases siguientes y averigua cuándo se usa *gusta* o *gustan*. Formula una regla.

Me gustan los aviones.
Me gusta el viento.
Me gusta soñar.

→ *gramática p. 90*
↗ *1*

4. Una entrevista sobre los gustos

a) Apunta en tu cuaderno lo que (no) te gusta.

tema	yo	compañero/a
la canción de Manu Chao	¿?	¿?
bailar	¿?	¿?
estudiar	¿?	¿?
los libros	¿?	¿?
...	¿?	¿?

☺ me gusta
☺☺ me gusta **mucho**
☹ no me gusta
☹☹ **no** me gusta **en absoluto** *(es gefällt mir gar nicht)*

b) Entrevista a un compañero o una compañera.
Ejemplo: ¿Te gusta la música española? Sí, me gusta mucho.
No, no me gusta en absoluto.

c) Presenta lo que <u>le gusta</u>.

A Max <u>le gusta</u> la música española.	A mí me gusta también. A mí no me gusta.
A Laura no <u>le gusta</u> estudiar.	A mí no me gusta tampoco. A mí sí me gusta.

también *auch*

no... tampoco *auch nicht*

5. Sobre gustos no hay nada escrito

Formula lo que (no) les gusta a las diferentes personas con la ayuda de la tabla. Puedes usar los pronombres de la primera columna si quieres destacar la persona.

(a mí) (a ti) (a él / ella / Carlos / Ana / usted) (a nosotros/as) (a vosotros/as) (a ellos/as / las chicas / ustedes)	(no)	me te le nos os les	gusta(n)	ir de compras la música los deportes el mar las fiestas bailar los ordenadores el colegio

6. Todos somos poetas muy creativos

Escribe una estrofa para la canción con las cosas y las acciones que te gustan.

Yo voy a ver a Manu Chao en Cosquín Rock

facebook Buscar

Información

Categoría:
Interés general – Eventos actuales

Descripción:
Para todos los fanáticos de José Manuel Thomas Arthur Chao y Radio bemba

Privacidad:
Abierto: todo el contenido es público.

yo voy a ver a manu chao

Unirte

Muro | **Información** | **Fotos** | **Eventos**

Información básica

Nombre:	yo voy a ver a manu chao, donde toque
Categoría:	Interés general – Eventos actuales
Descripción:	Para todos los fanáticos de José Manuel Thomas Arthur Chao y Radio bemba
Privacidad:	Abierto: todo el contenido es público.

Noticias recientes

Manu Chao va a tocar el viernes 27 de enero en el Cosquín Rock.
Todos los argentinos vamos a tener la oportunidad de ver a Manu 2 veces en un año, la nueva fecha es el sábado 28 de noviembre a las 9 de la noche. Las entradas están en venta, el valor de la entrada es de 80 pesos.
Saludos a toda la gente que va a poder disfrutar de uno de los artistas más grandes del mundo.

ligeramente adaptado de: https://www.facebook.com/group.php?gid=48293357898 [10/07/2011]

1. Una página web internacional

Mira la página web y contesta las preguntas.

a) ¿Cómo se llama la página web?
b) ¿Cómo se llaman en alemán las categorías *muro*, *información*, etc.?
c) ¿Para quién es este grupo en la página web?

2. Manu Chao en Argentina

Lee las "Noticias recientes" y completa las frases.

a) El nombre completo de Manu Chao es...
b) El viernes 27 de enero Manu Chao va a tocar en...
c) Los argentinos van a tener la oportunidad de...
d) La segunda fecha es...
e) El concierto empieza a...
f) La entrada cuesta...
g) El autor saluda a...

Placa informativa

Cosquín Rock es un festival de rock al aire libre en la provincia de Córdoba en Argentina.

3. El futuro próximo

→ *gramática p. 90*
↗ 2

a) "yo voy a ver a manu chao" es el título del grupo en Facebook. Explica qué expresa y cómo se forma esta estructura.

b) ¿Qué va a pasar?

Ejemplo: Los fans ■ (comprar) las entradas. *Los fans van a comprar las entradas.*

- Manu Chao ■ (dar) dos conciertos en Argentina.
- El cantante ■ (tocar) el 27 de noviembre y el 28 de enero.
- En los conciertos Manu Chao ■ (cantar) sus grandes éxitos.
- ¿Tú ■ (ir) al concierto también?
- No, desgraciadamente no ■ (ir) porque no tengo tiempo.

En el Cosquín Rock

Escenario principal

Don Vilanova (17:40 hs)	Las Pelotas (21:15 hs)
Disidentes (18:30 hs)	Manu Chao (21:00 hs)
Los Piojos (20:45 hs)	Anacrónica (21:55 hs)

Placa informativa

In einigen Ländern Lateinamerikas hört man wie im Lied von Manu Chao in der Umgangssprache auch die Formulierung „Qué horas son?“.

1. La programación del Cosquín Rock

En invierno Argentina tiene cuatro horas menos que Alemania por la diferencia horaria. Formula qué hora es en Alemania cuando tocan los grupos en el Cosquín Rock.

Ejemplo: Cuando toca Manu Chao en Argentina son las nueve (de la tarde) y en Alemania son las cinco (de la tarde).

¿Qué hora es?

Son las nueve de la tarde en Argentina.

Son las cinco de la tarde en Alemania.

2. El tiempo en Cosquín, Argentina

Hace: buen tiempo / mal tiempo / sol (m) / calor (m) / frío / viento / 20 grados

El cielo está: despejado / nublado, cubierto

Llueve

Nieva

sistema de apoyo

→ *estructuras p. 90*
↗ *3*

27 de enero: el tiempo en Cosquín

Mañana	
06:00	09:00
16°C	20°C
Tarde	
12:00	15:00
16°C	18°C
Atardecer	
18:00	21:00
24°C	22°C

y en Argentina en general

a) ¿Qué tiempo hace en Cosquín el 27 de enero? Contesta con la ayuda del sistema de apoyo.
Ejemplo: A las 6 de la mañana hace buen tiempo: Hace sol y 16 grados. El cielo está despejado.

b) Preguntaos sobre el tiempo en algunas ciudades de Argentina.

c) Mira por la ventana y habla del tiempo que hace hoy.

Un concierto de Manu Chao: un espectáculo con muchas emociones

Placa informativa

El músico Manu Chao (*21 de junio de 1961 en París) es hijo de padres españoles.
Habla muchas lenguas, pero canta sobre todo en español.
Vive en Barcelona.

1. ¿Quién es Manu Chao?

a) Ordena con la ayuda de la imagen de palabras los adjetivos en dos categorías:
- describir el aspecto físico
- describir el carácter

b) Describe a Manu Chao.

→ *gramática p. 91*
↗ 7

2. ¿Cómo está Manu Chao a veces?

A veces, después de un concierto, Manu Chao está muy contento.
Muchas veces, después del concierto, está muy cansado.

1

2

3

4

5

a) Mira qué adjetivos se construyen con el verbo estar.

6

b) Después de un concierto miras las fotos con una amiga. Le comentas cómo Manu Chao está durante el concierto.
Ejemplo: En la primera foto está..., en la segunda...

3. ¿Y los fans?

a) Mira la foto del concierto y describe a los fans.

b) Imagínate que estás en el concierto con un grupo de amigos. Escribe un mensaje SMS a otro amigo en el que describes cómo estáis durante el concierto.

2 Actividades en el tiempo libre

Actividades que practica la población joven (chicas y chicos de 15 – 19 años) durante su tiempo libre (base: 1.306 personas):

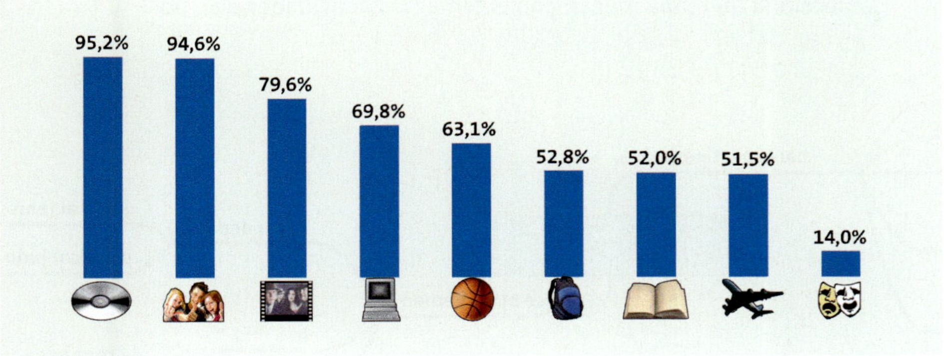

Hablar de la estadística y redondear cifras

a) Termina las frases:
- Los participantes de la encuesta son...
- En la encuesta participan...
- La actividad que más les gusta es...

b) Lee en voz alta las cifras de la estadística.

c) Presenta los datos estadísticos redondeados con el siguiente vocabulario.

El / Un... por ciento Casi el / un... por ciento Aproximadamente la mitad Casi todos Como... Más del... Más de un cuarto de...	hacer deporte viajar ir al teatro salir con amigos escuchar música leer libros ir al cine usar el ordenador ir de excursión

encuesta *Umfrage*

indicar el porcentaje:
27,3 %: el / un 27 coma 3 por ciento

sistema de apoyo

redondear: 27,3 %: casi el 30 por ciento

→ *estructuras p. 91*
↗ 5

La agenda de Isabel, una joven española

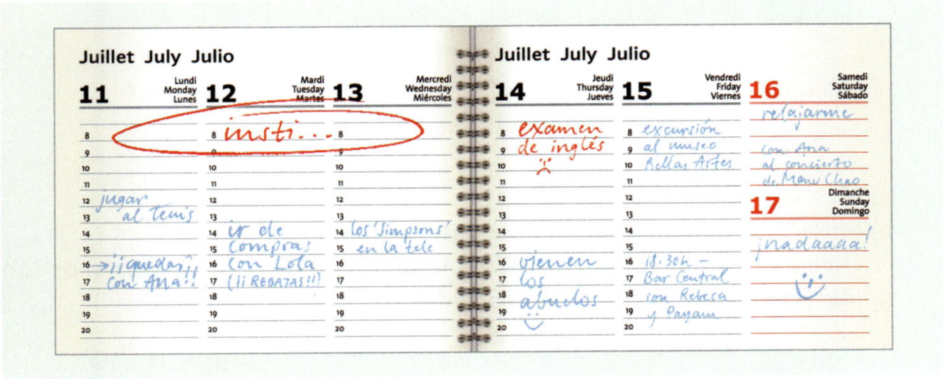

1. Hacer planes

a) ¿Qué va a hacer Isabel la semana que viene?
Ejemplo: El lunes a las ocho de la mañana va a ir al instituto.

b) Anota tus planes para el fin de semana y charlad sobre los planes en pareja.

2. Un mapa mental sobre las actividades de ocio

Confecciona un mapa mental con el tema "las actividades de ocio".

3. ¿Qué os gusta hacer en vuestro tiempo libre?

a) Formad grupos de cinco personas y presentad vuestras actividades favoritas.

sistema de apoyo

En mi tiempo libre me gusta... / me encanta... / me interesa...

b) Confeccionad un gráfico con las actividades favoritas del grupo.

c) Presentad los resultados de vuestro grupo al curso.

sistema de apoyo

Somos un grupo de... personas / estudiantes.
... personas escuchan música
Casi todos ...
Solo... ...
La actividad favorita de casi todos es...
Solo una / dos persona(s)...
Nadie...

4. La juventud aquí y allí

a) Compara los resultados de la encuesta en tu curso con la estadística. Confecciona una tabla.

	mi curso	la juventud española	yo
1	¿?	¿?	¿?
2	¿?	¿?	¿?
3	¿?	¿?	¿?

b) Presenta los resultados. Puedes empezar así:
Quiero comparar los resultados de las encuestas. Los resultados (no) son idénticos / son casi idénticos / son diferentes porque...

3 Organizar un desayuno español con el curso

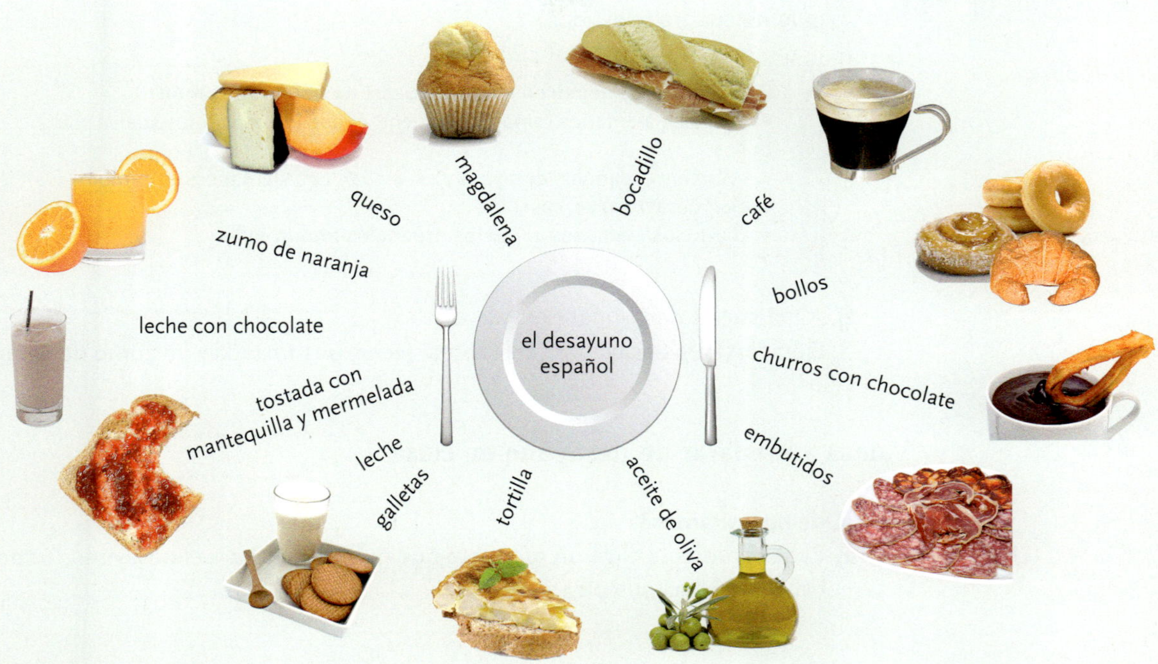

¿Qué toman los españoles para desayunar?

Muchas personas toman el desayuno en bares o cafeterías y consiste en café con bollos o con tostadas y zumo de naranja natural. El desayuno español más tradicional son "churros" con chocolate caliente.
En casa, el desayuno consiste en un vaso de café, de leche o de leche con chocolate, acompañado con galletas, magdalenas, bollos o pan tostado con mantequilla y mermelada.
El "segundo desayuno" entre las 10 y las 11 h suele consistir en café con leche y un "pincho" de tortilla o un bocadillo con queso o embutido.
En las regiones mediterráneas y Andalucía el café con leche y las tostadas de aceite de oliva, con o sin tomate, son un desayuno muy habitual, tanto en casa como en bares y cafeterías.

ligeramente adaptado de: http://wiki.2mobility.eu/index.php?option=com_content& view=article&id=329:comidas&catid=47:comida&lang=es&Itemid=80 [10/07/2011]

el... más tradicional *das traditionellste ...*
soler hacer -ue- *etwas normalerweise tun, etwas zu tun pflegen*
pincho *tapa*

1. Las fotos del desayuno

a) Mira las fotos de los productos típicos en el desayuno español.
b) ¿Cuáles son los productos que también se suelen tomar en el desayuno en Alemania?

2. El desayuno español

Responde a las preguntas.

a) ¿En qué consiste el primer desayuno de los españoles?
b) ¿A qué hora suelen tomar el segundo desayuno?
c) ¿En que consiste el segundo desayuno?
d) ¿Con qué suelen tomar los churros?
e) ¿Dónde toman el desayuno?
f) ¿Qué prefieren desayunar los andaluces?

sistema de apoyo

3. El desayuno aquí y allí

a) Confecciona un gráfico con los productos de un desayuno alemán. Puedes consultar un diccionario.

b) Compara las costumbres españolas con las alemanas. Las expresiones del siguiente cuadro te ayudan.

→ *estructuras p. 90 ↗ 4*

Expresar lo que tienen en común y lo que no tienen en común
- Muchos alemanes toman pan mientras que los españoles suelen tomar bollos.
- Muchos españoles desayunan en un bar. Los alemanes, en cambio, suelen desayunar en casa.
- Tanto los alemanes como los españoles toman café.

c) ¿Qué sueles desayunar tú?
Ejemplo: Para desayunar suelo tomar leche, una tostada y un zumo de naranja.

Vamos a preparar un desayuno en clase

1. ¿Qué necesitamos?

a) Cada estudiante elige un producto que quiere traer para el desayuno. Tu profe hace una lista en la pizarra.

¿Qué?	¿Quién?
el pan	lo trae Alina
la leche	la trae Tim
los bollos	los trae Corinna
las galletas	las trae Paula
...	...

b) Reflexiona sobre los pronombres *lo*, *la*, *los* y *las*, piensa a qué se refieren, por qué se usan y dónde se ponen en la frase.

2. ¿Quién lo hace?

→ *gramática p. 91 ↗ 6*

Formula la segunda frase con los pronombres de objeto directo según el ejemplo:
Ejemplo: Ana escribe las cartas de invitación. Manda las cartas a todos los amigos.
→ Las manda a todos los amigos.

a) Juan trae el pan. Compra el pan en una panadería.
b) María trae las galletas. Busca las galletas en el supermercado.
c) Isabel trae a su amiga Pepa. Conoce a Pepa muy bien.
d) Los alumnos tienen un profesor simpático. Por eso invitan al profesor.
e) Los bollos son muy dulces. Por eso Cora y Lucía comen los bollos con mucho placer.
f) Mónica trae un disco de música española. En el desayuno todos escuchan música española.
g) Vamos a desayunar en el aula. Después todos arreglan el aula (¡!).

Bloque de ejercicios adicionales

1. El verbo gustar

Inserta *gustar* y el pronombre.

a) A Manu Chao ■ cantar.
b) A mí ■ ver la tele.
c) A Carlos y a mí ■ las montañas.
d) A Pepa y Julia ■ soñar.
e) A vosotros ■ los libros.
f) ¿A ti ■ la música rápida?

2. Formular respuestas

Formula una respuesta afirmativa o negativa con *también* y *tampoco*.

a) A Julia le gusta mucho el sol. – Pues, a mí...
b) A Carlos no le gusta estudiar. – Pues,...
c) A Antonia no le gusta la música rock. – ...
d) A la profesora le gusta leer libros. – ...
e) A Montse y Julia no les gustan los deberes. – ...

3. ¿Qué van a hacer las personas?

Añade también nuevas actividades.

(yo) (tú) (él, ella, usted) (nosotros,as) (vosotros,as) (ellos, ellas, ustedes)	ir a	comprar el nuevo CD de Manu Chao ir a un festival de rock escuchar música usar el ordenador hacer deporte ...

4. ¿Qué tiempo hace en qué ciudad?

Elige como mínimo 5 ciudades y describe detalladamente el tiempo actual.

Ejemplo: En La Habana, Cuba, hace...

5. El desayuno español

Inserta los pronombres.

Los españoles suelen tomar café por la mañana. ■ toman con leche y azúcar. A veces toman también galletas. ■ compran en el supermercado. Algunos comen pan tostado. ■ comen con aceite de oliva o mermelada. Los niños suelen tomar leche. ■ toman con chocolate. Comen bocadillos en el colegio. ■ preparan con jamón o queso. Muchos también comen churros. ■ toman con chocolate. Además, la tortilla es muy típica. Los españoles ■ comen mucho.

Grammatik und Strukturen • Gramática y estructuras

1. Die Struktur *me gusta* (mir gefällt) • la estructura *me gusta*

betonte Objektpronomen	unbetonte Objektpronomen + *gustar* + Infinitiv oder Nomen		Regel	
(a mí)	me		Pronomen + gusta	+ Infinitiv + Nomen
(a ti)	te	gusta viajar (y correr)		
(a él / a ella / a usted)	**le**	gusta el viento	Pronomen + gustan	+ Nomen im Plural + mehrere Nomen
(a nosotros / a nosotras)	nos	gusta**n** los aviones		
(a vosotros / a vosotras)	os	gusta**n** el viento y la lluvia		
(a ellos / a ellas / a ustedes)	**les**			

- Die unbetonten Pronomen *me*, *te*, *nos*, *os* kennst du schon als Reflexivpronomen. Du brauchst dir als Dativpronomen nur *le* für die 3. Ps. Sg. und *les* für die 3. Ps. Pl. zu merken!
- Aufpassen musst du, wenn du die Person, der etwas gefällt, benennen willst. Sie muss immer mit der Präposition „a" verbunden werden, und das Pronomen *le* bzw. *les* darf nicht fehlen. Das ist anders als im Deutschen. **Beispiel:** Dem Sänger Manu Chao gefallen die Flugzeuge. ***Al*** *cantante Manu Chao* ***le*** *gustan los aviones.* Du kannst auch sagen: *Los aviones* ***le*** *gustan* ***a*** *Manu Chao.*
- Neu sind für dich die betonten Pronomen, die zusammen mit einer Präposition, hier ist es *a*, stehen. Die betonten Pronomen musst du also bei der Struktur mit **gustar** nicht zwingend verwenden. Sie dienen nur der besonderen Betonung, zum Beispiel, wenn du betonen willst, dass dir das Reisen gefällt.
- Diese betonten Pronomen sind insgesamt sehr nützlich, denn du erweiterst mit dem Gebrauch deine Ausdrucksmöglichkeiten. Beispiel: *¿Para quién es el zumo de naranja? Es para mí y para vosotras.* Für wen ist der Orangensaft? Er ist für mich und für euch.

2. Das periphrastische Futur mit *ir a* + Infinitiv • el futuro perifrástico con *ir a* + infinitivo

voy vas va vamos vais van	a	bailar comprar las entradas ver a Manu Chao ir al concierto	Mit dem periphrastischen Futur (*ir a* + Infinitiv) drückst du Ereignisse in der nahen Zukunft aus. Ebenso kannst du damit Absichten und Pläne formulieren. Im Deutschen gebrauchst du meist das einfache Präsens. **Beispiele:** Ich gehe ins Konzert./Ich werde auf das Konzert gehen./Ich habe vor, auf das Konzert zu gehen.

3. Das Wetter • el tiempo

Hace	calor / frío. buen tiempo / mal tiempo. sol / viento. ... grados.	(El cielo) **está**	despejado. nublado. cubierto.	Die meisten Wetterangaben drückst du mit der 3. Person Singular des Verbs *hacer* aus.
Es ist *Es sind*	*heiß/kalt.* *gutes/schlechtes Wetter.* *Sonne/Wind.* *... Grad.*	*Der Himmel ist*	*wolkenlos.* *bewölkt.* *bedeckt.*	Den Zustand des Himmels (bewölkt etc.) beschreibst du mit dem Verb *estar* + einem Partizip.

4. Konnektoren zum Ausdruck von Gegensätzen und Gemeinsamkeiten • conectores

Muchos alemanes toman pan **mientras que** los españoles suelen tomar bollos. *Viele Deutsche essen zum Frühstück Brot, während (wohingegen) die Spanier süße Teilchen zu essen pflegen.* Muchos españoles desayunan fuera. Los alemanes, **en cambio**, suelen desayunar en casa. *Viele Spanier frühstücken draußen, die Deutschen hingegen pflegen zu Hause zu frühstücken.* **Tanto** los alemanes **como** los españoles toman café. *Sowohl Spanier als auch Deutsche trinken Kaffee.*	Diese Konnektoren setzt du ein, um auszudrücken, dass etwas unterschiedlich, gegensätzlich oder gleich ist.

5. Angaben von Prozenten • indicar el porcentaje

23,2 % **el** veintisiete coma 2 por ciento 2 % **el** dos por ciento **El / Un** 27,3 % de los chicos **juega** al fútbol. *27,3 % der Jungen spielen Fußball.*	Im Spanischen musst du die Prozentangabe immer mit dem bestimmten oder unbestimmten Artikel lesen, auch wenn er nicht angegeben wird. Das Verb, das sich auf die Prozentangabe bezieht, steht entsprechend immer im Singular.
¿Qué tanto por ciento juega al fútbol? *Wie viel Prozent spielen Fußball?*	Die Frage nach den Prozentangaben ist etwas ungewöhnlich, deshalb musst du sie dir gut merken!
Más del 69 % ve la tele. *Mehr als 69 % schauen fern.* **Casi / Aproximadamente el** 70 % ve la tele. *Fast 70 % schauen fern.*	Mit *casi* (fast), *aproximadamente* (ungefähr), *más de/menos de + Zahl* (mehr/weniger als) kannst du Zahlen auf- und abrunden. Beispiel: 490.000 *casi medio millón*

6. Das direkte Objektpronomen (Akkusativ) • el pronombre personal como complemento directo

Ana trae el pan. **Lo** compra en la panadería. *Ana bringt das Brot mit. Sie kauft **es** in der Bäckerei.*	• Die Pronomen *lo/los* und *la/las* ersetzen das direkte Objekt (Akkusativobjekt im Deutschen). Pronomen sind praktisch, weil du das Nomen nicht wiederholen muss. • Die Pronomen der 1. und 2. Ps. Sg. und Pl. sind die dir schon bekannten *me, te, nos, os*. Beispiel: *¿**Me** ves? Sí, **te** veo.* Siehst du **mich**? Ja, ich sehe **dich**. Zwischen „mir" und „mich", „dir" und „dich" gibt es keinen Unterschied! • Das Pronomen steht immer vor dem konjugierten Verb. • **Einzige Ausnahme:** der bejahte Imperativ (Befehlsform). Hier wird das Pronomen angehängt. Das ist dir sicher schon bei Arbeitsanweisungen aufgefallen: **Escríbelo** en la pizarra.
Manu trae la leche. **La** compra en el súper. *Manu bringt die Milch mit. Er kauft **sie** im Supermarkt.*	
Carlos compra los churros. **Los** toma con chocolate. *Carlos kauft die Churros. Er isst **sie** mit heißer Schokolade.*	
Antonia compra galletas. **Las** trae. *Antonia kauft Kekse. Sie bringt **sie** mit.*	

7. Die Verben *ser* und *estar* mit Adjektiv • *ser* y *estar* con adjetivos

ser + Adjektiv Manu Chao es alto y moreno. *Manu Chao ist groß und dunkelhaarig.* Es simpático. *Er ist sympathisch.* Es feliz y rico. *Er ist glücklich und reich.*	Wie du schon im vierten Modul gelernt hast, verwendest du bei der Beschreibung von Personen und ihren Eigenschaften das Verb *ser*. Du erinnerst dich bestimmt an Brandom und Melanie: *Brandom es chistoso, alto y guapo. Melanie es activa, amable y guapa.*

estar + Adjektiv in festen Verbindungen Du hast vielleicht auch schon einmal die entsprechende Frage gehört: *¿Cómo estás?* – auf Deutsch: Wie geht es dir? Manche sagen auch: Wie ist es dir? Hola Manu, ¿cómo estás? – No estoy bien porque estoy enfermo. *Hallo Manu, wie geht es dir? – Mir geht es nicht gut, weil ich krank bin.*	Das Verb *estar* kennst du schon aus Modul 3, in dem du gelernt hast auszudrücken, wo sich etwas befindet: *Madrid está situado en el centro de España.* Anstelle von *situado,a* kannst du in der Kombination mit *estar* auch andere Adjektive benutzen, um auszudrücken, in welchem Zustand sich etwas oder jemand befindet. estar bien (*wohlauf sein*) — estar furioso,a (*wütend sein*) estar triste (*traurig sein*) — estar lleno,a (*voll sein*) estar loco,a (*verrückt sein*) — estar caliente (*heiß sein*) estar enfermo,a (*krank sein*) — estar sucio,a (*schmutzig sein*) estar contento,a (*zufrieden sein*) — estar limpio,a (*sauber sein*)
Manu está un poco frustrado, pero no está desilusionado ni tampoco está enfadado. *Manu ist etwas frustriert, aber er ist nicht enttäuscht und er ist auch nicht verärgert.* Luego está cansado, no está aburrido. *Dann ist er müde, er ist nicht gelangweilt.*	Oft werden Partizipien (die du daran erkennst, dass sie meist auf -ado,a oder -ido,a enden) wie Adjektive verwendet. Diese stehen so gut wie immer mit *estar*, z. B.: estar frustrado,a (*frustriert sein*) — estar enfadado,a (*ärgerlich sein*) estar aburrido,a (*gelangweilt sein*) — estar relajado,a (*entspannt sein*) estar muerto,a (*tot sein*) — estar cansado,a (*müde sein*) estar casado,a (*verheiratet sein*)
Ojo: Am besten ist es, du lernst diese Ausdrücke als feste Verbindungen. Im Laufe der Zeit wirst du noch andere Adjektive kennenlernen, die mit *estar* gebraucht werden.	

8 Aquí vivimos

La ciudad de Gijón vista por el actor Javier Ríos

competencias:

comprensión audiovisual y conocimientos interculturales:
- comprender la presentación de la ciudad de Gijón (Asturias) de un actor gijonés

expresión oral:
- expresar la opinión personal sobre Gijón
- explicar qué es lo mejor de una ciudad

→ **superlativo de *bueno* / *malo***
→ **sustantivar adjetivos**

El barrio

competencias:

leer y conocimientos interculturales:
- comprender mensajes de un blog sobre los barrios de dos jóvenes gijoneses

expresión oral:
- describir lo que hay en mi barrio
- expresar lo que se hace en los establecimientos del barrio

→ **pasiva refleja**
→ **pronombres indefinidos / doble negación**

aprendizaje de idiomas:
- sistematizar los pronombres indefinidos y la doble negación

Aquí vivimos

Una vivienda del siglo pasado

competencias:

leer y conocimientos interculturales:
- comprender la descripción de la casa de Antonio Machado en Segovia

expresión oral:
- describir (fotos de) las habitaciones de la casa

→ ***estar* y *hay***
- expresar la impresión personal de la casa

producción creativa:
- diseñar una habitación para una exposición en el aula
- presentar el diseño de la habitación
- guiar un grupo alemán por la casa-museo de Machado

→ **mediación**

Familias y relaciones familiares

competencias:

descripción de imágenes y conocimientos interculturales:
- describir el cuadro de la familia Soler por Picasso

→ ***estar* y *hay***
→ **sistema de apoyo**

comprensión auditiva y / o lectora:
- comprender una descripción de la familia Soler
- comprender el árbol genealógico de la familia Soler

expresión oral:
- hablar sobre relaciones familiares
- presentar un árbol genealógico

1 La ciudad de Gijón vista por el actor Javier Ríos

3

Placa informativa

Gijón, la ciudad más grande de la comunidad autónoma de Asturias, está situada en la costa del mar Cantábrico. El clima es agradable, su paisaje variado y su gente hospitalaria.

Ficha de Javier Ríos

Nombre: Javier
Apellido: Ríos
Profesión: Actor
Lugar nacimiento: Barcelona*
País: España
Fecha nacimiento: 05 de Diciembre de 1981
Edad: 30 años

http://www.formulatv.com/personas/931/javier-rios/ [11/04/2011 _12:37]

*Javier Ríos pasa los primeros 17 años de su vida en Gijón.

1. Las fotos de Gijón
Mira las fotos. ¿Qué tiene Gijón?

expresión oral

2. La ficha
Lee la ficha y presenta a Javier Ríos.

comprensión auditiva
fomentar *fördern*
majo,a bonito

3. Un vídeo sobre Gijón
Lee las frases y escucha cómo Javier Ríos presenta su ciudad.

a) Gijón es una ciudad	☐ bonita	☐ atractiva	☐ simpática.
b) Gijón fomenta	☐ el fútbol	☐ el windsurf	☐ el tenis.
c) Gijón es una	☐ ciudad tranquila		☐ un lugar tranquilo.
d) Gijón tiene	☐ playa, montaña y ríos		☐ playa, montaña y mar.
e) La gente es	☐ amable	☐ maja	☐ chistosa.
f) El equipo de fútbol es	☐ excelente	☐ magnífico	☐ perfecto.

4. La opinión de Javier Ríos sobre la ciudad de su juventud
a) Completa la frase: Para Javier Ríos Gijón..., porque...
b) ¿Crees que Gijón puede ser interesante para ti? ¿Por qué sí o por qué no?
c) ¿Qué es, para ti, lo mejor de tu ciudad?

2 El barrio

farmacia
casa alta con muchos pisos
jamones en una carnicería
la terraza de un bar
gente en un parque
cancha

Nuestros barrios

Abdel: “Vivo en la **calle del Puerto de Cerredo.** En mi calle hay una peluquería, hay un jardín, un aparcamiento de coches. Yo vivo en un noveno. Cerca de mi edificio hay una farmacia, abajo hay dos parques, al lado hay un bar y enfrente hay una parada de autobús”.

Maguette: ”Vivo en Gijón, en **Tremañes.** En Tremañes hay una estación de tren de Feve. Cerca de mi casa hay una carnicería, lugar donde se compra la carne, enfrente de la carnicería hay una cancha donde nosotros entrenamos todos los días, también hay talleres. Mi calle es muy silenciosa, me parece que la única de Gijón. Para mí es un barrio muy bonito”.

http://blog.educastur.es/inmersion/2007/05/08/mi-barrio/ [02/03/2011_13:25]

en un noveno (piso)
im 9. Stock

Feve: Ferrocarril de vía estrecha
Schmalspurbahn

Los barrios en que viven Abdel y Maguette

comprensión

a) ¿Qué hay en qué barrio? Prepara una tabla.

Abdel	Maguette
Ejemplo: edificio alto en que vive	¿?

b) Haced una cadena de preguntas y respuestas.
Ejemplo: 1ª persona: ¿Qué hay en el barrio de Abdel? 2ª persona: En el barrio de Abdel hay un edificio alto (en que vive). ¿Qué más hay en el barrio de Abdel? / ¿Qué hay en el barrio de Maguette? 3ª persona: En el barrio hay…

Algunos atractivos del barrio

frutería

piscina pública

plaza de toros

zapatería

monumento importante

restaurante mexicano

peluquería

bar de tapas

tienda de ropa juvenil

parque zoológico

taller de coches

expresión oral

→ gramática p. 104
↗ 2

1. La infraestructura de un barrio

a) Mira qué atractivos puede tener un barrio.

b) ¿Qué se hace en...? Relaciona las columnas. Puedes utilizar el diccionario.

Ejemplos: En una peluquería se corta el pelo a los clientes.
En un taller de coches se reparan coches.

una peluquería	p. ej. cortar el pelo a los clientes
carnicería	comprar carne
farmacia	comprar medicina
cancha	entrenarse los jóvenes
taller de coches	reparar coches
jardín zoológico	ver animales exóticos y salvajes
una tienda de zapatos	comprar zapatos
una plaza de toros	torear / ver una corrida de toros
piscina	nadar
un bar	beber y comer algo
una discoteca	bailar

c) Explica el uso de la pasiva refleja.

2. Hablar sobre los atractivos que hay y que (desgraciadamente) no hay

a) Mira el cuadro y reflexiona sobre el uso de los pronombres indefinidos "algún", "alguno", "alguna" y "ningún", "ninguno", "ninguna". Fíjate también en la doble negación.

¿Hay **alguna** discoteca chula en el barrio?	No, **no** hay **ninguna**. Creo que hay **(alg)una** cerca de aquí.
¿**No** hay **ningún** taller de coches aquí?	No, **no** hay **ninguno**. Hay **(alg)uno** en el otro barrio.
¿**No** hay **ninguna** tienda de moda?	Sí, hay **algunas** de marcas, por ejemplo H&M, Zara, C&A.
¿**No** hay **ninguna** zapatería?	No, lo siento, **no** hay **ninguna**.

Hinweis:
Der Unterschied zwischen *hay uno/a* und *hay algun/a* ist der folgende: *Hay una.* – Es gibt eine. *Hay alguna.* – Es gibt eine (aber ich weiß nicht so genau, wo).

lo siento *es tut mir leid*

→ *gramática p. 104*
↗ *1*

b) Contesta a las preguntas.
¿Hay alguna tienda de zapatos en tu barrio? No, no hay ■.
¿Hay algún restaurante chino en tu barrio? Sí, hay ■ cerca de aquí.
¿Hay algún bar español en el barrio? No, no hay ■ bar español.
¿Hay algún taller de coches por aquí? No, no hay ■.
¿Hay alguna tienda de ropa? Sí, hay ■, tres o cuatro.

c) Formulad en forma de cadena más preguntas y contestad.

d) Completa el gráfico en tu cuaderno.

Los pronombres indefinidos		
bejaht	*algún* + maskulines Nomen	■ + feminines Nomen
	■ alleinstehend	■ alleinstehend
	■ Plural	■ Plural
verneint	■ + maskulines Nomen	■ + feminines Nomen
	■ alleinstehend	■ alleinstehend

gramática

e) Completa el texto sobre Gijón con los pronombres indefinidos.

26

En Gijón hay ■ atractivos interesantes. La ciudad tiene, por ejemplo, ■ playas muy bonitas y ■ monumentos, como el famoso "Elogio del Horizonte" del escultor vasco Chillida. Gijón no tiene ■ parque famoso como el parque Güell de Barcelona, pero en la ciudad hay ■ parques bonitos y grandes.
Muchos gijoneses creen que su ciudad es como ■: bonita, con el mar cerca y ■ playas magníficas. Creen que no hay ■ lugar tan extraordinario en todo mundo porque en Gijón hay una fiesta muy famosa, la fiesta de Begoña, a la que acuden muchas personas en las vacaciones, ■ de ellas son de EEUU y de Australia.
En Gijón no hay ■ club de fútbol como el Real Madrid o el Barça de Barcelona, pero para los gijoneses el equipo del "Real Sporting de Gijón" es como ■: joven y con mucho entusiasmo.
¡Si ■ día vas a España tienes que visitar Gijón!

Elogio del Horizonte
(Lob des Horizonts)

f) Presenta la ciudad de Gijón (p. 97 e, p. 94).

3 Una vivienda del siglo pasado

La casa-museo del poeta Antonio Machado (1875 – 1939)

En el dormitorio hay una cama de hierro, una mesilla de noche, un sillón, un armario y una estufa. La mesilla de noche está entre la cama y el sillón. La estufa está en el centro del dormitorio. Además, el armario bajo de madera está al lado izquierdo.

En la parte del dormitorio que da al balcón hay una mesa redonda. La única silla que hay en el dormitorio está delante de la mesa. El lavabo del poeta está al otro lado del balcón.

La cocina de Doña Luisa, la dueña de la pensión, está en la planta baja.

La cocina de la pensión

Aquí se ve el gramófono del poeta.

En el comedor hay cuatro sillas y una mesa con un florero blanco. Otra silla está al lado del balcón.

Muy cerca del centro de Segovia, en la calle de los Desamparados, está la casa-museo de Antonio Machado, uno de los poetas más famosos de España. La casa es la antigua pensión modesta en que vivió Machado durante su estancia en Segovia (1919 – 1931), entonces catedrático de francés de instituto.

"La casa tiene una planta y piso, con ventanas y balcones. Sencilla y pobre, lo más común de aquella época. [...] En toda la casa se pueden ver retratos; la modesta cocina de hierro, el largo y bajo pasillo, las escaleras de madera que suben hasta el piso superior, el comedor o el dormitorio, donde se conservan sus muebles sencillos, estufas para combatir el frío del invierno."

http://www.trivago.es/segovia-31951/museoexposiciongaleria-de-arte/casa-museo-de-antonio-machado-801011/opinion-o711239 [19/07/2011_21:51]

1. Las fotos
Mira las fotos y describe lo que hay en las habitaciones.

comprensión

2. Una visita a la casa-museo de Antonio Machado
a) Mira el mapa: ¿Dónde está situada la ciudad de Segovia?
b) ¿En qué calle está la antigua pensión que hoy es casa-museo Antonio Machado?
c) ¿Quién es Antonio Machado y por qué es famoso?
d) ¿Qué sabemos de su estancia en Segovia?
e) ¿Cómo se llama la dueña de la pensión?
f) ¿Dónde están el comedor y el dormitorio de Machado?

Placa informativa

Existe un documento escrito por Doña Luisa, la dueña de la pensión, con una lista de todos los muebles y otros objetos de la casa que desde 1961 pertenece a la universidad popular de Segovia. (Véase ABC – Madrid – 19/09/76, página 147)

3. La impresión que causa la casa
Apunta las tres características más acertadas: extraña – anticuada – acogedora – cómoda – rara – hospitalaria – normal – del siglo XIX – pasada de moda – interesante

4. El uso de los verbos 'estar' y 'hay'
a) Lee atentamente la regla y observa cuándo se usan los dos verbos.

→ *gramática y estructuras p. 104/105 ↗ 3,4*

bestimmte Mengenangaben			unbestimmte Mengenangaben
el (*museo...*)	+ ESTAR	HAY +	un (*museo...*) / una (*casa...*)
la (*casa...*)			mucho / mucha / muchos / muchas
nombre propio			algún... / alguno(s) / alguna(s)
los (*muebles...*)			ningún... / ninguno / ninguna
las (*salas...*)			dos, tres, cuatro...
yo, tú...			ohne Begleiter (*casas altas...*)

b) Inserta 'hay' o 'estar'.

practicar

La cocina de la modesta pensión de Doña Luisa Torrego Illegas ■ en la planta baja mientras que el comedor para los huéspedes de la pensión y el dormitorio de Machado, que tiene un balcón, ■ en el primer piso. La habitación tiene los muebles y objetos usuales de un dormitorio: cama, mesilla de noche, armario, sillas, butaca y un espejo. Además ■ un lavabo. La cama de hierro de Machado ■ a la derecha. La mesilla de noche ■ a su lado. La única butaca ■ al lado izquierdo de la mesilla de noche. En la parte del dormitorio que da al balcón ■ una mesa redonda. Al lado izquierdo de la mesa ■ una silla. El espejo con marco ■ en la pared. El comedor ■ al lado del dormitorio. En el centro ■ una mesa grande con mantel. Las cuatro sillas ■ alrededor de la mesa. Encima de la mesa ■ un florero blanco con flores amarillas. Al lado del balcón ■ otras dos sillas.

huésped m *Gast*

con marco *mit Rahmen*
pared f *Wand*
mantel m *Tischdecke*

5. Hacer una exposición
a) Diseñad una habitación, p. ej. en forma de colage con fotos de muebles.
b) Convertid el aula en una exposición y presentad los bocetos de las habitaciones en lengua española. Podéis trabajar con el diccionario.

vocabulario útil:
Sofa **sofá** m
Rechner **ordenador** m
Regal **estantería** f
Teppich **alfombra** f
Plakat **póster** m
Musikanlage **equipo** m **de música** f

6. Tarea optativa: una presentación de la casa-museo para un grupo alemán
Lee las descripciones exactas de las habitaciones. Prepara en alemán una presentación viva, si quieres *power point*, con algunos detalles de la vida de Machado.

4 Familias y relaciones familiares

Pablo Picasso: La familia Soler (1903)

Placa informativa

Das Bild (ca. 1,5 x 2 m) von Picasso wurde 1914 vom Kölner Wallraf-Richartz-Museum gekauft.
1937, während des Nationalsozialismus, wurde es als sogenannte „entartete Kunst" aus dem Museum entfernt.
Heute befindet sich das Werk im Musée du Parc de Boverie (Art Moderne) in Liège.

28

Una historia familiar inspirada por el cuadro

Mi tío Pablo es pintor. Él es el autor de este cuadro. En él está toda mi familia. Mi madre, Teresa, es pianista. Tiene los ojos azules y es bajita. Mi padre, Ramón, es médico. Es moreno y muy alto. En los brazos de mi padre está mi hermana Gloria; en el cuadro tiene 3 años, pero ahora tiene 43 y es dentista. También es morena y muy delgada. Mi hermano Gonzalo está de pie; en el cuadro tiene 5 años; ahora tiene 45 y es también médico, y el más alto de la familia. En el cuadro tiene el pelo muy largo. Mi hermana Antonia es la chica mayor del vestido claro, ahora es música como mi madre, pero no es pianista, sino violinista. En el cuadro tiene 8 años y el pelo largo y rizado; ahora tiene 48 años, tiene el pelo corto y liso. Yo soy el chico que está en los brazos de mi madre; en el cuadro sólo tengo 4 meses. Ahora tengo 41 años, soy poeta y también soy el único rubio de la familia. A mi lado está Turco, el gran amigo de mi infancia: un perro de caza muy cariñoso, con el pelo muy suave.

http://espanolparainmigrantes.files.wordpress.com/2010/10/mi-familia.pdf [10/03/2011_14:01]

descripción

Preposiciones útiles:
detrás de (+ Nomen) *hinter*
debajo de *unter*
enfrente de *gegenüber*
cerca de *nahe bei*
lejos de *entfernt von*

1. Una familia pintada por Pablo Picasso

a) Mira el cuadro y describe globalmente lo que ves.

sistema de apoyo

al fondo / **en el fondo** } veo / vemos / se ve... hay... / domina(n)...

a la izquierda / **al lado izquierdo**

en el centro domina(n)... se distinguen...

a la derecha / **al lado derecho**

en el primer plano aparece(n)...

b) Escucha o lee la descripción de la locutora.

comprensión auditiva y lectora

c) Contesta a las preguntas y escribe las soluciones en tu cuaderno.
A) ¿Cómo se llama la madre de la familia?
B) ¿Qué profesión tiene la madre? (profesora / abogada / pianista)
C) ¿Cómo se llama el padre?
D) ¿Qué profesión tiene? (médico / músico / mecánico)
E) La niña, Gloria, en el brazo del padre tiene 3 años en el cuadro. ¿Cuántos tiene ahora y qué profesión tiene?
F) La madre tiene un bebé en los brazos. ¿Es niño o niña?
G) ¿Quién es Turco?

d) Lee la descripción y mira el cuadro. Describe a las personas.

2. Las relaciones familiares de la familia Soler

producción oral

¿Qué es (Teresa – Ramón – Pablo Picasso – Gonzalo – Antonia – el bebé) para Gloria?

3. El árbol genealógico de la familia Soler

árbol m **genealógico** *Stammbaum*

a) Probablemente Antonia ya es madre de dos o más hijos.
- El padre de estos dos hijos es el marido de Antonia, su esposa.
- Teresa es la abuela y Ramón el abuelo de los hijos de Antonio que son sus nietos.
- El marido de Antonia es el yerno de Teresa y Ramón. Al mismo tiempo es el cuñado de Gloria y Gonzalo y el tío de sus hijas.
- Gonzalo es padre de tres hijas, las sobrinas de Antonia y primas de sus hijos. La esposa de Gonzalo es la nuera de Teresa, la cuñada de Gloria y Antonio y la tía de sus sobrinos.

b) ¡Qué difíciles son las relaciones familiares! Explicaos las relaciones en alemán.

c) Comprueba si ahora conoces el vocabulario: ¿Qué es / son...

... tu madre para tu abuela materna?	... tu madre para tu abuelo paterno?
... el hermano de tu padre para ti?	... los hijos de tus tías para tu madre?
... la hermana de tu madre para tu padre?	... el padre de tu madre para ti?
... la hija de tu tía para ti?	¿Qué eres tú para tu abuelo?
... tu padre para tu abuelo materno?	¿Qué eres tú para tu tío?

4. Tarea optativa

Explica el árbol genealógico de tu familia o de la familia de alguna persona famosa.

Bloque de ejercicios adicionales

Ejercicios de léxico

1. Describir una ciudad y sus atractivos

a) Añade los adjetivos:
Mi ciudad es ■ ■ ■ con un equipo de fútbol (de baloncesto / de voleibol...) ■ ■ ■ y gente ■ ■ ■.

b) Añade algunos atractivos de tu ciudad:
- de la naturaleza: En mi ciudad hay ■ ■ ■.
- otros: ■ ■ ■

2. Explicarse lo que se hace en...
Ejemplo: A: ¿Qué se hace en una plaza de toros? **B:** (En una plaza de toros) se torea.
una discoteca
un taller de coches
una frutería
una piscina
una farmacia
un aparcamiento de coches
un jardín zoológico
un bar de tapas
una carnicería
una cancha

producción escrita

3. Una habitación
Describe la habitación de una estudiante de Granada.

4. Amueblar un piso y practicar los pronombres, las preposiciones y el vocabulario
Ejemplo: A: ¿Dónde pones el armario? **B: Lo** pongo detrás de la puerta.

5. La familia y los parientes
¿Quién es quién y quién eres tú?

el hijo de la hermana de tu abuela materna

la esposa del hermano de tu madre

tu hermana

tú

¿Qué es quién para tu abuela materna?

tu abuelo materno

tu padre

tu madre

la hermana de tu abuelo

tu bisabuelo materno

el hermano de tu bisabuelo materno

Gramática y estructuras

1. La familia Soler
Mira el cuadro e inserta el verbo *hay* o *estar.*

En el cuadro ■ seis personas. Es la familia Soler que no ■ en su casa sino en el campo. Gonzalo, el chico del abrigo negro ■ entre su hermano pequeño a la derecha y su hermana a la izquierda. El bebé ■ entre los brazos de la madre. Al lado de la madre ■ un perro. Es el perro de la familia que siempre ■ con ellos. Sobre el mantel que ■ encima de la hierba ■ una botella y un plato.

en el campo *auf dem Land*
abrigo m *Mantel*
hierba f *Gras*

2. ¿Qué hay en el barrio?
Inserta el pronombre indefinido.

Mi barrio es muy bonito. Tiene ■ atractivos interesantes para la gente joven. Tiene ■ discotecas grandes con música actualísima. Además, se fomenta mucho el deporte. Desgraciadamente no tenemos ■ piscina, pero ■ canchas, son tres o cuatro en total. Además, el centro juvenil, tiene ■ ofertas extraordinarias como conciertos de ■ de los músicos más famosos de Alemania. Claro, no ofrecen ■ concierto de, por ejemplo, Shakira y tampoco de Manu Chao. Creo que ■ día voy a visitar un concierto de Shakira.

3. Preguntar y contestar insertando los pronombres indefinidos

a) ¿Hay ■ cancha para jugar al fútbol? No, lo siento, no hay ■.
b) ¿No hay ■ piscina pública en tu barrio? Sí, hay ■ cerca de aquí.
c) ¿No hay ■ aparcamiento cerca de aquí? Sí, hay ■, como dos o tres.
d) ¿Hay ■ plaza de toros por aquí? No, lo siento mucho, aquí en Alemania no hay ■.
e) ¿Hay ■ parque zoológico en tu ciudad? No, aquí no hay ■.
f) ¿Hay ■ farmacia cerca de aquí? Tengo que comprar tiritas. Sí, hay ■, una al lado del supermercado, otra en frente de la iglesia y otra un poco más lejos, cerca de la peluquería.
g) ¿No hay ■ hotel barato en tu barrio? No, lamentablemente no hay ■.

tiritas f *Pflaster*

Grammatik und Strukturen • Gramática y estructuras

1. Indefinitpronomen • los pronombres indefinidos

algún / alguno / algunos *(irgend-)ein/-einer/ein paar*	**alguna / algunas** *(irgend-)eine/einige*
¿Hay **algún** restaurante cubano en el barrio? *Gibt es (irgend-)ein kubanisches Restaurant im Viertel?* Sí, creo que hay **alguno** cerca de aquí. *Ja, ich glaube, es gibt eins hier in der Nähe.*	¿Hay **alguna** farmacia por aquí? *Gibt es hier (irgend-)eine Apotheke?* Si, hay alguna cerca de aquí. *Ja, es gibt eine hier in der Nähe.*
Algunos barrios no tienen zapatería. *Einige Stadtteile haben kein Schuhgeschäft.*	En la ciudad hay **algunas** discotecas perfectas. *In der Stadt gibt es einige/ein paar tolle Diskos.*
Algunos de los chicos entrenan en la cancha. *Ein paar der Jungen trainieren auf dem Sportplatz.*	**Algunas** de las chicas van al cine. *Ein paar von den Mädchen gehen ins Kino.*

Mit den Indefinitpronomen (unbestimmte Fürwörter) kannst du, wie der deutsche Name schon sagt, unbestimmte Mengen ausdrücken.
Im Deutschen verwenden wir dazu meistens nur den unbestimmten Artikel.
Die Indefinitpronomen werden wie im Deutschen wie ein Adjektivattribut gebraucht oder sie stehen wie ein Nomen allein. In jedem Fall müssen sie in Genus und Numerus dem Bezugswort angeglichen werden.
Merken musst du dir weiterhin, dass das männliche Pronomen *alguno*, wenn es vor dem Nomen steht, verkürzt wird zu ***algún***.
Diese Erscheinung kennst du schon von den Ordnungszahlen (S. 62 ↗ 1, 2).

Das Indefinitpronomen mit doppelter Verneinung:

No hay **ningún** cine. *Es gibt kein Kino.*	**No** hay **ninguna** farmacia. *Es gibt keine Apotheke.*	Das verneinte Indefinitpronomen steht normalerweise hinter dem Verb. Vor dem Verb muss die zusätzliche Verneinung ***no*** stehen. ***Ninguno*** wird vor männlichen Nomen im Singular zu ***ningún*** verkürzt.
No hay **ninguno**. *Es gibt keins.*	**No** hay **ninguna**. *Es gibt keine.*	

2. Das reflexive Passiv mit -se • la pasiva refleja

En este restaurante **se come** muy bien. *In diesem Restaurant isst man sehr gut (isst es sich sehr gut).*	Im Deutschen brauchst du oft das Pronomen „man“. Es entspricht genau der spanischen Struktur *se* + Verb. Wenn dem Verb ein Nomen im Sg. oder Pl. folgt, muss es angeglichen werden. Umgangssprachlich verwenden wir im Deutschen auch die Struktur mit „sich“, z. B.: Das Buch liest sich gut.
En una cafetería **se toma café**. *Im Café trinkt man Kaffee.*	
En el taller de coches **se reparan coches**. *In der Autowerkstatt werden Autos repariert.*	

3. Das Verb *hay* • el verbo *hay*

En el piso **hay cuatro** habitaciones.
In der Wohnung gibt es vier Zimmer.
En la habitación **hay algunos** objetos interesantes.
In dem Zimmer gibt es einige interessante Gegenstände.
En Gijón **hay muchas** cosas bonitas.
In Gijón gibt es viele schöne Dinge.
¿Hay otro cuadro de Picasso de la familia Soler?
Gibt es noch ein Bild der Familie Soler von Picasso?

Verwendung:

Adverbiale Bestimmung + **hay** {
- Nomen im Plural
- unbestimmter Artikel/ohne Artikel
- otro(s) / otra(s)
- mucho(s) / mucha(s)
- poco(s) / poca(s)
- Zahlwort

Du weißt schon, dass *hay* ein häufiges Verb ist. Es hat kein Nomen oder Pronomen als Subjekt und keinen Plural.
Die Orts- oder Zeitangabe steht vor *hay*. Das Nomen steht **ohne** bestimmten Artikel als direktes Objekt hinter *hay*.

4. Das Verb *estar* • el verbo *estar*

Gijón está en Asturias. *Gijón liegt in Asturias.* Madrid, la capital, está en el centro. *Madrid, die Hauptstadt, liegt im Zentrum.* Las sillas están alrededor de la mesa. *Die Stühle stehen rund um den Tisch.*	Das Verb *estar* (sich befinden, gelegen sein) ist sehr häufig und steht in verschiedenen Verwendungszusammenhängen. In diesem Modul geht es noch einmal um die Ortsangaben. Du hast in der Grafik (S. 99) gesehen, dass *estar* verwendet wird, wenn a) du angeben willst, wo sich eine bestimmte Sache oder Person befindet, b) die Person oder Sache **Subjekt** ist und **vor** dem Verb steht.

Hinweis: Du gebrauchst im Deutschen für die Ortsangaben häufig das Verb „sein". Daher musst du gut aufpassen, dass du ***estar*** **(sich befinden, gelegen sein)** nicht mit *ser* (sein) verwechselst!
Noch ein kleiner Tipp: Sehr häufig stehen bei *estar* Präpositionen wie *en, encima de, delante de* (s. unten), die die räumliche Lage von Dingen beschreiben.

5. Präpositionen (Fortsetzung) • preposiciones (continuación)

al lado de	*neben*	La silla está al lado de la mesa.	Wie du schon gelesen hast, stehen Präpositionen niemals alleine, sondern immer mit einem Nomen. Die zusammengesetzten Präpositionen haben zwei Bestandteile: ein Adverb und die Präposition *de*.
cerca de	*nahe bei*	*Der Stuhl steht neben dem Tisch.*	
encima de	*über, oberhalb von*	El sillón está cerca de la cama.	
enfrente de	*gegenüber von*	*Der Sessel steht nahe beim Bett.*	
detrás de	*hinter*	Hay una estufa detrás de la mesa.	
debajo de	*unter*	*Es gibt einen Heizofen hinter dem Tisch.*	
delante de	*vor*	Fuera de la casa hay un patio.	
fuera de	*außerhalb von*	*Außerhalb des Hauses gibt es einen Innenhof.*	
dentro de	*innerhalb von*		

6. Das Lokaladverb oder Adverb des Ortes • el adverbio del lugar

al lado	*daneben, nebenan*	El comedor está al lado. *Der Essraum ist nebenan.*	Diese Adverbien helfen dir dabei, anzugeben, wo genau etwas gelegen ist oder liegt. Wie im Deutschen steht das Adverb ohne Nomen beim Verb. Im lateinamerikanischen Spanisch sagt man für hier *acá* und für dahinten *allá*.
cerca	*nahe, in der Nähe*	El centro está cerca. *Das Zentrum ist in der Nähe.*	
arriba	*oben*	El dormitorio está arriba. *Der Schlafraum ist oben.*	
enfrente	*gegenüber*	El patio está enfrente. *Der Innenhof liegt gegenüber.*	
atrás	*dahinter, hinten*	La puerta está atrás. *Die Tür ist hinten.*	
abajo	*darunter, unten*	La cocina está abajo. *Die Küche ist unten.*	
delante	*davor*	El patio está delante. *Der Hof liegt davor.*	
fuera	*draußen*	Doña Luisa no está fuera, está dentro.	
dentro	*drinnen*	*Doña Luisa ist nicht draußen, sie ist drinnen.*	
aquí	*hier*	La casa de Machado no está aquí, está allí.	
ahí	*da*	*Das Haus von Machado ist nicht hier, es ist dahinten.*	
allí	*dahinten*		

9 Hacer prácticas y practicar al mismo tiempo español

Prácticas en un albergue juvenil

competencias:

leer:
- comprender un e-mail de una familia española al albergue juvenil de Colonia

producción escrita:
- escribir un e-mail de contestación

→ **mediación**

mediación (optativo):
- redactar una versión española para el sitio web del albergue juvenil de Colonia

Prácticas de camarera o camarero en un restaurante alemán

competencias:

leer:
- reconstruir un diálogo en un restaurante

mediación:
- describir platos alemanes a visitantes españoles

aprendizaje de idiomas:
- utilizar el diccionario bilingüe para reconstruir una traducción de una carta llena de errores

→ **trabajar con el diccionario bilingüe**

interacción:
- simular un diálogo en un restaurante (juego de roles)

Hacer prácticas y practicar al mismo tiempo español

Prácticas en un hotel

competencias:

conocimientos:
- conocer requisitos para realizar prácticas hoteleras

→ **el imperativo de tú / vosotros,as**

expresión oral:
- formular órdenes, consejos y recomendaciones para el personal de un hotel

→ **el imperativo de tú / vosotros,as (positivo y negativo)**

aprendizaje de idiomas:
- explicar la formación del imperativo de tú (positivo y negativo)

Prácticas en una oficina de turismo alemana

competencias:

interacción:
- dar direcciones y explicar el camino con ayuda de un plano
- simular un diálogo en una oficina de turismo (juego de roles)

→ **el imperativo de usted / ustedes**

→ **sistema de apoyo**

- informar sobre el Museo del Chocolate en Colonia y otros lugares de interés en tu ciudad

1 Prácticas en un albergue juvenil

¿Cómo es el albergue de Colonia?

Köln erleben. Am besten von hier aus.

In der Jugendherberge Köln-Deutz sind Gäste mitten im pulsierenden Leben der Stadt: In wenigen Minuten geht's über den Rhein zum linksrheinischen Zentrum mit allen Highlights. [...]

Lage

Besser geht's nicht: direkt am Rhein, 12 km zum Flughafen Köln-Bonn und gegenüber vom Bahnhof Köln-Deutz, der auch Haltepunkt vieler ICE-Verbindungen ist. Alle Sehenswürdigkeiten sind zu Fuß bequem zu erreichen oder mit der S-Bahn in nur zwei Minuten – so nah sind die Kölner Attraktionen für Gäste der Jugendherberge. [...]

Betten und Zimmer: [...] (alle Zimmer mit Dusche und WC)

71	2-Bettzimmer	6	6-Bettzimmer
72	4-Bettzimmer	8	rollstuhlgerechte Zimmer

Weitere Ausstattungsmerkmale:

Eingangshalle mit Internet-Corner, Speiseräume, Aufenthaltsraum, Bistro mit Bar und Großbild-TV, Disco, Waschcenter mit Waschmaschinen und Wäschetrocknern, 7 Tagungsräume

Verpflegung

Perfekt gestärkt mit leckeren Mahlzeiten geht's auf Entdeckungstour in Köln. Frühstück, Mittag- und Abendessen bieten eine reichhaltige Auswahl und abwechslungsreiche Mahlzeiten am Buffet. Vegetarische Alternativen stehen ebenso zur Verfügung wie Gerichte für Allergiker, Diabetiker oder Menschen, die auf glaubensbedingte Essensvorschriften achten müssen. Rund um die Uhr geöffnet ist der Shop des Hauses – hier finden Sie preiswerte Snacks und Getränke für zwischendurch.

Preise 2011

Preise pro Person und Nacht für Übernachtung mit Frühstück (inkl. Bettwäsche)	Nebensaison (Januar und Februar)	Hauptsaison (März bis Dezember)	Messen / Events
Junioren, Familien, 27plus und Gruppen im Mehrbettzimmer	20,30 €	27,30 €	27,30 €

http://www.jugendherberge.de/jh/rheinland/koeln-deutz/ [21/06/2011_19:43]

Información sobre el albergue, pero en español

a) Lee el texto de la página web del albergue juvenil de Colonia.

b) Apúntate en español la información más importante sobre:

- la situación geográfica (a cuántos kilómetros / minutos de...)
- el transporte público (tren, autobús, metro)
- las habitaciones (número de personas / aptas para minusválidos)
- el equipamiento
- la comida (vegetariana / dieta / régimen especial)
- el precio (por día / semana)

Un *e-mail* desde España

¡Hola! Somos una familia española de cinco personas y queremos pasar una semana en el albergue juvenil de Colonia. ¿Pueden darnos alguna información sobre el albergue? ¿Tienen una habitación quíntuple para nuestra familia? Mi hermana se desplaza en silla de ruedas, ¿tienen las instalaciones necesarias para ella? ¿Podemos lavar y secar la ropa en el albergue? ¿Hay que llevar sábanas?

Además, queremos saber si está situado en un lugar céntrico y si la estación está cerca. ¿Se pueden tomar todas las comidas en el albergue? Y, finalmente, ¿qué precio tiene la estancia al día?

Gracias por su respuesta

1. Informar sobre el albergue juvenil

a) Lee el *e-mail*.

b) Vuelve a leer el texto sobre el albergue y busca las respuestas a las preguntas de Isabel Aranguren.

c) Escribe un *e-mail* contestando a Isabel.

producción escrita

2. Actividad optativa

Desgraciadamente el sitio web del albergue juvenil de Colonia sólo existe en alemán, inglés y francés. Redacta, partiendo de la información dada, el borrador de un texto en español.

2 Prácticas de camarera o camarero en un restaurante alemán

Una comida alemana alemana

Placa informativa

En español es frecuente reduplicar una palabra para destacar algo. Así, una comida alemana alemana es una comida muy típica de Alemania.

29

cliente	camarera
¿Estofado? Esto es lo mismo que en España. Queremos probar algo alemán alemán.	Muy bien, agua mineral sin gas.
Buenos días, queremos tomar algo alemán alemán, o sea, un plato típico alemán.	Muy bien, *Königsberger Klopse* para los señores, ¿y de beber agua mineral con gas?.
No, el agua la vamos a tomar a la española, sin gas.	Entonces les recomiendo probar los *"Königsberger Klopse"*, una especie de albóndigas grandes en salsa blanca con alcaparras. Se sirven con patatas al vapor.
Bueno, traiga las albóndigas con salsa blanca y patatas.	¿Algo típico alemán? Miren: tenemos por ejemplo un estofado muy rico con patatas fritas y ensalada.

1. Explicar el menú alemán en lengua española

a) Lee lo que dicen las personas y reconstruye el diálogo.
b) Escucha el diálogo y compara tu solución con el original.
c) ¿Qué desean tomar los señores y qué les recomienda la camarera?

2. Explicar otros platos del menú en español

comprensión y mediación

a) Elegid un plato y explicad en español cómo es. Se puede utilizar el diccionario.
b) Comparad vuestras soluciones.

3. Una excursión a un restaurante barcelonés y ¡los problemas a la hora de comprender la carta!

a) Lee los nombres de los platos raros que se sirven en este restaurante.

9 Klar Brühe zu Eigelb	**14** Makarini	**Gemüse**
10 Suppe Julianne	**15** "Paella Valenciana"	**23** Gemischte Paella
11 Creme Gemüse	**16** Meeresfrüchte-Paella	**24** Artischokes
12 Suppe von der Tag	**17** Gemüse von der Wetter	**25** Jüdin grün zu Schinken
13 Canaloni Rossini		**26** Champignon zu Schinken

b) Explica por qué entiendes o no entiendes qué platos sirven.

→ *estrategia*

4. Adquirir estrategias para trabajar con el diccionario bilingüe

a) Fíjate en el plato número 25 y consulta el diccionario para ver qué comida es *Jüdin grün zu Schinken*.

→ *estrategias para trabajar con el diccionario bilingüe*

Paso 1: Buscar en la parte de alemán-español

Jüdin ['jy:dɪn] *f* <-, -nen> s. **Jude**
PONS Wörterbuch Spanisch – Deutsch/Deutsch – Spanisch, Klett, Stuttgart 1977, S. 77

Jude ['ju:de] *m*, **Jüdin** *f* <-n, -n; -, -nen> judío, -a *m, f*
PONS Wörterbuch Spanisch – Deutsch/Deutsch – Spanisch, Klett, Stuttgart 1977, S. 77

Busca en las páginas "Abreviaturas" – *Abkürzungen* y "Contenido y estructura" – *Inhalt und Aufbau* y explica qué hay que saber para entender una entrada.
Ejemplo: a) Das Stichwort **Jüdin** ist fett gedruckt, *f* steht für feminin. Zwischen den Zeichen < > steht die Pluralendung. Das kleine *s.* mit dem Punkt bedeutet ‚siehe'. Also muss man unter dem Eintrag für „Jude" nachschauen.

Paso 2: Buscar en la parte de español-alemán para comprobar que la palabra es correcta

judía [xu'ðia] *f* 1. (*mujer*) Jüdin *f* 2. (BOT) Bohne *f*
PONS Wörterbuch für Schule und Studium, Teil 1, Spanisch – Deutsch, Klett, Stuttgart 1999, S. 723

Bohne *f* judía *f*, fréjol *m*; alubia *f*; Arg poroto *m*; *grüne* ~ judía verde
PONS Wörterbuch Spanisch – Deutsch/Deutsch – Spanisch, Klett, Stuttgart 1977, S. 25

b) ¿Qué consecuencias sacas de este ejemplo para tu trabajo con el diccionario?
c) ¿Qué comida es "Jüdin grün zu Schinken"?

5. Una escena dialogada en un restaurante

Confeccionad una carta con diferentes platos y bebidas calientes y frías. Simulad un diálogo con explicaciones a los clientes españoles.

3 Prácticas en un hotel

Requisitos para desempeñar un puesto en el sector hotelero

tratar de usted a las personas mayores y de tú a la gente joven

saber leer el plano de la ciudad

saber indicar el camino

ayudar a una persona que está enferma

conocer los horarios del transporte público, de los museos y otros lugares de interés

conocer los lugares de interés

cambiar dinero

atender a los clientes de todos los países

ser cortés, atenta, paciente, amable y puntual

comprensión

1. Los requisitos que necesita una persona que hace prácticas en un hotel

a) ¿Qué rasgos característicos hay que tener?

b) ¿De qué conocimientos y competencias se tiene que disponer?

c) Añade otros requisitos importantes.

2. Un cartel

En un hotel todo tiene que funcionar bien. Por eso, en el cuarto de los empleados hay un cartel en la pared con órdenes, consejos y recomendaciones.

a) Lee el cartel: ¿Qué cinco avisos son muy importantes para ti?

Algunos consejos y recomendaciones

Sé cortés. Sé amable. Sé paciente. Sé puntual.
Recuerda que trabajas en un hotel.
Atiende a los clientes con mucho respeto.
Habla español con los clientes hispanohablantes.
Saluda a los clientes con una sonrisa.
Trata de usted a las personas mayores.
Trata de tú a gente joven.
Aprende de memoria los horarios de los museos.
Busca el camino a los lugares de interés.
Escribe de manera legible.
Pregunta si necesitas alguna información.
Respeta a tus colegas.
Ten confianza en ti.

b) Para comunicar un aviso se emplea el imperativo. Mira los verbos, confecciona una tabla e inserta los imperativos según su conjugación.

-ar	-er	-ir	irregular
trata	¿?	¿?	¿?

c) ¿Qué hay que tener en cuenta en los verbos con diptongo?
d) Formula una regla para la formación del imperativo de tú.
e) Para formar el plural solo hay que añadir una d.
Ejemplo: Sed corteses. Hablad español. Escribid bien.
¡Ojo! En los verbos con diptongo la regla es la misma que en las otras formas verbales. Cuando cambia la sílaba acentuada desaparece el diptongo:
Ejemplo: recuerda – recordad
Transforma los imperativos de la 2ª ps. sg. en imperativos de la 2ª ps. pl. y completa la tabla.

→ *gramática p. 119*
↗ *1*

3. Practicar la forma transformando los imperativos indirectos en directos
Ejemplo: Tienes que explicar lo que hay que hacer. Explica lo que hay que hacer.
a) Hay que prestar atención al cliente. (sg. / pl.)
b) Tienes que hablar despacio.
c) Tenéis que ayudar a los clientes con las maletas.
d) Hay que contestar los *e-mails*. (sg. / pl.)
e) Tienes que subir con los clientes.
f) Hay que enseñar el comedor y las habitaciones a los clientes.
g) Tenéis que recordar los nombres.
h) Tenéis que traducir las cartas.
i) Tenéis que ser puntuales.

4. Decir a un chico que hace prácticas y que tiene que arreglar las habitaciones lo que hay que hacer
a) Mira los objetos para la limpieza ¿Qué se necesita para el trabajo? ¿O no se necesita nada?
Ejemplos: Para barrer la terraza se necesitan escoba, recogedor y escobilla. / Para hacer las camas no se necesita nada.

b) Enseña la habitación al practicante y dile lo que tiene que hacer. Utiliza el imperativo de tú.
Ejemplo: Arregla la habitación.

toalla

recogedor y escobilla

cubo de basura

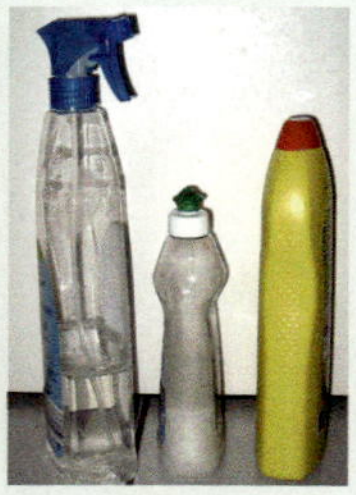
detergente

sábanas

escoba

- limpiar el baño
- hacer las camas (p. 119 ↗ 1.1)
- barrer la terraza con la escoba
- recoger la basura con el recogedor
- llenar el cubo con agua y poner detergente al agua (p. 119 ↗ 1.1)
- fregar (-ie-) el suelo con la bayeta
- vaciar el cubo de basura
- colocar papel higiénico
- quitar el polvo con un trapo
- cambiar las toallas y las sábanas
- pasar la aspiradora por la habitación

papel higiénico

cubo con bayeta

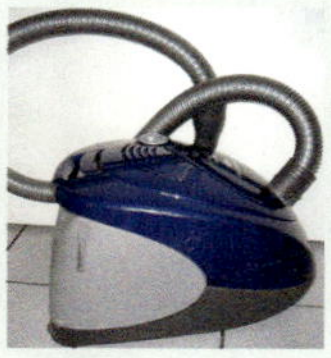
aspiradora

trapo

- molestar a los clientes
- ser impuntual
- abrir los armarios
- comer durante el trabajo

5. "Pecados" del personal hotelero: órdenes y prohibiciones

No molestes a los clientes. No molestéis a los clientes.
No seas impuntual. No seáis impuntuales.
No abras los armarios. No abráis los armarios.
No comas durante el trabajo. No comáis durante el trabajo.

a) Lee lo que no se debe hacer si se trabaja en un hotel.

comprensión

b) Explica cómo se forma el imperativo negativo.

	-ar	-er	-ir	irregular
tú	¿?	¿?	¿?	¿?
vosotros,as	¿?	¿?	¿?	¿?

c) Formula otros "pecados" del personal hotelero.
Ejemplo: No debes entrar sin llamar. No entres sin llamar.

1. No debes replicar a los clientes.
2. No debes entrar sin llamar a la puerta.
3. No debes fumar durante el trabajo.
4. No debéis hacer esperar al cliente.
5. No debéis llevar ropa sucia.
6. No debes hablar con tu novio durante el trabajo.

d) Añade otras prohibiciones.

replicar a los clientes *den Gästen widersprechen*

ropa sucia *schmutzige Kleidung*

4 Prácticas en una oficina de turismo alemana

4.1 Preguntando se llega a Roma

1. Explicar el camino a una señora

a) Busca en el mapa la oficina de turismo “Köln Tourismus” y la casa 4711. ¿Qué camino puede tomar la señora? Escucha el CD a ver si el camino es correcto.

30

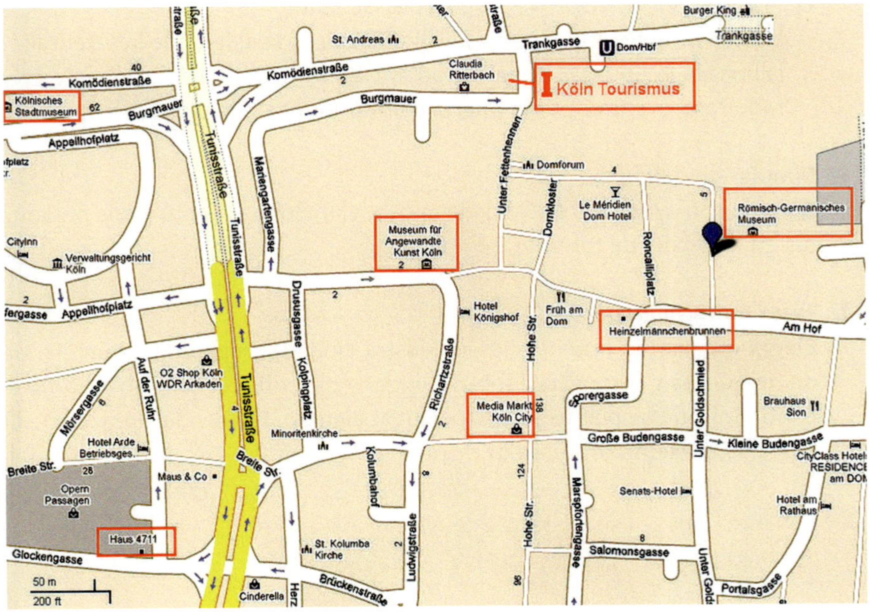

comprensión

b) Lee atentamente el sistema de apoyo.
En la descripción del camino se emplea el imperativo de usted / ustedes, o sea, de cortesía. ¿Cómo se forma?

sistema de apoyo

	Descripción del camino a una o más personas mayores que hay que tratar de usted
La dirección → a la derecha ← a la izquierda ↑ todo recto	**Mire usted / Miren ustedes** el mapa: aquí está la oficina de turismo. Al salir de la oficina ya se ve la catedral.
	Suba / Suban las escaleras a la catedral.
	Cruce / Crucen la plaza delante de la catedral.
	Vaya / Vayan hacia *Domkloster* a la *Hohe Straße*. Es una zona peatonal repleta de gente con muchas tiendas y almacenes.
Verbos útiles • ir • subir • cruzar • girar • seguir -i- • continuar • coger	**Continúe / Continúen** por la *Hohe Straße* hasta la 2ª bocacalle, la *Brückengasse*.
	Gire / Giren allí a la derecha; allí ya se ve la Iglesia San Kolumba con el edificio impresionante del museo diocesano.
	Continúe / Continúen todo recto hasta llegar a un cruce grande con semáforos y paso de cebra.
	Cruce / Crucen la calle. A los pocos metros entra en la *Glockengasse* donde está, a mano derecha, la casa 4711.

c) Prepara una tabla con los verbos y las formas del imperativo de cortesía.

imperativo	**mirar**	**coger**	**subir**	**irregular** (p. 119 ↗ 1)
usted	¿?	¿?	¿?	¿?
ustedes	¿?	¿?	¿?	¿?
	cruzar	…	…	…

d) Explica el cambio ortográfico: cruzar la calle. → Cruce la calle. / Crucen la calle.

e) Practica la formación del imperativo de usted.
buscar (¡!) un camino corto / visitar la cafetería al lado de la catedral / ir hasta la bocacalle / buscar (¡!) la entrada / coger (¡!) el metro / tomar el tren / seguir todo recto / entrar por la puerta central / ir hasta la plaza

2. Simular un diálogo

Simula, con ayuda del sistema de apoyo, el diálogo entre tú y dos personas adultas en la oficina de turismo.

O

3. Tarea optativa en pareja

Elegid un destino interesante en vuestra ciudad, preparad, si queréis, una serie de preguntas y respuestas sobre el lugar y describid el camino. Si todo el grupo conoce el sitio se puede adivinar el lugar elegido. No olvidéis practicar el diálogo antes de presentarlo al curso.

4.2 Un destino perfecto: el Museo del Chocolate en Colonia

Das Schokoladenmuseum

Es ist das weltweit einzigartige Museum der Schokolade, das alle Themen zu diesem wunderbaren Lebens- und Genussmittel erlebbar macht. Bis zum 15. Geburtstag am 31. Oktober 2008 haben sich mehr als 7,5 Millionen Gäste aus aller Welt in das Geheimnis der Schokolade einweihen lassen. Somit gehört es zu den zehn meistbesuchten Museen Deutschlands.

Eintrittspreise:
Erwachsene: 7,50 €
Gruppe ab 15 Pers.: 7,00 €
Ermäßigungsberechtigte: 5,00 €

Öffnungszeiten:
Di. bis Fr.: 10:00 – 18:00 Uhr
Sa./So./feiertags: 11:00 – 19:00 Uhr
montags geschlossen

Ermäßigungsberechtigt sind Kinder, Schüler, Auszubildende, Studenten, Wehr- und Ersatzdienstleistende, Behinderte und Senioren ab 65 Jahre. Kinder unter 6 Jahren haben freien Eintritt, ebenso Personen, die am Tag des Museumsbesuchs Geburtstag haben.

http://www.schokoladenmuseum.de

1. El Museo del Chocolate

comprensión

a) ¿Qué respuesta va con qué pregunta?

A) ¿Qué precio tiene la entrada? (¿Cuánto cuesta la entrada?)	Cierran a las 6 de la tarde, los fines de semana y días festivos a las 7.
B) ¿Hay precios reducidos para estudiantes?	De martes a viernes abren a las diez. Los sábados, domingos y días festivos a las 11.
C) ¿Cuánto paga un niño?	Sí, el día de tu cumpleaños es gratuito.
D) ¿Hay ofertas especiales?	El precio es de 7 euros con 50 para adultos.
E) ¿A qué hora se abre?	Sí, los estudiantes pagan solo 5 euros.
F) ¿Cuándo se cierra?	Hasta los 6 años es gratuito.
G) ¿Está abierto todos los días?	No, el lunes está cerrado.

interacción

b) Leed el diálogo en roles repartidos.
c) Una persona pregunta y la otra contesta. ¡Ojo! Solo puede mirar el texto alemán la que contesta.
d) Simulad el diálogo con el libro cerrado.

presentación

2. Otros lugares de interés
Seguro que en tu ciudad también hay lugares atractivos e interesantes, p. ej. "Auerbachs Keller" en Leipzig, el "Deutsches Museum" en Múnich, la mina "Zollverein" en Essen, la catedral en Magdeburg y otros.
Presentad en un diálogo un lugar atractivo de vuestra ciudad e informad sobre el horario.

Bloque de ejercicios adicionales

1. El albergue juvenil en tu ciudad
Prepara un informe sobre un albergue juvenil para dos amigas españolas que quieren pasar un par de días en un albergue juvenil en tu ciudad o cerca de ella.

- an einem zentralen / schönen Ort gelegen
- von der Bushaltestelle 10 Minuten entfernt
- Doppelzimmer mit Bad
- 20€ pro Person und Übernachtung
- vier Mahlzeiten täglich, auch besondere Mahlzeiten, z. B. vegetarisch oder ohne Schweinefleisch
- eine Cafeteria
- noch freie Zimmer im Monat März
- Waschmaschinen und Trockner im Keller

2. Explicar un plato en español
Recuerda que en español no existen palabras compuestas como en alemán. Así que un *Sauerbraten* es un "saurer Braten".
Frikadelle mit Bratkartoffeln
Spaghetti Bolognese
Pizza Funghi
Sauerbraten mit Kartoffelbrei und Apfelkompott

3. Preparar un cartel con avisos para arreglar las habitaciones hoteleras
Tienes que formar el imperativo y completar la frase.
Ejemplo: Barre la terraza con la escoba.

barrer – terraza – escoba	quitar – polvo – trapo
llenar – cubo – agua	pasar – aspiradora
fregar – suelo – bayeta	vaciar – cubo de basura
arreglar – habitación	cambiar – sábanas y toallas

4. Explicar el camino a dos personas
Hay que tratarlas de usted.
tomar la 2ª bocacalle →; continuar ↑; cruzar la plaza y continuar ↑; girar ←; no subir las escaleras; seguir ↑; no tomar la 1ª sino la 2ª calle →; ...está a mano →

Grammatik und Strukturen • Gramática y estructuras

1. Der Imperativ • el imperativo

1.1 Der bejahte Du-Imperativ

	hablar *sprechen*	**leer** *lesen*	**escribir** *schreiben*	
2. Sg.	habl**a** *sprich!*	le**e** *lies!*	escrib**e** *schreib!*	-ar / -er / -ir Stamm+ a/ad, e/ed, e/id
2. Pl.	habl**ad** *sprecht!*	le**ed** *lest!*	escrib**id** *schreibt!*	

	hacer *machen*	**poner** *legen*	**tener** *haben*	**ser** *sein*	**decir** *sagen*	**ir** *gehen*	**venir** *kommen*
2. Sg.	**haz**	**pon**	**ten**	**sé**	**di**	**ve**	**ven**
2. Pl.	hac**ed**	pon**ed**	ten**ed**	**sed**	dec**id**	**id**	ven**id**

1.2 Der bejahte Imperativ der Höflichkeit und der 1. Person Plural

3. Sg.	habl**e** (usted)	*sprechen Sie!*	le**a** (vd.)	*lesen Sie!*	escrib**a** (vd.)	*schreiben Sie!*
3. Pl.	habl**en** (ustedes)		le**an** (vds.)		escrib**an** (vds.)	
1. Pl.	habl**emos**	*sprechen wir!*	le**amos**	*lasst uns lesen!*	escrib**amos**	*schreiben wir!*

3. Sg.	**haga**	**ponga**	**tenga**	**sea**	**diga**	**vaya**	**venga**
3. Pl.	hag**an**	pong**an**	teng**an**	se**an**	dig**an**	vay**an**	veng**an**
1. Pl.	hag**amos**	pong**amos**	teng**amos**	se**amos**	dig**amos**	vay**amos**	veng**amos**

1.3. Der verneinte Du- und Sie-Imperativ

	hablar		**leer**		**escribir**	
2. Sg.	no habl**es**	*sprich nicht!*	no le**as**	*lies nicht!*	no escrib**as**	*schreib nicht!*
2. Pl.	no habl**éis**	*sprecht nicht!*	no le**áis**	*lest nicht!*	no escrib**áis**	*schreibt nicht!*

3. Sg./Pl.	no habl**e/n**	*sprechen Sie nicht!*	no le**a/n**	*lesen Sie nicht!*	no escrib**a/n**	*schreiben Sie nicht!*
1. Pl.	no habl**emos**	*sprechen wir nicht!*	no le**amos**	*lasst uns nicht lesen!*	no escrib**amos**	*schreiben wir nicht!*

1. Du kennst den Imperativ aus den Arbeitsanweisungen und dir ist sicher aufgefallen, dass der Du-Imperativ der regelmäßigen Konjugationen und die 3. Ps. Sg. gleich sind: *habla* kann also heißen „sprich!" und „er (sie, es) spricht".
2. Im Plural des Du-Imperativs wird an den Endungsvokal -a, -e oder -i ein **d** angehängt.
3. Wie du siehst, sind der bejahte und der verneinte Du-Imperativ **verschieden**: Beispiel: **habla** sprich – **no hables** sprich nicht.
4. Der **verneinte Du-Imperativ** sowie der **bejahte und verneinte Sie-Imperativ** werden gleich gebildet und von der 1. Ps. Sg. abgeleitet: Beispiel: *venir* → 1. Ps. Sg. *vengo* ich komme → Imperativ: *no vengas* komm nicht! / *(no) venga(n)* kommen Sie (nicht)
5. Die **Regeln der Diphthongierung** (z. B. *comenzar* > *com**ie**nza* / *com**ie**nce*), der Änderung des Stammvokals und der **Schreibweise** bleiben erhalten (c → qu *practicar – practique*; z → c *cruzar – cruce*; gui → ga *seguir – siga*; g → gue: *llegar – llegue*; g → j *coger – coja*).
6. Beim Imperativ steht nur dann das **Ausrufungszeichen**, wenn die Aufforderung besonders nachdrücklich ist: *¡Come!* Iss endlich! *¡Ven!* Nun komm schon! (Zur Bildung des bejahten Imperativs mit Pronomen s. S. 145 o.)

2. Die Verdoppelung von Wörtern zur Bekräftigung • la reduplicación de palabras

una comida alemana alemana *ein richtig deutsches Essen.* un café café *richtig guter Kaffee* habitaciones sucias sucias *extrem schmutzige Zimmer*	Die Verdopplung eines Wortes dient der Bekräftigung und Verstärkung. Im Deutschen brauchen wir dazu weitere Adverbien oder bilden neue Wortzusammensetzungen.

10 Fiestas y costumbres

Max schmückt den Tannenbaum.

Están subiendo el Jesucristo en la cruz.

¡Ya están llegando los Reyes Magos!

Los chirigotas están cantando en la calle.

Die Sternsinger schreiben ihren Segen an unsere Tür.

Meine kleine Schwester sucht Ostereier im Garten.

Wir warten auf den Karnevalszug.

Ana está poniendo el belén.

Fiestas y costumbres en Alemania y España

competencias:

conocimientos interculturales:
- conocer fiestas y costumbres en España

expresión oral:
- localizar fiestas en el transcurso del año
- → expresar fechas
- describir fotos de fiestas españolas y alemanas
- → estrategias de mediación
- → *estar* + gerundio

aprendizaje del idioma:
- formular una regla para el uso de *estar* + gerundio

Así se celebra en España

competencias:

comprensión audiovisual y lectora / conocimientos interculturales:
- conocer fiestas españolas más en detalle, especialmente la Tomatina de Buñol
- comprender artículos y un cómic sobre la Tomatina
- → estrategias de prelectura y de lectura
- → sistema de apoyo
- → indefinido (tiempo del pasado)

producción escrita:
- redactar una entrada de blog sobre la Tomatina

interacción y presentación oral:
- hablar sobre el comienzo de la Tomatina
- → indefinido (3ª ps. sg. / pl.)

aprendizaje del idioma:
- explicar la formación del indefinido (3ª ps. sg. / pl.)

Fiestas y costumbres

Voces críticas acerca de las fiestas

competencias:

leer y conocimientos interculturales:
- comprender opiniones críticas sobre las fiestas
- ordenar las informaciones
- → estrategias de prelectura y de lectura

mediación:
- simulación de una discusión entre alemanes y amigos españoles sobre las fiestas

1 Fiestas y costumbres en Alemania y España

Costumbres diferentes en España y en Alemania

Placa informativa

Chirigotas (S. 120) sind Mitglieder einer karnevalistischen Musikgruppe in Cádiz.

Aquí mi tío está tomando las 12 uvas.

mein Bruder beim Bleigießen

uva *Weintraube*

septiembre diciembre marzo julio noviembre mayo octubre agosto abril enero febrero junio

1. Fiestas aquí y allí

Mira las fotos en la página 120 y forma parejas como en este ejemplo. ¿Cómo se llaman estas fiestas en Alemania? Busca la traducción española en el diccionario.

2. ¿Cuándo se celebran estas fiestas?

a) Ordena cronológicamente los meses del año al margen y escríbelos en tu cuaderno.

b) Relaciona las fiestas con las fechas siguientes y da una explicación.
Ejemplo: El uno de mayo se celebra el Día Internacional de los Trabajadores en Alemania y en España.

c) Hay dos fiestas que no aparecen en los calendarios. ¿Cuáles son? ¿Y cuándo se celebran estas fiestas este año?

¡Ojo!
am ersten Mai = el uno de mayo

→ *gramática p. 132*
↗ *1*

3. Estamos celebrando

a) Mira las fotos de las fiestas esañolas (p. 120) y lee qué **están haciendo** los españoles.

b) Explica a un amigo español qué **están haciendo** los alemanes en las fotos y utiliza la estructura siguiente:

(yo) (tú) Mi hermano / tío (nosotros,as) (vosotros,as) Los Reyes Magos	*una forma de estar*	decorando buscando escribiendo esperando haciendo	el desfile en la puerta el árbol huevos Bleigießen

desfile m *Umzug*

árbol m *Baum*

c) Explica en alemán para qué se usa la forma **estar + gerundio** y analiza cómo se forma.

→ *gramática p. 132*
↗ *2*

2 Así se celebra en España

2.1 Fiestas españolas

ondear pañuelos rojos

hacer procesiones

correr delante de los toros

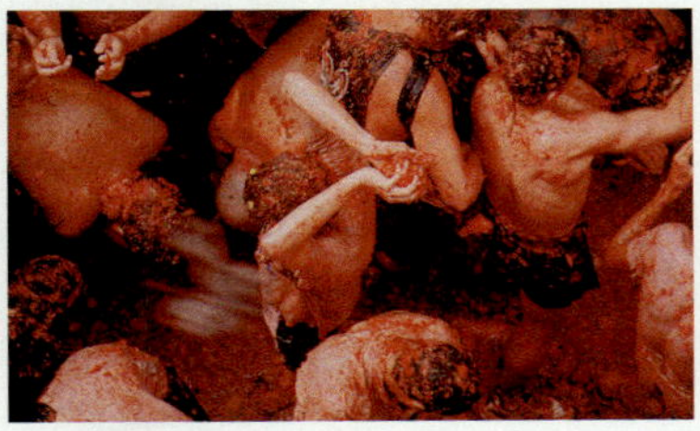
lanzar tomates

abrir un regalo

barrer la calle después de la fiesta

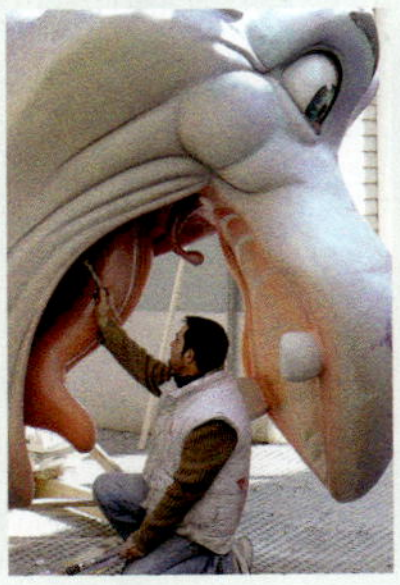
construir figuras en madera

quemar figuras de madera y cartón

venir los Reyes Magos

cargar a hombros una virgen por la ciudad

Conocer algunas fiestas y tradiciones de España

→ p. 245ss

a) Describe qué están haciendo las personas en las fiestas españolas. Utiliza **estar + gerundio**.

b) Mira dos veces la presentación de cuatro fiestas en España y apunta en una tabla, **cómo se llaman, dónde y cuándo se celebran**.

4 5 6 7

nº	nombre	lugar	fecha	¿Qué se hace?
1	¿?	¿?	¿?	¿?
2	¿?	¿?	¿?	¿?

c) Relaciona las fotos con las fiestas del vídeo y apunta qué se hace en las fiestas.

d) Hay una fiesta que no menciona el chico en la presentación. ¿Qué se hace en esta fiesta?

2.2 Una fiesta muy popular: la Tomatina de Buñol

La Tomatina de Buñol

La Tomatina es una fiesta que se celebra en Buñol (Valencia), en la que los participantes se arrojan tomates unos a otros. Se celebra el último miércoles del mes de agosto durante la semana de fiestas de Buñol.

El comienzo del espectáculo

Alrededor de las 10 comienza el primer acto de la Tomatina. Se trata del "palo jabón" y consiste en subir a la parte superior de un poste enjabonado. Mientras tanto los visitantes cantan y bailan. Cuando alguien alcanza la cima del poste y puede soltar el jamón del palo, se da la señal de inicio. A eso de las 11 o 12, cuando suena la carcasa, comienza la batalla.

palo, poste m *Pfahl*
jabón m *Seife*
alcanzar la cima *den höchsten Punkt erreichen*
jamón m *Schinken*
carcasa *Knall*

Los tomates

Varios camiones vierten tomates en abundancia en la Plaza del Pueblo. Los tomates proceden de Extremadura, donde se cultivan específicamente para el festival ya que no son de buen gusto para el consumo y por tanto son menos costosos.

camión m *Laster*
verter -ie- *abwerfen*
cultivar *anbauen*

Así termina

Después de exactamente una hora, la "lucha" concluye al disparo de la 2ª carcasa que indica el final. Ríos de jugo de tomate corren por la plaza. Los bomberos con sus camiones son los encargados de la limpieza de las calles, mientras los participantes con las mangueras se quitan el tomate del cuerpo.

indicar el final *das Ende anzeigen*
jugo *Saft*
bomberos *Feuerwehrleute*
manguera *Schlauch*

Sí hay reglas

Para poder disfrutar de la Tomatina el Ayuntamiento propone normas:

- No entrar botellas ni objetos duros.
- No romper ni lanzar camisetas.
- Aplastar los tomates antes de lanzarlos.
- Mantener una distancia con los camiones.
- Dejar de lanzar tomates al oír el disparo de la 2ª carcasa.

romper *kaputt machen*

abreviado de: http://www.travelnauta.com/la-tomatina-de-bunol-fiesta-de-interes-turistico-internacional/ [17/07/2011]

LA TOMATINA BUÑOL

comprensión
→ *estrategias de prelectura*

sistema de apoyo

1. Lectura de un texto paso a paso

a) Mira las fotos y el mapa, lee los títulos y las anotaciones. Formula hipótesis sobre el contenido del texto y justifica tus ideas.

Creo que...
- en el texto se habla de...
- el texto trata de...
- en el texto hay informaciones sobre...

} porque en la foto se ve(n)... / porque en las anotaciones... / porque en el título...

b) Lee el 1er párrafo del texto para rellenar la tabla.

→ *estrategias de lectura*

nombre	lugar	fecha	¿Qué se hace?
...	...	...	...

c) 2° párrafo: Relaciona las partes de la frase.

La Tomatina empieza	subir un palo enjabonado.
El "palo jabón" es	el primer acto de la fiesta.
Los participantes tienen que	cuando suena la carcasa.
La meta es	baila y canta.
El público	alcanzar el jamón que está en la cima.
La batalla de tomates comienza	a las diez de la mañana.

d) 3er párrafo: Apunta las informaciones sobre los tomates.
- Los tomates se cultivan...
- Son de...
- No son de...
- Por eso son...
- En la fiesta se arrojan...

e) 4° párrafo: Decide si las siguientes afirmaciones son correctas, falsas o no vienen en el texto. Nombra la línea correspondiente.
- La batalla de tomate dura 90 minutos.
- Muchos niños participan en la fiesta.
- Hay una carcasa que marca el final.
- Los bomberos limpian las calles después de la fiesta.
- La gente se va a casa con el tomate en el cuerpo.

f) 5° párrafo: Encuentra las normas de la Tomatina que corresponden a las siguientes reglas.

Está prohibido	Hay que
lanzar tomates después del final de la batalla	¿?
¿?	lanzar solo tomates
lanzar los tomates enteros	¿?
¿?	dejar en casa cosas peligrosas
acercarse a los coches	¿?

entero,a *ganz*

2. Reflexión de la estrategia
Explica en alemán qué te ayuda a entender un texto auténtico como este artículo.

3. ¿Qué es la Tomatina?
Responde en una entrada de blog a la pregunta qué es la Tomatina. El artículo te ayuda.

La Tomatina: Así empezó

jóvenes mf *Jugendliche*
mercado *Markt*
puesto de verduras *Gemüsestand*
pelearse *sich streiten*

coger tomates m *Tomaten nehmen*

empezar -ie- *beginnen*
batalla de tomates *Tomatenschlacht*

tener jugo de tomates en todo el cuerpo *am ganzen Körper Tomatensaft haben*

policía *Polizei*
acudir *eintreffen*

volver -ue- **a la plaza** *auf den Platz zurückkehren*

alcalde m *Bürgermeister*
prohibir la fiesta *das Fest verbieten*

seguir con la Tomatina *mit der Tomatina weitermachen*

venir otra vez *wiederkommen*

ser detenido,a *festgenommen werden*

protestar *protestieren*

permitir la Tomatina *die Tomatina erlauben*
dar reglas a la fiesta *dem Fest Regeln geben*
alegrarse *sich freuen*
celebrar la Tomatina cada año *die Tomatina jedes Jahr feiern*

Contar la historia de la Tomatina según el cómic
Cuenta la historia y utiliza palabras y enlaces para estructurar tu relato:

primero – (poco) después – en (el año) ...
a continuación – luego – entonces
un año más tarde – un año después
al final – finalmente

sistema de apoyo

El origen de la Tomatina

31

Todo comenzó en 1945, cuando un grupo de jóvenes en una pelea cogió tomates de un puesto de verduras próximo y comenzó a lanzarlos contra los enemigos. Al poco acudieron las fuerzas del orden público.
Al año siguiente el mismo miércoles del mes de agosto los jóvenes del pueblo volvieron a la plaza y esta vez ellos mismos llevaron los tomates. De nuevo acudieron las fuerzas del orden público.
A principios de los 50 el Ayuntamiento de Buñol prohibió la celebración de la fiesta, lo que no frenó a algunos participantes y que por tanto fueron detenidos. Sin embargo, todos los vecinos se volcaron con ellos por lo que los dejaron rápidamente en libertad.
En 1959 el Ayuntamiento permitió de nuevo la celebración, pero bajo ciertas normas.
Hoy podemos disfrutar de la Tomatina gracias a unos valientes que en su día lucharon por la fiesta.

ligeramente adaptado de: http://www.bunyol.es/html/main3.php?pagina=historia.php [17/07/2011]

1. ¿Qué pasó cuándo?

a) Escucha el texto sobre el origen de la Tomatina y apunta las fechas de los acontecimientos siguientes:
- ¿Cuándo comenzó la Tomatina?
- ¿Cuándo volvieron los jóvenes a la plaza?
- ¿Cuándo prohibió el Ayuntamiento la celebración?
- ¿Cuándo permitió el Ayuntamiento la celebración?

b) Lee el texto y completa las frases.
- La Tomatina... en 1945.
- Durante una pelea de jóvenes un chico... tomates de un puesto.

- Poco después... las fuerzas del orden público.
- Un año después los jóvenes... a la plaza.
- En los años 50 el Ayuntamiento... la batalla.
- Esto no... a algunos habitantes.
- Por eso... detenidos.
- Los otros habitantes de Buñol... con ellos.
- Por lo tanto los... en libertad.
- En 1959 el Ayuntamiento... otra vez la Tomatina bajo algunas normas.

2. El indefinido

→ gramática p. 133 ↗ 5

a) Escucha el texto y léelo al mismo tiempo. Fíjate ante todo en las nuevas formas verbales. Es el "indefinido", un tiempo del pasado.
b) Apunta las formas nuevas en una tabla según la conjugación.
c) Formula con tu pareja una regla para la formación de la tercera persona singular y plural del indefinido.
d) ¿Por qué es importante poner la tilde?
e) Forma la tercera persona singular y plural de los verbos siguientes:
hablar – comer – vivir – escribir – bailar – cantar – beber – comenzar – decidir – aprender – volver – estudiar – ser

-ar	-er	-ir
■	■	■

3. Un reportaje sobre la Tomatina del año pasado

Rellena los huecos con las nuevas formas del indefinido.

lograr *schaffen*

pasárselo bien *Spaß haben*

La fiesta de la 'Tomatina' ■ (terminar) ayer sin accidentes. El número de los participantes ■ (superar) las previsiones del Ayuntamiento. ■ (Participar) 45.000 personas de todo el mundo, algunos incluso ■ (llegar) desde Australia. Como cada año la fiesta ■ (empezar) con el "palo jabón": un joven de 25 años ■ (lograr) subir el palo y se ■ (escuchar) la primera carcasa. Al grito de '¡tomate!, ¡tomate!', los participantes ■ (lanzar) 125 toneladas de esta verdura que ■ (repartir) el Ayuntamiento para esta fiesta. El alcalde de Buñol ■ (valorar) positivamente la edición de este año porque "la gente se lo ■ (pasar) muy bien". La batalla ■ (terminar) a las 12.00 cuando la segunda carcasa ■ (sonar) y así ■ (señalar) el final de la fiesta. Todos los participantes ■ (ducharse) y ■ (ayudar) a limpiar el pueblo.

4. Entrevistarse sobre el comienzo de la Tomatina

A formula una pregunta con un pronombre interrogativo y un verbo en indefinido. B contesta según el texto.

pronombres interrogativos	¿quién(es)? – ¿a quién? – ¿dónde? – ¿cuándo? – ¿qué? – ¿por qué? – ¿cómo? – ¿cuántos/as?
verbos	acudir – coger – comenzar – dejar en libertad – disfrutar – frenar – llevar – prohibir – volcarse – volver

5. Presentar la historia de la Tomatina

1'

a) Prepara una chuleta para hablar un minuto sobre el origen de la Tomatina. Utiliza el indefinido.
b) Habla libremente y utiliza los enlaces (página 127).

3 Voces críticas acerca de las fiestas

1 ¿Cómo se puede jugar y tirar[1] 100.000 kilos de tomates solo para pasar un buen rato? ¿Cuántas personas pasan hambre en este mundo?

2 Queman un montón de pólvora y ninots lo que causa CO_2. No me gusta nada.

3 Nadie debe disfrutar del sufrimiento de los animales.

4 No me gusta porque no quiero ensuciarme.

5 Nadie quiere oír petardos a todas horas, y cuando digo todas, son todas.

6 No me gusta porque se usan animales para la diversión de la gente y se gana dinero con la tortura.

7 Y lo peor, lo que NO soporto, es a la gente que se pone a llorar cuando pasa la virgen.

8 Me parece todo mentira, una gran farsa, una adoración[2] a estatuas de madera, a la que la gente solo asiste para hacerse notar[3].

9 Todo huele[4] fatal, la gente aprovecha para ir como un cerdo, todo está lleno de basura. Nadie soporta el olor.

[1] **tirar** *hier: wegwerfen*
[2] **adoración** *Verehrung*
[3] **hacerse notar** *sich hervortun*
[4] **oler** -ue- *riechen*

según: http://melienvolveraempezar.blogspot.com/2009/04/no-me-gusta-la-semana-santa.html (7, 8); http://es.maryglasgowplus.com/students/features/12315?level=el+sol (4); http://pqpq.es/porqueses/sociedad/sanfermines-tradicion-o-crueldad (3, 6); http://www.rankia.com/foros/economia-politica/respuestas/439294-no-estoy-contra-ni-fallas-tomatina-ninguna-fiesta (1, 2, 5) [17/07/2011]

1. Reflexionar sobre los aspectos negativos de las fiestas

No todos los españoles están de acuerdo con las fiestas. ¿Qué argumentos en contra te puedes imaginar?

comprensión
→ estrategia de prelectura

2. Voces críticas

a) Lee los comentarios del internet y averigua qué fiestas se critican.

b) Completa las frases.

- A la persona con el número... no le gustan las Fallas porque...
- A otra persona con el número... no le gusta la Semana Santa porque...
- Al usuario con el número... no le gustan los Sanfermines porque...
- A la persona con el número... no le gusta la Tomatina porque...

3. Una discusión sobre las fiestas

Tú sirves de intérprete en una discusión sobre las fiestas españolas entre un amigo español y un alemán.

E: "Te gustan las fiestas españolas?"

A: „Ich finde viele spanische Feste gut, aber einige sind echt brutal."

E: "No, no es verdad. La Semana Santa por ejemplo es una fiesta muy armónica. Nadie se queda en casa, todos están en la calle y miran las procesiones. No rompen nada ni tampoco lanzan tomates."

A: „Ja, schon, aber bei den Sanfermines ist das ganz anders: Die Leute misshandeln die Stiere nur, um Spaß zu haben. Und am Ende sterben sie in der Stierkampfarena. Das gefällt mir gar nicht."

maltratar *misshandeln*

criar *züchten*

E: "Sí, pero es una tradición española. Además, es arte. Y, ¿sabes una cosa?, los toros se crían especialmente para la corrida. Tienen una vida muy buena antes de la fiesta. No les falta nada."
A: „Naja, da habe ich eine andere Meinung. Ich finde die Fallas besser."
E: "Sí, las Fallas me gustan también. Es una fiesta impresionante con el fuego y los petardos, y... no ensucian nada."

4. ¿Y tú qué opinas?
Explica qué fiesta(s) te gusta(n). Justifica tu opinión.

5. Especificar una información con el pronombre relativo
Conecta las frases según el modelo.
Ejemplos:
En los Sanfermines mucha gente corre delante de los toros. Los Sanfermines se celebran en Pamplona. → En los Sanfermines, **que** se celebran en Pamplona, mucha gente corre por delante de los toros.
En los Sanfermines mucha gente corre delante de los toros. Eso es muy peligroso.
→ En los Sanfermines mucha gente **corre delante** de los toros **lo que** es muy peligroso.

→ *gramática p. 132*
↗ *3*

a) En la Tomatina lanzan tomates. Cultivan los tomates en Extremadura.
b) En las Fallas la gente quema figuras de madera. Las figuras se llaman ninots.
c) En las corridas matan toros. Es muy cruel para mucha gente.
d) Durante la Semana Santa hay muchas procesiones. La Semana Santa es una fiesta cristiana.
e) Los niños reciben los regalos en Reyes. No lo sabe todo el mundo.
f) En Valencia celebran la fiesta de las Fallas. Valencia es una ciudad en el este de España.
g) Los participantes tienen que subir por un palo. Eso es muy difícil.
h) Hay una canción de los Sanfermines. La canción es muy famosa en toda España.

6. Una canción: Uno de enero
a) Escucha la canción y explica la estructura de la estrofa.

Uno de enero
dos de febrero
tres de marzo
cuatro de abril
cinco de mayo
seis de junio
siete de julio: San Fermín

A Pamplona hemos de ir
con una media con una media
A Pamplona hemos de ir
con una media y un calcetín.

En: Alfredo y sus amigos: RIAU, RIAU – Música disco; © 1984, 1995 PolyGram Ibérica, S.A. Madrid

hemos de tenemos que
media f *Strumpf*

calcetín m *Socke*

b) Canta bien alto.

Bloque de ejercicios adicionales

Vocabulario

Expresiones
Apunta en 1 minuto todas las expresiones que conoces...
a) ... en cuanto a las fiestas religiosas de España como Navidades o Semana Santa.
b) ... en cuanto a la Tomatina.

Gramática y estructuras

1. Estar + gerundio
¿Qué están haciendo en la foto?

vocabulario útil:
subir a un muro
atacar a un hombre
mirar el espectáculo
correr por la calle
escapar de los toros
sacar fotos
divertirse mucho

2. ¿Cuándo se celebran las fiestas siguientes?
Ejemplo: La navidad se celebra el veinticuatro de diciembre.

el Año Nuevo – el Día de San Valentín – el Lunes de Pascua – Todos los Santos – Día de la Constitución – tu cumpleaños

3. El indefinido
Forma la tercera persona singular y plural del indefinido y añade un complemento para el verbo.
Ejemplo: Ellos cargaron a hombros una virgen por la ciudad.
cargar – abrir – lanzar – correr – barrer – quemar – decorar – buscar

→ *pp. 245 ss*

4. Pon la forma correcta del indefinido.
Ayer (ser) un domingo interesante. Todos me (ayudar) a tener un día agradable. Primero mi madre me (despertar) a las 10 de la mañana y me (preparar) un desayuno fantástico. A las 4:30 mis padres (ir) conmigo a la plaza de toros para ver una corrida. Pero no me (gustar) tanto porque el toro (sufrir) mucho. Más tarde, mi amigo Juan (pasar) por mi casa. Por la noche toda la familia (comer) en un restaurante en nuestro pueblo. En total (ser) un día genial.

sufrir *leiden*

Grammatik und Strukturen • Gramática y estructuras

1. Das Datum angeben • indicar la fecha

Hoy es **el** 29 de agosto de 2012. *Heute ist **der** 29. August 2012.* La Nochevieja se celebra **el** 31 de diciembre. *Silvester feiert man **am** 31. Dezember.*	Im ganzen Satz setzt du vor das Datum immer den bestimmten Artikel *el*. Zwischen den Tag und den Monat sowie zwischen den Monat und das Jahr setzt du die Präposition *de*.
29/08/2012; viernes, 29 de agosto de 2012; 29 agosto, 2012	Im Brief, im Spanischheft oder an der Tafel kannst du das Datum auf verschiedene Weise notieren.

2. Die Struktur *estar + gerundio* • la estructura *estar + gerundio*

estoy estás está estamos estáis están } tom**ando** / hac**iendo** / escrib**iendo**	**Die Bildung des *gerundio*:** Verben auf -ar: Stamm des Infinitivs + -ando Verben auf -er und -ir: Stamm des Infinitivs + -iendo **Gebrauch des Gerundiums mit *estar*:** Mit der Struktur drückst du den Verlauf einer Handlung aus, die gerade stattfindet.
Estoy decorando el árbol. *Ich schmücke gerade den Baum.* Estamos leyendo. *Wir lesen gerade.*	Du kennst die Verlaufsform schon aus dem Englischen unter dem Namen „present progressive“: *I am reading.*

- In manchen Gegenden Deutschlands sagt man anstatt „Ich esse gerade“ sehr umgangssprachlich „Ich bin am essen“. Das entspricht genau dem spanischen *Estoy comiendo.* Im Spanischen ist es jedoch keine Umgangssprache, sondern Ausdruck für ein Geschehen, das im Moment des Sprechens abläuft.
- Es gibt beim Gerundium einige Formen mit Unregelmäßigkeiten, die du dir merken musst:

Verben auf -ir mit Stammvokalwechsel **e → i**:	Verben auf -ir mit Stammvokalwechsel **o → u**:	Verben, deren Stamm auf Vokal endet:
anziehen: *vestir → vistiendo*	sterben: *morir → muriendo*	lesen: *leer → leyendo*
sagen: *decir → diciendo*	schlafen: *dormir → durmiendo*	glauben: *creer → creyendo*
bitten: *pedir → pidiendo*		einbeziehen: *incluir → incluyendo*
		gehen: *ir → yendo*

3. Relativsätze mit *que* und *lo que* • oraciones relativas con *que* y *lo que*

En los Sanfermines, **que** se celebran en Pamplona, mucha gente corre por delante de los toros. *Bei den Sanfermines, die man in Pamplona feiert, laufen viele Leute vor den Stieren her.*	Mit dem Relativpronomen *que* beziehst du dich auf Sachen und Personen. Es ist unveränderlich, egal ob das Bezugswort im Singular oder Plural steht. Im Deutschen übersetzt du es mit *der, die, das*.
En los Sanfermines mucha gente corre por delante de los toros **lo que** es muy peligroso. *Bei den Sanfermines laufen viele Leute vor den Stieren her, was sehr gefährlich ist.*	Mit dem Relativpronomen *lo que* beziehst du dich auf den ganzen vorangegangenen Satz bzw. Sachverhalt. Im Deutschen verwendet man dafür das Pronomen „was“.

4. todo, toda, todos, todas; otro, otra, otros, otras

todo, toda, todas, todos	Todo el mundo corre delante de los toros. *Alle laufen vor den Stieren her.* Todos los tomates son de Extremadura. *Alle Tomaten sind aus der Extremadura.*	Bei **todo** steht ein Artikel vor dem Nomen. **Ausnahmen:** Bei folgenden feststehenden Begriffen steht kein Artikel: en todo caso/de todas formas *auf jeden Fall*; por todas partes *überall*; sobre todo *vor allem*; del todo *vollständig*
otro, otra, otros, otras	Otra costumbre es la Tomatina. *Eine andere Sitte ist die Tomatenschlacht.* Tengo otra pregunta. *Ich habe noch eine Frage.*	Bei **otro** steht **nie** der unbestimmte Artikel. Der bestimmte Artikel steht genauso wie im Deutschen: la otra chica *das andere Mädchen.*

5. Die Vergangenheitszeit des *pretérito indefinido* • el tiempo del pasado del pretérito indefinido

5.1 Die Bildung

Konjugation der regelmäßigen Verben auf								
-ar			-er			-ir		
llev	é	llevé	cog-	í	cogí	prohib	í	prohibí
	aste	llevaste		iste	cogiste		iste	prohibiste
	ó	llevó		ió	cogió		ió	prohibió
	amos	llevamos		imos	cogimos		imos	prohibimos
	asteis	llevasteis		isteis	cogisteis		isteis	prohibisteis
	aron	llevaron		ieron	cogieron		ieron	prohibieron
Stamm	Endung		Stamm	Endung		Stamm	Endung	

- Zu deiner besseren Orientierung sind die betonten Silben bei den Beispielkonjugationen jeweils unterstrichen. Am besten ist, wenn du die Aussprache durch lautes und bewusstes Lesen übst.
- Achte bei der 1. und 3. Person Singular der regelmäßigen Verben auf den Akzent auf der letzten Silbe und auf die Aussprache. Wenn du nämlich z. B. statt *„tomó“ „tomo“* sagst, heißt es nicht mehr „er/sie nahm“, sondern „ich nehme“. Du kannst dir vorstellen, dass es da leicht zu Missverständnissen kommt.

5.2 Der Gebrauch

Du gebrauchst das *pretérito indefinido*, wenn du über Handlungen oder Ereignisse in der Vergangenheit sprechen möchtest.
Merkregel: Du antwortest mit dem *pretérito indefinido* auf die Frage: ¿Qué pasó primero / luego / después? *Was passierte zuerst/dann/danach?*

6. *algo – nada* (etwas – nichts); *alguien – nadie* (jemand – niemand); *siempre – nunca* (immer – nie)

En la Tomatina te ensucias con los tomates. Es algo que me da asco. *Bei der Tomatenschlacht beschmutzt man sich mit Tomaten. Das ist etwas, das mir Ekel verursacht.*	No me gusta nada en la Tomatina. *Mir gefällt nichts bei der Tomatenschlacht.*	Du weißt aus dem Deutschen, dass es Pronomen oder Adjektive und Adverbien gibt, die eine negative Entsprechung haben. Im Spanischen gibt es das auch, aber es ist eine Besonderheit zu beachten: Wenn das negative Pronomen oder Adverb **hinter** dem konjugierten Verb steht, muss vor dem Verb *no* stehen. Das ist eine doppelte Verneinung, die aber eine Verneinung bleibt. Die doppelte Verneinung kennst du schon von dem Indefinitadjektiv *ninguno*.
Alguien me contó que para él la corrida es arte. *Jemand sagte mir, dass für ihn der Stierkampf Kunst sei.*	Nadie soporta el olor a pólvora. *Niemand erträgt den Pulvergeruch.* No lo soporta nadie.	
Siempre veo las procesiones con mi familia. *Ich schaue die Prozessionen immer zusammen mit meiner Familie an.*	No veo nunca las procesiones desde el balcón, sino que salgo a la calle. / Nunca veo las procesiones desde el balcón. *Ich schaue nie die Prozession vom Balkon aus an, sondern gehe auf die Straße.*	

11 Ropa, moda y consumo

¿Moda de marcas o productos sin nombre?

competencias:

leer y conocimientos interculturales:
- comprender un mensaje de un blog sobre tiendas de moda
- reconstruir un diálogo en una tienda de modas

→ estrategias de prelectura y de lectura

interacción:
- charlar sobre el papel de marcas de moda en tu vida

→ sistema de apoyo

expresión oral y escrita:
- resumir la información de la bloguera sobre Zara
- comparar marcas de moda

→ el superlativo y el comparativo
- simular un diálogo de compra (juego de roles)

aprendizaje de idiomas:
- explicar la formación del superlativo y del comparativo

Una tendencia actual: llevar ropa del mercadillo

competencias:

leer y conocimientos interculturales:
- comprender un artículo sobre el Rastro de Madrid
- comprender mensajes de un blog sobre el éxito de una compra

→ estrategias de prelectura y de lectura

interacción oral:
- comparar artículos del Rastro

→ el superlativo y el comparativo
- organizar y realizar un desfile de moda

→ sistema de apoyo

expresión escrita:
- escribir un comentario de la impresión de personas en una foto

→ *ser* y *estar* + adjetivo
- redactar una reseña sobre el desfile de moda

aprendizaje de idiomas:
- investigar la diferencia entre "ser (guapa)" y "estar (guapa)"

Ropa, moda y consumo

Un día sin compras

competencias:

comprensión lectora / conocimientos intercultu-rales:
- comprender información sobre la campaña "Ropa Limpia" y el "día sin compras"

expresión oral e interacción:
- opinar sobre el "día sin compras"

→ sistema de apoyo
- realizar una mesa rodonda sobre el "día sin compras"

→ sistema de apoyo

1 ¿Moda de marcas o productos sin nombre?

1.1 La moda española de hoy

Un blog colombiano: El imperio Zara llega a la ciudad

La empresa española de textil y confección Zara, que figura entre las cien grandes marcas mundiales más valoradas, llega mañana a la ciudad.
Su dueño es Amancio Ortega, considerado el hombre más poderoso de España, quien cuenta con más de 1.200 tiendas en todo el mundo. Pekín, Rusia y Colombia son algunos de los mercados recientes […]. Trabajan 200 diseñadores creando la moda inmediata, es decir, pronta moda, que va de la pasarela a la vitrina, con las más recientes tendencias y colores. […] Lo que hoy se ve en una de las pasarelas de los más grandes creadores, al día siguiente se encuentra en una vitrina de Zara a precios módicos. […] ¡Ah! Y trae, no solo moda femenina, sino también hombres y niños.

http://www.ecbloguer.com/quemepongo/?p=29 [01/09/2011_12:28]

crear moda inmediata, pronta que va de la pasarela a la vitrina *schnelle Mode kreieren, vom Laufsteg ins Schaufenster: neueste Tendenzen werden sofort umgesetzt*

1. Un blog sobre Zara

Lee atentamente lo que la bloguera escribe.

comprensión

a) Explicad en pareja por qué las afirmaciones son correctas o falsas.

A) Zara es una empresa muy valorada.
B) La bloguera prefiere la moda sin marca y de buena calidad.
C) El dueño se llama Daniel Ortega.
D) Zara ya se encuentra en todos los continentes.
E) La bloguera escribe que otras casas tienen un precio mejor.
F) La profesión de la persona que crea la moda es la del diseñador.
G) Nada más ver la moda de los grandes creadores en las pasarelas los diseñadores de Zara la copian.
H) Las características de la moda inmediata de Zara son las siguientes: colores y tendencias actuales a precios altos.
I) En Zara ni hay ropa masculina ni para la infancia.
J) Se critica a Ortega porque manipula a la clientela.

b) La casa Zara le interesa a tu amiga que no sabe español. Cuéntale los detalles más llamativos en alemán.

2. El superlativo

gramática

La periodista utiliza superlativos para hablar de la moda de Zara.
Ejemplo: Ortega es considerado el hombre más poderoso de España.

a) Busca los superlativos y apúntalos. (En total son cuatro.)
b) Comentad en pareja cómo se forma el superlativo.
c) Practica el superlativo: Según la bloguera
Zara figura entre las marcas ■ del mundo. (importante)
En muchas ciudades las tiendas de Zara son las ■. (visitado,a)
Los diseñadores de Zara son los ■. (creativo,a)
En las pasarelas posan las modelos ■. (famoso,a)
La moda de Zara es la ■ de todas. (actual)
Los precios de Zara son los ■. (módico,a)

3. Comparar la moda Zara con otra moda

a) Para comparar se utiliza el comparativo. Mira los ejemplos y formula una regla:
- En otras tiendas la ropa es más bonita que en Zara. ←→ La ropa Zara es menos bonita que la ropa de otras tiendas.
- En otras tiendas los precios son más económicos. ←→ Los precios de Zara son menos económicos.
- Los modelos de otras tiendas me gustan más que los de Zara. ←→ Los modelos de Zara me gustan menos que los de otras tiendas.

b) Completa la frase y utiliza el comparativo con "más" o con "menos". Recuerda que los adjetivos cambian según género y número del sustantivo.
A) Para mí los productos sin nombre son ■ (bonito) que...
B) Las tiendas alemanas tienen ropa ■ (económico) que...
C) La ropa diseñada por mi amiga es ■ (creativo) que...
D) Zara es ■ (actual) que...
E) La marca Mango es ■ (moderno) que...
F) En Alemania la ropa de H&M ■ (famoso) que...
G) Los pantalones sin nombre son ■ (original) que...

4. ¿Qué papel desempeñan las marcas de moda para ti y tu curso?

intercambio de opiniones

a) Charlad sobre vuestras experiencias y opiniones en grupos de cinco o seis personas.
Ejemplo: Yo nunca compro ropa en Zara porque no me interesa la ropa de marcas, prefiero comprar tela y confeccionar modelos propios.

b) Paséate por el aula y pregunta a los miembros de los otros grupos:
¿Qué papel desempeña la moda de marcas para ti personalmente?
¿Qué opina el grupo sobre las marcas?

Para	mucha gente mí mis amigas	las marcas la moda de marcas la ropa de casas famosas	(no) ser (muy) importante(s) (no) tener (mucha) importancia (no) desempeñar un papel grande
A veces Casi nunca A menudo	comprar la ropa en... entrar en una tienda de... inspirarse en...	porque si pero	el diseño (no) ser bonito (no) ser (muy) caro (no) querer llevar la ropa de todos

tela para coser vestidos o faldas

sistema de apoyo

1.2 Ir de compras

Placa informativa

Tú y usted:
En España se tutean personas de la misma edad.
Además, es normal tutear a personas jóvenes.
Se trata de usted a personas mayores y autoridades.

32

una chaqueta

una camiseta

un par de zapatos

De compras en una tienda de moda juvenil

a) Lee la conversación. Ordena las reacciones de la dependienta y reconstruye el dialogo.

Hola, buenos días.	Parece seda, pero es tejido sintético.
Mira, estoy buscando una blusa de algodón o de seda.	20 €, muy bien, y los 10 céntimos de vuelta. Gracias por la visita, adiós.
Sí, son preciosas, ¡me encantan! ¿Tenéis mi talla?	Bueno, si prefieres las fibras naturales solo tenemos las blusas de algodón.
Normalmente L. Vamos a ver, voy a probarme las tres.	La rosa es la más barata, cuesta 19€ con 90; es una oferta. Las otras son de 24€ con 90.
Oye, esas blusas, ¿son de seda?	Buenos días, ¿te puedo ayudar?
Ah, no, no me gusta el tejido sintético, prefiero fibras naturales.	¿Qué talla tienes? M o L, ¿no? La rosa sólo la tenemos en L.
Me voy a probar los tres modelos. ¿Dónde está el probador?	Las tres te quedan estupendamente. ¿Te digo el precio?
¿Qué te parece, cuál de las tres me queda mejor?	El probador está allí al fondo, al lado del espejo.
Sí, ¿qué precio tienen?	Bien, aquí tienes.
Bueno, me voy a llevar la rosa, es genial para el verano.	La rosa, muy bien. Estás muy guapa con ella, ¿algo más?
No, nada más, gracias, es todo por hoy. Aquí tienes 20 €.	A ver, estas que tienes aquí son de algodón cien por cien. Son preciosas, ¿verdad?

b) Comparad los resultados.
¿Qué está buscando la clienta?
¿Qué material prefiere?
¿Qué talla tiene?
¿Cuántas prendas quiere probarse?
¿De qué material son?
¿Dónde está el probador?
¿Qué prendas le gustan?
¿Cómo está con la blusa?
¿Qué precio tienen las prendas?

c) Leed el diálogo en pareja. Lo puedes escuchar antes.
d) Preparad otro diálogo de compra de otra(s) prendas de vestir.
e) Practicadlo y presentadlo al curso.

2 Una tendencia actual: llevar ropa del mercadillo

Descubre el Rastro

trenza f *Zopf*

aunque *obwohl*

Qué compro y dónde lo encuentro

33

El Rastro es el mercadillo de Madrid. Tiene lugar todos los domingos entre las 10:00 y las 15:00 en el centro de la ciudad; es uno de los "mercados de pulgas" más grandes del mundo; se puede comprar todo: antigüedades y cachivaches, libros y discos, cubiertos y vajilla, ropa y zapatos y mucho más.
"En el Rastro de Madrid es posible encontrar casi cualquier artículo aunque no siempre al precio más económico. [...] Se encuentran puestos de ropa en los que se venden vestidos, camisetas, sandalias, pantalones, camisetas de fútbol, ropa alternativa, calzado, ropa interior y complementos."

http://www.viajes.net/europa/espa%C3%B1a/madrid/z_comerciales/elrastro [27/09/2011]

1. El Rastro

descripción de una foto
comentario

a) Mira la foto grande y describe, con ayuda de las explicaciones, lo que ves.
b) Lee el artículo publicado en Internet y relaciónalo con la foto: ¿Crees que te puede gustar pasearte por el Rastro y comprar cosas?
Puedes empezar así: Sí / No, creo que (no) me puede gustar porque...

2. Los artículos del Rastro en comparación

Inserta el comparativo o el superlativo:
El Rastro es ___ (interesante) – la Gran Vía de Madrid.
Los artículos son ___ (barato) – en un almacén.
Los objetos antiguos son ___ (extraordinario) – los artículos nuevos.
Los zapatos son ___ (original) – de toda España.
Las camisetas del Rastro son ___ (creativo) – en una tienda de moda.
Los libros son ___ (económico) – en librerías.
Los precios no siempre son ___ (asequibles) – en otros lugares.
El ambiente en el Rastro es ___ (espectacular) – en el Parque del Retiro.
El Rastro es el mercadillo ___ (famoso) – España.

El blog de Milena

Os digo que llevo años buscando una chaqueta negra de terciopelo de los 80 con el cuello alzado… Y daos cuenta: ayer la encontré en el Rastro. ¿Verdad que estoy genial con los jeans y la camiseta verde? Como sabéis me encantan los contrastes fuertes. (Con la chaqueta verde, desde luego, estoy muy fea.) Besos de Milena

4 comentarios

Carmen dijo... ¡Estás muy guapa! Ese tipo de cuello es monísimo. Un look muy acertado :) xx
22 de septiembre de 2011 02:08

Anónimo dijo... Estás guapísima. […] eres monísima. Un abrazo.
22 de septiembre de 2011 06:18

Tere dijo... estás monísima […] besitos!
22 de septiembre de 2011 15:12

Anónimo dijo... Estás muy mona. Me encantan estos jeans, tengo varios, son tan cómodos. Estas genial con ellos
22 de septiembre de 2011 16:09

abreviado de http://realtrends4realwomen.blogspot.com/2011/09/masculine-style.html [28/09/2011_13:30]

→ *gramática p. 145*
↗ *3*

1. Los comentarios en el blog

a) Lee las opiniones sobre la chica en los comentarios: ¿Cómo es y cómo está, según los comentarios?

b) Como ves hay una diferencia entre 'ser guapa' (mona, fea) y 'estar guapa' (mona, fea). Discutid la diferencia y traducid los comentarios al alemán. Podéis añadir expresiones como "en la foto", "con esta ropa" o "ese día".

Lea y Rico

2. Dejar un comentario en el blog de Lea y Rico.

Mira la foto: ¿Qué crees? ¿Cómo son? ¿Qué ves? ¿Cómo están? Escribe un comentario con los adjetivos que hay en la imagen de palabras.

Un desfile de moda en tu instituto

1. Un desfile de moda

Tu instituto va a celebrar el 40 aniversario y tu curso piensa hacer un desfile de moda de las últimas décadas en el salón de actos. Mira las fotos de las prendas de vestir de los 70. Pregunta a tu madre o abuela si tienen ropa de la época. Elegid cuáles pueden lucirse en la pasarela.

jersey de lana a rayas

blusa estampada

vestido de terciopelo

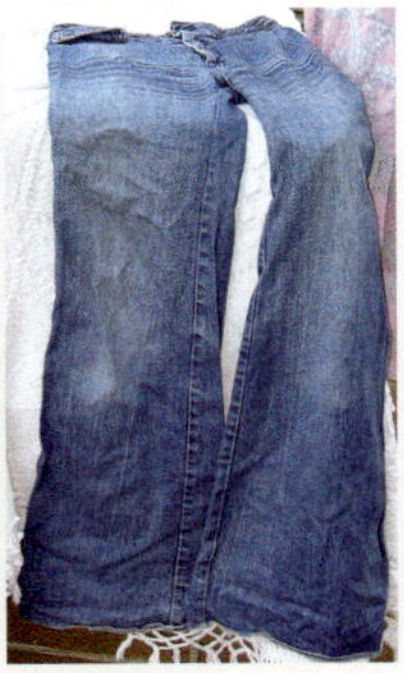
pantalones de campana

2. El desfile

comprensión

a) Lee atentamente la descripción de las fotos y el sistema de apoyo. ¿Lo entiendes todo? Averiguad en pareja el significado.

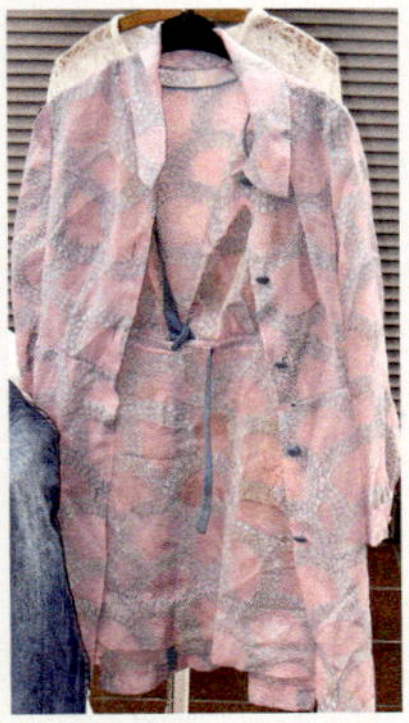
conjunto de camisón y bata

Los materiales	algodón; lana; seda; terciopelo; tejido sintético
Las prendas	blusa, camiseta, top (m) de tirantes (m), jersey (m), chaqueta, pantalones (m), vaqueros, bermudas, vestido, falda, minifalda, bata, traje (m), abrigo, chaquetón
Los colores	**lila**; **pink**; **gris**; **azul**; **verde**; estampado,a ←→ de un color
Los matices	claro,a ←→ oscuro,a; chillón; brillante; mate
El diseño	estampado,a; a rayas; a cuadros
El corte	corto,a ←→ largo,a; estrecho,a ←→ ancho,a; cómodo,a; elegante; deportivo,a; manga larga / corta; sin manga
El precio	caro,a ←→ barato,a; económico,a; asequible; regular

sistema de apoyo

b) Prepara y practica la presentación. Una buena presentación tiene que ser divertida e interesante para el público. Hay que hablar con entusiasmo y convicción y subrayar la originalidad y perfección de los modelos mediante distintos medios estilísticos:

sistema de apoyo

Imperativos: Mirad... / Fijaos en... / Daos cuenta de...
Adjetivos: Es un vestido... / divino / mágico / bellísimo / genial
Exclamaciones: ¡Qué detalles tan llamativos! ¿No es de una belleza increíble? No hay ningún vestido... más bonito. ¡Es único! ¡Es perfecto! ¡Nuestra modelo es muy guapa, pero con este vestido está guapísima!
Verbos: Hay que subrayar / destacar / acentuar que...

c) ¿Quién hace la presentación? ¿Quiénes son las y los modelos?

d) Practicad el desfile por la pasarela. Es posible sacar fotos o hacer un vídeo para poder ver mejor lo que hay que mejorar.

3. Una reseña

Redacta para el sitio web del instituto una reseña sobre el desfile. Recuerda dar un título llamativo.

3 Un día sin compras

"Ropa Limpia" y las acciones contra el consumo excesivo

La campaña Ropa Limpia nace en el año 1989 en Holanda delante de unos grandes almacenes como método de protesta y para denunciar las condiciones en las cuales trabajan los que confeccionan la ropa en las regiones de Filipinas.

http://terrari.blogspot.com/2007/08/campaa-ropa-limpia.html [07/03/2008_19:44]

Campaña "Ropa Limpia" en activo (capturas de pantalla)

comprensión

Placa informativa

En todo el mundo hay fábricas textiles en que se produce la ropa que llega a nuestras tiendas. Las condiciones de trabajo en muchos países asiáticos, americanos y africanos tienen que ver mucho con nosotros en Europa por comprar, ante todo, ropa barata. "**Ropa Limpia**" intenta concienciar a los consumidores de los problemas que sufren, ante todo, las trabajadoras.

1. ¿Qué es "Ropa Limpia"?
Completa las frases con una de las palabras en cursiva.

a) "Ropa limpia" es una... (*organización / campaña / institución*).
b) Existe desde el año... (*mil novecientos setenta / mil novecientos ochenta y nueve / dos mil once*).
c) Es de origen... (*alemán / español / holandés*).
d) Los simpatizantes... (*protestan / hacen manifestaciones*).
e) Sus acciones tienen lugar delante de... (*tiendas pequeñas / grandes almacenes / centros comerciales*).
f) Denuncian las condiciones en que... (*se trabaja en Alemania / se confecciona ropa en Filipinas / trabajan los hombres en Asia*).

captura de pantalla *screenshot*

2. Un "día sin compras"
Miraste las capturas de pantalla, leíste atentamente la placa informativa sobre "Ropa Limpia" y sabes, además, cómo es en Alemania.
Examina ahora las siguientes afirmaciones: ¿Dónde crees que es así?

- Si la ropa no es barata no se compra.
- El trabajo infantil está prohibido.
- Se explota a las trabajadoras para poder vender ropa barata aquí.
- A veces hasta los niños tienen que trabajar en las fábricas.
- No hay protección laboral, p. ej. se usan sustancias muy tóxicas.
- Los sindicatos desempeñan un papel importante.
- Para confeccionar la ropa se contamina el medio ambiente.

explotar *ausnutzen*

sustancias tóxicas *giftige Substanzen*

medio ambiente *Umwelt*

3. ¿Puede ser útil un día sin compras?
Formula una opinión individual.

sistema de apoyo

Un día sin compras puede ser	útil necesario conveniente	porque	ya tengo mucha ropa y cosas. ayuda a ahorrar dinero. ayuda a concienciar a la gente.

Además También Al mismo tiempo	hay personas con motivos	sociales ecológicos económicos	que	rechazan... renuncian a... protestan contra...

Una "mesa redonda" sobre un día sin compras

Presentación modelo

Buenos días. Soy Teresa Torres Blanco y tengo 23 años. Trabajo en una tienda de moda lo que me encanta, porque la moda es mi vida y me gusta estar con jóvenes. Ya tengo mucha experiencia y sé lo que les queda bien. Mi horario es de las 10 hasta las seis de la tarde. Para mí un día sin compras…

1. Una ficha con una presentación modelo

comprensión

a) Lee la ficha con la presentación modelo.
b) Practica a partir de la ficha una intervención en un debate.
c) Añade lo que Teresa probablemente opina sobre "un día sin compras".

2. Los preparativos de la "mesa redonda"

El tema del consumo es un tema interesante y polémico sobre el que existen distintas opiniones: desde la gente a que le gusta mucho consumir hasta personas que se declaran contra el consumo excesivo.

a) Formad cinco grupos. Cada grupo prepara una ficha (DIN A7) de una de las siguientes personas. Podéis añadir otro rol si queréis.
   - Eres una chica / un chico de unos 14 años y te gusta ir de compras.
   - Eres simpatizante de la acción "Ropa Limpia".
   - Perteneces al equipo creativo de Zara.
   - No te gusta ir de compras ni te interesa la ropa.
   - Eres vendedora en una tienda de moda.

b) Buscad los aspectos importantes e interesantes y apuntadlos.
c) Anticipad los argumentos de los otros participantes y vuestra reacción.
d) Practicad la presentación en el grupo. Los demás hacen la evaluación. Elegid a una o un representante del grupo.

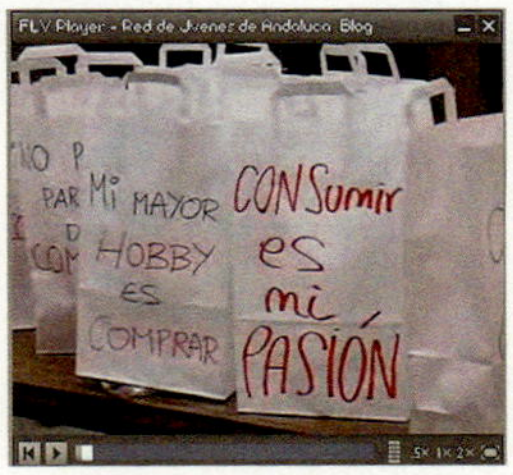

una manifestación

3. La mesa redonda

a) Las personas que representan un papel se sientan delante de la clase, se presentan a sí mismas y desarrollan su opinión sobre el tema.
b) Cada persona del público pregunta y comenta algo.
Ejemplo: ¿Trabajas activamente para la campaña "Ropa Limpia"?

Evaluación	
Se entiende bien.	Te refieres a las otras personas.
Hablas lo suficientemente fuerte.	Utilizas giros útiles (pues, quiere decir, etc.).
La pronunciación es correcta.	El contenido es completo.
Sólo miras de vez en cuando la ficha.	El contenido es correcto.
Miras al público.	Los errores lingüísticos no son graves.
Interactúas con gestos y mímica.	Las palabras elegidas son correctas.

sistema de apoyo

¿Cómo opinar?

(No) Estoy de acuerdo contigo, porque…

Creo que (no) es así, pero / sin embargo…

Tu argumento es (poco) convincente, porque…

¡Tienes razón!

Por un lado… por otro lado…

Para resumir se puede decir que…

Desde mi punto de vista…

Me refiero al argumento de…

Quiero añadir que…

4. Tarea para la próxima clase

Escribe un artículo sobre el debate y opina sobre la persona u opinión más convincente.

Grammatik und Strukturen • Gramática y estructuras

1. Der Vergleich • la comparación

Komparativ	Superlativ	
regelmäßige Bildung		Den **Komparativ** verwendest du zum Vergleich. Das Wort, mit dem der Vergleich eingeleitet wird, ist **que**. ***más*** drückt aus, dass etwas besser, ***menos***, dass etwas schlechter ist als etwas anderes. Der **Superlativ** – du erinnerst dich: schönste, reichstes... – ist die höchste Steigerungsstufe. Er wird mit ***más*** bzw. ***menos*** **+ Adjektiv** gebildet. Er steht hinter dem Nomen, auf das er sich bezieht. Dieses hat einen bestimmten Artikel bzw. ein Demonstrativpronomen: Regel: Artikel + Nomen + más/menos + Adjektiv Die unregelmäßigen Steigerungsformen *mejor*, *peor*, *mayor* und *menor* stehen vor dem Nomen. Das Wort *más* entfällt! Um den Altersunterschied zu kennzeichnen, nimmt man die Formen *menor* und *mayor*. *Es mi hermana mayor.* Es ist meine größere (ältere) Schwester. *Mi hermano es menor que yo.* Mein Bruder ist jünger als ich.
La blusa celeste **es más bonita** que la blanca. *Die hellblaue Bluse ist schöner als die weiße.* La tela roja **es menos bonita** que la negra. *Der rote Stoff ist weniger schön als der schwarze.*	**La** blusa **más bonita** es la de seda. *Die schönste Bluse ist die aus Seide.*	
unregelmäßige Steigerungsformen		
bueno – mejor (*gut, besser*) La tela de seda es **mejor que** la de fibra artificial. *Der Seidenstoff ist besser als der aus der künstlichen Faser.*	**La mejor** tela es la de algodón. *Der beste Stoff ist der aus Baumwolle.*	
malo – peor (*schlecht, schechter*) Un día sin compras es peor para Zara que un día con compras. *Ein Tag ohne Einkäufe ist schlechter für Zara als ein Tag mit Einkäufen.*	Una semana sin compras es lo **peor** para Zara. *Eine Woche ohne Einkäufe ist das Schlechteste für Zara.*	
grande – mayor / más grande (*groß, größer, älter*) **pequeño – menor** / más pequeño (*klein, kleiner, jünger*) Los problemas de las mujeres en las fábricas **son mayores** que los de las mujeres alemanas. *Die Probleme der Frauen in den Fabriken sind größer als die der deutschen Frauen.*	Los **mayores** problemas son los de las trabajadoras y los de las niñas. Los problemas **más grandes** son... *Die größten Probleme sind die der Arbeiterinnen und der Mädchen.*	
Vergleich mit Zahlenangaben		Merke dir, dass beim Vergleich mit Zahlen immer die Präposition *de* vor der Zahl steht!
Zara cuenta con más **de** 1.200 tiendas en el mundo. *Zara hat mehr als 1200 Geschäfte in der Welt.*	Zara es una de las empresas que cuenta con más tiendas en el mundo. *Zara ist eine der Firmen mit den meisten Geschäften in der Welt.*	
	Es una blusa monísima. *Es ist eine wunderschöne Bluse!* Es facilísimo. *Es ist kinderleicht.*	Der absolute **Superlativ** auf *-ísimo,a* hebt die Eigenschaft noch besonders hervor. Endet das Adjektiv auf Vokal, entfällt dieser.

2. Die Stellung des Objektpronomens • la posición del pronombre personal de objeto directo e indirecto

Me voy a probar la blusa.	Voy a probarme la blusa.	Du kennst schon die Grundregel für die Stellung des unbetonten Akkusativ- oder Dativpronomens: Es steht vor dem konjugierten Verb. Wenn aber das Verb mit einem Infinitiv oder dem Gerundium steht, **kann** das bzw. **können** die Pronomen daran angehängt werden.
Ich werde die Bluse anprobieren.		
Se la va a probar.	Va a probársela.	
Sie wird sie anprobieren.		
Se está probando la blusa.	Está probándose la blusa.	
Sie zieht sich gerade die Bluse an.		
Se la está probándo.	Está probándosela	
Sie zieht sie sich gerade an.		

No te pruebes la blusa. *Zieh dir die Bluse nicht an!* No se la pruebe. *Ziehen Sie sie nicht an!*	**Pruébate** la blusa. *Probier die Bluse an!* **Pruébesela**. *Probieren Sie sie an!*	Beim **verneinten** Imperativ steht das Pronomen **vor** dem konjugierten Verb. Beim **bejahten** Imperativ **muss** das Pronomen angehängt werden.

3. Bedeutungsunterscheidungen von Adjektiven durch den Gebrauch von *ser* oder *estar* • adjetivos con *ser* o *estar* que cambian de significado

3.1 Feste Wort- und Sinnverbindungen mit *ser* und *estar*

ser listo,a *klug sein* ser moreno *dunkelhaarig sein* ser aburrido *langweilig sein* ser malo *böse sein* ser rico *reich sein* ser joven *jung sein*	estar listo,a *fertig sein* estar moreno *braungebrannt sein* estar aburrido *gelangweilt sein* estar malo *krank sein* estar rico *lecker sein* estar joven *jung aussehen*	Diese Ausdrücke musst du immer als Verb-Adjektiv-Verbindung lernen, damit du das, was du ausdrücken willst, auch wirklich sagst. Nehmen wir an, du langweilst dich, dann sagst du: *Estoy aburrido.* Sagst du aber aus Versehen *Soy aburrido*, dann heißt das: Ich bin langweilig. Und das ist ja schon ein Unterschied! Der Ausdruck *estar rico* wird ausschließlich für das Essen verwendet. Du kannst anstatt *¡está rico!* „Es ist lecker" auch sagen: *(La comida) está buena.* Das Essen ist gut.

3.2 Verwendung der Verben *ser* und *estar* je nach der eigenen Sprecherabsicht

Normalzustand		Beginn eines neuen Zustands	
La chica de la foto es guapa.	*Das Mädchen auf dem Foto ist schön, gut aussehend.*	La chica está guapa. Estás muy guapo hoy.	*Das Mädchen sieht (mit der Bluse) gut aus.* *Sie hat sich hübsch gemacht.* *Du siehst heute wirklich toll aus!*
No soy feo, soy un chico normal y corriente.	*Ich bin nicht hässlich; ich bin ein ganz normaler Junge.*	Pero con esta camisa estoy muy feo.	*Aber mit diesem Hemd bin ich echt hässlich (sehe ich schrecklich aus!).*
Esta niña es muy mona.	*Dieses Kind ist sehr hübsch (niedlich, süß)!*	Con estos pantalones está monísima.	*Mit diesen Hosen ist sie besonders niedlich.*
Carmen es distraída. = Carmen es una persona distraída.	*Carmen ist zerstreut.*	Ricarda está distraída. Seguramente piensa en otra cosa.	*Ricarda ist zerstreut. Sie denkt sicher an etwas anderes.* *Etwas hat Ricarda abgelenkt.*
Carlos es atento. = Es un chico atento.	*Carlos ist höflich.* *Er ist ein höflicher Junge.*	Quique está atento.	*Quique ist aufmerksam. Er passt gut auf, lässt sich nicht ablenken.*
Yván es débil.	*Yván ist schwach.* *Er hat wenig Muskeln.*	Juan está débil.	*Juan ist schwach. Er war gerade krank und ist noch schwach.*

Merke:
Die Entscheidung, ob du das Verb *ser* oder das Verb *estar* verwendest, brauchst du nur dann zu treffen, wenn es in **Verbindung mit bestimmten Adjektiven** steht und du eine ganz bestimmte Aussageabsicht hast. Diese Fälle werden in dem Kasten oben erklärt.
Hier noch ein paar hilfreiche Tricks:
- Der Beginn eines neuen Zustandes wird häufig durch weitere Zusätze verdeutlicht, etwa durch Zeitadverbien (*hoy, esta mañana*), Zusatzerklärungen oder den Kontext: z. B. ***Hoy** estás distraído.* Du bist aber heute zerstreut! *Está **todavía** débil.* Er ist noch schwach. Du solltest also, wenn du eines der Adjektive brauchst, bei denen sich diese Bedeutungsunterscheidung ergibt, für dich so einen Zusatz machen. Beispiel: Du siehst aber (heute) toll aus.
- Der Gebrauch von *ser/estar* + Adjektiv ist in Spanien und den spanischsprachigen Ländern nicht immer einheitlich.
- Die Konstruktion *estar* + *bien/mal* wird sehr häufig verwendet: *¿Cómo estás?* Wie geht es dir? *(Estoy) bien.* Gut. *¿Cómo está tu madre? Está mal.* Wie geht es deiner Mutter? Ihr geht es schlecht.

Solltest du doch einmal unsicher sein und nicht wissen, ob du jetzt *ser* oder *estar* mit einem Adjektiv wählen sollst, hier eine kleine Hilfe: Da die Verbindungen mit dem Verb *ser* die weitaus häufigsten sind, ist die Chance, dass du das richtige Verb wählst, bei *ser* + Adjektiv höher.

12 Latinoamérica y el agua

Me gusta el agua

competencias:

leer:

- comprender textos sobre la riqueza acuática de México

→ **estrategias de prelectura**

expresión oral:

- describir las aguas en México

→ **sustantivos con "a" tónica**

- hablar de los destinos preferidos en México

→ **sistema de apoyo**

mediación y expresión escrita:

- escribir un e-mail a un amigo español sobre posibles destinos turísticos en Alemania

El agua: un bien escaso

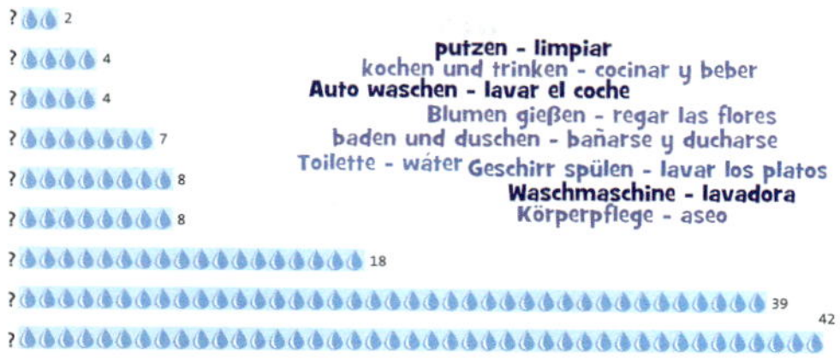

competencias:

leer:

- comprender estadísticas sobre el uso y la escasez del agua

→ **estrategias de comprender una estadística**

- comprender un artículo de Internet sobre el papel del agua para una familia mexicana

→ **estrategias de lectura**

escribir / expresión oral:

- presentar gráficamente el uso personal del agua
- hablar sobre el uso personal del agua

→ **sistema de apoyo**

Latinoamérica y el agua

El problema del agua en el mundo

competencias:

leer:

- comprender afirmaciones sobre el problema del agua en el Perú
- comprender afirmaciones sobre la crítica de la "Acción contra el hambre"

→ **subjuntivo**

presentación oral:

- informar sobre el problema del agua y expresar consecuencias

→ **estrategias de presentación**

→ **sistema de apoyo**

comprensión audiovisual:

- comprender un vídeo de la "Acción contra el hambre"

→ **sistema de apoyo**

expresión oral / escrita:

- formular recomendaciones para ahorrar agua
- redactar un artículo sobre el problema del agua

→ **subjuntivo**

→ **estrategias de escritura y de revisión de textos**

aprendizaje del idioma:

- investigar la formación y el uso del subjuntivo

1 Me gusta el agua

México y sus riquezas acuáticas

según: http://www.tourist-a.com/ecoturismo.htm [10/07/2011]

valle m *Tal*
cuya agua *deren Wasser*
reserva de la biosfera *Biosphärenreservat*
proporcionar *bereitstellen*
contar con tener
buceo *Tauchen*
natación f *Schwimmen*
cálido,a Am *warm*
templado,a *warm*

1. Expresar las primeras impresiones

a) Mira las fotos en el tablón de notas. ¿Con qué las asocias?

b) Traduce las palabras con la ayuda de las letras, las fotos y los títulos.

lago	E S E	pantano	A E E S T U S
baño	D B A	cascada	A A E F L L R S S W
manantial (m)	E E L U L Q	agua dulce	A E R S S S S S Ü W

comprensión

2. Las riquezas acuáticas de México

a) Lee los textos y completa las frases:

- El lugar llamado "lugar del baño" es...
- La extensión de... es la más grande en Norteamérica.
- El nombre del lugar que tiene manantiales cálidos o fríos es...
- Las cascadas más impresionantes están en...

b) Apunta dos informaciones para cada lugar, p. ej. ¿dónde está?, ¿qué hay?, ¿qué se sabe del agua?, ¿qué se puede hacer ahí?,...

c) Compara los resultados con un compañero o una compañera.

3. ¿Cómo es el agua?

Apunta los adjetivos que describen el agua en México.
Ejemplo: En Cuatro Ciénegas el agua es...

→ *gramática p. 158*
↗ *2*

4. Hablar de los destinos preferidos

Elige un lugar en México adonde te gustaría viajar y explica por qué.

Me gustaría viajar a...	para ver... porque me gusta(n) / interesa(n) / encanta(n) porque allí hay / quiero

sistema de apoyo

me gustaría
ich würde gerne

Lugares atractivos en Alemania junto al agua

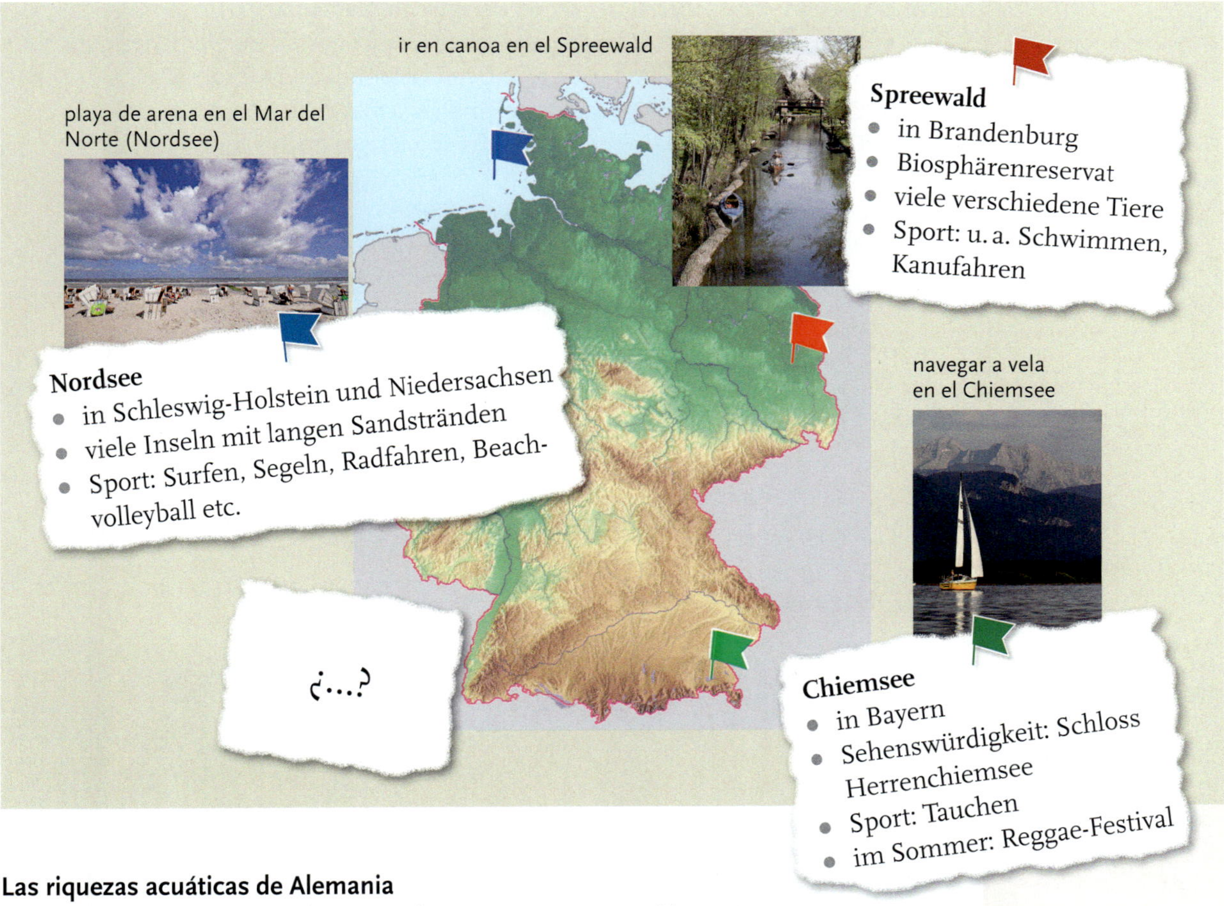

Las riquezas acuáticas de Alemania

a) Lee las informaciones sobre estos lugares atractivos en Alemania.

b) Escribe un *e-mail* para informar a un amigo español sobre posibles destinos turísticos. Utiliza el diccionario para buscar las palabras desconocidas.

c) Probablemente hay otro lugar junto al agua en Alemania que te gusta. Preséntalo también en el *e-mail*.

2 El agua: un bien escaso

El uso diario del agua en Alemania

wáter m

comprensión

1. Una estadística sobre el uso diario de agua en Alemania

a) Mira la estadística. ¿Qué piensas: cuánta agua gastan los alemanes para qué? Relaciona las actividades de arriba con la cantidad (un litro = 💧).

b) Calcula cuánta agua gastan los alemanes a diario.

34 **c)** Escucha el texto para comprobar tus soluciones de a) y b).

2. ¿Para qué utilizas tú agua a lo largo del día?

a) Apunta durante un día cuándo y para qué utilizas agua.

sistema de apoyo

A las 7 de la mañana Para desayunar En el instituto ...	gasto agua para uso agua para tomo agua para ...	beber ducharme ...

1' **b)** Confecciona un gráfico para ilustrar tu gasto personal.

c) Presenta tu resultado ante el grupo con la ayuda del gráfico.

3. Otros jóvenes y el agua

pasarela f *Steg*
pez m *Fisch*
parabrisas m *Windschutzscheibe*
saltar *springen*

a) Mira las fotos y descríbelas: ¿Quiénes hay? ¿Dónde están?¿Qué están haciendo? ¿Para qué utilizan el agua?

b) ¿Qué piensas para qué realizan estas actividades? Por ejemplo:

- ayudar en casa
- ganar dinero
- hacer deporte
- divertirse
- (no) tener agua en casa
- ...

sistema de apoyo

Creo que el niño Creo que la niña	en la foto	está ...	para	+ *infinitivo*
			porque	+ *frase subordinada*

c) ¿Qué actividades realizas tú? ¿Cuáles no? Explica por qué.

La escasez del agua en cifras

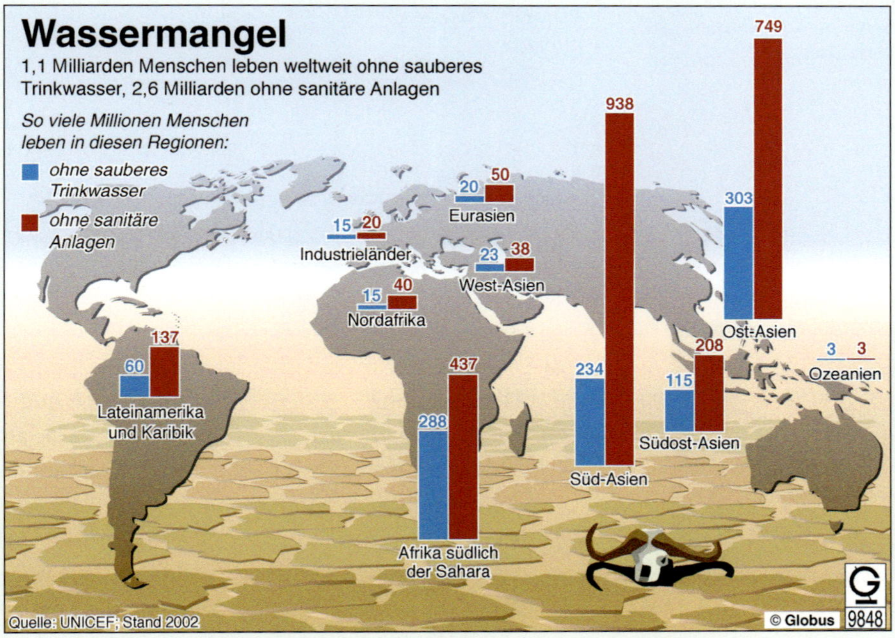

El agua: un problema mundial

Busca los datos en la estadística e inserta la cifra (p. 62 ↗ 1).

a) En el sur de África ▬ de personas no tienen acceso a agua limpia.
b) En Asia Oriental son aún más: ▬ de personas viven sin agua limpia.
c) En los países industriales como p. ej. Canadá, EEUU, Alemania, Francia o España son solo ▬ de personas, pero es todavía un número muy grande.
d) Otro problema grave es la falta de instalaciones sanitarias. ▬ de personas en Latinoamérica tienen este problema.
e) En el sur de África son ▬ de personas y en Asia del Sur es un número enorme: ▬ de habitantes viven sin instalaciones sanitarias.

→ *estrategia: comprender una estadística*

acceso a agua potable limpia *Zugang zu sauberem Trinkwasser*
instalaciones sanitarias *sanitäre Anlagen (z. B. Toiletten)*

Dos datos interesantes acerca del agua en Latinoamérica

América Latina
· **30%** del agua superficial de la tierra
· **25%** de la población vive con problemas de agua

1. Datos interesantes

a) Mira el gráfico y explica en alemán qué es lo sorprendente de las cifras.

b) El texto habla de "problemas de agua". ¿Qué problemas pueden ser?

pozo *Brunnen*
milla ≈ 1,6 km
trastes m aquí: platos / vajilla
plantar las cosechas *aussäen*

tomar aquí: beber
propósito *Zweck*
hervir -ie- *(ab-)kochen*
duda *Zweifel*

Los recursos de agua en la Reserva de Biosfera de la Mariposa Monarca

La vida de la familia Mondragón

Imagínate cargar 800 litros de agua todos los días a tu casa desde un pozo a media milla de lejos –¡a pie! En la temporada seca (noviembre a mayo), esto es un trabajo de todos los días para mi familia y para mí. Nosotros necesitamos agua para preparar la comida, lavar la ropa y los trastes, limpiar la casa y echar agua a las plantas y alimentar a los animalitos. Cuando plantamos las cosechas en mayo, se necesita la mayor cantidad de agua y cargarla al campo puede ser dificultoso. Durante la temporada de lluvia (mayo a octubre), guardamos el agua adicional en nuestro tanque de cemento. Nuestra familia no toma de este tanque pero utilizamos el agua para otros propósitos. Mucha gente hierve el agua antes de tomarla, porque tenemos duda de su pureza.

ligeramente adaptado de: http://www.learner.org/jnorth/tm/monarch/jr/WaterResEspA.html [10/07/2011]

1. Entender lo esencial sobre la familia Mondragón

35

¿De qué habla la chica (palabras clave, temas,...)? Escucha, escribe e intercambiaos.

2. La familia Mondragón y el agua

a) Lee solo la primera parte del texto (l. 1–7) y contesta las preguntas.

¿Dónde viven?
a) en Latinoamérica
b) en una reserva de biosfera
c) en el centro de México
d) en Sudamérica

¿En qué época cargan el agua cada día?
a) en la temporada de lluvia
b) de mayo a octubre
c) de noviembre a mayo

¿A qué distancia está el pozo de agua de la familia Mondragón?
a) a 0,8 km
b) a un kilómetro
c) a medio kilómetro

¿Para qué utilizan el agua?
a) para cocinar
b) para lavar el coche
c) para regar las plantas
d) para los animales

36

b) Lee la segunda parte del texto (l. 8–13) y apunta en una tabla lo que sabes sobre 1. la época de lluvia, 2. el agua del tanque.

3. Resumir las informaciones

Completa el resumen con las formas correctas de los verbos a la izquierda.

alimentar	necesitar
beber	preparar
estar	regar -ie-
guardar	saber
haber	ser
lavar	soler
limpiar	tener
llover -ue-	vivir

La familia Mondragón que ■ en una Reserva de Biosfera en México ■ 800 litros de agua al día. Con esa cantidad de agua ellos ■ la comida, ■ la ropa y los platos, ■ la casa, ■ las plantas y ■ a sus animales.
■ que cargar el agua desde el pozo que ■ a media milla de su casa. Sobre todo en mayo ■ mucho trabajo porque se ■ mucha agua para las plantas. Entre mayo y octubre cuando ■, la familia ■ agua en un tanque. Pero no ■ de este tanque porque no ■ si el agua ■ pura.

3 El problema del agua en el mundo

Impresiones y consecuencias del difícil acceso al agua en el Perú

Muchos niños tienen que trabajar para ayudar a alimentar a su familia.

Muchas familias no tienen acceso al agua potable en su casa.

El agua contaminada causa diarrea.

Muchas veces tienen que comprar el agua a vendedores privados.

Mucha gente muere.

Tienen que traer agua de pozos alejados.

Cuando trabajan no tienen tiempo para ir al colegio.

Si no van al colegio no aprenden ni a leer ni a escribir.

Mucha gente tiene que hervir su agua porque duda de su pureza.

balde m *Eimer*
carretilla f *Schubkarre*

diarrea f *Durchfall*

vendedor m *Verkäufer*
morir -ue- *sterben*
alejado,a de *weit entfernt von*

1. El problema del agua en fotos
Describe las fotos. Utiliza el sistema de apoyo en esta página.

2. Estructurar informaciones
a) Lee las afirmaciones en las flechas.
b) Relaciona las informaciones de abajo con una afirmación principal. Utiliza palabras enlaces:

Cómo expresar consecuencias El agua contaminada causa diarrea.	
Por eso **Así que** **Entonces** **Por consiguiente** **En consecuencia**	mucha gente la hierve.
Mucha gente hierve el agua **porque** el agua contaminada causa diarrea. **Como** el agua contaminada causa diarrea mucha gente la hierve.	

sistema de apoyo

contaminado,a *verunreinigt*

3. Presentar algunos problemas con el agua
a) Prepara una chuleta para hablar sobre los tres problemas con el agua.
b) Ensaya la presentación con un compañero.
c) Presenta los problemas con el agua al curso.

No me gusta: un vídeo de "Acción contra el hambre"

Placa informativa

"Acción contra el hambre" es una organización humanitaria internacional, neutral e independiente que lucha contra la desnutrición infantil y por la garantía de agua a las poblaciones más pobres.
→ www.accioncontraelhambre.org

Lo que no me gusta

a) Describe las capturas de pantalla del vídeo. ¿Qué impresiones te causan?
b) Formula una hipótesis acerca de lo que trata el vídeo.
c) Mira el vídeo y formula tus impresiones sobre la música, las fotos, los símbolos y los textos informativos.

sistema de apoyo

La música Las fotos Los símbolos Los textos	me parece(n)	alegre triste interesante extraño,a impresionante ...	porque	se ve(n)... hay... se oye... pone... los datos...

No me gusta

No me gusta: los mensajes del vídeo

que el acceso al agua provoque desigualdades sociales
que 1 de cada 5 personas viva sin infraestructuras de saneamiento
que mueran 4.000 niños al día por el agua contaminada
que 794 millones de personas no tengan acceso a agua en las ciudades
que el 27 % de los hogares urbanos no tenga red de agua

http://www.nomegusta.com [10/07/2011]

provocar causar

infraestructura de saneamiento *Zugang zu medizinischer Versorgung*

hogar urbano *städtischer Haushalt*

1. La crítica de "Acción contra el hambre"

En cada afirmación hay un error. Corrígelo.

- La organización critica que un cincuenta por ciento de las personas viva sin asistencia médica.
- No les gusta que casi ochocientos millones de personas no tengan agua en los pueblos.
- A ellos les parece horrible que mueran 4.000 niños al año por el agua sucia.
- Les parece triste que el acceso al saneamiento provoque injusticia social.
- Critican que aproximadamente el cuarenta por ciento de las casas en las ciudades no tenga acceso al agua.

2. El subjuntivo

En los comentarios se expresa la crítica de la organización "Acción contra el hambre".

a) La forma de los verbos en las oraciones subordinadas es la del subjuntivo. Apunta estas nuevas formas verbales con su infinitivo y la forma del verbo conocida.

forma "conocida"	forma del subjuntivo	infinitivo
...	...	...

b) Formula una regla sobre la formación del subjuntivo.

c) Explica por qué "provoque" se escribe con "qu" en vez de "c".

→ *gramática p. 158* ↗ *1*

d) Mira las expresiones en la actividad 1. que introducen el comentario y formula una hipótesis sobre el uso del subjuntivo.

3. Practicar el subjuntivo: conjugar con los dados

a) Practicad las formas del subjuntivo. A elige un verbo de la lista. B tira el dado y conjuga la forma del verbo. Introducid la forma con una expresión que exija el uso del subjuntivo.

b) También hay que escribir la palabra. Atención a la ortografía: *gue vs. ge / que vs. ce / za, zo, zu,* pero *ce, ci.*

conocer – saludar – llegar – buscar – hacer – comentar – prepararse – salir – realizar – dirigirse – decidir – tener – ser

4. Practicar el subjuntivo

Rellena los huecos con la forma correcta del subjuntivo.

a) Es triste que mucha gente ▬ (tener que) hervir el agua antes de tomarla.
b) Es increíble que muchos pobres ▬ (comprar) el agua a vendedores privados.
c) Es horrible que el agua contaminada ▬ (causar) diarrea.
d) No me gusta que muchos niños ▬ (ayudar) a traer el agua.
e) Me parece mal que estos niños no ▬ (poder) ir al colegio.

5. ¿Quién opina qué?

a) Formula opiniones con la ayuda de la tabla.

expresiones que requieren el subjuntivo	opinión	
(no) me gusta que... (no) me parece bien que... mal que... triste que... importante que... horrible que... interesante que... ... (no) quiero que... critico que... La organización critica que...	en México en todo el mundo en Alemania muchos niños muchos pobres la familia Mondragón Acción contra el hambre	• tener que cargar 800 litros de agua cada día • haber[1] muchos atractivos acuáticos • vivir sin acceso al agua • morir por el agua contaminada • ayudar a los pobres

[1] hay: subj. haya

b) Formula otras opiniones sobre el tema del agua según el modelo de la tabla.

grifo m *Wasserhahn*
roto,a *kaputt*
dejar abierto,a *offen lassen*

medio vacío *halbvoll*

sobrar *übrig sein*
cerrar -ie- *schließen*

Recomendaciones: ¿Cómo ahorrar agua?

- reparar un grifo roto
- no dejar abierto el grifo cuando te lavas los dientes
- ducharte en vez de bañarte
- no tirar basura al wáter
- no poner la lavadora medio vacía
- guardar el agua que sobra
- cerrar el grifo cuando lavas los platos
- tener plantas que necesitan poca agua
- poner una botella llena de agua en la cisterna

http://www.ecologiaverde.com/wp-content/2008/10/ahorrar_agua.jpg [10/07/2011]

1. Te recomiendo que...
Formula recomendaciones con el subjuntivo según el modelo.
Te recomiendo que laves frutas y verduras en un cuenco.

2. Redactar un artículo sobre el problema del agua

→ *estrategia*

a) Confecciona un mapa mental con los aspectos centrales del tema. Piensa en, por ejemplo: las riquezas acuáticas de México, la vida de la familia Mondragón, la organización "Acción contra el hambre", etc.

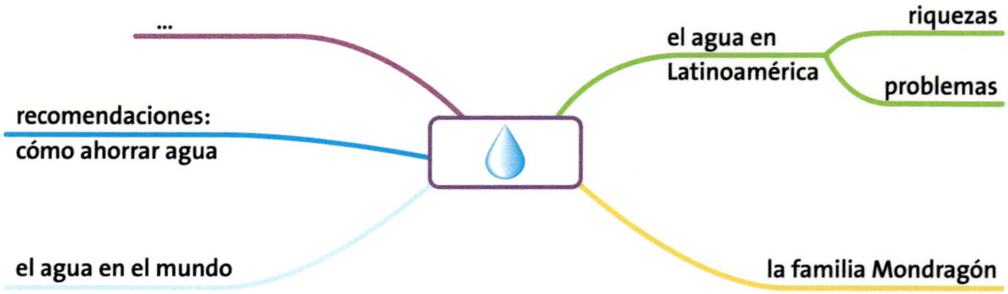

b) Redacta un artículo para una revista escolar española sobre el tema del agua. El mapa mental te ayuda. Piensa en:
☑ incluir diversas informaciones
☑ una estructura lógica
☑ encontrar un título llamativo
☑ utilizar enlaces
☑ utilizar un vocabulario variado
☑ el uso correcto de la gramática y ortografía

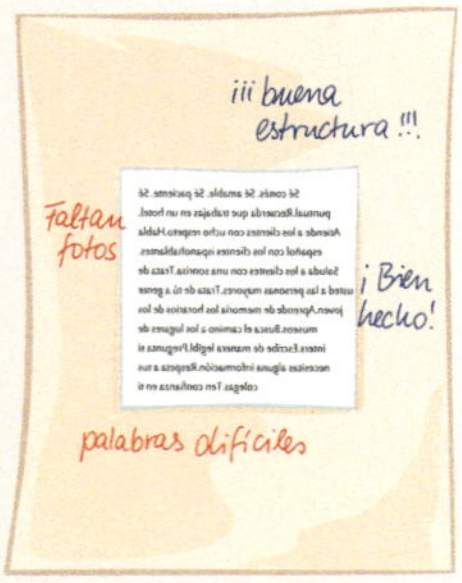

c) Pega tu texto en el centro de una hoja A3. En grupos de cuatro estudiantes cada uno lee los artículos de los demás y comenta en el margen aspectos positivos y cosas que se pueden mejorar. Cada estudiante utiliza otro color para sus comentarios.

d) Revisa tu artículo con la ayuda de los comentarios.

Bloque de ejercicios adicionales

Vocabulario

1. Vocabulario

a) Apunta cinco actividades que se pueden hacer en el agua.
b) Apunta cinco tipos de aguas.
c) Apunta cinco actividades para las que se necesita agua.
d) Apunta cinco adjetivos que describen el agua.

2. Los números grandes

37

a) Escucha los números grandes y apunta las cifras en tu cuaderno.
b) Lee los números siguientes.

170.754
15.877 563.414
11.594.003
873.999 67.627

Gramática y estructuras

1. Repaso

Repasa los módulos anteriores y formula opiniones sobre diferentes temas.

expresiones que requieren el subjuntivo	posibles afirmaciones
(no) me gusta que... (no) me parece bien que... mal que... triste que... importante que... sorprendente que... interesante que... ... (no) quiero que... critico que...	• En las Fallas se queman los ninots. • En España se hablan varias lenguas. • La moda es importante para la economía española. • Los toros mueren al final de la corrida. • Manu Chao canta en español y francés. • ...

2. ¿Subjuntivo o indicativo?

Completa el texto con las formas correctas del subjuntivo o indicativo.

En muchas regiones del mundo ___ (haber) problemas con el agua. En México, por ejemplo, ___ (existir) muchas aguas que ___ (proporcionar) agua dulce por eso es triste que mucha gente no ___ (tener) acceso al agua limpia. Muchas organizaciones humanitarias ___ (criticar) que mundialmente ___ (morir) muchos niños por el agua contaminada. No les gusta tampoco que tantos niños ___ (trabajar) para la familia y no ___ (poder) ir a la escuela.

Grammatik und Strukturen • Gramática y estructuras

1. Der *subjuntivo* • el subjuntivo

1.1 Die Bildung des *subjuntivo*

Konjugation der Verben auf *-ar*, *-er*, *-ir*		
gast**ar**	ten**er**	viv**ir**
gast- } -e, -es, -e, -emos, -éis, -en	teng- } -a, -as, -a, -amos, -áis, -an	viv- } -a, -as, -a, -amos, -áis, -an
Stamm der 1. Person Singular Präsens / Endung a → e	Stamm der 1. Person Singular Präsens / Endung e → a	Stamm der 1. Person Singular Präsens / Endung i → a

- Dir kommen die Formen oben sicher bekannt vor. Ja, es sind dieselben Formen, die du vom Sie- und vom verneinten Imperativ kennst. Wenn du es dir genau überlegst, ist das ziemlich logisch. Du kannst höflich sagen: „Ich möchte nicht, dass du Wasser verschwendest." –*No **quiero que** gast**es** agua*. Oder du kannst sagen: „Verschwende kein Wasser!" –*No gast**es** agua*.
- Wenn du die Regeln für die Bildung und die Rechtschreibung noch einmal wiederholen möchtest, schau nach auf Seite 119 ↗ 1.3, Anmerkung 5.

1.2 Der Gebrauch des *subjuntivo*

Ausdrücke der Zustimmung oder Ablehnung	Ausdrücke des Wünschens oder Empfehlens	
(no) me gusta que... (no) critico que... (no) me parece... bien / mal / triste / importante / horrible / interesante } que...	(no) quiero / (no) deseo / (no) prefiero / (no) recomiendo } que...	Den *subjuntivo* gebrauchst du immer im Gliedsatz mit *que*, wenn dieser von den Ausdrücken links – man nennt sie Auslöser – eingeleitet wird. Die Auslöser sind Ausdrücke der Notwendigkeit und des Wollens, der Gefühlsbewegung und der Beurteilung. Du wirst mit der Zeit noch weitere Auslöser kennenlernen.

2. Der bestimmte und unbestimmte Artikel vor femininen Nomen, die mit einem betonten „a" beginnen • el artículo definido e indefinido delante de palabras que empiezan con "a" tónica

el agua frí**a** *das kalte Wasser* **Las** aguas son **claras**. *Die Gewässer sind klar.* Voy a beber **el** agua fresc**a**. La bebo porque tengo sed. *Ich trinke das kühle Wasser. Ich trinke es, weil ich Durst habe.* **el** hambre *der Hunger* Tengo much**a** hambre. *Ich habe großen Hunger.*	Feminine Nomen, die mit einem betonten „a" („ha") beginnen, führen die maskulinen Artikel *el* oder *un*, wenn diese direkt vor dem Nomen stehen. Man müsste sonst vor dem Aussprechen des Nomens eine Pause machen.

- Wenn das „a" aber nicht betont ist, steht bei femininen Nomen auch der feminine Artikel, z. B.: *la alegría*.
- Du musst daran denken, dass die Adjektive und direkten Objektpronomen feminin sind.

3. Ursache und Wirkung ausdrücken • expresar la causa y el efecto

El agua contaminada causa diarrea. **Por eso** / **Así que** / **Entonces** / **Por consiguiente** / **En consecuencia** } mucha gente la hierve.	Es gibt viele verschiedene Konnektoren (Verbindungswörter), mit denen du Begründungen und Konsequenzen ausdrücken kannst.

porque* vs. *como	
Um die Angabe des Grundes oder einer Ursache in einen Nebensatz einzufügen, kannst du zum Beispiel ***porque*** oder ***como*** benutzen.	
Mucha gente hierve el agua **porque** el agua contaminada causa diarrea. *Viele Menschen kochen das Wasser ab, weil das kontaminierte Wasser Durchfall verursacht.*	*porque* steht immer **zwischen** zwei Sätzen, wenn du die Begründung im zweiten Satz gibst.
Como el agua contaminada causa diarrea mucha gente la hierve. *Da das kontaminierte Wasser Durchfall verursacht, kochen es viele Leute ab.*	*como* steht am Anfang, wenn du den Satz mit der Begründung beginnst.

13 España más a fondo

Datos de España

competencias:

leer y conocimientos interculturales:
- comprender datos clave de España

expresión oral:
- resumir informaciones sobre España y sus lenguas

→ **redondear cifras / sistema de apoyo**

producción escrita:
- redactar un texto informativo sobre España

→ **sistema de apoyo**

Galicia

competencias:

leer y conocimientos interculturales:
- comprender datos clave, el mapa, un climograma de Galicia y un texto turístico

expresión oral:
- entrevistarse sobre Galicia

presentación oral:
- preparar y presentar una intervención sobre Galicia

→ **estrategias de presentación**

→ **sistema de apoyo**
- anotar las informaciones clave

Internet (optativo):
- buscar más información en Internet e incluirla en la intervención

España más a fondo

Andalucía y Madrid

Trabajo en grupos: organización

1ª fase: Cada grupo trabaja con un tema.

A	B
Andalucía	Madrid

competencias:

aprendizaje autónomo:
- trabajar cooperativamente sobre una de las comunidades según el modelo de Galicia

leer y competencias interculturales:
- comprender datos clave, el mapa, un climograma y un texto turístico

expresión oral:
- entrevistarse sobre la comunidad

presentación oral:
- preparar y presentar una intervención sobre la comunidad

→ **estrategias de presentación**

→ **sistema de apoyo**
- anotar las informaciones clave

Internet (optativo):
- buscar más información en Internet e incluirla en la intervención

Un viaje de fin de curso a España

competencias:

leer:
- comprender un mensaje con una pregunta de consejos turísticos

expresión escrita:
- redactar una respuesta al mensaje

→ **sistema de apoyo**
- redactar un texto sobre el destino favorito en España para ganarse a los demás

- **interacción:**
- presentar los destinos favoritos y votar sobre el destino del viaje de fin de curso

1 Datos de España

Mariano Rajoy, presidente del gobierno (2011)

***Anotación:**
Según una encuesta del CIS (Centro de investigaciones sociológicas) de 2008 un 76,7 % se declara católico.

España en cifras

- **Área:** 504.750 km^2
- **Población:** 45.556.000 (2008)
- **Lenguas:** lengua oficial: español (también denominado castellano);
- catalán, gallego, valenciano y vasco (son también lenguas oficiales de las comunidades autónomas de Cataluña, Galicia, Valencia y el País Vasco, respectivamente)
- **Religión:** 99 % católica*
- **Capital:** Madrid
- **Forma de Gobierno:** Monarquía Constitucional
- **Cabeza del Estado:** rey Juan Carlos I
- **Presidente del Gobierno:** Mariano Rajoy

http://www.red2000.com/spain/primer/1data.html [23/04/2011_12:58]

Información general de España

comprensión
expresión oral

a) Lee atentamente los datos.
b) Haced una cadena: cada persona formula una información.
Redondead las cifras.

sistema de apoyo

45.556.000: unos 45 millones de habitantes / personas
más de 45 millones de...
504.750: más de medio millón de (metros cuadrados)
490.000: casi / aproximadamente / alrededor de / como medio millón de...

expresión escrita

c) Redacta un texto informativo con el título: Información general de España. Puedes incluir lo que ya sabes de España.
Utiliza el sistema de apoyo.

sistema de apoyo

La superficie / El área / El territorio } de España } es de / comprende } ... kilómetros cuadrados

La población española es de / En España viven } ... personas / habitantes

La capital española, ..., se ubica en...

La lengua oficial de toda España es / En España se habla } ...

Además del..., en las comunidades de... } se hablan... / son oficiales...

España tiene una / La forma de Gobierno es la } ...

El rey Juan Carlos I es el..., y Mariano Rajoy el...

el rey Juan Carlos I y la reina Sofía de España

Las lenguas españolas

La lengua oficial en todo el territorio nacional es el castellano (internacionalmente conocido como "español"), si bien [...], existen distintos idiomas que son oficiales en determinadas Comunidades Autónomas, como el catalán (en Cataluña e Islas Baleares), el gallego (en Galicia), el valenciano (Comunidad Valenciana) o el vasco (País Vasco y Navarra). Todas estas lenguas tienen su origen en el latín, a excepción del vasco, sobre cuyo origen existen diversas teorías.

http://turismadrid.free.fr/espana.htm [20/06/2009]

1. Información sobre las lenguas de España

comprensión
expresión oral

a) ¿Cómo se llama la lengua oficial española?
b) ¿En cuántas comunidades autónomas hay, además del castellano, otro idioma oficial, o sea, un idioma cooficial?
c) ¿Cuáles son estas comunidades?
d) ¿Dónde están situadas?
e) ¿Qué lengua es la 'madre' de cuatro de las lenguas españolas?
f) ¿Cuál es la lengua que no forma parte de la misma familia?

2. Comparación de las lenguas

38

¿Cuál de los refranes comprendes? ¿Por qué?

2 Galicia

2.1 Galicia: visión general

Anotaciones:
Los nombres castellanos de las ciudades son: La Coruña, Orense, Villagarcía de Arosa.
Xunta (‚x' wird ‚sch' gesprochen): cast. = Junta

Datos clave

Extensión: 29.575 km²
Población: 2.825.020 habitantes
Capital: Santiago de Compostela
Principales ciudades: Vigo, A Coruña, Ourense, Lugo, Ferrol, Pontevedra, Vilagarcía de Arousa
Lenguas: español y gallego (oficiales)
Órganos de Gobierno: Xunta de Galicia y Parlamento Gallego

www.cdlibre.org/clase/0405amaya/04057m/Lydia_Mascarell/mapa/Provincias.html [18/04/2011]

precipitaciones f lluvias

El clima de Galicia

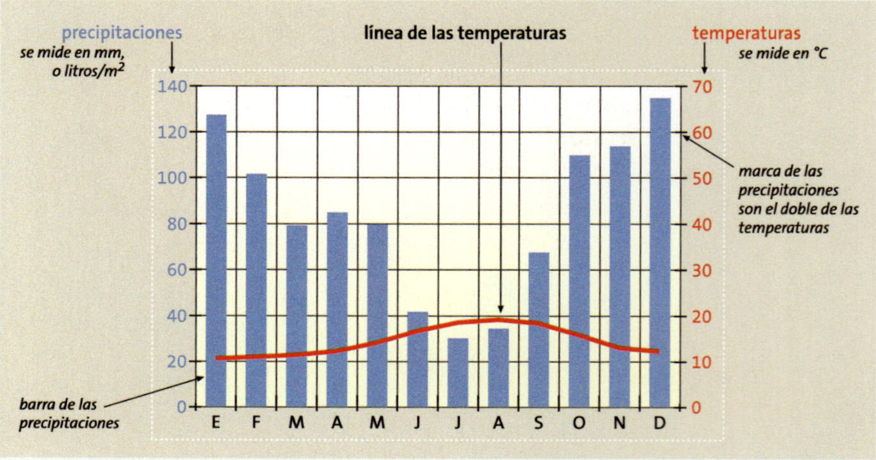

Una visión general de Galicia

comprensión
expresión oral

a) Lee los datos y mira atentamente los mapas y el climograma.
b) Prepara una serie de preguntas sobre Galicia, sobre la situación geográfica, los datos y el tiempo, p. ej.: ¿Dónde se encuentra Galicia? ¿Con qué comunidad / país / mar limita? ¿Cuál es la capital? ¿Qué lenguas se hablan? ¿Qué temperatura hace en julio / en diciembre? ¿Cuándo llueve mucho / poco? ¿Qué tiempo hace en verano?
c) Haced una cadena de preguntas.
d) Confecciona un mapa mental para estructurar las informaciones.

2.2 Galicia, país verde...

una playa gallega

la Costa de la Muerte

En las fiestas vas a ver a los gaiteros.

Galicia como región turística

Galicia, país verde de España, está al margen [...] del turismo de masas. Es un destino privilegiado para el turista individualista y, por ello, una clara y abierta recomendación. Los propios españoles están al corriente desde hace tiempo. En Galicia se puede todavía encontrar una hospitalidad como casi ya no existe en otros lugares turísticos de España. Playas kilométricas en la costa invitan a bañarse, bucear, pescar, navegar a vela o hacer surf. Incluso en verano, muchas playas no están abarrotadas de gente. Al interior, la montaña y el campo, siempre verde con pinos y eucaliptos invitando a caminar. Más al norte se puede visitar, no sin asombro, la famosa 'Costa da Morte', una de las costas más abruptas de Europa.
Una suave brisa veraniega alivia en los meses en los que hace mucho calor. Y gracias a la corriente del Golfo de Vizcaya uno se puede bañar hasta octubre.
Pescado y mariscos forman parte de la dieta gallega. De hecho, el 95 % del pescado y marisco en España viene de Galicia. La cocina gallega del litoral ofrece una amplia cantidad de platos con pulpo, pescado, centollos, langostas y almejas. Todas las piezas son pescadas por los pescadores de los pintorescos pueblos. En cualquier caso se debería probar el pulpo gallego, en las fiestas o mercados.

http://galicia.costasur.com/

almejas

pescado

barcos de pesca

langosta

pulpo

centollo

1. Galicia: información más detallada

a) Lee el texto y busca una o varias continuaciones correctas de las cinco frases dadas.

Galicia es una región turística para	**n**	las masas.
	d	individualistas.
	a	los españoles.
La costa gallega es muy variada:	**d**	playas largas invitan a practicar deportes.
	g	una costa extremadamente abrupta está en el sur.
El interior también es atractivo porque	**i**	ofrece montañas y campos.
	ñ	las playas siempre están demasiado llenas.
	l	se puede caminar y ver el paisaje verde.
El clima es agradable	**c**	porque no hace calor.
	a	porque hace calor pero siempre hay una brisa.
	t	incluso puedes bañarte en el mar hasta octubre.
El pescado y los mariscos influyen en la vida gallega:	**i**	representan una parte típica de la cocina gallega.
	p	casi el 100 % del pescado y del marisco que se come en España, se pesca allí.
	s	los pescadores son de los pueblos gallegos.
	f	artistas pintan a los pescadores en sus pueblos.
	o	los menús reflejan la gran variedad de mariscos.
	h	en las fiestas y en los mercados ofrecen el pulpo.

Si escribes las letras de las frases correctas en una línea y lees hacia atrás, vas a encontrar como solución una palabra del texto. (Es una característica de los gallegos.)

expresión oral

b) Realizad una entrevista sobre "La Galicia verde" a partir de la tabla. Cada estudiante plantea varias preguntas, p. ej. ¿Para qué grupos de turistas puede ser Galicia una región interesante?

c) Añade a tu mapa mental los aspectos más llamativos, p.ej. en cuanto a: paisaje, gente, actividades culturales, actividades deportivas, lo característico.

léxico

d) Busca la expresión sinónima a la del texto.

1 estar al margen de	a un lugar excepcional
2 un destino privilegiado	b saber algo / estar informado de
3 una recomendación	c estar demasiado lleno
4 estar al corriente de algo	d un buen consejo
5 playas kilométricas	e muchísimos
6 estar abarrotado	f de todas maneras
7 de hecho	g la costa
8 el litoral	h kilómetros de playas
9 una amplia cantidad	i no formar parte de
10 en cualquier caso	j verdaderamente

1i, 2a, 3d, 4b, 5h, 6c, 7j, 8g, 9e, 10f

2. Una intervención sobre la comunidad autónoma

Practica – con ayuda de tu mapa mental – la presentación oral de tus conocimientos tanto sobre la situación geográfica, datos importantes y el tiempo como sobre los detalles interesantes del texto:

- habla libremente, utiliza tus notas solo si es necesario;
- trata de formular de manera clara y comprensible, evita citar el texto, puedes emplear las expresiones sinónimas de arriba;
- utiliza el sistema de apoyo de abajo para estructurar la intervención;
- puedes mostrar las fotos (del DVD) para visualizar las informaciones.

→ *estrategias de presentación*

sistema de apoyo

Quiero hablaros de... / Me gustaría presentaros la región... / Mi tema es...

Mi presentación tiene... partes. / Voy a tratar los siguientes aspectos...

Quiero subrayar en particular... / Hay que destacar que... / Como se ve en la(s) foto(s)...

Primero... / Para empezar... / En primer (segundo, tercer) lugar

Además / Aparte de eso... / A continuación...

Al final / Por último / Para terminar / Para concluir

peregrinos

la catedral de Santiago de Compostela

3. Actividad optativa

Busca más información de Galicia en Internet.

a) Elige uno de los temas siguientes y escribe en el buscador
- el Camino de Santiago
- Santiago de Compostela monumentos (catedral)

b) Toma notas de la información, p. ej. una definición o descripción breve.

c) Utiliza fotos para ilustrar el tema.

4. Escuchar la intervención

Escucha la intervención atentamente. Anota después en una tabla las informaciones de Galicia.

Galicia			
situación geográfica	¿?	gente	¿?
provincias	¿?	actividades culturales	¿?
capital	¿?	actividades deportivas	¿?
clima	¿?	lo característico	¿?
paisaje	¿?		

3 Andalucía y Madrid: otras dos comunidades autónomas de España

Trabajo en grupos: organización

1ª fase: Cada grupo trabaja con un tema.

A	B
Andalucía	Madrid

2ª fase: Dos de cada grupo presentan "su" región.

A A	A A
B B	B B

3.1 Andalucía (grupo A)

Datos clave

Extensión: 87.599 km² **Población:** 7.314.644 habitantes **Capital:** Sevilla
Principales ciudades: Málaga, Córdoba, Granada, Jerez de la Frontera, Almería, Cádiz, Huelva, Jaén
Lengua: español
Órganos de gobierno: Junta de Andalucía y Parlamento Andaluz

www.cdlibre.org/clase/0405amaya/04057m/Lydia_Mascarell/mapa/Provincias.html

El clima de Andalucía

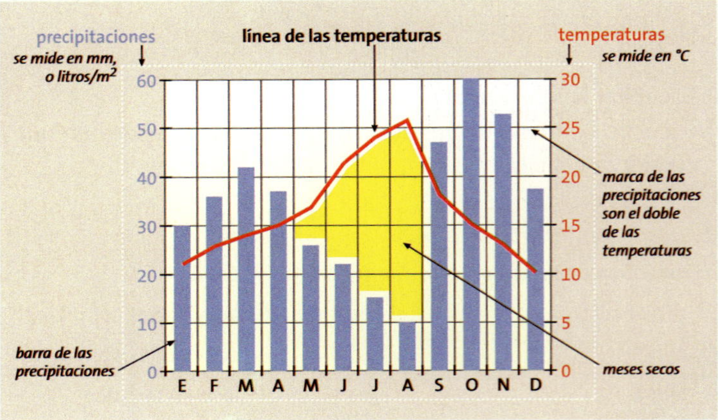

Una visión general de Andalucía

comprensión
expresión oral

a) Lee los datos y mira atentamente los mapas y el climograma.
b) Prepara una serie de preguntas sobre Andalucía, sobre la situación geográfica, los datos y el tiempo, p. ej.: ¿Dónde se encuentra Andalucía? ¿Con qué comunidad / país / mar limita? ¿Cuál es la capital? ¿Qué temperatura hace en julio / en diciembre? ¿Cuándo llueve mucho / poco? ¿Qué tiempo hace en verano?
c) Haced una cadena de preguntas.
d) Confecciona un mapa mental para estructurar las informaciones.

Andalucía, una región atractiva

Andalucía es la comunidad autónoma con mayor número de habitantes y la segunda de España en superficie. La variedad de sus paisajes, la benignidad de su clima y el carácter hospitalario de su gente la han convertido en una de las regiones más atractivas para el visitante. [...]

Costa del Sol

rutas ecuestres

Sus tierras están cruzadas por el río Guadalquivir, padre de antiquísimas civilizaciones, como la de tartessos[1] y otras que dejaron a sus orillas una huella monumental impresionante. Adicionalmente sus montañas de Sierra Morena y Sistemas Béticos, donde se encuentran las cumbres más altas de la península, Mulhacén y Veleta, ofrecen paisajes de increíble belleza.

Sierra Nevada

La oferta turística es muy variada, entre playas doradas, alta montaña con fauna salvaje, pintorescos pueblos blancos, rico folclore, y las más modernas instalaciones deportivas. Esquiar al sol en Sierra Nevada, practicar el surf en Tarifa donde se presentan las condiciones más óptimas de Europa, realizar legendarias rutas ecuestres, practicar el parapente durante todo el año o disfrutar de fantásticas pistas de golf, son, entre otras, excepcionales posibilidades que ofrece esta región.

corrida de toros

fauna salvaje: animales salvajes, p. ej. el lince ibérico (*Luchs*)

Andalucía es, además, patria de mitos, donde el ritual puede ser conocido en toda su autenticidad: El rito de la corrida[2] y el mundo mágico de los toros; el rito del vino y el mundo fresco de la bodega[3]; el rito del caballo y el mundo asombroso de su doma[4]. Es la tierra donde nació el flamenco[5].

www.red2000.com/spain/region/1r-anda.html

flamenco

[1] Los **tartessos** vivían en el sur hacia el año 1000 a. C.

[2] Se llama **corrida** al espectáculo tradicional en que al final se mata al toro (foto).

[3] En la **bodega** se fabrica el vino.

[4] La **doma** es el proceso de domesticar a un animal.

[5] El **flamenco** es un baile expresivo con guitarra y cante (véase también pp. 218 ss).

comprensión

expresión escrita

Andalucía

expresión oral

léxico

1. Los atractivos de Andalucía

a) Lee el texto atentamente.
b) Relaciona las informaciones del texto con los subtítulos siguientes y confecciona una tabla:

atractiva para el visitante por su gran variedad	rica en posibilidades deportivas	auténtica en sus ritos / sus tradiciones
playas doradas ...	*esquiar* ...	*la corrida* ...

c) Realizad entrevistas sobre "Andalucía, una región atractiva" a partir de la tabla. Cada estudiante plantea varias preguntas, p. ej.: ¿Qué es lo que atrae a los visitantes? ¿Por qué son interesantes las montañas?
d) Añade a tu mapa mental los aspectos más llamativos, p. ej. en cuanto a: paisaje, gente, actividades culturales, actividades deportivas, lo característico.
e) Busca expresiones del texto que corresponden a las siguientes y confecciona una lista.
la diversidad de sus paisajes
los montes / los picos más altos
extraordinariamente bellos
playas de arena fina
pueblos blancos muy bonitos
las mejores condiciones
recorrer rutas famosas a caballo

2. Una intervención sobre Andalucía

Prepara la intervención según el modelo de Galicia (página 167).

3. Actividad optativa para los que quieren saber más

a) Busca más información en Internet. Elige uno de los temas siguientes y escribe en el buscador
- Granada La Alhambra
- Sevilla monumentos / catedral

b) Toma notas de la información, p. ej. una definición o descripción breve.
c) Utiliza fotos para ilustrar el tema.

la Torre de Oro en Sevilla

la Alhambra en Granada

4. La tabla

Después de la intervencion del grupo B, añadid a la tabla de Galicia (p. 167) una columna para Madrid. Completad la tabla con la información.

3.2 Madrid (grupo B)

Anotación:
Se dice "Madrid me mata" porque no tienes tiempo para dormir, y "de Madrid al cielo" para expresar que la ciudad es fantástica, casi divina.

Comunidad de Madrid: datos clave

Extensión: 8.028 km^2
Población: 5.181.659 habitantes
Capital: Madrid
Principales ciudades: Móstoles, Leganés, Alcalá de Henares, Fuenlabrada, Getafe, Alcorcón, Torrejón de Ardoz
Lengua: español
Órganos de gobierno: Gobierno de la Comunidad y Asamblea de Madrid

www.cdlibre.org/clase/0405amaya/04057m/Lydia_Mascarell/mapa/Provincias.html [19/04/2011]

El clima de Madrid

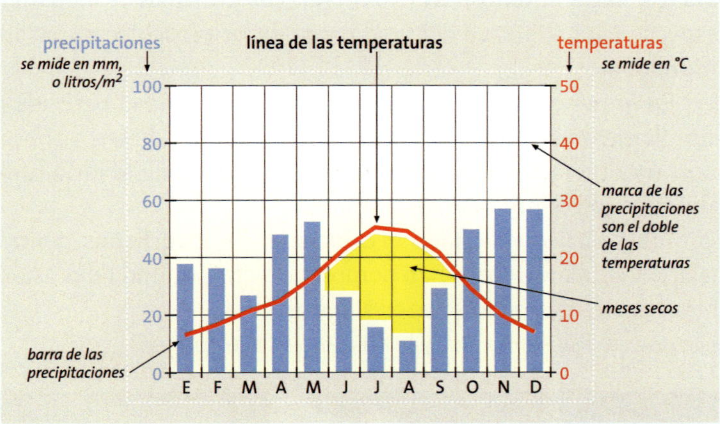

Una visión general de Madrid

a) Lee los datos y mira atentamente los mapas y el climograma.

b) Prepara una serie de preguntas sobre Madrid, sobre la situación geográfica, los datos y el tiempo, p. ej.: ¿Dónde se encuentra la Comunidad de Madrid? ¿Cuál es la capital? ¿Cuáles son las ciudades importantes? ¿Qué temperatura hace en julio / en diciembre? ¿Cuándo llueve mucho / poco? ¿Qué tiempo hace en verano?

c) Haced una cadena de preguntas.

d) Confecciona un mapa mental para estructurar las informaciones.

comprensión
expresión oral

la Plaza Mayor

Madrid, comunidad y capital fascinantes

Velázquez: Las Meninas

Fuera del cinturón de la gran ciudad nos encontramos con la auténtica provincia de Madrid, con bellísimos paisajes montañosos y bosques donde se respira por su gran altitud un aire excepcionalmente fresco. En ella encontramos centros de atracción turística de primer orden: Alcalá de Henares, Aranjuez, San Lorenzo del Escorial y Chinchón junto con otros de importancia menor, pero no por ello de poco atractivo.

www.red2000.com/spain/region/1r-madr.html

la vida nocturna

Madrid, capital de España, ciudad más importante del país, y una de las más importantes de Europa, es una ciudad de contrastes, ya que conviven en perfecta armonía elementos de una gran y moderna ciudad con otros elementos arquitectónicos y urbanísticos que permanecen con el mismo aspecto desde hace siglos, y donde pese al movimiento propio de una gran urbe, es fácil encontrar la paz y la tranquilidad sin tener que salir de la villa, por ejemplo disfrutando de un relajante paseo en barca por el Parque del Retiro disfrutando de la naturaleza sin salir de la ciudad en la Casa de Campo[1]. [...]
Es difícil encontrar en el mundo una ciudad con la oferta cultural que ofrece Madrid, monumentos, edificios históricos y museos de todo tipo, con mención especial para el Museo del Prado, una de las pinacotecas más importantes del mundo.
[...] En lo referente a ocio la búsqueda de una ciudad parecida puede resultar simplemente infructuosa; cines, teatros, parques, bares, y sobre todo una vida nocturna fuera de lo común, hacen de la ciudad de Madrid un lugar donde el aburrimiento simplemente no existe.
Por último hay que destacar el carácter de los madrileños, gente abierta, hospitalaria y solidaria, como han demostrado en multitud de ocasiones, y que recibirá al visitante con los brazos abiertos.

http://floresfr.blogspot.com/2008/11/imgenes-de-madrid-enero-febrero-2008.html

pese a *trotz*

[1] La Casa de Campo es un parque creado por Felipe II. Desde 1930 es parque público.

recibirá va a recibir

el palacio de Aranjuez – patrimonio nacional

Alcalá de Henares – ciudad histórica impresionante

1. Los atractivos de Madrid

comprensión

a) Lee el texto atentamente.

b) Relaciona las informaciones del texto con los subtítulos siguientes y confecciona una tabla:

La provincia de Madrid se caracteriza por	Madrid es una ciudad...			
	de contrastes	cultural	de ocio	hospitalaria
paisajes bellos ...	lo moderno y lo antiguo ...	monumentos ...	cines ...	madrileños amables ...

al norte de Madrid

expresión oral

c) Realizad una entrevista sobre "Madrid, comunidad y capital interesante" a partir de la tabla. Cada uno / una plantea varias preguntas, p. ej.: ¿Por qué es el aire tan fresco en la provincia? ¿En qué se muestran los contrastes en la ciudad? ¿Por qué uno no se aburre nunca en Madrid?

d) Añade a tu mapa mental los aspectos más llamativos, p. ej. en cuanto a: paisaje, gente, actividades culturales, actividades deportivas, lo característico.

léxico

e) Busca la expresión sinónima a la del texto, las alternativas te ayudan a formular de otra manera lo que se dice en el texto.

1 fuera del cinturón de la ciudad	a siguen existiendo sin cambios
2 menos importantes	b por la noche una variedad extraordinaria de ofertas
3 elementos arquitectónicos y urbanísticos	c museo de pintura
4 permanecen con el mismo aspecto	d con respecto a
5 de todo tipo	e en muchísimas situaciones
6 pinacoteca	f está lleno de
7 en lo referente a	g en los alrededores de la ciudad
8 una vida nocturna fuera de lo común	h edificios, monumentos, plazas, avenidas, callejuelas
9 en multitud de ocasiones	i de importancia menor
10 está repleto de	j de cualquier clase

el Parque del Retiro

1g, 2i, 3h, 4a, 5j, 6c, 7d, 8b, 9e, 10f

2. Una intervención sobre Madrid

Prepara la intervención según el modelo de Galicia (página 167).

3. Actividad optativa para los que quieren saber más de Madrid

O

www.

a) Busca más información de Madrid en Internet. Elige uno de los temas siguientes y escribe en el buscador
- La comunidad de Madrid
- Madrid monumentos

b) Toma notas de la información, p. ej. una definición o descripción breve.

c) Utiliza fotos para ilustrar el tema.

4. La tabla

Después de la intervencion del grupo A, añadid a la tabla de Galicia (página 167) una columna para Andalucía. Completad la tabla con la información.

4 Un viaje de fin de curso a España

¿Ir a Madrid, a Andalucía o a Galicia?

Indiana Jones

¡Hola!!

Me gustaría pedir consejo para pasar 3–4 días por España. […] Nuestra idea es visitar lo que se pueda y que no se nos pase mucho tiempo en el coche. Aprovechar que se va a algún sitio para ir parando en algún lugar para pasar la mañana, la tarde o el día si merece la pena. En principio lo ideal es: 1 día en cada sitio y distancias cortas para no perder tiempo en el coche. Puede ser incluso alguna ruta por pueblos con encanto, capitales de provincia… muchas gracias a todos.

www.losviajeros.com/foros.php?t=129548

comprensión
expresión oral

1. ¿Puedes darle consejos a "Indiana Jones"?

a) Lee el mensaje de Indiana Jones: ¿Qué ideas tiene él sobre el viaje?

b) Discutid qué le podéis aconsejar a Indiana Jones.

sistema de apoyo

- Yo le recomiendo hacer un recorrido por… porque…
- Si empieza el viaje en…
- Yo pienso que… le ofrece todo lo que busca porque…
- Como… encanta con… puede ser el destino ideal.

c) Redacta una respuesta a Indiana Jones.

2. Un viaje de fin de curso a España

a) ¿Qué viaje te gustaría hacer con tu curso de español? Mira la tabla con la información sobre Galicia, Andalucía y Madrid.

expresión escrita

b) Redacta un texto al mismo tiempo informativo y convincente para convencer a los otros de tu destino favorito. Ten en cuenta las preguntas / los aspectos siguientes:

- ¿Adónde **quieres** ir? ¿Qué clima / tiempo **te encanta**?
- ¿Qué actividades culturales **te fascinan** y qué deportes **te gusta** practicar?
- ¿Qué tipo de excursión **te apetece hacer**? ¿Qué paisaje / ciudad **te interesa**?
- ¿Qué **prefieres** comer? ¿Vas a probar la comida típica de la región? ¿Cuál es?
- ¿Tiene esa comunidad algo característico que **te atrae**?

c) Presenta tu texto a los compañeros.

d) Votad – después de escuchar algunos textos – cuál será el destino del viaje de fin de curso de vuestro curso.

Bloque de ejercicios adicionales

1. Sustantivos y adjetivos

Introduce las palabras siguientes en una tabla:

- atracción, búsqueda, deporte, dificultad, historia, importancia, verano
- hospitalario, bello, auténtico, alto, montañoso, armónico, tranquilo, pacífico, aburrido

sustantivo	adjetivo	verbo
turismo	*turístico*	–
...	...	...

2. ¿Cuál es la solución?

Si encuentras todas las palabras de la adivinanza, las letras marcadas te presentan la solución. Es una palabra que caracteriza los paisajes de España.

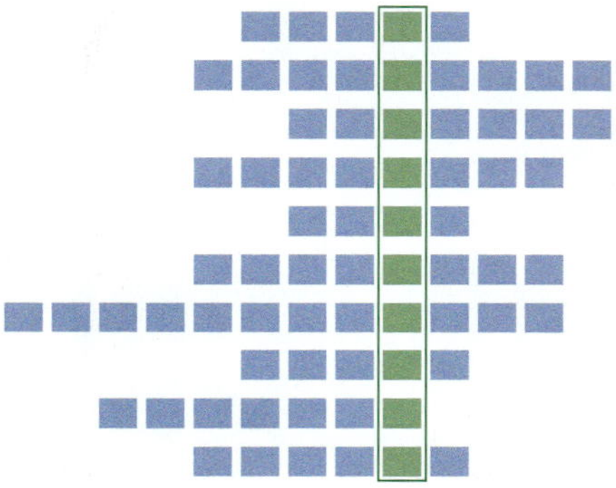

el color típico del paisaje gallego
habitante de Madrid
la capital de Andalucía
un baile típico andaluz
animal, protagonista de la corrida
langostas, almejas, etc. son...
el río que pasa por Andalucía
la gran pinacoteca en Madrid
espectáculo típico andaluz y español
alta montaña en el sur: la Sierra...

3. Correspondencias

¿Cuál de las palabras no corresponde al grupo? ¿Por qué?

a) langostas – almejas – pino – pulpo – pescado
b) Córdoba – Cádiz – Vigo – Granada – Málaga
c) El Prado – Aranjuez – El Parque del Retiro – Mulhacén
d) corrida – gaitero – caballo – flamenco – vino

4. Buscar los sinónimos

5. El superlativo

Completa la frase con un adjetivo adecuado y forma el superlativo.

Ejemplo: Madrid – ser – ciudad – ¿? – del país
Madrid es <u>la ciudad más **importante**</u> del país.

a) El Prado – ser – museo – ¿? – de Madrid
b) La "Costa de la Muerte" – ser – costa – ¿? – del país
c) En el sur – encontrar – playas – ¿? – de España
d) Andalucía – tener – ¿? – número de habitantes
e) Tarifa – ofrecer – condiciones – ¿? – para el surf

14 La actualidad y el pasado de una estrella de la música pop: Juanes

La vida actual de Juanes

competencias:

leer y conocimientos interculturales:
- comprender y comparar comentarios de la prensa sobre Juanes

expresión oral:
- entrevistarse sobre conocimientos previos
- describir fotos de Juanes y una carátula de un disco de él
- expresar impresiones y hablar sobre la música y la letra de una canción

→ **sistemas de apoyo**

comprensión auditiva:
- comprender globalmente de qué trata una canción

→ **estrategias de audición**

mediación:
- resumir el contenido de una canción a amigos alemanes

La actualidad y el pasado de una estrella de la música pop: Juanes

¿Cómo era Juanes antes de convertirse en superestrella?

competencias:

leer y conocimientos interculturales:
- comprender recuerdos de la familia y de amigos del pasado de Juanes
- comprender una entrevista a Juanes sobre sus canciones y el desarrollo de su estilo musical

→ **imperfecto (tiempo del pasado)**

expresión oral:
- entrevistarse sobre detalles del pasado de Juanes
- planear y realizar una entrevista televisiva a Juanes

→ **sistema de apoyo**

→ **estrategias de preparación y evaluación**

aprendizaje del idioma:
- sistematizar las formas verbales del imperfecto y buscar una regla para la formación

Internet y conocimientos interculturales (optativo):
- buscar en Internet información adicional sobre Colombia y el compromiso social de Juanes e incluirla en una presentación

presentación oral (optativo):
- preparar y organizar una presentación del perfil de Juanes

→ **estrategias de presentación**

1 La vida actual de Juanes

Imágenes de Juanes

Tres realidades de Juanes

expresión oral

a) ¿Qué sabes ya acerca de esta estrella? Por ejemplo, de dónde es y qué tipo de canciones canta.
b) Describe las tres fotos y fíjate en especial en su físico, lo que viste y su actitud.
c) ¿Cuál de las fotos es la que más te gusta? ¿Por qué?

Juanes visto por la prensa

"El más grande e importante artista latinoamericano en este inicio del siglo XXI" – *All Music*
http://www.juanes.net/index.php?mod=content&exec=bio [10/09/2010]

"Una superestrella latinoamericana [y] una de las estrellas de rock más grandes del mundo". – *RollingStone*
http://www.juanes.net/index.php?mod=content&exec=bio [27/07/2010]

"La figura individual más relevante [...] de la música latina" – *The Los Angeles Times*
http://www.juanes.net/index.php?mod=content&exec=bio [27/07/2010]

"El cantante y compositor más candente de América Latina... un poeta con guitarra eléctrica" – *New York Times*
http://www.latincouver.ca/event/juanes_en_concierto [17/07/2011]

"Un héroe cultural con gran imaginación musical y un don para las letras poéticas: un John Lennon latino" – *Amazon*
http://www.latincouver.ca/event/juanes_en_concierto [17/07/2011]

candente *glühend*
don m *Gabe*
inicio m principio

Juicios y comentarios

comprensión lectora

a) Lee los juicios y comentarios sobre Juanes.
b) Prepara una tabla. Apunta el aspecto que más se destaca en el comentario.

	infomación sobre Juanes	aspecto destacado
The Los Angeles Times	*músico latino*	*"figura [...] más relevante"*
New York Times	¿?	¿?
Amazon	¿?	¿?
All Music	¿?	¿?
RollingStone	¿?	¿?

c) ¿Qué tienen en común todos los comentarios?

Una canción de Juanes: "La camisa negra"

... fiesta...
... pena...
... mentira...
... boda...

... dulces labios...
... tu belleza...
... tu adiós...
... lleno de dolor...

boda f *Hochzeit*
labios m *Lippen*

1. La canción
La camisa negra es una de sus canciones más conocidas.

expresión oral

a) Describe la carátula del disco. Fíjate en:
- el físico de Juanes;
- la forma de las letras.

b) ¿Qué sugiere la carátula sobre el tipo de música que puede ser?

c) Según tu opinión, ¿qué expresiones o palabras de la lista a la derecha e izquierda de la carátula esperas encontrar en la letra de la canción?

10 O
comprensión auditiva

2. Escuchar la canción

a) Fíjate en la música y describe tus impresiones.

sistema de apoyo

(No) Es conforme a la idea que tengo de la música de Juanes porque...
Es la primera canción de Juanes que escucho y me parece que...
Para mí...

(no) invita a...	**El ritmo (no) es...**	**La música es...**
bailar	animado ←→ monótono	interesante ←→ aburrida
escuchar	rápido ←→ lento	festiva ←→ nostálgica
soñar	regular ←→ irregular	tranquila ←→ viva
relajarse		sentimental ←→ alegre

comprensión auditiva

b) Vuelve a escuchar la canción y fíjate en el contenido: ¿Qué expresiones o palabras crees que son palabras clave en esta canción?

expresión oral

c) Compara las palabras que acabas de escuchar con tus impresiones: ¿Qué sentimientos evoca la letra que entiendes en comparación con el ritmo y la música?

sistema de apoyo

Se nota Parece Se observa	que la letra	expresa refleja	tristeza alegría sufrimiento curiosidad desengaño	por a causa de / del de	pura traición una boda una despedida primer encuentro amoroso
pero Aunque Sin embargo, así como como también	el ritmo la música	subraya... acentúa...			

d) Contrasta tus impresiones con ayuda de estas estrofas de la canción y localiza los versos que las confirman.
Ejemplo: El color negro simboliza el estado de ánimo: todo parece oscuro.

Juanes: La camisa negra

Tengo la camisa negra
Hoy mi amor está de luto
Hoy tengo en el alma una pena
Y es por culpa de tu embrujo
Hoy sé que tú ya no me quieres
Y eso es lo que más me hiere
Que tengo la camisa negra
Y una pena que me duele
Mal parece que solo me quedé
Y fue pura todita tu mentira
Que maldita mala suerte la mía
Que aquel día te encontré
por beber del veneno malevo de tu amor
yo quedé moribundo y lleno de dolor
respiré de ese humo amargo de tu adiós
y desde que tú te fuiste yo solo tengo...

(estribillo:)
Tengo la camisa negra
porque negra tengo el alma
yo por ti perdí la calma
y casi pierdo hasta mi cama
cama cama caman baby
te digo con disimulo
que tengo la camisa negra
y debajo tengo el difunto

Tengo la camisa negra
ya tu amor no me interesa
lo que ayer me supo a gloria
hoy me sabe a pura

Miér...coles por la tarde y tú que no llegas
Ni siquiera muestras señas
Y yo con la camisa negra
Y tus maletas en la puerta

Mal parece que solo me quedé...

estar de luto *Trauer tragen*

embrujo m *Verzauberung, Hexerei*

herir -ie- causar dolor

maldito,a *verdammt*

maleta f *Koffer*

estribillo m *Refrain*

3. Mediación

Algunos de tus amigos conocen la canción, sobre todo el estribillo pero no saben de qué trata.

a) Resume en alemán de forma breve el contenido general de la canción.

b) Encuentras el estribillo de la canción arriba marcado en verde, pero recuerda que no se trata de traducir palabra por palabra sino el sentido que se esconde detrás con ayuda de lo que entiendes de las otras estrofas.

2 ¿Cómo era Juanes antes de convertirse en superestrella?

La intimidad de Juanes

Alicia Vásquez, la mamá, del artista nos cuenta que [...] "cuando era chiquito era muy gordito y [con la] guitarra casi ni podía con ella, de lo pesada que era".

"Una de las canciones que más tocaba Juan, con sus tres hermanos hombres, es Señor Capitán, porque era la preferida de su papá. Recuerdo que en las vacaciones, en la finca de Carolina del Príncipe, todos jugaban por todas partes y él se encerraba en un cuarto a tocar guitarra todo el día, y en diciembre sólo cantaba esas canciones llenas de palabras feas, de Octavio Mesa".

La madre del artista cuenta que a Juanes también le gustaba cantar rock [...]. "Los vecinos se quejaban todo el día porque la música era insoportable. Además yo sufría porque decían que los rockeros eran muy viciosos, pero afortunadamente, Juan [no]."

[...] "Además, cuando escribe una canción me la muestra antes de lanzarla y si a mí me gusta, sigue adelante; pero casi siempre me gustan porque son muy buenas, él es muy creativo, hace canciones con música y mensajes muy bonitos".

La personalidad del intérprete de "A Dios le pido", es contada también por su hermana, Mara Aristizábal.

Destaca que Juanes es muy perfeccionista, que desde niño siempre lo que se proponía lo conseguía. "Cuida cada detalle para asegurarse de que las cosas salgan bien, esto lo aplica en su vida personal y profesional [...]".

Tanto como su hermana y su amigo, Paola [otra amiga] concuerda en que Juanes es muy perfeccionista. "Lo pone de mal genio que las cosas no salgan perfectas, sobre todo en los conciertos. Es un poco complicado para la comida, no le gusta el cerdo, ni el gordo, ni los fritos, la carne [poco] hecha".

"[Al principio en Los Ángeles:] Me llamaba a las 3:00 de la mañana y me decía: 'Puli (así me dice) llámame por fa que no tengo plata'. Decía que la soledad era muy dura, que no sabía cocinar nada".

http://www.blogmusica.es/30/12/2008/la-intimidad-de-juanes/ [14/7/2010]

artista mf *Künstler/in*

Placa informativa

Octavio Mesa, el cantante colombiano de música guasca, usa muchas palabras vulgares en sus letras.

lanzar
hier: veröffentlichen

ponerse de mal genio enfadarse, ponerse de mal humor
gordo aquí: la grasa *(Fett)*
por fa por favor
plata (col.) dinero

comprensión

1. Recuerdos y declaraciones

Lee el texto y explica si las afirmaciones de la tabla son verdaderas, falsas o no aparecen.

A.	La madre de Juanes se llama Alicia Vásquez.
B.	Juanes era un chiquillo delgado y alto.
C.	A su padre no le gustaba ninguna de las canciones que tocaba.
D.	A Juanes le encantaba estar a solas en su cuarto y tocar la guitarra.
E.	Las canciones de Juanes no tienen letras con muchas palabras vulgares.
F.	A los vecinos les parecían divertidos los ensayos de Juanes.
G.	Los rockeros tenían buena fama.
H.	De niño Juanes se esmeraba poco para conseguir algo.
I.	Juanes tenía un perro al que amaba mucho.
J.	Juanes se sentía muy solo durante su primera época en Los Ángeles.
K.	Al inicio de su carrera no tenía mucho dinero, ni para llamar a su país.

gramática

2. Contar algo sobre el pasado y en el pasado: el imperfecto

Las mujeres en el texto comentan costumbres y recuerdos del pasado y emplean el tiempo del imperfecto.

a) Busca las formas verbales nuevas y prepara una tabla según el modelo:

nueva forma verbal (l. x)	persona / número	infinitivo
era (l. 3)	*3ª ps. sg.*	*ser*

b) Marca los infinitivos de cada conjugación con el mismo color.
c) En el texto aparece una vez la 1ª persona. Compara la forma con la de la 3ª del singular. ¿Qué notas?
d) Formula una regla acerca de cómo se forman la 1ª y 3ª persona singular
e) Practicad las formas de la 1ª y 3ª persona singular.
Ejemplo: A: sufrir – B: sufría – A: ser – B: era

3. Juanes quiere saber cosas de su infancia y adolescencia y pregunta a su madre

Formula las preguntas utilizando el imperfecto.
Ejemplo: Juanes: (ser) *¿Cómo era de niño?* Madre: Un chiquito muy gordito.
a) ¿? (pasar / vacaciones) – En la finca de Carolina del Príncipe.
b) ¿? (cantar / canción) – La canción "Señor Capitán".
c) ¿? (soler hacer / en la finca) – Encerrarte en tu cuarto.
d) ¿? (encerrar) – Para tocar la guitarra.
e) ¿? (ser / guitarra) – Muy pesada.
f) ¿? (gustar / música) – La música guasca y rock.
g) ¿? (quejar / por el ruido) – Sí, los vecinos.
h) ¿? (portarse) – Mejor que la mayoría de los rockeros.
i) ¿? (tener / ambiciones) – Sí, muchísimas.

4. Detalles sobre la vida de Juanes

Conversad sobre los detalles de la vida de Juanes que ahora conocéis formulando preguntas.

39

Entrevistando a Juanes: "Todo lo que soy, todo lo que hago, tiene que ver con Colombia"

Periodista 1: –¿Cuáles son los temas principales que tratas en tus canciones?
Juanes: –El amor es muy importante, pero hablo de amor en general, amor significa tantas cosas y, a veces, incluso significa odio y guerra. Toda mi música tiene que ver con todas la experiencias que tengo en la vida, mi familia, la difícil situación en Colombia o en el mundo entero.

Periodista 2: –¿Al principio tocabas en una banda de rock-metal, Ekhymosis?
Juanes: –Sí, pero después de seis o siete años [...] necesitaba encontrar mi propio sonido. Yo soy de Colombia y yo tocaba música de otro sitio. [...] Mi música tiene elementos del rock y del folclore. Es como un puente entre estos dos mundos diferentes, entre rock o música contemporánea y folclore.

http://www.publispain.com/juanes/entrevista_2.htm [12/7/2011]

Periodista 3: –¿Cómo nace esa afición por la música guasca?
Juanes: –Es algo que llevo desde pequeño, desde que vivíamos en Carolina del Príncipe y nuestra casa quedaba en un segundo piso y el primer piso quedaba una cantina. [Desde muy pequeños] lo que escuchábamos era el retumbar de la vitrola con la música guasca y arrabal. Eso a mí me encanta.

http://www.publispain.com/juanes/entrevista_1.htm [12/07/2011]

música guasca género musical que muchos montañeros escuchan en Colombia (p. ej. de Octavio Mesa)

1. Una entrevista a Juanes

comprensión

a) Lee o escucha la entrevista: ¿Qué temas se tratan en ella?

b) El periodista tiene problemas con sus apuntes del borrador cuando quiere pasarlos a su ordenador. Descífralos con ayuda de la entrevista.

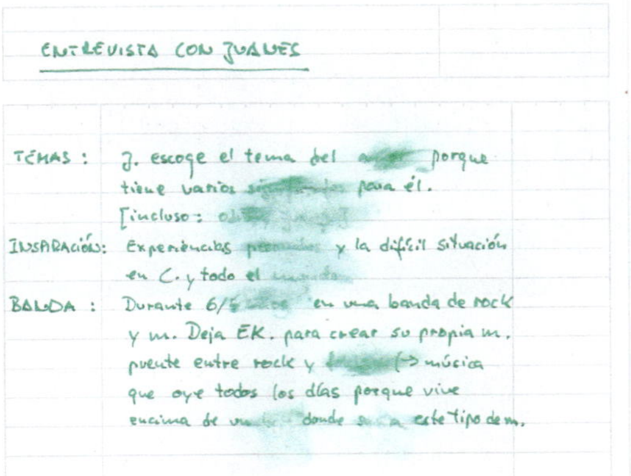

c) Apunta las formas verbales del imperfecto que se encuentran en la entrevista.

→ gramática p. 188
↗ 1

d) Confecciona una tabla con las formas nuevas y las que ya conoces en tu cuaderno. Ayuda: En la entrevista con los periodistas encuentras seis formas del imperfecto: cinco en -ar , y una en -ir.
Consulta tu tabla de la actividad 2 (p. 182) para las formas del texto anterior.

verbos en			
-ar	-er	-ir	irregulares
...	...	...	...

e) Trabajo en pareja: analizad cómo se forma el imperfecto y formulad una regla.

f) Falta la 2ª persona del plural. ¿Cómo creéis que puede ser?

g) Practicad las formas del imperfecto con ayuda de un dado.

→ *gramática p. 188*
↗ 1

2. Vida y carrera de Juanes: ¿Cómo era?

Inserta las formas del imperfecto. Ojo con los verbos reflexivos.

a) Juanes en los primeros años de su carrera ▒ (cantar) en una banda de rock y metal llamada Ekhymosis. b) Después de esta experiencia Juanes ▒ (querer) encontrar su propio estilo. c) En su infancia, él y su familia ▒ (vivir) en la ciudad Carolina del Príncipe, Colombia. d) Juanes y su hermana ▒ (llevarse) bien. e) Su vivienda se ▒ (encontrar) encima de un bar. f) Juanes: "De pequeño ▒ (escuchar) la música guasca todos los días." g) Una pregunta favorita de los periodistas es la siguiente: "¿Dónde ▒ (pasar) las vacaciones?" h) La madre le cuenta a menudo: "Tú ▒ (tocar) esa música pero, gracias a Dios, no ▒ (comportarse) como los rockeros". i) Juanes: "Mi hermana y yo ▒ (pasar) mucho tiempo escuchando la música de la vitorola del bar."

Juanes en directo: un programa de música en la tele

expresión oral
sistema de apoyo

Un programa de tele en que participan: Juanes, dos periodistas y una moderadora

preparativos:	**vocabulario y estructuras:**
1. *volver a estudiar los textos y los deberes para extraer posibles preguntas acerca de los temas sugeridos; tened en cuenta que la mayoría de las preguntas se refieren a costumbres de Juanes del pasado (usad el imperfecto donde sea necesario)* 2. *anticipar respuestas para enlazar otras preguntas o hacer los comentarios adecuados* 3. *practicar el papel individual (hablar libremente, controlar los gestos y la mímica...)* *practicar la actuación en el grupo y comentarla entre los miembros*	*estimado público* *hoy en directo* *el programa* *nuestro invitado* *¿Es verdad que...?* *Nuestros espectadores quieren saber si...* *parece increíble / qué sorpresa* *eso ya se puede ver / queda claro / destaca en tus canciones / hablando de... / también me parece interesante saber... / ya que te refieres a eso también nos interesa...*

a) Formulad preguntas y respuestas sobre los siguientes temas:
- el carácter
- la comida
- la familia: – la madre / – la hermana / ...
- las primeras experiencias en Estados Unidos
- la música preferida

b) Repartid los roles y practicad la entrevista.
c) Presentad la entrevista en el grupo. Cada persona tiene que actuar al menos tres veces.
d) Evaluad las actuaciones (v. criterios página 143).
e) Presentad el programa ante el curso.

Aprendizaje autónomo (optativo)

1. Colombia
Juanes menciona en la entrevista con los periodistas la gran importancia que tiene para él cantar acerca de la situación en Colombia. Informaos en grupos sobre este país en general y su situación actual.

2. Un perfil
Prepara un perfil del cantante en el que te concentras también en el compromiso social de Juanes.
Enlaces útiles:
- el sitio Web de Juanes y el sitio Web de su fundación *Mi sangre*

FUNDACIÓN
MI SANGRE
Por los hijos de tus hijos

3. Presentación
Preparad y organizad la presentación de vuestros productos.

a) Considerad los aspectos siguientes :
- Hay que decidir la forma de vuestro producto (presentación *powerpoint*; cartel; juego de rol;...).
- Repartid las tareas entre todos los miembros del grupo.
- Hay que estimular al público y comprobar que comprenden, así que tenéis que diseñar alguna actividad interactiva o motivadora para vuestros compañeros.

b) Ensayad la presentación en el grupo.

Bloque de ejercicios adicionales

compaginar *zueinander passen*

1. Vocabulario

¿Qué palabra no compagina?

a) álbum – disco – sencillo – guitarra
b) camarera – cantante – poeta – músico
c) monótono – ambicioso – rápido – irregular
d) amor – odio – desengaño – éxito
e) guitarra – batería – canción – piano
f) desconocido – ídolo – estrella – famoso
g) perfeccionista – ambiciosa – trabjadora – aburrida

piano m *Klavier*
ídolo m *Idol*

2. Comprensión de texto (p. 181)

Juanes quiere saber cosas de su infancia y adolescencia y pregunta a su madre. Reconstruye el diálogo relacionando las preguntas con las respuestas correspondientes.

a) ¿Dónde pasábamos los veranos?	1. Tocabas la guitarra encerrado en tu cuarto.
b) ¿Qué canción me gustaba cantar?	2. Sí, tenías muchísimas y eras un perfeccionista.
c) ¿Qué pasatiempos tenía?	3. Sobre todo la de "Señor Capitán".
d) ¿Cómo era mi guitarra?	4. En nuestra finca de Carolina del Príncipe.
e) ¿Qué tipo de música me gustaba escuchar?	5. Sí, lo hacían muchas veces.
f) ¿Los vecinos se quejaban por el ruido?	6. Demasiado grande y pesada para un niño de tu edad.
g) ¿ Era un chico con muchas ambiciones?	7. La música guasca y rock.

quejarse *sich beklagen*

3. Vocabulario y gramática

En este módulo aparecen los verbos que ves a continuación:
doler, llegar, contar, tocar, recordar,
mostrar, encerrar, cantar, quejarse, sufrir, lanzar,
destacar, concordar, asegurarse, hablar, significar, escuchar

a) Apunta los verbos que no conocías antes con su significado.
b) Formad el imperfecto de un verbo de cada conjugación.
c) Escoge cinco de estos verbos y escribe una frase en imperfecto que se refiera a Juanes, su música o su compromiso social.

4. Un artículo de revista

desde luego *selbstverständlich*

El cantante colombiano Juanes está preparando un nuevo disco. [...] Es, desde luego, una buena noticia para todos sus fans.
Para poder disfrutar del nuevo disco de Juanes no [hace] falta esperar mucho ya que este disco [va a salir] al mercado en noviembre. Queda poco para poder disfrutar de estos temas en directo de Juanes.

http://www.inadecuado.com/articulos/2136-nuevo-disco-de-juanes [14/5/2011]

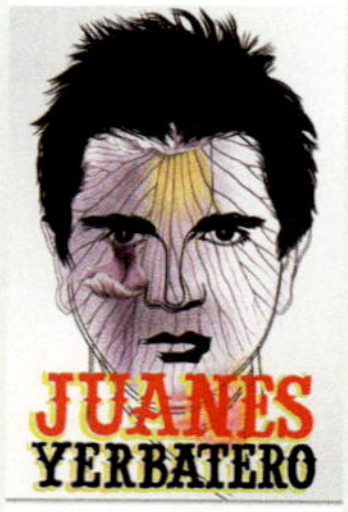

Acabas de encontrar este artículo en una revista del año pasado y recuerdas las reacciones de los fans. Quieres contárselo a tus amigos.
Añade las formas adecuadas en imperfecto.

a) Normalmente, antes de la venta, ■ (formarse) unas colas impresionantes en las tiendas.
b) Todos los fans ■ (estar) ansiosos por conseguir un ejemplar.
c) Esperar más tiempo les ■ (parecer) insoportable.
d) Algunos ■ (venir) desde lejos y ■ (estar) cansados.
e) Después de conseguir el disco ■ (estar) satisfechos y ■ (volver) exhaustos a sus casas para disfrutar de las canciones nuevas.

cola f *(Menschen-)Schlange*
ansioso,a por *ungeduldig*
ejemplar m *Exemplar*
exhausto,a *erschöpft*

5. Recuerdos de tu infancia

Ya sabes algo sobre la niñez de Juanes:
su aspecto físico; el lugar de vacaciones; sus pasatiempos favoritos durante esas semanas; sus gustos musicales y la comida...

a) Teniendo en cuenta estos aspectos, acuérdate de tus propias aficiones y costumbres durante este periodo de tu vida.
b) Añade otros aspectos de los que te acuerdas, como por ejemplo:
¿Dónde vivías? / ¿Eras un niño o una niña tímida / atrevida? ¿A qué tipo de colegio ibas? / ¿Qué música te gustaba?/ ¿Veías mucho la televisión?, etc.

niñez f *Kindheit*
pasatiempo m *Zeitvertreib*
atrevido,a *mutig*

6. Una entrevista con tu madre o tu padre sobre sus aficiones

Completa las preguntas y contéstalas con ayuda de tus padres o lo que ya sabes sobre ellos.

Ejemplo: –En tu juventud, ¿qué música ■ (gustarte)?
–En tu juventud, ¿qué música te gustaba? –Me gustaba el rock.

a) ¿Qué estrellas (cantantes...) ■ te (fascinar) cuando ■ (ser) joven?
b) Tú y tus amigos: ¿■ (ir) mucho a conciertos (festivales...)?
c) ¿■ (conocer) las canciones pop?
d) ¿■ (leer) la revista "Bravo"?
e) ¿■ (compartir) las aficiones de los abuelos?
f) ¿■ (discutir) con los abuelos sobre tus gustos?
g) ¿Tú y tu hermana: ■ (tener) los mismos gustos?

fascinar *begeistern*

7. Otra estrella hispana

a) Seguro que conoces a esta cantante. ¿Qué sabes sobre ella?
b) Busca en la Red una foto de cuando todavía era niña y descríbela.
c) Infórmate en la red sobre su juventud y apunta gustos y costumbres para comparar los datos con tu infancia y la de Juanes.

Grammatik und Strukturen • Gramática y estructuras

1. Der *pretérito imperfecto* • el pretérito imperfecto

1.1 Die Bildung des *pretérito imperfecto*

-ar	-er	-ir
llevar *tragen*	**tener** *haben*	**describir** *beschreiben*
llev**aba**	ten**ía**	describ**ía**
llev**abas**	ten**ías**	describ**ías**
llev**aba**	ten**ía**	describ**ía**
llev**ábamos**	ten**íamos**	describ**íamos**
llev**abais**	ten**íais**	describ**íais**
llev**aban**	ten**ían**	describ**ían**

Mit dem *pretérito imperfecto* lernst du eine neue Vergangenheitszeit kennen. Die Bildung ist sehr einfach.

a) Der *imperfecto* der Verben auf -ar:
- Endungen: -aba, -abas, -aba, -ábamos, -abais, -aban
- Bildung: Stamm + aba + Personalendung

b) Der *imperfecto* der Verben auf -er und -ir:
- Endungen: -ía, -ías, -ía, -íamos, -íais, -ían
- Bildung: Stamm + ía + Personalendung

c) Die 1. und 3. Pers. Sg. sind in allen Konjugationen identisch.

d) Die Betonung liegt bei den Verben auf
- -ar immer auf dem ersten a der Endung aba.
- -er und -ir immer auf dem í der Endung ía.

e) Akzentsetzung:
- Verben auf -ar : 1. Ps. Plural: -ábamos
- Verben auf -ir und -er: immer -ía

Die drei unregelmäßigen Verben		
ser *sein*	**ir** *gehen*	**ver** *sehen*
era	iba	veía
eras	ibas	veías
era	iba	veía
éramos	íbamos	veíamos
erais	ibais	veíais
eran	iban	veían

- Es gibt insgesamt nur die drei Verben *ser*, *ir* und *ver*, bei denen die Bildung des *imperfecto* leicht von den Regeln abweicht.
  Wenn du dir die erste Person merkst, kannst du die anderen Formen leicht nach den Regeln bilden.
- Merke dir den *imperfecto* von *hay (haber): había*

1.2 Der Gebrauch des *pretérito imperfecto*

De niño Juanes era muy gordito. La guitarra pesaba mucho, pero Juanes la tocaba durante horas y horas. En las vacaciones los niños jugaban por todas partes, pero Juanes se encerraba en un cuarto a tocar la guitarra todo el día y cantaba canciones con mucho texto. Además, a Juanes le gustaba cantar y tocar rock, los vecinos se quejaban y yo sufría.

Als Kind war Juanes sehr dick. Die Gitarre wog viel, aber Juanes spielte sie den ganzen Tag lang. In den Ferien spielten die Kinder überall, aber Juanes schloss sich in ein Zimmer ein, um den ganzen Tag Gitarre zu spielen, und er sang Lieder mit viel Text. Außerdem gefiel es ihm, Rock zu singen und zu spielen; die Nachbarn beschwerten sich und ich litt.

Den *imperfecto* brauchst du, um

a) über **Gewohnheiten** und sich wiederholende Handlungen zu sprechen (was man normalerweise jeden Tag, jede Woche/in jedem Jahr/in allen Ferien/zu bestimmten Gelegenheiten gemacht hat). In den Ferien von Juanes zum Beispiel spielten die Kinder den ganzen Tag, aber er schloss sich ein, spielte Gitarre, sang Lieder, die Nachbarn beschwerten sich und die Mutter litt darunter.

b) Personen, Dinge, Situationen in der Vergangenheit zu **beschreiben**.

Cuando yo tenía cinco años vivía con mis padres en Múnich. *Als ich fünf Jahre alt war, lebte ich mit meinen Eltern in München.* A los diez años ya vivíamos en Sajonia. *Als ich zehn war, wohnten wir schon in Sachsen.* La casa donde vivíamos tenía cuatro habitaciones. *Das Haus, in dem wir wohnten, hatte vier Zimmer.* ¿Cómo eran tus abuelos? *Wie waren deine Großeltern?*	**Tipp:** Stell dir vor, du schaust mit jemandem Fotos z. B. aus deiner Kindheit oder aus den Ferien an und redest darüber. Du erzählst dann z. B., was ihr gemacht habt, wie es in dem Ort, in dem ihr wart, und in der Ferienwohnung aussah, wie es dir gefiel, dass das Kleid, das du anhattest, dein Lieblingskleid war, dass du mit deinen Geschwistern immer zum See gegangen bist und ihr geschwommen seid, dass du bei schlechtem Wetter „Harry Potter" gelesen hast etc.
Esta es una foto de las vacaciones en Sajonia. Tenía como siete años y hacía mucho calor. Nos bañábamos todos los días en este lago. *Das ist ein Foto von unseren Ferien in Sachsen. Ich war ungefähr sieben und es war sehr heiß. Wir haben jeden Tag in dem See da gebadet.*	Wichtig ist, dass du nicht von Einzelereignissen mit Anfang und Ende berichtest, sondern erzählst.

2. Die Verkürzung bestimmter Adjektive vor Nomen • el apócope

En el primer piso de la casa en que pasaban las vacaciones había un bar. *Im ersten Stock des Hauses, wo sie die Ferien verbrachten, war ein Lokal.* Juanes es un buen amigo de Paola. *Juanes ist ein guter Freund von Paola.* A Juanes le pone de mal genio si las cosas no funcionan bien. *Juanes wird ärgerlich, wenn die Dinge nicht richtig funktionieren.*	Du weißt schon, dass die Ordnungszahlen *primero* und *tercero* vor maskulinen Nomen im Singular zu *primer* und *tercer* werden. Diese Verkürzung nennt man *apócope*; es gibt sie auch bei folgenden Adjektiven: *Bueno* und *malo* werden zu *buen* und *mal* verkürzt, wenn sie als Attribut vor einem maskulinen Nomen im Singular stehen. Der Plural wird nach den Regeln gebildet: *Juanes y Paola* son *buenos amigos*. Juanes und Paola sind gute Freunde.
Juanes es un hombre de gran imaginación. *Juanes ist ein Mann von großer Vorstellungskraft.* Juanes da mucho dinero para la gente pobre: es un gran hombre. *Juanes gibt viel Geld für arme Leute: er ist ein großzügiger Mensch.*	Eine Ausnahme bildet das Adjektiv *grande*, das vor maskulinen **und** femininen Nomen zu *gran* verkürzt wird.

Du kennst die *apócope* auch schon von den Indefinitpronomen *alguno* und *ninguno*. Hier sind noch einmal zwei Beispiele zur Erinnerung:
En mi barrio no hay ningún taller. In meinem Viertel gibt es keine Werkstatt.
Creo que hay algún restaurante chino cerca. Ich glaube, dass es ein chinesisches Restaurant in der Nähe gibt.

15 Desde España a las Indias: Cristóbal Colón

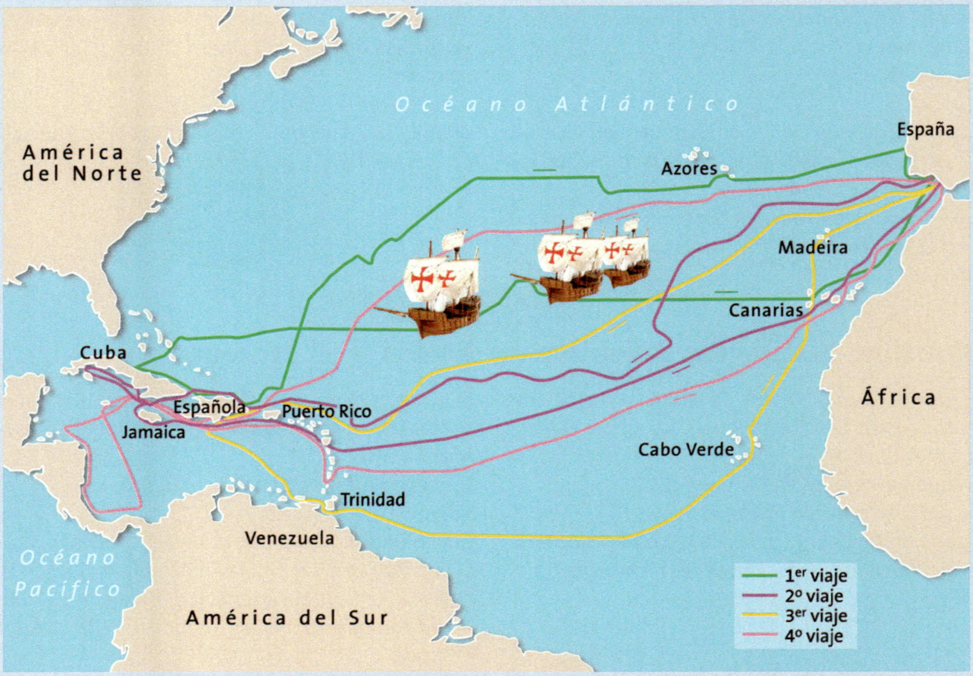

Cuadro de Jules Elie Delaunay (1828–1891): The Plague in Rome (La Peste Negra en Roma)

Europa en la época de Colón

competencias:

leer y conocimientos interculturales:
- comprender informaciones sobre Colón y la Europa de su época

→ **imperfecto**

interacción oral:
- entrevistarse sobre Colón y Europa en los siglos XV y XVI

presentación oral:
- preparar y presentar una intervención sobre la realidad europea en los siglos XV y XVI

→ **estrategias de presentación**

Desde España a las Indias: Cristóbal Colón

Etapas de la vida de Colón

competencias:

leer y conocimientos interculturales:
- comprender una historieta sobre las etapas de la vida de Colón
- comprender una conversación y un fragmento del diario de a bordo de Colón sobre el primer viaje

→ **indefinido**

→ **estrategias de comprensión**

expresión oral y escrita:
- reconstruir la cronología de la vida de Colón y un fragmento del diario de a bordo
- recapitular y entrevistarse sobre los aconteci-mientos del primer viaje de Colón
- hacer una entrevista ficticia a Colón

→ **indefinido (formas y pronunciación)**

aprendizaje del idioma:
- confeccionar paradigmas completos del indefinido

Acciones, circunstancias y descripciones

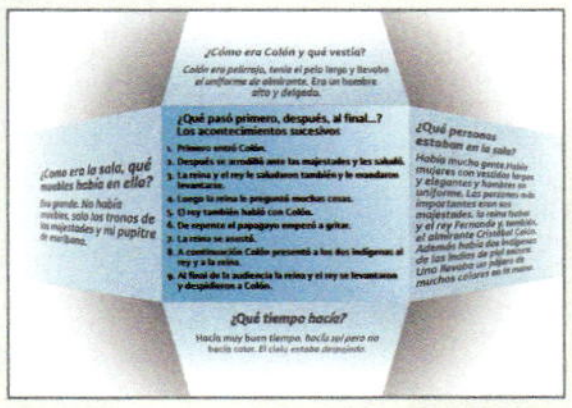

competencias:

expresión oral y conocimientos interculturales:
- describir el ambiente de un dibjuo de la vuelta de Colón
- entrevistarse sobre la vida de Colón

→ **indefinido e imperfecto**

- **aprendizaje del idioma:**
- comentar el uso de los dos tiempos del pasado
- conocer y reflexionar sobre las funciones complementarias de los tiempos del pasado

expresión escrita:
- reconstruir las etapas de la vida y del primer viaje de Colón
- redactar un testimonio de un marinero de la tripulación de Colón

→ **indefinido e imperfecto**

1 Europa en la época de Colón

Soñando con aventuras y riquezas

Europa y las Indias: realidad y sueño

Las autoras Olaya Sanfuentes y Alejandra Vega comienzan su libro "El viaje de Colón" (Editorial Amanuta, Santiago de Chile 2006, p. 7) con la explicación de la situación social y económica en Europa y con la descripción del Oriente con que soñaban los europeos.

El Oriente, tierra de productos valiosos

"Hace quinientos años en Europa [...] la vida era muy difícil. Mucha gente moría por culpa de la peste. [...] Muchos soñaban con las maravillas de Oriente.

maravilla f *Wunder*

La situación social en la Europa del s. XVI

Oriente era un lugar lejano y desconocido para todos. Quedaba a varios meses de viaje. [...] Eran muy pocos los europeos que habían ido a estas tierras, también llamadas las Indias. Muchos de ellos eran comerciantes, que traían desde allá especias como canela, nuez moscada, clavo de olor y pimienta. También traían sedas, perlas y piedras preciosas."

comerciante m *Händler*
especia f *Gewürz*

Algunas de las maravillas del Oriente

especias: clavos de olor, canela, nuez moscada, pimienta negra

joyas de piedras preciosas y oro

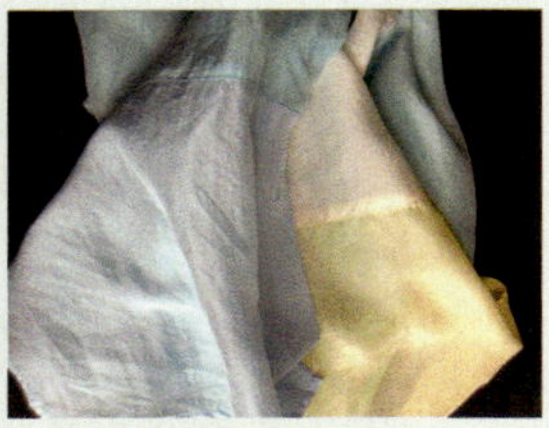
seda para confeccionar ropa

Cristóbal Colón, un hombre de teoría y práctica

Sobre Cristóbal Colón sabemos que ya de niño le gustaba ir al puerto de Génova a observar los barcos que salían para tierras lejanas.

En el libro juvenil "Cristóbal Colón" (CIDCLI S.C. México D.F. 1988, p. 2) leemos:

"Antes de cumplir los veinticinco años, Cristóbal Colón había recorrido ya todos los mares conocidos y navegables de su época. Tenía numerosas experiencias en navegación y había hecho profundos estudios de astronomía, geometría y geografía."

Colón soñaba con viajar por el mar y conocer otros países..."

navegable *schiffbar*
navegación f *Schifffahrt*
profundo,a *tief, tiefgehend*

comprensión
recapitulación del vocabulario

1. La Europa del siglo XV, los sueños de los europeos y Cristóbal Colón
a) ¿Cómo comienzan las autoras Sanfuentes y Vega su libro?
b) ¿Cómo era la vida en Europa en aquel entonces?
c) ¿De qué moría mucha gente?

d) ¿Con qué soñaban muchas personas?
e) Nombra algunas especias que traían de las tierras lejanas.
f) ¿Qué profesión tenían los hombres que habían ido allá?
g) ¿Qué sabemos del niño Cristóbal Colón?
h) ¿Qué clase de experiencias tenía Colón antes de cumplir los 25 años?
i) ¿Qué materias había estudiado Colón?
j) ¿Sabían los europeos exactamente dónde se encontraban las "Indias"?
k) ¿Con qué soñaba Cristóbal Colón?

producción oral

2. Palabras e informaciones importantes para hablar sobre la época
¿Qué recuerdas?
a) La peste era una razón por la que ___ mucha gente en los siglos XV y XVI.
b) Muchos soñaban con las ___ del Oriente.
c) Para llegar a las Indias había que viajar ___ ___.
d) El Oriente se llamaba también las ___.
e) Entre las pocas personas se encontraban los ___.
f) Los productos deseados eran ante todo las ___.
g) Entre estas las más valiosas eran la ___, la ___ ___, los ___ ___ ___ y la ___ ___. Se necesitaban ante todo para preparar comidas deliciosas.
h) No solamente se traían productos para la cocina sino también para confeccionar ropa como, p. ej., la ___.
i) Un personaje importante de esta época es Cristóbal Colón. El pequeño Cristóbal solía observar los ___ en el ___ de Génova.
j) Soñaba con ___ ___ el mar a países lejanos.
k) A la edad de 25 años Cristóbal ya había recorrido los mares ___ y ___ de su época.
l) También tenía ___ conocimientos de astronomía, ___ y ___.

Escenas de la edad media:

la peste, la muerte negra

3. Hablar libremente
Prepárate para hablar sobre la realidad europea en los siglos XV y XVI, las maravillas del Oriente, los sueños de la gente y sobre Colón.

El siglo XVI

Europa

a) la gente
– estado de ánimo:
– enfermedades:
– sueños:

b) Cristóbal Colón
– experiencias:
– estudios:
– sueños especiales:

El Oriente

a) productos
–
–
–
...

b) contactos
– personas:
– distancia:
– viaje:

2 Etapas de la vida de Colón

Una historieta

11

En 1485 Colón viajó a España para presentar su proyecto a la reina Isabel de Castilla y a su marido, Fernando de Aragón. Tras largos años de espera a la respuesta, por fin en 1492, Isabel y Fernando lo aprobaron y firmaron un contrato con Colón. Dicen que la reina vendió sus joyas para poder financiar el viaje.
Colón, vamos a aprobar este proyecto atrevido. Vamos a financiar una parte considerable de la empresa y, a cambio, esperamos las riquezas que nos prometiste por el bien de España.

El 3 de agosto de 1492 Colón partió desde Palos con unos 90 hombres en las dos carabelas, la Pinta y la Niña, y una nao, la Santa María. La reina y el rey se acercaron al puerto para despedir a Colón. Después los barcos se alejaron.
Vamos a encontrar el camino a las Indias y volver con riquezas infinitas.

Tras largas semanas de viaje los marineros empezaron a inquietarse.
No creo que lleguemos a las Indias.
Ni yo tampoco.

Un día después de una tormenta horrorosa se rebelaron contra Colón.
No quiero morir en el mar. Tenemos que dar la vuelta.

Colón también se inquietó. Pero todo cambió cuando el 11 de octubre el vigía Rodrigo de Triana divisó tierra.
¡Tierra, tierra!
Colón decidió esperar hasta la madrugada antes de acercarse a la playa.
En la madrugada del 12 de octubre de 1492 tomaron una lancha y remaron hasta la isla.
Rápido, date prisa.
Espera un momento, ya bajo.
Llegados a la isla uno de los marineros se acercó a Colón y le besó la mano.
Gracias, muchas gracias Almirante.
Colón bajó de la lancha con la bandera en la mano izquierda y conquistó la isla en nombre de sus Reyes.
Te bautizo con el nombre San Salvador.

1. La historia de Colón presentada en imágenes

→ *estrategias de comprensión*

comprensión global

a) Mira las viñetas para ver lo que revelan sobre
- las actividades de Cristóbal Colón y
- los acontecimientos a lo largo de los años.

b) ¿Qué es lo que no comprendes? Apunta las preguntas y dudas.

2. Los acontecimientos y el diálogo

a) Lee el texto. Si quieres puedes utilizar el vocabulario (pp. 279 ss / 315 ss).

b) Ordena las etapas que comprende la historieta y relaciónalas con las imágenes:

A) Audiencia ante el rey portugués
B) En el camino
C) La juventud: Colón y su hermano menor, Bartolomé, en Génova
D) Estancia en Portugal
E) Llegada a "Las Indias"
F) Audiencia ante la reina Isabel y el rey Fernando de España
G) Comienzo del viaje en 1492

3. Los detalles

40

comprensión auditiva

Comprueba si la afirmación es correcta o no.
Presta mucha atención a la pronunciación de las formas verbales.

a) Colón nació en 1441 en la ciudad italiana de Génova.
b) Se casó con la italiana Felipa y al año nació su hijo Diego.
c) Una tarde Felipa y Colón se acercaron a la playa y contemplaron el horizonte.
d) Tres años después del nacimiento de Diego, Colón presentó al rey francés el proyecto de viajar a las Indias.
e) Los consejeros del rey rechazaron el proyecto.
f) Viajó a España para presentar el proyecto a las majestades españolas.
g) La reina Isabel y Fernando hicieron esperar a Colón un año.
h) Después aprobaron el proyecto y firmaron un contrato con él.
i) Se dice que la reina Isabel vendió un castillo para financiar el viaje.
j) Colón y 80 hombres partieron el 1 de julio de 1491 de Palos.
k) La reina y el rey se acercaron al puerto para despedir a Colón.
l) Durante el viaje largo los marineros empezaron a rebelarse.
m) La rebelión no inquietó a Colón.
n) El 7 de octubre terminó el viaje: –Tierra, tierra, gritó el vigía.
o) Colón y algunos marineros tomaron una lancha y llegaron poco después a la isla.
p) Colón tomó posesión de la isla en su nombre.
q) Bautizó la isla con el nombre Colombia.

4. Colón, su estancia en Portugal y su primer viaje

a) Cierra el libro y recapitula para ti los acontecimientos y el tiempo del pasado, el indefinido, que conoces de la fiesta de la Tomatina.

b) Apúntate los verbos importantes y habla con tu pareja según el modelo.
¡Ojo con la pronunciación!
Ejemplo: Tú: Colón nació en Génova. Tu pareja: Se casó con Felipa.

¿No veis allá una luz?

la reina Isabel de Castilla

En una taberna después del viaje

El viaje

03/08/1492 → salida de Palos

12/10/1492 → descubrimiento del Nuevo Mundo

15/03/1493 → llegada a Palos

Después del viaje el marinero Felipe se reunió con sus amigos y parientes en un mesón en el puerto de Cádiz. Todos asediaron a Felipe con preguntas.

41

Hola Felipe, ¿cuando regresasteis del gran viaje?

Mira, regresamos anteayer a las cuatro de la mañana.

¿Estás bien?

Sí, gracias a Dios, estoy bien. Como sabes salimos de Palos el 3 de agosto. Llegamos el doce de octubre. ¡Fíjate, meses sin ver tierra firme, sólo agua, agua, agua!

¡Qué horror! ¿Cómo fue el viaje?

Si te digo la verdad, no lo quiero recordar. Una mañana escuchamos una voz que exclamó: "Tierra, tierra". ¡No te puedes imaginar nuestro alivio!

¿Estuvisteis todo el tiempo en San Salvador?

No, navegamos por el mar y lo exploramos todo.

¿Encontrasteis otras islas?

Sí, un día nos acercamos a una isla muy grande con árboles, pájaros, animales y flores desconocidas. Nos quedamos algunos días y emprendimos el viaje de vuelta a finales de enero.

Estás contento de estar otra vez en España, ¿verdad que sí?

Claro que sí. Cuando vimos la costa española nos abrazamos todos y algunos hasta bailaron.

¿Qué hicisteis primero?

Yo, nada más llegar fui a ver a mi madre que se alegró mucho de verme. Descansé unas cuantas horas y más tarde almorzamos juntos. Mi madre me asedió con preguntas. Le conté todo. Después me marché para ver a Teresa...

comprensión auditiva

→ gramática p. 204
↗ 1

1. Los acontecimientos durante el viaje contados por el marinero Felipe a sus amigos y parientes en un mesón de Cádiz

a) Escucha o lee la conversación.

b) Los detalles de la conversación:
¿Cuándo regresaron los marineros a Palos?
¿Cómo le fue en el viaje a Felipe?

¿Encontraron otra isla grande?
¿Cuánto tiempo se quedaron?
¿Cuándo empezó el viaje de vuelta?
¿A quién visitó Felipe nada más llegar?
¿Cuántas horas descansó esa noche?
¿Qué empezó a hacer la madre durante el almuerzo?
¿Con quién se encontró Felipe después del almuerzo?

2. El indefinido
En la conversación Felipe habla de sus vivencias y los amigos preguntan. Mira atentamente las formas verbales y apúntalas.

a) Confecciona un paradigma completo del indefinido de los verbos siguientes y compáralo con tu pareja. Recuerda poner la tilde en la 1ª y 3ª del singular.
regresar – llegar – visitar – desayunar – salir

b) Practicad las formas del indefinido con el dado.

Fragmento del diario de a bordo de Cristóbal Colón

1. El diario de a bordo

a) Descifra algunas palabras del fragmento del diario.

b) Qué crees: ¿Por qué es tan importante el diario de Cristóbal Colón?

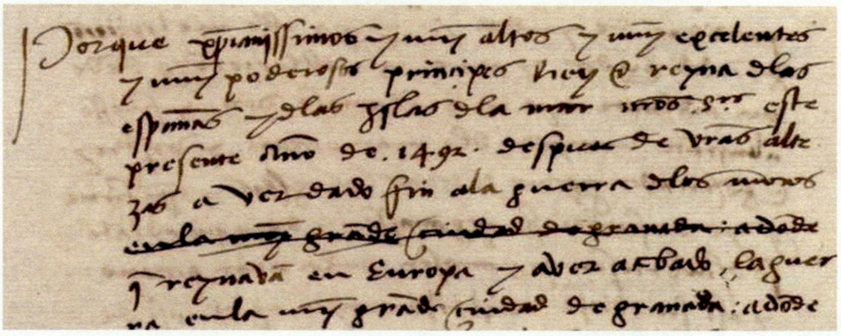

2. El diario de un fraile que acompañó a Colón
Inserta las formas del indefinido de los verbos siguientes:
navegar, escuchar, subir, seguir, coger, mirar (2), mandar, levantar, tomar, acercar, bajar (3), pensar, tomar, arrodillarse (2), pronunciar, levantar, llamar

arrodillarse *sich niederknien*

Los acontecimientos en torno a la llegada
■ sin problemas desde el principio de octubre. Anteayer por la tarde ■ de repente el grito "¡Tierra, tierra!". El almirante ■ enseguida, y nosotros lo ■, ■ los prismáticos y ■ hacia el horizonte. También ■ los hombres de la tripulación. ¡Qué alivio después de un viaje tan largo y duro! Yo ■ a los hombres pronunciar una plegaria y agradecerle a Dios la llegada feliz. Nos ■ todos a las 5 de la mañana. ■ una lancha y nos ■ a la playa. Primero ■ el almirante, después ■ yo y después ■ los marineros y el cura. En ese momento ■ en el Señor y nuestra reina muy apreciada. En su nombre ■ posesión de la isla. Me ■ y los hombres también se ■. Yo ■ una plegaria. Después nos ■ y el almirante ■ a esa isla "San Salvador".

alivio *Erleichterung*
pronunciar una plegaria *ein Gebet sprechen*

3. Una entrevista
Preparad una entrevista ficticia a Colón. Tenéis que tratar a Colón de usted.
Ejemplo: –¿En qué año nació usted, almirante? –Nací en 1451.

3 Acciones, circunstancias y descripciones

La vuelta de Cristóbal Colón

descripción

1. El ambiente a la vuelta de Colón

Mira el dibujo y describe el ambiente: ¿Qué personas se encuentran en la sala del palacio? ¿Cómo es la sala? ¿Qué muebles hay en ella? ¿Qué visten las personas? ¿Cómo son las personas? ¿Dónde están sentados los reyes?

pasar revista
Revue passieren lassen

2. Pasar revista

Después de un par de años los hijos del cronista le piden que les cuente todo lo relacionado con la vuelta de Colón.

a) Este pasa revista a todo y toma notas:

¿Cómo era Colón y qué vestía?
Colón era pelirrojo, tenía el pelo largo y llevaba el uniforme de almirante. Era un hombre alto y delgado.

¿Como era la sala, qué muebles había en ella?
Era grande. No había muebles, solo los tronos de los majestades y mi pupitre de escribano.

¿Qué pasó primero, después, al final...?
Los acontecimientos sucesivos

1. Primero entró Colón.
2. Después se arrodilló ante las majestades y les saludó.
3. La reina y el rey le saludaron también y le mandaron levantarse.
4. Luego la reina le preguntó muchas cosas.
5. El rey también habló con Colón.
6. De repente el papagayo empezó a gritar.
7. La reina se asustó.
8. A continuación Colón presentó a los dos indígenas al rey y a la reina.
9. Al final de la audiencia la reina y el rey se levantaron y despidieron a Colón.

¿Qué personas estaban en la sala?
Había mucha gente. Había mujeres con vestidos largos y elegantes y hombres en uniforme. Las personas más importantes eran sus majestades, la reina Isabel y el rey Fernando y, también, el almirante Cristóbal Colón. Además había dos indígenas de las Indias de piel oscura. Uno llevaba un pájaro de muchos colores en la mano.

¿Qué tiempo hacía?
Hacía muy buen tiempo, hacía sol pero no hacía calor. El cielo estaba despejado.

b) Ahora el cronista empieza a hablar. Habla desde su perspectiva sobre el día del encuentro de Colón con las majestades.
Lee primero qué acciones se desarrollaron y cómo era la situación. Pensad en pareja dónde podéis insertar las partes descriptivas.

c) Formula una hipótesis sobre el uso complementario de indefinido e imperfecto.

3. La vida de Colón

Vuelve a examinar las etapas de la vida de Colón y las circunstancias en que se encontraba.

a) Contesta por escrito a las preguntas.

A) ¿Dónde nació Cristóbal Colón?
B) ¿Qué le gustaba de niño?
C) ¿Con qué soñaba de niño?
D) ¿Qué era Génova entonces?
E) ¿A dónde se marchó un día?
F) ¿Con quién se casó?
G) ¿Cómo se llamaba su hijo?
H) ¿A dónde se dirigió luego para realizar sus planes?
I) ¿Quiénes pagaron los gastos de su primer viaje?
J) ¿Qué edad tenía Colón cuando salió de viaje?

b) Preguntaos mutuamente y comparad las respuestas. Comentad el uso de los tiempos.

4. Etapas y circunstancias en la vida de Colón

¿Indefinido o imperfecto?

Cristóbal Colón ■ (*nacer*) en 1451 en Génova. Al joven le ■ (*gustar*) estar en el puerto y observar los barcos que ■ (*salir*). ■ (*Sentir*) ganas de viajar a tierras lejanas y conocer otros países.

Un día, a los 25 años, ■ (*decidir*) ir para Portugal. Cristóbal ■ (*quedarse*) en Portugal junto a su hermano. En el siglo XV la mayoría de la gente ■ (*creer*) que la tierra ■ (*ser*) plana, pero Colón ■ (*estar convencido*) que la tierra ■ (*ser*) redonda. Y si ■ (*ser*) redonda ■ (*tener*) que ser posible viajar a las Indias por el Océano Atlántico. Colón ■ (*soñar*) con el viaje a las Indias. ■ (*Querer*) encontrar un camino marítimo corto a las Indias de donde ■ (*provenir*) las especias tan apreciadas en aquellos tiempos.

El 3 de agosto de 1492 ■ (*salir*) del puerto de Palos. Durante el camino Colón ■ (*estudiar*) los mapas cada día. ■ (*Mirar*) el horizonte y todos los días un marinero ■ (*subir*) a la cofa para mirar por la costa de la India.

A finales de septiembre la tripulación ■ (*empezar*) a rebelarse, pero Colón la ■ (*calmar*). El 12 de octubre un marinero de repente ■ (*gritar*): ¡Tierra!: ■ (*Ser*) una de las islas de las Bahamas a la que Colón ■ (*llamar*) San Salvador.

5. Preparativos para el testimonio de un marinero que viajó y regresó con Colón

a) Lee los temas y aclara cuándo hay que utilizar el indefinido (¿Qué pasó? / ¿Qué hicieron las personas?) y cuándo el imperfecto (¿Cómo era la situación? / ¿Qué aspecto tenían las personas.)

salida: fecha exacta, lugar
llegada a las "Indias": acciones de Colón y de nosotros, los marineros
comida y **bebida:** tener poca agua potable, poca comida
tiempo durante el viaje: llover; haber tormenta; hacer buen tiempo, mucho sol
las "Indias": paisaje, sentimiento de felicidad, riquezas
retorno: viajar a casa, ver a la mujer y a las hijas
estado de ánimo: ser muy feliz, descansar mucho

b) Redacta el testimonio en la primera persona (singular y plural).
Puedes empezar así: Cuando el 3 de agosto de 1492 salimos para las Indias todos estábamos excitados. Me despedí de mi mujer...

Bloque de ejercicios adicionales

Ejercicios lexicológicos

1. Correspondencias

Relaciona las definiciones, explicaciones o ejemplos con la palabra correspondiente.

1. seda	a) clavos, nuez moscada, pimienta negra
2. un marinero	b) antes de salir de viaje hay mucho que hacer
3. un cura	c) un objeto que tiene mucho valor y cuesta mucho dinero
4. especias	d) lo contrario es subir
5. el rey	e) el marido de la reina
6. la peste negra	f) epidemia y enfermedad mortal
7. despedirse	g) ir en barco
8. los preparativos	h) un hombre que trabaja en un barco
9. almirante	i) la hora cuando comienza el día
10. madrugada	j) título importante que los Reyes Católicos dieron a Colón
11. navegar	k) ponerse de rodillas
12. arrodillarse	l) decir adiós
13. bajar	m) una tela muy fina procedente de China
14. valioso	n) un hombre que dedica su vida a Dios

fino,a *fein*
dedicar *widmen*

2. Ordenar las palabras de un campo léxico

las maravillas del Oriente: ~ 6; marinero: ~ 9; majestades: ~ 4

3. Método para memorizar palabras

Relaciona los verbos con otras palabras y forma así un sintagma o también una frase.

Ejemplo: arrodillarse ante la reina

acercarse – asediar – reunirse – casarse – tomar posesión – esperar – aprobar – rechazar el proyecto – contemplar – morir – soñar – recorrer – instalarse – financiar

Gramática, estructuras y uso

1. El indefinido

a) Conjugad los verbos siguientes en el indefinido: bajar, conocer, subir.

b) ¿Cuáles son las formas correctas? ¡Ojo con la pronunciación y los posibles cambios ortográficos! **Ejemplo:** soñar 2ª sg. **A:** soñaste – **B:** 2ª plural: soñasteis

1ª sg.	soñar	1ª pl.
3ª pl.	aprobar	3ª sg.
2ª pl.	rechazar	2ª sg.
3ª sg.	desconocer	3ª pl.
1ª pl.	pasar	1ª sg.

2ª pl.	recordar	2ª sg.
3ª pl.	gustar	3ª sg.
1ª sg.	nacer	1ª pl.
3ª sg.	bautizar	3ª pl.
1ª sg.	subir	1ª pl.

2. Insertar formas

Inserta las formas del indefinido:

El viaje de Colón ■ (durar) aproximadamente dos meses. En 1492 los barcos ■ (partir) del puerto de Palos (Huelva). Poco después ■ (llegar) a La Gomera (Islas Canarias). Un par de días más tarde ■ (salir) de viaje a las Indias. Después de un viaje largo y difícil el 12 de octubre de 1492 el joven marinero Rodrigo de Triana ■ (gritar) "Tierra". ■ (Tomar) un barco pequeño y ■ (navegar) hacia la isla. Los marineros se ■ (acercar) a la playa. Colón ■ (bajar) del barco y se ■ (arrodillar) para dar gracias a Dios. Todos se ■ (quedar) varios meses en la isla y ■ (regresar) en marzo de 1493 a España.

3. Una redacción

Escribe una redacción, a partir de la tabla, utilizando el indefinido y el imperfecto.

Cristóbal Colón nace en 1451 en Génova.	*Colón quiere mucho a su familia. Viven en una pequeña casa y son felices.*
A los 25 años Colón viaja a Portugal. Cerca de la costa naufraga, pero se salva y logra llegar a tierra firme.	*Colon está muy triste y desesperado. Ahora está solo con su hijo Diego que tiene que vivir sin madre.*
En 1479 se casa con Felipa y un año más tarde nace su hijo Diego.	*El rey no tiene interés en el proyecto y no cree en su éxito.*
Su mujer muere* pronto.	*Necesita alimentos y agua potable para mucho tiempo. También busca marineros.*
En 1480 Colón presenta el proyecto de viajar a las Indias por el Mar Atlántico al rey portugués que lo rechaza.	*Es una ciudad bulliciosa con un puerto importante.*
Viaja a España donde intenta sin éxito convencer a la reina Isabel de Castilla y Fernando de Aragón, los Reyes Católicos, de su proyecto.	*Isabel y Fernando necesitan dinero y desean tener oro.*
Tras largos años de espera, por fin, en abril de 1492 los Reyes Católicos aprueban el proyecto y firman el contrato "Las Capitulaciones de Santa Fe".	*Portugal es un país ideal para un hombre como Colón.*
Enseguida Colón viaja a Palos donde empieza a preparar el viaje.	*Hace buen tiempo; se encuentra mucha gente en el puerto. Los marineros estan esperando.*
El 3 de agosto la reina Isabel y el Rey Fernando se acercan al barco para despedir a Colón que comienza el viaje creyendo llegar a las Indias.	*Isabel y Fernando son la reina y el rey de Castilla y Aragón. Tienen un palacio en Barcelona, que en aquellos tiempos es una ciudad importante.*

naufragar *Schiffbruch erleiden*
tierra firme *Festland*

→ *morir wie dormir (p. 204 ↗ 1.1)*

bullicioso,a *laut*

ideal *ideal*

enseguida *sofort*

Grammatik und Strukturen • Gramática y estructuras

1. Das Vergangenheitstempus des *pretérito indefinido* (Fortsetzung) • el tiempo del pasado del indefinido (continuación)

1.1 Die Bildung des *pretérito indefinido*

Konjugationen auf -ar, -er, -ir			Verben auf -ir mit Diphthong oder Wechsel von o bzw. e im Stamm zu u bzw. i		
-ar	-er	-ir	o → u	e → i	
viajar	**nacer**	**decidir**	**dormir**	**despedir**	**sentir**
viajé	nací	decidí	dormí	despedí	sentí
viajaste	naciste	decidiste	dormiste	despediste	sentiste
viajó	nació	decidió	durmió	despidió	sintió
viajamos	nacimos	decidimos	dormimos	despedimos	sentimos
viajasteis	nacisteis	decidisteis	dormisteis	despedisteis	sentisteis
viajaron	nacieron	decidieron	durmieron	despidieron	sintieron

In der Tabelle findest du noch einmal die Formen des **indefinido**, die du schon kennst. So musst du nicht nachschlagen.
Du erinnerst dich daran, dass die richtige Aussprache äußerst wichtig ist, weil die Gefahr der Verwechslung mit anderen Formen besteht.

1. Du musst daran denken, dass sich orthografische Veränderungen ergeben können. Hier findest du noch einmal die Regeln:
   c → qu: *practicar* – practi**qu**é, practicaste, practicó
   z → c: *empezar* – empe**c**é, empezaste
   g → gue: *llegar* – leg**ué**, lleg**aste**, lleg**ó**...
   gu → gü: *averiguar* – averig**üé**, averig**uaste**, averig**uó**...
2. Bei der Bildung des *indefinido* gibt es einiges zu beachten, z. B.: Die Verben mit der Endung **-ducir** bilden den *indefinido* mit *-duj-* (*conducir, traducir, producir*): *produje, produjiste, produjo, produjimos, produjisteis, produjeron*. Bei dieser Gruppe von Verben werden die 1. und 3. Person auf der zweitletzten Silbe betont. Das ist deshalb logisch, weil keine Verwechslungsmöglichkeiten mit anderen Formen bestehen.
3. Es gibt eine Reihe von unregelmäßigen Verben, die du lernen musst. Du findest sie in der Liste auf Seite 247 ff. Bei den unregelmäßigen Verben liegt genauso wie bei denen auf *-ucir* in der 1. und 3. Person die Betonung auf der zweitletzten Silbe. Hier ein Beispiel:
   dije ich sagte (habe gesagt)
   dijiste du sagtest (hast gesagt)
   dijo er/sie/es sagte (hat gesagt)
   dijimos wir sagten (haben gesagt)
   dijisteis ihr sagtet (habt gesagt)
   dijimos sie sagten (haben gesagt)

1.2 Der Gebrauch des *pretérito indefinido*

Der indefinido bei abgeschlossenen und aufeinander folgenden Handlungen

¿Qué pasó un día? Un día, Colón se presentó en la corte española.
Was geschah eines Tages? Colón stellte sich am spanischen Hof vor.

¿Qué pasó después? Colón habló con la reina Isabel.
Was geschah danach? Colón sprach mit Königin Isabel.

¿Qué hizo el martes? El martes escribió en su diario: "Hace sol."
Was machte er am Dienstag? Am Dienstag schrieb er in sein Tagebuch: „Die Sonne scheint."

1. Du erinnerst dich schon von der Tomatenschlacht daran, dass der *indefinido* bei abgeschlossenen, auch punktuellen, Handlungen in der Vergangenheit steht. Beginn und Ende der Handlung oder des Geschehens sind deutlich erkennbar.
   Beispiele: *Ayer leí el diario de Colón.*
   Gestern las ich das Tagebuch von Colón.
   El viaje duró tres meses.
   Die Reise dauerte drei Monate.
2. Der *indefinido* steht ebenfalls bei aufeinander folgenden Handlungen und Ereignissen in der Vergangenheit.

Tipp: Du kannst dich daran orientieren, ob du die Frage stellen kannst: Was passierte/tat ich (dann/danach)?
Beispiel: (Was passierte?) Colón fuhr nach Spanien. (Was passierte dann?) Er sprach mit Isabel. (Was passierte danach?) Er überzeugte sie nicht...

Die Rolle von Signalwörtern	
Un día Rodrigo vio algo: De repente todo cambió. Todos vieron la isla. *Eines Tages sah Rodrigo etwas. Plötzlich änderte sich alles. Alle sahen die Insel.*	Du kennst die Signalwörter schon vom *subjuntivo*. Auch beim *indefinido* kannst du dir Signalwörter merken, denn es gibt eine enge Verbindung zwischen dem Gebrauch des *indefinido* und bestimmten Zeitangaben, die Signalwörter für den folgenden *indefinido* sind.

Die wichtigsten Signalwörter, auf die der *indefinido* folgt, wenn du etwas aus der Vergangenheit berichten willst:		
un día *eines Tages* de repente *plötzlich* inmediatamente, enseguida *sofort* a los pocos minutos (días; meses) *nach ein paar Minuten (Tagen; Monaten)* a las pocas horas *nach wenigen Stunden*	a continuación / después *danach* más tarde *später* luego *dann* tras / después de un par de horas, (meses; años) *nach ein paar Stunden (Monaten; Jahren)* un año (mes; siglo) más tarde *ein Jahr (Monat; Jahrhundert) später*	en eso / en ese momento *in dem Moment* en el mismo mes (año; siglo) *im selben Monat (Jahr; Jahrhundert)* al final, finalmente *zum Schluss, endlich, schließlich* ayer *gestern*

1.3 Der Gebrauch von *indefinido* und *imperfecto* im Zusammenhang

a) Handlungen und Umstände		
Rodrigo de Triana gritó: –¡Tierra! *Rodrigo de Triano schrie: „Land!“*	Rodrigo estaba muy cansado. Se encontraba en el mástil y no podía dormir. Amanecía. Hacía buen tiempo. *Rodrigo war sehr müde. Er war im Mastkorb und konnte nicht schlafen. Es dämmerte. Das Wetter war schön.*	Da es im Deutschen nur das Präteritum gibt und die Unterscheidung zwischen *indefinido* und *imperfecto* nicht existiert, musst du dich intensiv mit den unterschiedlichen beiden Zeiten befassen.
El chico llamó a Colón. En seguida se levantó y se acercó al mástil. Rodrigo le informó. *Der Junge rief Colón. Sofort stand er auf und näherte sich dem Mastkorb. Rodrigo informierte ihn.*	Colón estaba escribiendo en su diario. Estaba sentado en una silla y tenía una pluma en la mano. *Colón schrieb in sein Tagebuch. Er saß auf einem Stuhl und hatte eine Feder in der Hand.*	Wenn du die beiden Spalten links liest, stellst du fest, dass ganz links die aufeinander folgenden Ereignisse stehen und in der Spalte rechts daneben die Umstände, unter denen die Ereignisse stattfanden. Du kannst dir eine Bühne vorstellen, auf der Kolumbus sitzt und schreibt. Es sieht aus wie ein (lebendiges) Bild. Da plötzlich bricht eine Handlung ein, nämlich der Schrei Rodrigos. Ihm folgen weitere Handlungen, deren Anfang und Ende du deutlich erkennst.
Im ***indefinido*** stehen die konkreten Ereignisse, die sich im Zeitraum zwischen dem Schrei Rodrigos und dem Auftauchen von Kolumbus abspielten.	Im ***imperfecto*** werden die Umstände beschrieben oder erzählt, in denen sich alles abspielte: Rodrigo war im Mastkorb, er war müde; Colón schrieb Tagebuch, hatte eine Feder in der Hand. Hier interessiert nicht die genaue Dauer, sondern nur die Situation, in die die neue Handlung einbricht.	

b) Handlungen und Beschreibungen	
Cuando Colón entró en la sala real vestía un uniforme de almirante, era alto y rubio. *Als Colón den Saal betrat, trug er eine Admiralsuniform; er war groß und blond.* Las majestades se levantaron y saludaron a Colón. La reina llevaba un vestido precioso, era rojo y blanco. Fernando estaba a su lado. Ambos estaban muy emocionados. *Die Majestäten erhoben sich und begrüßten Colón. Die Königin trug ein wunderschönes Kleid. Es war rot und weiß. Fernando war an ihrer Seite. Beide waren sehr gerührt.*	Links findest du ein Beispiel dafür, dass der *imperfecto* für die Beschreibungen von Personen verwendet wird. Im *imperfecto* stehen also die Aussagen, die sich auf die Beschreibung der Personen beziehen.

16 Asuntos personales: mi diario y yo

El diario azul de Carlota

competencias:

leer / conocimientos interculturales:
- comprender el argumento de la película "El diario de Carlota" y la situación de la protagonista
- comprender la entrada del diario de Carlota sobre un domingo perfecto

→ **perfecto compuesto**

aprendizaje del idioma:
- formular reglas acerca del uso y la formación del perfecto
- conocer participios regulares e irregulares

expresión escrita:
- completar los recuerdos de Carlota
- escribir una entrada de diario personal

→ **perfecto compuesto**

interacción oral:
- hablar de un domingo perfecto
- simular una llamada telefónica entre Carlota y su amiga Elisa

→ **perfecto compuesto**

Asuntos personales: mi diario y yo

El diario de Alberto

competencias:

leer / conocimientos interculturales:
- comprender un día del "Diario de Alberto"
- comprender y reconstruir la entrada de Alberto sobre el primer día del nuevo curso

→ **estrategias de comprensión**

→ **perfecto compuesto**

interacción oral:
- recapitular los días de Alberto y de su familia
- hablar de los propios favoritos
- expresar las preferencias personales en un domingo perfecto

producción escrita:
- redactar una entrada de diario personal sobre la semana en el instituto

aprendizaje del idioma:
- conocer otros participios irregulares

1 El diario azul de Carlota

El diario de Carlota

CARLOTA tiene 16 años y su cabeza está llena de preguntas sin respuesta. Sobre todo, después de que el chico que más le ha gustado en toda su vida (**ORIOL**), acaba de dejarla sin ninguna explicación. Por eso, ha decidido escribir un diario en donde anotar sus experiencias y las de sus amigas, para ver si así... encuentra alguna solución a todo lo que le ocurre.

argumento
hier: Handlung

1. Carlota, la protagonista del diario azul

Lee la introducción al argumento de la película “El diario de Carlota” y los pensamientos de la chica.

- ¿Cuántos años tiene Carlota?
- ¿Cómo se llama el chico que más le ha gustado en su vida?
- ¿Qué ha decidido hacer Carlota?
- ¿Qué han hecho juntos Carlota y Oriol?
- ¿A dónde han salido siempre?
- ¿Qué quiere conseguir con el diario?

2. ¿Qué situaciones recuerda Carlota?

Completa las frases:

a) La semana ha ▇ como siempre.
b) Carlota y Oriol han ▇ a un bar.
c) Como siempre los dos han ▇ juntos.
d) También han ▇ deporte juntos.
e) Carlota pregunta por qué le ha ▇.

3. Hablar de situaciones en el pasado que tienen todavía una relación muy estrecha con el presente

En la entrada de Carlota y en la página web encuentras varias veces una nueva forma del verbo. Es el *perfecto compuesto*. Sus formas siempre tienen dos partes:

una forma del presente del verbo *haber* + el participio

a) Apunta todas las formas del *perfecto compuesto* que hay en el texto y que conoces ya.

b) Ordena las formas regulares del participio según las tres conjugaciones y rellena una tabla. Apunta también las formas irregulares.

-ar	-er	-ir	irregulares
...	...	...	...

c) Describe cómo se forma el participio regular en las tres conjugaciones. Utiliza estas estructuras:
Comparado con el infinitivo el participio no termina en... sino en...
Se quita la desinencia "..." y se pone "..." en la raíz del verbo.

d) Apunta las formas del verbo *haber* que conoces. Completa la lista con estas formas:

habéis – has

e) Uso: Igual que en inglés se usa el *perfecto compuesto* para hablar de acciones que han pasado en un momento actual, un momento que no ha terminado para el hablante. Por eso no es realmente un tiempo del pasado, sino que tiene una relación con el presente.

hoy
esta mañana
...

yo
Carlota en el momento de escribir

Busca en un diccionario *online* las siguientes palabras clave en español. Se utilizan con el *perfecto*.
today, always, never, this year, this month, this week, until now

quitar *wegnehmen*
desinencia *Endung*
raíz f *Wurzel, Stamm*

4. Recordar otras situaciones y apuntarlas en el diario

¿Qué más puede anotar Carlota en su diario?

Esta semana Esta mañana Hoy Como siempre Nunca	yo Oriol los dos nosotros	desayunar bien ir a un concierto juntos comprar un regalo para... quedar con los amigos no notar nada cortar la relación amorosa ...

Placa informativa

La película *El diario de Carlota* se basa en la novela de Gemma Lienas, una autora catalana.

pila *Stapel*
hacer como si no la viera *so tun, als ob sie ihn (den Stapel) nicht gesehen hätte*
arroz negro *Reisgericht mit Tintenfisch*
gentileza *Aufmerksamkeit*
la recta final *Ziellinie*
estado de ánimo *Gemütszustand*
a pesar de que *obwohl*
toca aquí: tengo que

Un domingo perfecto: una entrada del diario de Carlota

A las nueve de la noche, me digo a mí misma que ha sido un domingo la mar de pacífico. Todo ha ido como la seda: he pasado el día leyendo tumbada en la cama, el chinche que tengo por hermano no ha puesto la música a todo gas, mamá ha mirado la pila colosal de ropa en mi silla y ha hecho como si no la viera, he comido un suculento arroz negro gentileza de mamá y Marcos, y la patinada de la tarde con la pandilla ha resultado perfecta. En definitiva, pongo la directa en la recta final del domingo con un estado de ánimo bastante bueno a pesar de que mañana toca entrar en la rutina de la semana.

Gemma Lienas: El diario azul de Carlota, El Aleph Editores, Barcelona 2006, p. 15

1. Actividades de un domingo perfecto

Lee el texto. Relaciona las actividades del domingo perfecto con su significado en alemán y vuelve a leer el texto.

A) ser la mar de pacífico	1) die Musik voll aufdrehen
B) ir como la seda	2) sich mit der Clique treffen
C) pasar el día leyendo	3) Inlineskaten gehen
D) estar tumbada en la cama	4) den Tag ohne Nervensägen verbringen
E) pasar el día sin chinches	5) perfekt / geschmeidig laufen
F) poner la música a todo gas	6) den ganzen Tag lesen
G) comer un suculento menú	7) Vollgas geben
H) hacer una patinada	8) ganz friedlich und ruhig sein
I) encontrarse con la pandilla	9) im Bett liegen
J) poner la directa	10) ein schmackhaftes Menü essen

2. ¿Correcto o falso?

Decide si las afirmaciones son correctas, falsas o si no aparecen en el texto.

a) El domingo de Carlota es muy caótico.
b) Carlota no se lleva bien con su hermano.
c) El padre de Carlota no está en casa.
d) Carlota escucha la música a todo gas.
e) La madre de Carlota no ordena la ropa.
f) A Carlota le gusta patinar con la pandilla.
g) Carlota se siente muy bien.

3. Una llamada telefónica entre Carlota y su amiga Elisa

Simulad la llamada entre Elisa y Carlota.

Elisa
Hola Carlota, ¿cómo estás?
Oriol me ha dejado hoy. ¿Te (dejar)? Es increíble. ¿Qué (pasar)?
Bueno, la semana ha empezado como siempre. ¿Como siempre? ¿(hacer, 2ª pl.) lo mismo que siempre?
Sí, lo mismo. Hasta ahora siempre hemos comido juntos los lunes. Y los miércoles siempre hemos ido al centro comercial. ¿Y no (notar, 2ª sg.) nada?
Nada en absoluto. Oriol se ha comportado como siempre. Incluso me ha comprado un regalo. No lo puedo creer. ¿Por qué lo (hacer, 3ª sg.)?
No lo sé. Pero he decidido anotar todo en mi diario. Tengo muchas preguntas sin respuestas en la cabeza. Es una buena idea. Y si tienes un problema, puedes llamarme. Ya (pasar, 1ª pl.) muchos problemas juntas.

Carlota
Hola Elisa. No estoy bien. ¿Sabes? Oriol me (dejar) hoy.
¿Te ha dejado? Es increíble. ¿Qué ha pasado? Bueno, la semana (empezar) como siempre.
¿Como siempre? ¿Habéis hecho lo mismo que siempre? Sí, lo mismo. Hasta ahora siempre (comer, 1ª pl.) juntos los lunes. Y los miércoles siempre (ir, 1ª pl.) al centro comercial.
¿Y no has notado nada? Nada en absoluto. Oriol (comportarse) como siempre. Incluso me (comprar) un regalo.
No lo puedo creer. ¿Por qué lo ha hecho? No lo sé. Pero (decidir, 1ª sg.) anotar todo en mi diario. Tengo muchas preguntas sin respuestas en la cabeza.
Es una buena idea. Y si tienes un problema, puedes llamarme. Ya hemos pasado muchos problemas juntas. Gracias por escuchar, Elisa. Eres una amiga muy buena.

4. Un domingo fantástico

Rellena los huecos con las formas del *perfecto compuesto*.

Hoy ___ (ser) un domingo fantástico. Primero ___ (despertarse) muy tarde. Después ___ (escuchar) música a todo gas. ¡Genial! Como mi hermano ___ (jugar) con la consola no ___ (poder ver) la tele. Pero no ___ (ser) un problema, porque en vez de ver la tele ___ (salir) con unas amigas. Antes de cenar yo ___ (hacer) deporte y después ___ (cenar) un suculento menú de mi madre. Por la noche ___ (descansar).

5. Una entrada de diario

Escribe una entrada de diario sobre lo que has hecho hoy / esta semana / …
(Vocabulario temático: La rutina diaria, p. 68)

2 El diario de Alberto

Pasar el día leyendo

(veintisiete de septiembre)

[...] Como todavía no he empezado el curso en el instituto, pues no sé qué hacer y quizá me aburro. He cogido un libro y he empezado a leer, pero he tenido mala suerte, porque los tres que me ha prestado mi hermano son bastante difíciles, y yo no estoy para dificultades. De todas formas, el que más me ha gustado (en sus primeras páginas, claro), es Demian, de un tal Herman Hesse. [...] Mamá me ha prometido uno de ciencia ficción de su editorial.

Francesc Sales: Diario de Alberto, Ediciones sm, Madrid 1991, pp. 31s.

coger tomar
tener mala suerte *Pech haben*
prestar *leihen*

Placa informativa

Die Erzählungen und Romane des Literatur-Nobelpreisträgers Hermann Hesse (2.7.1877–9.8.1962 in Calw) sind stark biografisch beeinflusst. So verarbeitete er in der kurzen Erzählung *Unterm Rad* seine traumatischen Erlebnisse im schwäbischen Internat Maulbronn. Hauptwerke sind: *Der Steppenwolf, Siddharta, Peter Camenzind, Demian, Narziss und Goldmund* und *Das Glasperlenspiel.* Hesses Popularität sank im Deutschland der späten 1950er- und frühen 1960er-Jahre, lebte aber wieder auf, als in den USA der Roman *Der Steppenwolf* zum Bestseller wurde. *Demian* ist die Geschichte des Ich-Erzählers Emil Sinclair, der mithilfe seines Freundes und Mitschülers Demian zu sich selbst findet.

1. Repasar las actividades de la familia de Alberto

a) Rellena los huecos con las informaciones del diario.
- Alberto no ___ el curso en el instituto.
- No sabe qué ___.
- Por eso ha empezado a ___.
- Pero ha tenido mala suerte porque los libros ___.
- El libro que más le ha gustado es ___ de ___.
- Su madre le ha ___ un libro de ciencia ficción.

b) ¿Qué ha hecho la familia de Alberto ese día? Relata las informaciones del diario.

Hoy	Alberto el hermano de Alberto la madre de Alberto	aburrirse tener saber prestar prometer empezar coger	qué hacer a leer mucho un libro de ciencia ficción un libro mala suerte tres libros

2. Favoritos

Presenta tus favoritos.

El libro La comida El actor / la actriz La canción El / la cantante La película La asignatura ...	que más me ha gustado que menos me ha gustado que más me ha aburrido	en la vida hasta ahora este año este mes esta semana ...	es...

Empieza el curso en el instituto

Esta mañana ■ (empezar) el curso. Bueno, no del todo. ■ (ir, 1ª ps. sg.) a las nueve, tal como decía el aviso del tablón de anuncios, y hemos visto las listas. A mí me ■ (tocar, 3ª ps. sg.) el grupo B, y resulta que ■ (tener, 1ª ps. sg.) suerte, porque hay cuatro del colegio: Fernando (qué suerte, ¿verdad?); Felipe, un chico que parece algo chulo y asqueroso, pero cuando le conoces no lo es tanto; Marta Bras, bastante simpática, y Yolanda López, más bien antipática. [...] La entrada de la tutora en el aula ■ (ser) un poco ridícula, porque ■ (tropezar) con la silla de un chico y por poco se cae.

Es bajita y muy delgada. Fea como un loro. [...] Tiene la voz más desagradable que ■ (oir) en mi vida. ¡Y no exagero!

Tras el tropezón triunfal, ■ (avanzar, 3ª ps. sg.) muy decidida hacia su sitio, sobre una tarima, detrás de una mesa grande y delante de una gran pizarra.

■ (presentarse, 3ª ps. sg.): Se llama Berta Pons, nos ■ (dar) la bienvenida al instituto, nos ■ (largar) un pequeño sermón sobre las dificultades y del BUP, nos ha dicho que espera de todos nosotros espíritu de trabajo y de estudio y un comportamiento ejemplar, y se ha vuelto para escribir nuestro horario en la pizarra. El horario no está nada mal, porque tenemos dos tardes libres, los miércoles y los viernes, y las clases fuertes son por la mañana.

Nos ■ (repartir, 3ª ps. sg.) un reglamento interno a cada uno y nos ha dicho que mañana tenemos que devolver la última página con la firma de conformidad de nuestros padres. Nos ■ (advertir) sobre los robos y nos ■ (aconsejar) que no dejemos nada en las aulas.

Francesc Sales: Diario de Alberto, Ediciones sm, Madrid 1991, pp. 43s.

tal como decía el aviso del tablón de anuncios *wie es am schwarzen Brett stand*
chulo,a *eingebildet*
me toca el grupo B *ich komme in die Gruppe B*
asqueroso,a *eklig*
ridículo,a *lächerlich*
tropezar -ie- *stolpern*
feo contrario de guapo
avanzar aquí: ir
largar un sermón *eine Predigt halten*
BUP *früher: Abiturklasse in Spanien*
firma *Unterschrift*
advertir -ie- *hinweisen*
aconsejar *einen Rat geben*

1. El primer día del nuevo curso según Alberto

a) Rellena los huecos. (Vocabulario temático: Ir al instituto, pp. 256 ss)

b) En el texto hay tres participios irregulares. Apúntalos en la lista (p. 209, actividad 3. b).

2. ¿Qué ha pasado hoy?

Lee otra vez el texto y formula preguntas para las siguientes respuestas. Utiliza el perfecto compuesto.

a) ¿? – El curso.
b) ¿? – A las nueve.
c) ¿? – Ridícula.
d) ¿? – Con la silla de un chico.
e) ¿? – Para escribir en la pizarra.
f) ¿? – Un reglamento interno.
g) ¿? – Sobre los robos.

3. Redactar una entrada de diario

Escribe una entrada de diario sobre esta semana en tu instituto. ¿Qué ha pasado? A continuación tienes algunas ideas:
¿Qué asignaturas te han encantado o (no) te han gustado / encantado?
¿Qué profesores te han parecido aburridos / simpáticos?
¿Ha pasado algo curioso / ridículo / interesante?
¿Qué has aprendido?
¿Qué has hecho con tus amigos del instituto?

4. Preferencias en un domingo perfecto

¿Qué domingo te gusta más, el de Alberto o el de Carlota?
Me gusta más el domingo de..., porque...

5. Las descripciones de Alberto

a) Alberto describe a sus amigos y a su profesora. Apunta las características que menciona sobre:
- Felipe
- Marta Bras
- Yolanda López
- Berta Pons, la profesora

b) Encuentra los contrarios de los adjetivos de la lista. Piensa en otras lenguas o usa el diccionario si no conoces las palabras.

antipático	¿?	modesto	¿?	guapo	¿?	digno	¿?
suculento	¿?	agradable	¿?	alto	¿?	gordo	¿?

Bloque de ejercicios adicionales

Vocabulario

Apunta como mínimo...

a) seis actividades en un domingo perfecto, b) seis rasgos de una persona.

Gramática y estructuras

1. Completar un texto

Completa el texto sobre el uso del perfecto compuesto con estas palabras:
actual – alemán – inglés – pasado – presente

El perfecto en español no se usa como el "Perfekt" en ■. Se usa igual que en ■ para hablar de acciones que han pasado en un momento ■. Por eso no es realmente un tiempo del ■ sino que tiene una relación con el ■.

2. Un concurso

Estudiante A elige un verbo, B forma el participio, y al revés. Cada forma correcta vale un punto. ¿Quién gana?

tener – vivir – trabajar – decir – abrir – salir – gustar – morir – ver – volver – cantar – coger – prestar – pasar – descubrir – hacer

3. Lo que ha pasado esta semana

Rellena los huecos con las formas correctas del perfecto compuesto.

a) Esta semana yo no (hacer) nada.
b) Carlota (pasar) el día leyendo.
c) Todo (ir) como la seda hasta ahora.
d) Carlos y sus amigos (empezar) el nuevo curso esta semana.
e) Hoy la profesora (tropezar) con la silla.

Grammatik und Strukturen • Gramática y estructuras

1. Die Bildung des Partizips • la formación del participio

1.1 regelmäßige Verben

-ar	-er	-ir
pasar	comer	advertir
pas**ado**	com**ido**	advert**ido**

Das Partizip bildest du wie folgt:
a) bei Verben auf -ar: Endung: -ado
Bildung: Stamm + ado
b) bei Verben auf -er und -ir: Endung: -ido
Bildung: Stamm + ido

abrir *öffnen*	**decir** *sagen*	**descubrir** *entdecken*	**escribir** *schreiben*	**hacer** *machen*	**morir** *sterben*	**poner** *stellen*	**ver** *sehen*	**volver** *zurückkehren*
abierto	dicho	descubierto	escrito	hecho	muerto	puesto	visto	vuelto

2. Die Bildung des Perfekts • la formación del perfecto compuesto

haber + participio	
he	he empezado
has	has ido
ha	ha comido
hemos	hemos puesto
habéis	habéis encontrado
han	han tenido

1. Anders als im Deutschen bildest du das *perfecto compuesto* immer mit dem Hilfsverb haber.
2. Das Partizip endet immer auf -o. Es ist eine unveränderliche Form des Verbs, wenn es zur Bildung des Perfekts verwendet wird.

3. Der Gebrauch des Perfekts • usos del perfecto compuesto

3.1 Das Perfekt bei Ereignissen mit Aktualitätsbezug

27 de septiembre Hoy ha sido un día muy tranquilo. Me he encontrado con la pandilla y hemos ido a la cafetería. *27. September* *Heute war (ist gewesen) ein sehr ruhiger Tag. Ich habe mich mit der Clique getroffen, und wir sind ins Café gegangen.*	Den *perfecto compuesto* verwendest du besonders in Situationen wie zum Beispiel einem Tagebucheintrag, wenn der Eintrag noch am selben Tag erfolgt. Er entspricht in seiner Bedeutung nicht dem deutschen Perfekt, und du kannst ihn auch nicht zwingend so übersetzen.
El libro que más me ha gustado hasta ahora es "Demian" de Hermann Hesse. *Das Buch, das mir bisher am besten gefallen hat, ist „Demian" von Hermann Hesse.* Siempre he tenido mala suerte en la lotería. *Im Lotto habe ich immer Pech gehabt.*	Den *perfecto compuesto* gebrauchst du, um über etwas zu sprechen, das in einem Zeitraum passiert, der für dich noch nicht abgeschlossen ist. Daher ist er keine eigentliche Vergangenheitszeit, sondern hat einen Bezug zur Gegenwart.
Casi no he estado en casa esta semana. *This week I have hardly been at home.* *Ich bin diese Woche kaum zu Hause gewesen./* *Ich war diese Woche kaum zu Hause.*	Der Gebrauch des *perfecto compuesto* entspricht im Wesentlichen dem des *present perfect* im Englischen. Insbesondere darfst du ihn nicht zur Erzählung von vergangenen, historischen Ereignissen gebrauchen, auch nicht im mündlichen Sprachgebrauch.

3.2 Signalwörter

Mögliche Zeitangaben können je nach Kontext sein:

hasta ahora *bis jetzt, bisher* ya *schon* todavía no *noch nicht* alguna vez *schon einmal*	siempre *immer* nunca *nie* este año *dieses Jahr* este mes *diesen Monat*	esta semana *diese Woche* esta mañana / tarde / noche *diesen Morgen/Nachmittag/ diese Nacht* hoy *heute*

Hinweis: In Lateinamerika gebraucht man anstelle des *perfecto compuesto* zumeist den *indefinido*. Deshalb ist es äußerst wichtig, dass du den *indefinido* beherrschst.

17 Ofertas para el aprendizaje autónomo

Descubrir el flamenco (una galería)

competencias:

conocimientos interculturales:
- conocer el flamenco y su historia

cooperación y presentación oral:
- explorar varios detalles del flamenco (la importancia cultural, la historia, el músico Morente)
- → **estrategias de lectura y de léxico**
- presentar los resultados en forma de galería
- enseñar el vocabulario temático durante la presentación
- preparar preguntas para comprobar la comprensión
- → **estrategias de presentación**

interacción oral:
- intercambiar opiniones, impresiones y observaciones sobre el flamenco

Ofertas para el aprendizaje autónomo

El mundo futbolístico (un puzzle de expertos)

competencias:

conocimientos interculturales:
- conocer a tres futbolistas españoles famosos (Andrés Iniesta, Iker Casillas, Fernando Torres)

cooperación y presentación oral:
- informarse sobre uno de los tres futbolistas
- → **estrategias de lectura y de léxico**
- preparar e intercambiar informes orales sobre los tres futbolistas
- presentar al futbolista preferido en el Museo de Cera
- comprobar la comprensión mediante preguntas preparadas
- → **estrategias de presentación**

presentación oral e Internet (optativo):
- buscar más información en Internet sobre otro futbolista y presentarlo en el Museo de Cera

Proyecto A: Descubrir el flamenco (una galería)

Objetivos del trabajo en grupo:
- trabajar en tres grupos sobre uno de los temas siguientes:
  - La decisión de la UNESCO en cuanto al flamenco
  - La historia del flamenco
  - El músico Morente
- presentar y exponer los resultados del trabajo en forma de galería
- buscar un método para enseñar el vocabulario clave en torno al flamenco y enseñarlo
- reunirse en una cafetería ficticia andaluza para intercambiar opiniones, impresiones y observaciones sobre la importancia del flamenco y para decidir si apuntarse o no en un curso de flamenco

Grupo A: El flamenco: Patrimonio Cultural de la Humanidad

bien m *Gut*
Patrimonio Cultural de la Humanidad *Weltkulturerbe*
reconocimiento m *Anerkennung*
eje m *Achse*

La decisión del Comité

Alejandra Abad – El Confidencial

[...] Ahora por fin la UNESCO ha reconocido que es un bien que hay que proteger, conservar y potenciar y ha incluido el flamenco en su lista de Patrimonio Cultural Inmaterial de la Humanidad. Ha entrado en la historia por la puerta grande.
El Comité del Patrimonio Inmaterial firmó este martes en Nairobi (Kenia) el papel que lo certificaba de forma oficial [...], pero no deja de ser un reconocimiento, una constatación de lo que ya se sabía: que el cante, el toque (guitarra) y el baile, ejes del flamenco, han conquistado artistas y público allá donde ha llegado desde que nació en los arrabales andaluces del siglo XVIII. [...]
Era un reconocimiento merecido. En eso están de acuerdo todos los implicados, aunque algunos critican que llegue algo tarde (el tango, por ejemplo, ya fue reconocido Patrimonio de la Humanidad en 2009).

Alejandra Abad, en "El Confidencial", 16/11/2010;
http://www.elconfidencial.com/cultura/flamenco-sibila-castells-patrimonio-humanidad-20101116-71655.html [06/08/2011]

1. El flamenco: Patrimonio Cultural de la Humanidad

comprensión

a) Lee el texto sobre el Patrimonio Cultural y comprueba la comprensión (1, 2 o 3 soluciones pueden ser correctas).

La UNESCO reconoce que el flamenco	a) es un bien que hay que conservar. b) es un baile tradicional. c) es un elemento cultural que destaca en el mundo.
La UNESCO se reúne en	a) Sevilla. b) Nairobi. c) Buenos Aires.
El Comité del Patrimonio Inmaterial certifica	a) que hay que proteger el flamenco. b) que es necesario conservarlo. c) que se tiene que potenciar el flamenco.
El flamenco	a) consiste en cante, toque y baile. b) sólo es un baile. c) ha nacido en los barrios de Andalucía antes de 1900.
El flamenco	a) es el primer baile declarado Patrimonio Cultural. b) y el tango fueron reconocidos en el mismo año. c) fue reconocido Patrimonio Cultural un año después del tango.

b) Charlad, a partir del artículo y de la tabla de comprensión, sobre la importancia del título "Patrimonio Cultural de la Humanidad".

c) Reflexionad sobre la mejor manera de presentar el contenido del artículo a las compañeras y los compañeros.
¿Qué fotos enseñáis en la galería?
¿Cómo las explicáis?
¿Cuál es la esencia del artículo?
¿Qué palabras hay que explicar?

2. ¿Recuerdas la palabra?

a) El flamenco es un ___ que hay que ___, ___ y ___.
b) El flamenco está en la lista del Patrimonio ___ ___ de la ___.
c) El cante, el ___ y el baile son ___ del flamenco.
d) El flamenco conquistó el mundo desde los ___ ___ del siglo XVIII.

3. La presentación

Practicad la presentación y la conversación sobre vuestro tema. Preparad para esto una serie de preguntas.

Grupo B: Pequeña historia del flamenco

procedente de origen...

mujeres romaníes

Placa informativa

gitano: pueblo o comunidad de origen indio, romaníes, llegan a España hacia 1415

La historia del flamenco

El flamenco empieza como género a principios del siglo XIX en las provincias de Cádiz y Sevilla, aunque tiene sus orígenes en un largo proceso de [...] fusión cultural que se inicia con la llegada de los gitanos al sur de España en el siglo XV. Incluye baile, cante y guitarra y se basa en una serie de elementos musicales y estéticos procedentes de la tradición andaluza. Y por esa época hubo una serie de maestros decisivos, gitanos en su inmensa mayoría. Hacia el año 1870, el cante [...] se convierte en un espectáculo público en salones llamados cafés cantantes, y allí se mantiene hasta 1920 aproximadamente. Por esta fecha conquista el teatro, más tarde los festivales artísticos andaluces (Granada, Córdoba, Jerez, Sevilla etc.).

café cantante

http://www.uv.es/foroele/foro3/Delgado_Polo.pdf [06/08/2011_11:53]

1. La historia del flamenco

comprensión

a) Lee el texto y comprueba la comprensión (1, 2 o 3 soluciones).

El flamenco	a) es un baile moderno creado en nuestro siglo. b) es producto de la fusión de las culturas gitana y andaluza. c) como género comienza en Cádiz y Sevilla en el s. XIX.
El baile	a) el cante y la guitarra determinan el flamenco. b) es el elemento fundamental del flamenco. c) lo enseñan ante todo los maestros gitanos.
Los cafés cantantes	a) ofrecen tapas y café. b) ofrecen espectáculos públicos. c) son salones que ofrecen baile, cante y toque.

b) Charlad, a partir del artículo y de la tabla, sobre la historia del flamenco.

c) Reflexionad sobre la mejor manera de presentar el contenido: ¿Qué fotos enseñáis en la galería? ¿Cómo las explicáis? ¿Cuál es la esencia del artículo? ¿Qué palabras hay que explicar?

2. ¿Recuerdas la palabra?

El flamenco tiene su origen en un largo ■ de ■ ■. Comienza con la llegada de los ■ en el siglo XV. La ■ andaluza también es importante. Los gitanos son los ■ del flamenco.

3. La presentación

Practicad la presentación y la conversación sobre vuestro tema. Preparad una serie de preguntas y anticipad las que os hacen.

Grupo C: Enrique Morente, un representante del flamenco

Adiós a Morente, inteligencia del cante

El músico fallece a los 67 años en Madrid. Revolucionó el lenguaje del flamenco.

Miguel Mora – EL PAÍS

Morente fue el Picasso del cante, el cantaor libre, renovó formas, músicas, letras. Creador de fandangos y alegrías personales, Morente fue además refundador de cantes como la granaína y la malagueña, los tientos y los tangos.
Su fina inteligencia, su sensibilidad, su afición, y una ironía ferozmente tierna le unían al tronco más noble del flamenco. En los años sesenta y setenta se convirtió, junto a Paco de Lucía y Camarón de la Isla, en el principal artífice de la última gran renovación del cante, de su mezcla todas las músicas y su reconocimiento como un arte universal.

Miguel Mora, en: El País, Cultura, 14/12/2010; http://www.elpais.com/solotexto/articulo.html?xref=20101214elpepicul_2&type=Tes&anchor=elpepucul [06/08/2011_12:34] (abreviado)

fallecer morir
refundador *Neuschöpfer*
ferozmente tierno *sehr zart*
tronco *Abstammung*
artífice m *Künstler, Schöpfer*
mezcla *Mischung*
reconocimiento *Anerkennung*

Enrique Morente,
* 25 de diciembre de 1942 en Granada

1. Enrique Morente, representante del flamenco

a) Lee el texto sobre Morente y comprueba tu comprensión.

Enrique Morente	a) muere a los 67 años en 2011 en Madrid. b) revolucionó el lenguaje del cante. c) es considerado el Picasso del cante.
En España estiman a Morente	a) por su creatividad. b) por su inteligencia, sensibilidad y afición. c) porque es un personaje famoso y guapo.
Camarón de la Isla y Paco de Lucía	a) revolucionan junto a Morente el flamenco. b) son junto a Morente los grandes representantes del flamenco. c) no estiman mucho a Enrique Morente.

b) Charlad, a partir del artículo y de la tabla de comprensión, sobre el personaje de Enrique Morente.

c) Reflexionad sobre la mejor manera de presentar el contenido: ¿Qué fotos enseñáis en la galería? ¿Cómo las explicáis? ¿Cuál es la esencia del artículo? ¿Qué palabras hay que explicar?

2. ¿Recuerdas la palabra?

Morente ___ en 2010 en Madrid. ___ el lenguaje del flamenco. Lo que es Picasso para la pintura lo es Morente para el ___. Tiene una inteligencia ___ y, además, es un hombre ___. Es considerado el ___ autor de la última ___ del cante.

3. La presentación

Practicad la presentación y la conversación sobre vuestro tema. Preparad una serie de preguntas y tened en cuenta las preguntas que os van a hacer los otros grupos.

Placa informativa

El fandango, la alegría, la granaína, la malagueña, el tiento y el tango son ritmos de la música flamenca.

Placa informativa

Camarón de la Isla: ídolo del cante de flamenco; *1950 en San Fernando (Cádiz), murió en 1992 en Badalona

Paco de Lucía (* 1947 en Algeciras): ídolo de la guitarra de flamenco

Proyecto B: El mundo futbolístico (un puzzle de expertos)

Organización:

Fase 1: Cada grupo trabaja sobre un tema.

A	B	C
Andrés Iniesta	Iker Casillas	Fernando Torres

Fase 2: intercambiar información

A	B	A	B	A	B
C		C		C	

Fase 3: presentación en el Museo de Cera

Objetivos del trabajo autónomo en grupo:
- trabajar en tres grupos sobre uno de los futbolistas siguientes:
  - Andrés Iniesta
  - Iker Casillas
  - Fernando Torres
- preparar, partiendo del texto, de la tabla y del vocabulario temático un informe sobre vuestro futbolista preferido
- presentar los resultados del trabajo a los otros grupos
- presentar al futbolista preferido en el Museo de Cera

Fase 1

Grupo A: Andrés Iniesta

42

Placa informativa

Dani Jarque: futbolista del Espanyol (1983–2009). En la final del Mundial Iniesta llevaba una camiseta con las palabras siguientes:
Dani Jarque siempre con nosotros

Iniesta: Yo marqué el gol pero Dani también será recordado

Andrés Iniesta, centrocampista internacional del Barça, donó al club blanquiazul la camiseta que exhibió tras marcar el gol que dio la victoria a la selección española ante Holanda en la final del Mundial de Suráfrica.
El primer gol del Barcelona llegó después de que Iniesta recibiera un pase de Xavi en posible fuera de juego.

http://www.as.com/todo-sobre/j6852 [14/11/2011]

comprensión

El gol decisivo de Andrés Iniesta

a) Lee y escucha el texto sobre Iniesta y comprueba tu comprensión.

Andrés Iniesta	a) es centrocampista. b) le regaló al Barça la camiseta que llevó en la final del Mundial de Suráfrica. c) es jugador del Atlético Madrid.
Xavi	a) marcó el primer gol del Barça. b) marcó el gol decisivo de la final del Mundial en Suráfrica. c) pasó la pelota a Iniesta.
El Barça	a) es el club de Iniesta. b) es conocido por sus camisetas blanquiazules. c) es el club de Dani Jarque.

Vocabulario por orden alfabético:
blanquiazul blanco y azul
centrocampista m *Mittelfeldspieler*
donar *spenden, schenken*
recibir un pase *einen Pass annehmen*
será recordado *man wird sich an ihn erinnern*

equipo nacional 2010

b) Preparad, partiendo del texto, de la foto, de la tabla y del vocabulario temático (por ejemplo en el dibujo) un informe oral sobre Iniesta.

c) Confeccionad un par de preguntas sobre el futbolista para comprobar así la comprensión. También hace falta explicar el vocabulario desconocido.

Grupo B: Iker Casillas

43

Iker Casillas: capitán y portero de la Roja

Lleva toda la vida en el Real Madrid, casi desde "la cuna". Su andadura en el club blanco dio comienzo desde abajo, en los benjamines, en la temporada 1990/91. Desde entonces fue ascendiendo poco a poco y pasó por todas las categorías inferiores. Compaginando la titularidad en sus equipos y en los diferentes escalafones internacionales llegó en la temporada 1999/2000 a la primera plantilla blanca. Con el Real Madrid lo ha ganado prácticamente todo. Con la Selección participó de forma decisiva en la conquista de la Eurocopa de 2008 en Austria y Suiza y en el Mundial de Sudáfrica 2010, donde fue uno de los héroes del torneo. Es el capitán y uno de los líderes del equipo, donde impone su profesionalidad y amor por el club. Portero ágil, rápido de reflejos, listo y casi imbatible en el uno contra uno, ya es un grito unánime el de quienes le consideran el mejor guardameta del mundo.

http://www.realmadrid.com/cs/Satellite/es/1193040475259/1330054226171/noticia/Noticia/Casillas_iguala_a_Pirri_con_417_partidos_en_Liga.htm [24/04/2011]

Vocabulario por orden alfabético:
andadura f *Weg*
ascender -ie- *aufsteigen*
benjamín m un chico pequeño
compaginar *zusammenfügen*
cuna f *Wiege*
escalafón m *Rangliste*
guardameta m *Torwart*
héroe m *engl. hero*
imbatible *unschlagbar*
líder m *engl. leader*

Iker Casillas: capitán

a) Lee y escucha el texto sobre Casillas y comprueba tu comprensión.

Iker Casillas	a) es portero en el Real Madrid desde hace dos años. b) es miembro del Real Madrid desde 1990.
Iker Casillas	a) fue un ídolo en el Mundial de Sudáfrica en 2010. b) es un líder del equipo en Sudáfrica. c) es el líder del equipo en Sudáfrica.
Iker Casillas	a) es conocido como portero ágil y rápido. b) es considerado el mejor guardameta en España. c) es un héroe del Mundial de Sudáfrica.

b) Preparad, partiendo del texto, de la foto, de la tabla y del vocabulario temático (por ejemplo en el gráfico p. 223) un informe oral sobre Casillas.

c) Confeccionad un par de preguntas sobre el futbolista para comprobar así la comprensión. También hace falta explicar el vocabulario desconocido.

Grupo C: Fernando Torres

Fernando José Torres Sanz: el Niño

Johannesburgo – dpa

44

ser incluido *aufgenommen werden*

Kaká, el 'Niño' Torres y Roque Santa Cruz entre los 'más guapos' del Mundial. El mexicano Carlos Vela, el español Fernando Torres, el paraguayo Roque Santa Cruz, el brasileño Kaká y el portugués Cristiano Ronaldo fueron incluidos hoy en una lista de los más guapos jugadores del Mundial de Sudáfrica publicada por el diario 'The Post'.

Johannesburgo, dpa, en: elcomercio.pe [16/06/2011]

Fernando Torres: uno de los más guapos

a) Lee y escucha el texto sobre Fernando Torres y comprueba tu comprensión.
¿Cuál es la información central de la noticia?
¿Qué opinas sobre la relevancia de la noticia?

b) Preparad, partiendo del texto, de la foto, de la tabla y del vocabulario temático un informe oral sobre Torres.

c) Confeccionad un par de preguntas sobre el futbolista para comprobar así la comprensión. También hace falta explicar el vocabulario desconocido.

Intercambiar información sobre los futbolistas

Fase 2

a) Formad nuevos grupos: En cada grupo tiene que haber una persona de los grupos A, B y C.

b) Presentaos mutuamente a vuestro futbolista.

c) Comprobad la comprensión mediante las preguntas preparadas.

Tu futbolista en el Museo de Cera

Fase 3

1. La presentación en el Museo de Cera

Prepara una presentación de tu futbolista.

- Antes de comenzar con la presentación en el Museo de Cera, practícala con una pareja (por ejemplo: Me llamo Iker Casillas y soy portero de...).
- Búscate un rincón en el aula y "congélate".
- Cuando los otros tocan tu brazo, comienzas a hablar.
- Los otros toman apuntes de lo que cuentas tú como figura de cera.

congelar *einfrieren*

2. Tarea optativa para poblar el Museo de Cera

a) Buscad más información sobre futbolistas en Internet.

b) Elegid en pareja a otro futbolista interesante y buscad información sobre él en Internet: ¿De dónde viene? ¿A qué equipo pertenece, al Atlético Madrid, al Real Madrid, al Barça o a otros equipos? ¿Es portero, delantero, centrocampista, defensa? ¿Qué se puede mencionar sobre su vida privada? ¿Es buen técnico, es rápido, es convincente en su estrategia, es idealista, es guapo?¿Cuánto gana? ¿Es jugador en Alemania?, etc.

c) Presentad a vuestro futbolista en el Museo de Cera.

18 Taller literario

Leer, ver y crear poesías

Kompetenzen:

Lesen und interkulturelle Kompetenzen:
- Gedichte spanischsprachiger Dichterinnen und Dichter kennenlernen

→ **Verstehensstrategien (Fotos und grafische Darstellung für das Verstehen nutzen)**

Umgang mit Texten:
- über die Gedichtform und ihre Wirkung reflektieren

kreatives Schreiben:
- anhand von Modellen Ideen sammeln und eigene Strophen oder Gedichte verfassen und gestalten
- eine Lesung bzw. eine Plakatpräsentation vorbereiten

Informarse sobre cuatro novelas juveniles

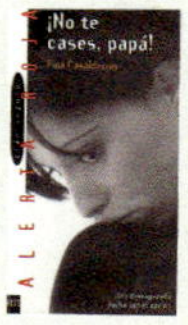

competencias:

leer y conocimientos interculturales:
- comprender los resúmenes de cuatro obras de Gemma Lienas, Fina Casalderrey, Manuel Valls y Care Santos

expresión oral (comentar textos):
- hablar sobre los temas centrales de las obras
- entrevistarse sobre los personajes, sus problemas y sentimientos
- intercambiar opiniones sobre las obras literarias y los productos propios

expresión escrita:
- añadir un capítulo a los textos literarios
- escribir desde la perspectiva de uno de los protagonistas

Taller literario

Re-crear cuentos de hadas

competencias:

leer y competencias interculturales:
- comprender una versión inesperada de un cuento de hadas

→ **estrategias de comprensión (utilizar el conocimiento del mundo / preconocimientos)**

expresión oral (comentar textos):
- hablar sobre las diferencias entre la versión inesperada y el cuento original

producción creativa:
- escribir un cuento alternativo
- organizar un recital y preparar una presentación en el sitio web del instituto

"El Ingenioso Hidalgo Don Quixote de la Mancha" (1605) de Miguel de Cervantes: un acercamiento

competencias:

leer y competencias interculturales:
- comprender el contexto histórico del "Quijote"
- comprender adaptaciones modernas del "Quijote" (Erich Kästner, Javier Tomeo)

expresión oral y escrita:
- entrevistarse sobre el "Quijote" y sus aventuras
- resumir el episodio de los molinos
- entrevistarse sobre opiniones sobre el "Quijote"
- comparar versiones modernas con el original
- preparar una actuación en el curso

cooperación e interacción (optativo):
- preparar y realizar el miniproyecto "Don Quijote en nuestro cole"

1 Leer, ver y crear poesías

Poema apto a partir del segundo módulo

45

muy *sehr*

Gloria Fuertes: Doña Pito Piturra

Doña Pito Piturra
tiene unos guantes,
Doña Pito Piturra
muy elegantes.

Doña Pito Piturra
tiene un sombrero,
Doña Pito Piturra
con un plumero.
[...]

Doña Pito Piturra
tiene toquillas,
Doña Pito Piturra
con tres polillas.
[...]

Doña Pito Piturra
tiene unos guantes,
Doña Pito Piturra
[...]

http://www.cervantesvirtual.com/bib_autor/Fuertes/010191.shtml [15/07/2009]

1. Ein Gedicht der spanischen Schriftstellerin Gloria Fuertes

a) Höre zu, wie das Gedicht vorgetragen wird, und achte auf die Satzmelodie.
b) Lies das Gedicht leise murmelnd vor dich hin und imitiere die Satzmelodie.
c) Welche Kleidungsstücke trägt Doña Pito Piturra, und wie sehen sie aus?
d) Beschreibe den Aufbau des Gedichtes.
e) Lerne eine Strophe auswendig und trage sie frei vor.

Hinweis: Wenn du beim Auswendig-Lernen im Klassenraum oder in deinem Zimmer herumläufst, unterstützt dies das Lernen.

2. Eine neue Strophe

Schreibe eine neue Strophe zu dem Gedicht und trage sie vor. Suche dazu passende Wörter, die du schon kennengelernt hast.
Wenn du möchtest, kannst du die Strophe aus einem der Wortbilder unten bilden.

Poema apto a partir del tercer módulo

Eugen Gomringer: avenidas

avenidas
avenidas y flores
flores
flores y mujeres
avenidas
avenidas y mujeres
avenidas y flores y mujeres y
un admirador

Eugen Gomringer: *avenidas*. Aus: ders., „Konstellationen". Konkrete Poesie, spiral edition Bern, 1953

1. Ein Gedicht von Eugen Gomringer

Lies das Gedicht.

a) Was verstehst du? Nimm die Fotos zu Hilfe!

b) Was fällt dir bei dem Gedicht auf? Beobachte, wie die Verse aufgebaut sind und welche Wörter sich wiederholen.

2. Ein Gedicht schreiben

a) Verfasse aus dem bekannten Wortschatz ein Gedicht nach dem Muster von Gomringer. Du kannst, wenn du willst, das Wortbild rechts als Grundlage nehmen.

b) Macht eine Dichterlesung und tragt die Gedichte vor.
Ihr könnt eure Gedichte auch mit Fotos versehen und auf die Homepage eurer Schule stellen.

oasis
un
y
países
ciudades
parques

Poemas aptos a partir del segundo módulo

Dos poemas a la lluvia de Felipe Boso

lluvia f *Regen*

Poemas visuales • **Bildgedichte**

Mira los dos poemas visuales. • Schau dir die beiden Bildgedichte an.

a) ¿En qué se distinguen de poemas 'normales'? • Worin unterscheiden sie sich von ‚normalen' Gedichten?

b) ¿En qué se distinguen entre sí? • Worin unterscheiden sie sich voneinander?

c) ¿Qué intención y qué efecto tienen? • Welche Absicht und welche Wirkung haben sie?

Ejemplos de poesías visuales creadas por estudiantes de español

Amor y desamor

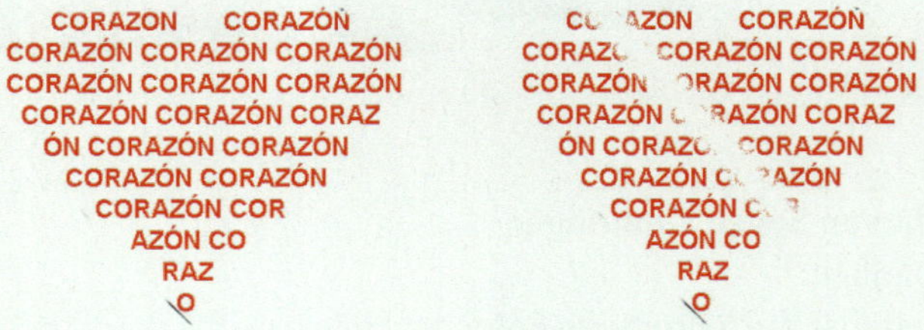

Escritura rara

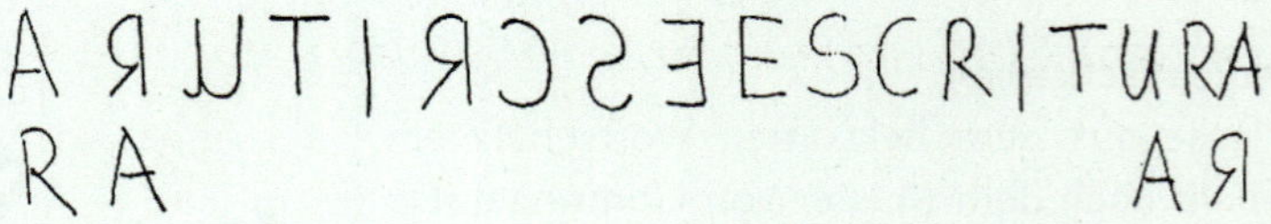

escritura f **rara** *seltsame Schrift*

Crear poesía visual • **Bildgedichte verfassen**

a) Mira los poemas visuales, comentadlos en el grupo y reflexionad sobre qué palabras o expresiones podéis convertir en poemas. • Schau dir die Wortbilder an, sprecht in der Kleingruppe über sie und überlegt, welche Wörter ihr in Bildgedichte verwandeln könnt.

b) Haced una exposición en el aula. • Macht eine Ausstellung im Klassenraum.

Poema apto a partir del tercer módulo

Colombia

Colombia

Colombia
limita al norte con el mar Caribe,
al sur con Ecuador y Perú,
al noroeste con la República de Panamá,
al oriente con Venezuela y Brasil
y al occidente con el océano Pacífico.
Yo,
al norte, al sur, al noroeste y al occidente
limito contigo.

Jairo Aníbal Niño

Jairo Aníbal Niño: La alegría de querer. Poemas para niños, Carlos Valencia Editores, Bogotá 1986, p. 15

noroeste m *Nordwesten*
oriente m este m
occidente m oeste m

contigo *mit dir*

1. Una poesía de Jairo Aníbal Niño • Ein Gedicht von Jairo Aníbal Niño

a) Lee la poesía. • Lies das Gedicht.

b) ¿Qué clase de poesía es? • Was für ein Gedichttyp ist es?
- ¿una poesía a los países vecinos de Colombia?
- ¿ una poesía a Colombia?
- ¿ una poesía de amor?
- ¿ una poesía a las fronteras?

c) Qué crees: ¿Es una poesía para una chica o para un chico? ¿Por qué lo crees? • Was glaubst du: Ist es ein Gedicht an ein Mädchen oder an einen Jungen? Warum glaubst du es?

amor m *Liebe*

2. Crea tu propia poesía. • Erschaffe dein eigenes Gedicht.

a) ¿Qué limita con qué o con quién? • Wer grenzt an was oder wen?

b) Redacta al menos nueve versos. • Verfasse mindestens neun Verse.

2 Informarse sobre cuatro novelas juveniles

Fragmentos y resúmenes aptos a partir del segundo año

1ª novela (resumen de la contraportada)

Gemma Lienas: Callejón sin salida

Ramón estudia en un colegio caro, pero ir a un colegio de "niños ricos" cuando no eres uno de ellos tiene sus ventajas y sus inconvenientes. Los inconvenientes los ve su padre, dueño de una pequeña tienda; las ventajas su madre, cocinera del colegio. ¿Y Ramón?
Cuando Ramón se enamora de Berta [*una compañera de clase, muy simpática. Sus padres no son pobres, pero no le dan mucho dinero a Berta porque creen que así es mejor*]. [...] Ramón intenta reducirlas [= *las distancias entre él y Berta*] por el camino más corto, pero indudablemente no el mejor.

Gemma Lienas: Callejón sin salida, Oxford University Press España, S. A.

callejón m **sin salida** *Sackgasse*
inconveniente m *Nachteil*
enamorarse de *sich verlieben in*
indudablemente *zweifellos*

2ª novela (resumen de la contraportada)

Fina Casalderrey: ¡No te cases, papá!

Todo se ha vuelto gris para Elia. Y lo peor es tener que reposar en un hospital tras una operación de apendicitis: lo peor es aguantar a esa bruja de Berta que quiere arrebatarle a su padre y sus hermanos. La presencia de Berta, sentida como una intolerable intromisión, despertará en Elia el recuerdo de su madre, fallecida hace tres años, y, con él, un torbellino de emociones, rabia, nostalgia, dolor...

Fina Casalderrey: ¡No te cases, papá!, Ediciones sm, Madrid 1997; © Fina Casalderrey

volverse -ue- **gris** *schwarz aussehen*
reposar *hier: (im Krankenhaus) bleiben*
apendicitis f *Blinddarmentzündung*
aguantar *ertragen*
bruja *Hexe*
arrebatar *entreißen*
intromisión f *Einmischung*
fallecer -zc- morir -ue-
torbellino m *Wirbel*

3ª novela (resumen y fragmentos)

Manuel Valls: ¿Dónde estás, Ahmed?

Claudia, la protagonista de 16 años de la novela "¿Dónde estás, Ahmed?" es una chica muy guapa, rubia, de ojos azules y de una altura de un metro setenta y cuatro. Ahmed es su compañero de clase.

Primer fragmento (p. 62):
Claudia enumera una serie de razones de por qué a ella le gusta Ahmed.

a) Ahmed era tremendamente inteligente y sensible.
b) Ahmed era divertido sin necesidad de hacer tonterías.

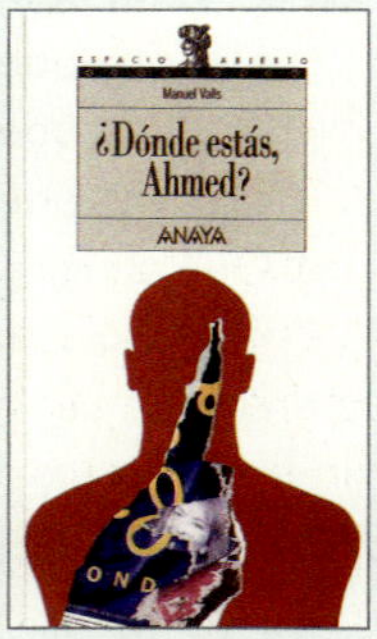

tremendamente *sehr, schrecklich*
tontería f *Dummheit*

c) Ahmed tenía un agudo sentido del humor.
d) Ahmed era irresistiblemente encantador.
e) Ahmed tenía una mirada dulce, tierna y penetrante.
f) Ahmed era distinto a todos los chicos que había conocido.
g) Ahmed me gustaba. (Sí, me gustaba, ¿y qué?)

Segundo fragmento (pp. 181/182):
Hablan Claudia y Ahmed.
–¿Y qué soy, quién es realmente Ahmed?
–Pues una persona como cualquier otra, con independencia del color de su piel, su nacionalidad, su religión.
–Sabes perfectamente que eso no es cierto. Ni yo mismo sé lo que soy. Según donde esté, soy una cosa u otra. Entre vosotros soy un inmigrante, un musulmán. Entre los míos un renegado que ha abandonado sus tradiciones, casi un extraño. Ni tan siquiera en mi casa, en mi propia familia, sé de parte de quién estoy. Por eso, lo mejor es que me largue a una ciudad donde haya muchos en mi misma situación, una ciudad de extranjeros, de personas de diferentes razas, culturas y religiones que pueden vivir en esta maldita presión, sin que te miren como un bicho raro las veinticuatro horas del día.
–Ah, ¿sí? ¿Y qué ciudad es ésa?
–Londres. En Londres convive gente de todas razas, nadie te discrimina por el color de la piel.
–¿Estás seguro?
–Completamente.

Manuel Valls: ¿Dónde estás, Ahmed?, Grupo Anaya S.A., Madrid 2000, pp. 62, 181, 182

agudo,a *scharf*
irresistiblemente *unwiderstehlich*
tierno,a *sanft*
cualquier otro,a *jede(r) andere*
piel f *Haut*
renegado,a *Abtrünnige(r)*
largarse *sich entfernen, weggehen*
maldito,a *verflucht*
presión f *Druck*
bicho raro *seltsames Tier*

4ª novela (resumen y fragmento)

Care Santos: El Panamá es un sombrero

La historia de Aina, una chica de 17 años empieza al principio de las vacaciones con sus padres en la finca familiar cerca de Barcelona. A Aina le aburren las vacaciones, y, además, discute mucho con su padre que no le quiere regalar ninguna moto para el cumpleaños.
Este año, sin embargo, todo cambia. El primo Ferran de 35 años que vive en EEUU está de visita y Aina se enamora perdidamente de él. Además de ser un hombre encantador, le hace regalos, y, lo más importante, le trata como a una mujer. Aina y Ferran pasan mucho tiempo juntos...

Soy muy aficionada a hacer listas. Listas de cualquier cosa. De lo que tengo que hacer, de mis platos favoritos, de personas a las que quiero, de chicos interesantes a quien conozco, de pelis que me han gustado, de nombre de perro (por si un día me compran uno), de profesiones a las que no quiero dedicarme, de amigas a las que tengo ganas de ver, de especies amenazadas... Cuando debo tomar una decisión importante y no acabo de verlo claro, cojo un papel y pongo en una columna los pros y en otra los contras del asunto. A veces, eso me ayuda a aclarar las ideas. Sólo a veces, porque otras descubro que los con-

cualquier cosa *jegliche Sache*
dedicarse *sich widmen*
especies amenazadas *bedrohte Arten*
aclarar las ideas ordenar las ideas
descubrir *entdecken*
otras otras veces

esconder *verstecken*

tras son muchos más de los que pensaba y entonces me pongo nerviosa y escondo la lista.

Durante el verano pasado hice una de estas listas con pros y contras. Dos columnas: en una, lo que me gustaba del primo Ferran. En la otra, lo que no me gustaba. Quedó más o menos así:

ombligo m *Nabel*

Sí	**No**
Moto	Vive muy lejos
Ombligo (*piercing*)	Puede que tenga novia
Pelo (largo)	
Sentido del humor	
Acento (inglés)	
Perro de peluche (regalo)	
Biquini (regalo)	
Sonrisa	
Me llama mujer	
No le hace caso a nadie	
No le lame el culo a papá	
Parece más joven	

hacer caso a *hier: Rücksicht nehmen auf*
lamer el culo a (ugs.) *sich einschleimen bei*
notaréis vais a notar

Notaréis que la cosa estaba claramente inclinada hacia el "Sí". Pero en el "No" se coló un detalle muy importante que comenzaba a obsesionarme: su novia. Era como un nubarrón negro y gordo en mitad de un cielo de verano.

Care Santos: El Panamá es un sombrero, en: "El amor o algo así", Alba Editorial, Barcelona 2000, pp. 30s

1. Cuatro novelas y cuatro temas

a) Lee los resúmenes y fragmentos de las cuatro novelas.
b) Resume en una o dos frases el tema central de cada novela.
c) Hablad en la clase sobre los personajes, los problemas y las alegrías.
d) **Trabajo alternativo:**
- Tarea para la 1ª o 2ª novela:
  Escribe un capítulo de una de las novelas. Puede ser, p. ej., una conversación entre los protagonistas.
- Tarea para la 3ª y 4ª novela:
  Escribe desde la perspectiva de uno de los protagonistas un párrafo de unas 300 palabras.

e) Haced un recital o una charla literaria y presentad vuestros productos literarios a todo el curso.

2. Opiniones

¿Qué opinas sobre las novelas y los productos de las compañeras y los compañeros? Puedes orientarte en las categorías abajo.

Puedes empezar así: No sé si es una novela excelente, pero parece ser bastante interesante por el tema de la nueva madre y los problemas relacionados con ella.

3 Re-crear cuentos de hadas

una rana

una corona

un sapo

Cuento apto a partir del décimo módulo

Alejandro Jodorowsky: Cuento de hadas

Una rana que lleva una corona en la cabeza le dice a un señor: “Béseme, por favor”. El hombre piensa: “Este animal está encantado. Puede convertirse en una hermosa princesa, heredera de un reino. Nos casaremos y seré rico”. Besa a la rana. Al instante mismo se encuentra convertido en un sapo viscoso. La rana exclama feliz: “¡Amor mío, hace tanto tiempo que estabas encantado, pero al fin te pude salvar!”

En: Alejandro Jodorowsky: Sombra al mediodía, Dolmen Ediciones S.A., Santiago de Chile 1998, p. 17

cuento de hadas *Märchen*
hada f *Fee*
heredera f *Erbin*
convertirse -ie- *sich verwandeln in, werden zu*
nos casaremos (futuro) *wir werden heiraten*
besar *küssen*
viscoso,a *schleimig*
estabas encantado *du warst verzaubert*
te pude salvar *ich konnte dich retten*

Un cuento breve

a) Lee el cuento.
b) ¿Cuál es el título del cuento original en que se basa?
c) Cuenta el cuento original.
Las palabras siguientes te van a ayudar.
princesa – pozo – pelota – caer al agua – subir – rey – cumplir con una promesa
d) ¿En qué se distingue este cuento del cuento original?

caer al agua *ins Wasser fallen*
cumplir con una promesa *ein Versprechen erfüllen*

Frases clave desordenadas del cuento original de “La Bella Durmiente”

ir a pincharse el dedo con un huso y morir a los 16 años

no morir sino quedarse dormida durante 100 años en un palacio rodeado de un seto de rosales muy espeso

un príncipe: despertarle con un beso

nacer una princesita

aparecer un hada no invitada

celebrar el día del bautizo

acudir seis hadas con seis regalos para la princesa

bautizo *Taufe*
huso m *Spindel*
pincharse *sich stechen*
un seto de rosales muy espeso *eine sehr dichte Rosenhecke*

1. Redactar un cuento
Escribe un cuento alternativo, por ejemplo de “La Cenicienta” o de “La Bella Durmiente”. – Podéis escribirlo en grupos o solos.
Para recordar el contenido, mira las frases clave del cuento original de “La Bella Durmiente”.

2. Un recital
Haced un recital con vuestros cuentos y publicad los que más os gustan en la página Web del instituto. También podéis ilustrar los cuentos.

La Cenicienta *Aschenputtel*
La Bella Durmiente f *Dornröschen*

4 "El Ingenioso Hidalgo Don Quixote de la Mancha" (1605) de Miguel de Cervantes: un acercamiento

Apto a partir del segundo año

asunto m *Inhalt*

Breve introducción al asunto y los personajes

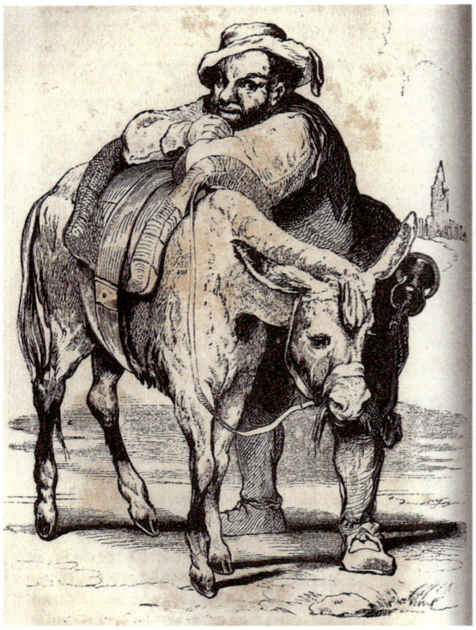

perder -ie- **el juicio** *den Verstand verlieren*
libros de caballerías *Ritterromane*
aldea f pueblo
en defensa de los débiles *hier: um für die Schwachen zu kämpfen*
caballero andante *fahrender Ritter*
aldeana f mujer del pueblo

Un hidalgo manchego, Alonso Quijano, pierde el juicio a consecuencia de la lectura de libros de caballerías, toma el nombre de don Quijote de la Mancha, y sale de su aldea en defensa de los débiles, como caballero andante. La dama es una aldeana, Aldonza Lorenzo, a quien él llama Dulcinea del Toboso. [...] [*Como un*

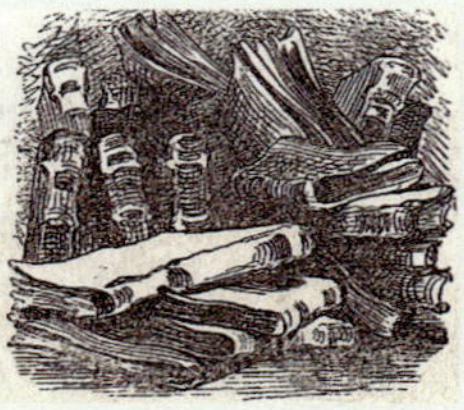

caballero necesita un caballo decide ir montado a su pobre rocín a quien da el nombre de Rocinante. Además, lo acompaña Sancho Panza, un humilde paisano que le sirve de escudero.]

Varias aventuras se suceden: la de los molinos del viento, la del yelmo de Mambrino, la de los galeotes. En todas ellas la fantasía desbordada del caballero choca duramente con la realidad. [...]

El éxito e influencia del Quijote han sido universales desde la misma época del autor, y cada siglo ha hecho de él, su propia interpretación, según suele acontecer con las obras de validez eterna.

José García López: Resumen de historia de las Literaturas Hispánicas, Editorial Teide, S.A., Barcelona 1961, pp. 131ss

paisano m *Bauer*
escudero m *Knappe*
aventura f *Abenteuer*
suceder pasar
molino m *Windmühle*
yelmo m *Helm*
galeote m *Galeerensträfling*
desbordado,a *überschäumend*
chocar *zusammenstoßen*
éxito m *Erfolg*
influencia f *Einfluss*
acontecer -zc- *geschehen*
validez f *Gültigkeit*

Don Quijote

a) Intercambiad vuestras ideas o asociaciones con el Quijote en clase.

b) Lee la introducción a "Don Quijote".

c) Relaciona las imágenes con los personajes. Comenta si te los imaginas así.

d) Decide si las afirmaciones son correctas o no. Corrígelas si es necesario

A) Alonso Quijano es un hidalgo, o sea, un noble, de la Mancha.
B) A Alonso Quijano le encanta leer libros de aventuras.
C) Un día decide dejar su casa y viajar por el mundo como caballero andante.
D) El principal motivo es la defensa de los débiles.
E) Le acompaña una chica del pueblo a quien llama Dulcinea del Toboso.
F) A sí mismo se da el nombre de Don Quijote de Castilla.
G) Sancho Panza, un rico señor del pueblo, se convierte en el escudero de Don Quijote.
H) Una de sus aventuras es el viaje por el mar.
I) La novela tiene validez eterna.

e) ¿Qué significa que "el éxito e influencia del Quijote son universales"? Lee lo que dice el autor de la introducción y ten en cuenta lo que sabes tú de Don Quijote y contesta a la pregunta.

El episodio de los molinos en la adaptación alemana para niños del autor Erich Kästner

Gegen Abend näherten sie sich einem Hügel, auf dem dreißig bis vierzig Windmühlen standen. Da stellte sich Don Quichotte in die Steigbügel und rief: „Siehst du die Riesen auf dem Hügel?" Sancho Pansa kaute gerade etwas Brot und Schinken und sagte: „Riesen? Auf dem Hügel? Ich sehe nur Windmühlen!" – „Riesen!", rief der Ritter. „Und jeder hat vier Arme!" „Nein", sagte der Stallmeister kauend, „es sind Windmühlen, und jede hat vier Flügel!" Doch da legte sein Herr und Gebieter auch schon die neue Lanze ein, rief zum Hügel: „Im Namen der Dame Dulzinea von Toboso, ergebt euch!" und gab Rosinante die Sporen.

Als Don Quichotte die erste Windmühle erreicht und die Lanze voller Wucht in einen Windmühlenflügel gebohrt hatte, kam plötzlich ein Wind auf. Die Flügel begannen sich zu drehen. Die Lanze zersplitterte. Und Ross und Reiter flogen in hohem Bogen durch die Luft und ins Feld. Dort blieben beide liegen, als hätten sie sämtliche Knochen gebrochen! Sancho Pansa trabte erschrocken näher und rief schon von weitem: „Habt Ihr große Schmerzen?" Da setzte sich Don Quichotte mühsam auf und sagte stolz: „Ritter haben keine Schmerzen. Und wenn sie doch einmal welche haben, klagen sie nicht." – „Wie gut, dass ich kein Ritter bin!", rief der kleine Dicke und half den beiden auf die Beine.

Als sie schließlich weiterritten, hing der Ritter schief und krumm im Sattel, und der Gaul humpelte und kam kaum vom Fleck. Weil es außerdem dunkel wurde, beschlossen sie zu kampieren und ließen sich in einem Steineichenwald nieder. Sancho Pansa aß und trank wieder, legte sich um und schnarchte, dass die Wipfel zitterten. Don Quichotte aß nichts, trank nichts und schlief nicht. Nachdem er einen kräftigen Zweig von einem der Bäume abgerissen und ihn als Lanze zurechtgeschnitzt hatte, saß er noch lange wach, grämte sich über seine Niederlage und träumte von neuen, aber erfolgreicheren Taten.

Erich Kästner: Don Quichotte. Leben und Taten des scharfsinnigen Ritters, Atrium Verlag, Zürich 1956

Hügel colina f
Steigbügel estribo m
Riese gigante m
kauen masticar
Flügel (der Windmühle) aspa f de molino
Schild n escudo m
Lanze f lanza
sich ergeben rendirse -ie-
ergebt euch! rendíos
drehen girar
zersplittern, kaputt gehen romperse
Knochen hueso m
erschrocken horrorizado,a
schief torcido,a
humpeln cojear
Wald bosque m
schnarchen roncar
Wipfel, Baumkrone copa f
zittern temblar -ie-
Zweig ramo m
sich grämen afligirse por

frase hecha *Redensart*

1. Una adaptación alemana

Lee la adaptación de "Don Quijote" escrita por Erich Kästner.

a) Redacta un resumen del episodio de los molinos. El vocabulario al margen te puede ayudar.

b) Tú conoces la frase hecha "luchar contra los molinos". Explica, a partir del episodio leído, lo que significa.

2. El cuadro

¿Qué impresión te causan los cuadros de Don Quijote y Sancho Panza?

3. Tarea optativa:

Cuenta desde la perspectiva de Sancho Panza los acontecimientos. Recuerda utilizar los tiempos del pasado.

Puedes empezar así: Una tarde nos acercamos a una colina en la que había entre treinta y cuarenta molinos.

Javier Tomeo: Historia mínima XXIV

Aldea y páramo. Sol de ocaso. PADRE e HIJO *están sentados en la linde del camino que conduce al cementerio.* [...]

HIJO. Padre.

PADRE. Dime.

HIJO. (*Alargando el brazo y señalando el horizonte.*) Mira aquel molino.

PADRE. ¿Dónde ves tú un molino?

HIJO. Allí.

PADRE. Aquello no es un molino, hijo.

HIJO. ¿Qué es, entonces?

PADRE. Un gigante.

HIJO. ¿Un gigante?

PADRE. No hay duda. Fíjate bien. Ahora está quieto, oteando el paisaje. Pero dentro de un momento se pondrá a caminar y a cada zancada avanzará una legua.

HIJO. (*Tras un intervalo de silencio.*) Padre.

PADRE. Dime.

HIJO. (*Con voz compungida.*) Yo no veo que sea un gigante.

PADRE. Pues lo es.

HIJO. ¿Un gigante con puertas y ventanas? ¿Un gigante con tejas y aspas?

PADRE. Un gigante.

HIJO. (*Tras una pausa.*) Padre.

PADRE. Dime.

HIJO. Yo sólo veo un molino.

PADRE. ¿Cómo? ¿Un molino?

HIJO. Sí, un molino. El mismo de siempre.

PADRE. (*Con voz grave.*) Tomás.

HIJO. Qué.

PADRE. (*Volviendo lentamente la cabeza y mirando en derechura a los ojos del hijo.*) Me preocupas. *Silencio. PADRE e HIJO permanecen inmóviles, sin cambiar ya más palabras. Llega por fin la noche y la luna se enciende.*

Javier Tomeo: Historias mínimas, Ed. Anagrama, Madrid 1988, pp. 62/63

un molino y al fondo el sol de ocaso

aldea pueblo
páramo m *Öde, karges Land*
sol m **de ocaso** *untergehende Sonne*
en la linde *am Wegesrand*
cementerio m *Friedhof*
alargar *ausstrecken*
estar quieto,a estar tranquilo,a
otear observar
zancada f un paso largo
tras un intervalo m *nach einer Zeit*
con voz compungida *mit bedrückter Stimme*
con tejas y aspas *mit Ziegeln und Flügeln*
en derechura directamente
preocupar *besorgt machen*
inmóvil *unbeweglich*

1. Una conversación

a) ¿Dónde se encuentran las personas y de qué hablan?
b) ¿Qué tiene que ver el episodio con el "Don Quijote"?
c) ¿Por qué dice el padre al final que el hijo le preocupa?

2. Preparar una actuación

a) Discutid cómo hay representar a los personajes.
b) Aprended de memoria el texto.
c) Practicad la actuación y daos consejos para mejorarla.
d) Actuad delante de vuestro curso.

3. Tarea optativa: "Don Quijote en nuestro cole"

Preparad un programa para una emisora de radio, un vídeo o una actuación en la que presentáis todo lo que aprendisteis sobre el personaje literario.

Consulta Internet o una enciclopedia para introducir a Cervantes.

Anhang

Evaluation • Evaluación

1. Meine Art des Sprachenlernens • *Mi manera de aprender*

Wie lerne ich? Jeder lernt Sprachen auf unterschiedliche Weise. Schau dir an, wie andere Menschen es machen, und erkläre, wie du vorgehst.	**¿Cómo aprendo?** Cada uno aprende lenguas de formas diferentes. Fíjate cómo lo hacen estas personas y explica cómo lo haces tú.
 **Hören:** Ich versuche allgemein zu verstehen, worum es geht. Ich suche Hinweise, die mir helfen, die Situation zu erraten: den Tonfall der Stimme, wichtige Wörter etc. Es macht mir nichts aus, nicht alles zu verstehen.	**Escuchar:** Intento captar globalmente de qué va: busco pistas que me ayuden a adivinar la situación: el tono de la voz, las palabras importantes, etc. No me importa no entenderlo todo.
 **Lesen:** Ich achte auf die Bilder, die Präsentation, ... – auf alles, was mir Hinweise geben könnte. Danach unterstreiche ich alles, was ich verstehe, weil ich es (schon) kenne oder weil es anderen Sprachen ähnelt ... Danach versuche ich mehr Wörter anhand des Kontextes zu erraten. Auch schlage ich am Ende im Wörterbuch nach.	**Leer:** Me fijo en las imágenes, la presentación... todo lo que me pueda dar pistas. Luego subrayo todo lo que entiendo, porque lo conozco o se parece a otras lenguas... Después intento adivinar más palabras a través del contexto. También busco en el diccionario al final.
 **Miteinander sprechen:** Ich lerne Wendungen auswendig und versuche, sie gut auszusprechen. Wenn ich etwas nicht ausdrücken kann, verwende ich Gesten, um mich verständlich zu machen, oder ich benutze ähnliche Wörter oder vergleiche: „Es ist wie ein Lastwagen, aber kleiner“, oder ich gebe ein Beispiel. Das Wichtigste ist, das sprachliche Problem zu lösen. Es macht nichts, dabei einige Fehler zu machen.	**Conversar:** Aprendo frases hechas de memoria e intento pronunciarlas bien. Si no sé decir algo, hago gestos para hacerme entender o utilizo otras palabras parecidas... o hago una comparación: "es como un camión, pero en pequeño" o doy un ejemplo. Lo importante es salir del apuro. No importa cometer algunos errores.
 **Zusammenhängend sprechen:** Ich bereite meinen Vortrag langfristig vor. Zuerst mache ich mir ein Schema mit den wichtigsten Ideen, die ich äußern will. Ich versuche mir vorzustellen, dass ich vor meinen Zuhörern stehe ... Manchmal, wenn es sehr wichtig ist, übe ich meinen Vortrag, indem ich ihn mir selbst vorspreche oder indem ich meine Notizen laut vorlese.	**Hablar:** Yo preparo mi discurso con mucho tiempo. Primero, hago un esquema de las ideas más importantes que voy a decir. Intento imaginarme que estoy delante de los que me escucharán... A veces, si es muy importante, ensayo mi charla hablando solo o leyendo las notas en voz alta.
 **Schreiben:** Zuerst überlege ich, was ich in dem Text sagen will. Dann erstelle ich eine Liste mit Ideen, Wörtern, alles noch sehr chaotisch. Danach schreibe ich einen ersten Entwurf; ich schlage die Dinge, die ich nicht weiß, im Lehrwerk oder im Wörterbuch nach. Ich lese meinen Text gerne mehrfach durch, um ihn zu korrigieren und zu verbessern. Ich habe dabei mehr Zeit zum Nachdenken und zum Korrigieren als beim Sprechen. Manchmal tausche ich mich mit meinen Mitschülerinnen und Mitschülern über meine Fragen und Probleme aus.	**Escribir:** Primero pienso en lo que quiero decir en el texto. Luego hago una lista de ideas, palabras, todo muy caótico. Después escribo un primer borrador; busco en el libro de texto o en el diccionario lo que no sé. Me gusta leer varias veces la redacción para corregirla y mejorarla. Tengo más tiempo para pensar y corregirme que al hablar. A veces comento mis dudas con compañeros de clase.

spanischer Text aus: Portfolio europeo de las lenguas (PEL), Ministerio de Educación, Cultura y Deporte, Madrid 2004, pp. 41, 43

2. Selbsteinschätzung auf den Kompetenzstufen A1 und A2/A2+ (GER)

Der Selbsteinschätzungsbogen bezieht sich auf die Module von „RUTAS para ti" und kann bei Bedarf nach verschiedenen Kursabschnitten eingesetzt werden, um den Kompetenzstand und den Lernfortschritt zu ermitteln.

Die **Selbsteinschätzung** kann wie folgt festgehalten werden:
++ (Das beherrsche ich sehr sicher.)
+ (Das kann ich gut.)
! (Hier habe ich noch Lernbedarf./Das ist mein nächstes Ziel.)

Eine **Fremdeinschätzung** durch Mitschülerinnen und Mitschüler oder die Lehrkraft kann zum Abgleich ebenfalls abgegeben werden. (✓ Ich teile diese Einschätzung.)

Hören A1 (nivel acceso)
Ich kann kurze Anweisungen und Fragen verstehen, die sich auf den Unterricht und die Bearbeitung von Aufgaben beziehen.
Ich kann einfache Beschreibungen von Personen und Orten verstehen, die ich kenne.
Ich kann Zahlen und Uhrzeiten verstehen, wenn sie sich auf alltägliche Situationen und Tätigkeiten beziehen.
Ich kann einfache Wegbeschreibungen (auch mithilfe einer Karte) verstehen.
In Höraufnahmen oder Gesprächen kann ich gängige Wörter, Wendungen und Sätze wiedererkennen und wesentliche Informationen verstehen, sofern sehr langsam und deutlich gesprochen wird.

Hören A2 (nivel plataforma)
Ich kann häufig gebrauchte Sätze, Wendungen und Wörter verstehen, wenn es um Dinge aus meiner unmittelbaren Umgebung geht (z. B. ganz grundlegende Informationen zu meiner Person, meiner Familie, Einkaufen, Schule).
Ich kann erkennen, wenn jemand in der Vergangenheit, im Präsens oder im Futur über Themen spricht, die ich im Unterricht behandelt habe.
Ich verstehe genug, um konkrete Alltagssituationen zu bewältigen, sofern langsam und deutlich gesprochen wird.
Hören A2+ (Anteile von B1)
Ich kann erfassen, worum es in Gesprächen unter Muttersprachlern, in kurzen, einfachen und klaren Mitteilungen, in einer Filmszene oder einer Fernsehmeldung geht, wenn es sich um mir bekannte Themen handelt und im Standardspanischen langsam und deutlich gesprochen wird, auch wenn ich nicht alle Sätze oder Wörter verstehe.
Ich kann nach mehrmaligem Hören von Ton-, Video- oder Filmaufnahmen auch Einzelheiten verstehen, sofern es um mir bekannte Themen geht.

Lesen A1 (nivel acceso)
Ich kann die Texte und die Aufgaben im Lehrbuch verstehen.
Ich kann einzelne Namen, Wörter und ganz einfache Sätze, die mir vertraut sind, auf Postern, Plakaten oder Schildern wiedererkennen und verstehen.
Ich kann erschließen, worum es in für mich neuen bebilderten Texten (z. B. in Prospekten, Plakaten, Werbung) geht.
Ich kann in Zeitungsartikeln Angaben zu Personen (persönliche Daten, Hobbys, Vorlieben, Freunde usw.) verstehen.
Ich kann einfache Grüße und persönliche Mitteilungen verstehen.
Ich kann Stundenplänen, Fahrplänen, Veranstaltungskalendern oder Plakaten Zeiten und Orte entnehmen.

Lesen A2 (nivel plataforma)
Ich kann einfache Grüße und Mitteilungen zu mir bekannten Themen in einfachen persönlichen Briefen, E-Mails oder Blog-Beiträgen verstehen.
Ich kann Texte auch mithilfe anderer Informationen (z. B. in Bildern und Überschriften) oder mithilfe meiner Vorkenntnisse zum Thema entschlüsseln.
Ich kann auch in etwas komplexeren Zeitungs- und Internettexten, in denen Zahlen, Daten und Namen eine wichtige Rolle spielen und die klar gegliedert sind, die Informationen finden, die ich suche oder benötige.
Ich kann in Informationsblättern über Freizeitaktivitäten, Ausstellungen usw. die wichtigsten Informationen finden.
Ich kann Statistiken, Grafiken, Tabellen und Diagrammen Informationen zu den im Unterricht behandelten oder mich interessierenden Themen entnehmen.
Lesen A2+ (Anteile von B1)
Ich kann Schilderungen in Berichten oder kurzen Erzählungen, einfache Liedtexte und Gedichte verstehen, die von alltäglichen Dingen mir vertrauter Themen handeln, wenn der authentische Text in einfacher Sprache geschrieben ist.

An Gesprächen teilnehmen A1 (nivel acceso)
Ich kann mich in kurzen, einfachen Gesprächen verständigen, bin aber auf die Unterstützung anderer oder auf Mimik und Gestik angewiesen, um das auszudrücken, was ich sagen möchte.
Ich kann sagen, dass ich etwas nicht verstehe, oder darum bitten, etwas zu wiederholen.
Ich kann mich selbst oder jemand anderen vorstellen und einfache Gruß- und Abschiedsformeln verwenden.
Ich kann Aussagen über meine Person machen (z. B. Alter, Familie, Wohnort, Hobbys).
Ich kann Angaben von anderen (z. B. Alter, Familie, Wohnort, Hobbys) erfragen.
Ich kann auf einfache Aussagen und Fragen von anderen reagieren, sofern es um mir vertraute Themen und Angelegenheiten geht.
Ich kann andere um etwas bitten, ihnen etwas geben und mich bedanken.
Ich kann mich in einfachen thematischen Kontexten über Zahlen und Uhrzeiten austauschen.

An Gesprächen teilnehmen A2 (nivel plataforma)
Ich kann mich im Unterricht in kurzen Dialogen verständigen und mich an einfachen Rollenspielen zu den behandelten Themen beteiligen.
Ich kann nach der Bedeutung von Wörtern fragen und andere bitten, Dinge zu wiederholen oder langsamer zu sprechen.
Ich kann mich in einfachen Reisesituationen (z. B. Hotel, Busstation, Wetter) verständlich machen, um Auskünfte einzuholen oder etwas zu bestellen.
Ich kann mich an Gesprächen beteiligen, in denen es um Themen aus der Schule, dem Alltag und der Freizeit geht, z. B. Schulaktivitäten, Hobbys, (Reise-)Länder, Wochenenderlebnisse.
Ich kann Aktivitäten vorschlagen und Verabredungen mit anderen treffen.
Ich kann mich über Vorlieben und Abneigungen zu mir vertrauten Themen austauschen.
Ich kann meine Zustimmung, aber auch meine Ablehnung, Kritik oder eine andere Meinung in Gesprächen äußern.

Zusammenhängendes Sprechen A1 (nivel acceso)
Ich kann Angaben zu meiner Person und zu anderen Personen machen (z. B. Adresse, Telefonnummer, Alter, Herkunftsland, Familie, Hobbys).
Ich kann ein einfaches, auswendig gelerntes Gedicht, eine eigene Gedicht- oder Liedstrophe sinngebend vortragen.
Ich kann meinen Kurs in einfachen, knappen Sätzen vorstellen.
Ich kann in einfachen Sätzen Bilder, Orte und Wege beschreiben.
Ich kann kurze Rückmeldungen zu Aufgaben, zu Arbeitsergebnissen und zum Unterricht geben oder Rückfragen dazu stellen.

Zusammenhängendes Sprechen A2 (nivel plataforma)
Ich kann einen Stundenplan, meinen Schulalltag und meine Schule beschreiben sowie einige zentrale Besonderheiten im spanischen und deutschen Schulsystem darstellen.
Ich kann mich selbst und andere Personen beschreiben (Aussehen, zentrale Charaktermerkmale, Vorlieben).
Ich kann mir bekannte Länder und spanische Comunidades Autónomas mit einigen ihrer Besonderheiten vorstellen.
Ich kann einen Tagesablauf beschreiben und Freizeitaktivitäten von Jugendlichen darstellen.
Ich kann wesentliche Aussagen von Informationstexten sowie von Filmszenen oder literarischen Texten wiedergeben.
Ich kann bei mir vertrauten Themen über vergangene Aktivitäten und Ereignisse berichten.
Ich kann Arbeitsergebnisse mithilfe von Visualisierungen und Stichpunkten vorstellen.

Schreiben A1 (nivel acceso)
Ich kann in Fragebögen oder Formularen stichpunktartige Angaben über mich oder andere Personen machen (z. B. Name, Alter, Anschrift, Nationalität) bzw. einen Steckbrief verfassen.
Ich kann in einfachen, kurzen Sätzen über mich schreiben (wer ich bin, wo ich wohne, meine Hobbys oder Vorlieben).
Ich kann eine andere Person in einem kurzen Text beschreiben.
Ich kann einen kurzen Gruß für ein Forum verfassen.

Schreiben A2 (nivel plataforma)
Ich kann kurze Texte mit einfachen Sätzen schreiben und sie mit Konjunktionen wie *y, pero, porque* verbinden.
Ich kann einen einfachen informativen Text oder einen Forumsbeitrag über ein mir bekanntes Thema verfassen.
Ich kann in einem Brief oder Forumsbeitrag über meinen (Schul-)Alltag oder Freizeitthemen meine Meinung, Einstellung und Wünsche äußern oder Tipps geben.
Ich kann ein einfaches Gedicht fortführen oder anhand eines Modells ein Gedicht verfassen.
Ich kann in einfachen Sätzen einen Handlungsverlauf beschreiben und dabei die wichtigsten verknüpfenden Wörter verwenden, um die zeitliche Abfolge der Ereignisse kenntlich zu machen.

Qualität und Korrektheit der sprachlichen Mittel A1 (nivel acceso)
Ich kann Wörter und Wendungen so aussprechen, dass *hispanohablantes*, die häufig mit Sprechern anderer Sprachen zu tun haben, mich verstehen.
Ich kann einzelne Wörter und Sätze mit Angaben zu meiner Person fehlerfrei schreiben.
Ich kann die Redewendungen für die *comunicación en clase* situativ passend verwenden.
Ich verfüge über einfache Vokabeln und Redewendungen, um mit anderen über mich und mein Umfeld zu sprechen.
Ich beherrsche ganz einfache grammatische Strukturen und Satzmuster.

Qualität und Korrektheit der sprachlichen Mittel A2 (nivel plataforma)
Meine Aussprache und Betonung sind in der Regel deutlich genug, um von meinen Gesprächspartnern verstanden zu werden, auch wenn ich noch einen erkennbaren Akzent habe.
Einzelne Wörter und Redemittel sowie kleinere Texte kann ich meist fehlerfrei schreiben.
Mein Wortschatz reicht aus, um in einfachen Alltagssituationen im Ausland zurechtzukommen.
Ich kann einfache grammatische Strukturen und Satzmuster korrekt verwenden, auch wenn gelegentlich noch Unsicherheiten vorhanden sind (z. B. Zeitenbildung und -gebrauch, Konkordanz, Satzstellung).

Die Indikatoren für den Selbsteinschätzungsbogen orientieren sich am Gemeinsamen Europäischen Referenzrahmen (GER) sowie an den Checklisten in den deutsch- und spanischsprachigen Sprachenportfolios (vgl. http://www.coe.int/T/DG4/Portfolio/?L=E&M=/main_pages/portfolios.html).

3. Schülerselbstbewertung in der Sonstigen Mitarbeit

Nach der schriftlichen Selbstbewertung anhand der Bewertungsaspekte erfolgt ein Abgleich mit den Beobachtungen und der Bewertung aus Lehrkraftperspektive.

Relevante Aspekte:
Beteiligung allgemein: • Häufigkeit und Kontinuität: Ich beteilige mich immer/manchmal/selten. • Ich trage Texte, Ergebnisse und Hausaufgaben regelmäßig vor. • Ich zeige einen hohen Grad an Aufmerksamkeit und Konzentration während des Unterrichts.
Sprachliche Qualität der Beiträge: • Arbeitssprache: Ich bemühe mich, möglichst viel auf Spanisch zu sprechen, auch wenn es schwierig ist. – Ich spreche meist deutsch. • Verwendung des Vokabulars: Ich verwende einen breiten, thematisch angemessenen Wortschatz. – Ich verwende einen eher einfachen Wortschatz (Basisvokabular). • Ich verwende neu gelernte Strukturen in meinen Beiträgen. • Ich wende unterschiedliche Strategien an, um sprachliche Schwierigkeiten zu meistern.
Inhaltliche Qualität der Mitarbeit: • Meine Beiträge sind wesentlich für die gemeinsame Weiterarbeit am Thema. • Meine Beiträge sind eher einfach angelegt.
Anfertigen der Hausaufgaben: • Ich fertige meine Hausaufgaben regelmäßig an. – Ich habe meine Hausaufgaben häufig nicht gemacht. • Ich bemühe mich, sie anspruchsvoll und umfangreich zu gestalten. – Ich halte sie so knapp wie möglich.
Selbstständige Arbeit: • Ich beobachte meine eigenen Fortschritte. Falls ich Lücken oder Probleme sehe, führe ich bei Bedarf eigenständige Wiederholungen und Übungen durch. • Ich systematisiere und lerne regelmäßig das Vokabular. • Ich führe Fehleranalysen durch und suche Lösungen, um Fehler zu vermeiden.
Kurzvorträge: • Kurzvorträge bereite ich sorgfältig innerhalb der vereinbarten Frist vor (informative, gut strukturierte *exposiciones*). • Ich übe den Vortrag intensiv (zu Hause oder im Unterricht). • Ich trage Kurzvorträge anhand von Stichworten oder einer Mindmap frei vor. • Sofern abgesprochen, bereite ich ein Handout oder eine Visualisierung als Hilfe für die Zuhörenden vor.
Partner- und Gruppenarbeit: • Ich arbeite zielgerichtet und effektiv gemäß der Aufgabenstellung, um das Produkt und die Präsentation vorzubereiten. • Ich plane gezielt mit meiner Partnerin/meinem Partner/den übrigen Gruppenmitgliedern. • Ich arbeite kooperativ und konstruktiv mit den anderen zusammen. • Wenn es möglich ist, spreche ich in der Partner- oder Gruppenarbeit Spanisch und gehe nur dann zum Deutschen über, wenn mir viele sprachliche Ausdrucksmittel fehlen.
Persönliche Arbeitseinstellung: • Ich bin sehr motiviert und interessiert daran, Spanisch zu lernen. – Manchmal bin ich eher desinteressiert, weil .../ wenn ... • Hinsichtlich der Weiterentwicklung meiner Fähigkeiten stelle ich hohe Anforderungen an mich selbst (sprachlich – thematisch – kommunikativ). • Ich hole Rückmeldungen zur Entwicklung meiner Fähigkeiten ein (bei Mitschülern/bei meiner Spanischlehrerin/bei meinem Spanischlehrer) und setze mir persönliche Ziele.

Verbtabellen

1. Die regelmäßigen Verben auf -ar, -er, -ir

	hablar		beber		vivir	
Präsens Indikativ	hablo hablas habla	hablamos habláis hablan	bebo bebes bebe	bebemos bebéis beben	vivo vives vive	vivimos vivís viven
presente de subjuntivo	hable hables hable	hablemos habléis hablen	beba bebas beba	bebamos bebáis beban	viva vivas viva	vivamos viváis vivan
imperfecto	hablaba hablabas hablaba	hablábamos hablabais hablaban	bebía bebías bebía	bebíamos bebíais bebían	vivía vivías vivía	vivíamos vivíais vivían
indefinido	hablé hablaste habló	hablamos hablasteis hablaron	bebí bebiste bebió	bebimos bebisteis bebieron	viví viviste vivió	vivimos vivisteis vivieron
futuro próximo	voy a hablar		voy a beber		voy a vivir	
Gerundium	hablando		bebiendo		viviendo	
Partizip	hablado		bebido		vivido	

2. Diphthongierende Verben: e > ie / o > ue (u > ue)

e > ie	cerrar		entender		adquirir	
Präsens Indikativ	cierro cierras cierra	cerramos cerráis cierran	entiendo entiendes entiende	entendemos entendéis entienden	adquiero adquieres adquiere	adquirimos adquirís adquieren
presente de subjuntivo	cierre cierres cierre	cerremos cerréis cierren	entienda entiendas entienda	entendamos entendáis entiendan	adquiera adquieras adquiera	adquiramos adquiráis adquieran
imperfecto	cerraba		entendía		adquiría	
indefinido	cerré		entendí		adquirí	
futuro próximo	voy a cerrar		voy a entender		voy a adquirir	
Gerundium	cerrando		entendiendo		adquiriendo	
Partizip	cerrado		entendido		adquirido	

ebenso:
-ar: cerrar, comenzar, despertarse, empezar, merendar, recomendar, pensar, confesar, nevar

-er: defender, descender, encender, perder

o > ue (u > ue)	contar		volver	
Präsens Indikativ	cuento cuentas cuenta	contamos contáis cuentan	vuelve vuelves vuelve	volvemos volvéis vuelven
presente de subjuntivo	cuente cuentes cuente	contemos contéis cuenten	vuelva vuelvas vuelva	volvamos volváis vuelvan
imperfecto	contaba		volvía	
indefinido	conté		volví	
futuro próximo	voy a contar		voy a volver	
Gerundium	contando		volviendo	
Partizip	contado		vuelto	

ebenso:
-ar: acostarse, almorzar, aprobar, comprobar, encontrar, jugar (u > ue), mostrar, soñar, recordar, sonar, contar

-er: llover, mover

3. Alternierende Verben auf -ir: e > i

	pedir	
Präsens Indikativ	pido pides pide	pedimos pedís piden
presente de subjuntivo	pida pidas pida	pidamos pidáis pidan
imperfecto	pedía	
indefinido	pedí pediste pidió	pedimos pedisteis pidieron
futuro próximo	voy a pedir	
Gerundium	pidiendo	
Partizip	pedido	

ebenso:
servir,
vestirse,
conseguir,
corregir,
despedirse,
elegir,
repetir

4. Alternierende und diphthongierende Verben auf -ir: e > ie; e > i / o > ue; o > u

	sentir	
Präsens Indikativ	siento sientes siente	sentimos sentís sienten
presente de subjuntivo	sienta sientas sienta	sintamos sintáis sientan
imperfecto	sentía	
indefinido	sentí sentiste sintió	sentimos sentisteis sintieron
futuro próximo	voy a sentir	
Gerundium	sintiendo	
Partizip	sentido	

ebenso:
convertir,
preferir,
referir,
divertirse

	dormir	
Präsens Indikativ	duermo duermes duerme	dormimos dormís duermen
presente de subjuntivo	duerma duermas duerma	durmamos durmáis duerman
imperfecto	dormía	
indefinido	dormí dormiste durmió	dormimos dormisteis durmieron
futuro próximo	voy a dormir	
Gerundium	durmiendo	
Partizip	dormido	

ebenso:
morir
¡ojo! participio:
muerto

5. Verben auf -acer, -ecer, -ocer, -ucir

	nacer	
Präsens Indikativ	nazco naces nace	nacemos nacéis nacen
presente de subjuntivo	nazca nazcas nazca	nazcamos nazcáis nazcan
imperfecto	nacía	
indefinido	nací naciste nació	nacimos nacisteis nacieron
futuro próximo	va a nacer	
Gerundium	naciendo	
Partizip	nacido	

ebenso:
aparecer,
conocer,
desaparecer,
desobedecer,
obedecer,
ofrecer,
parecer,
reconocer

	producir*	
Präsens Indikativ	produzco produces produce	producimos producís producen
presente de subjuntivo	produzca produzcas produzca	produzcamos produzcáis produzcan
imperfecto	producía	
indefinido	produje produjiste produjo	produjimos produjisteis produjeron
futuro próximo	va a producir	
Gerundium	produciendo	
Partizip	producido	

ebenso:
reducir,
introducir,
traducir,
conducir

* Die Verben auf **-ducir** ändern im *pretérito indefinido* den Stammauslaut.

6. Verben auf -uir

	construir	
Präsens Indikativ	construyo construyes construye	construimos construís construyen
presente de subjuntivo	construya construyas construya	construyamos construyáis construyan
imperfecto	construía	
indefinido	construí construiste construyó	construimos construisteis construyeron
futuro próximo	voy a construir	
Gerundium	construyendo	
Partizip Perfekt	construido	

ebenso:
influir,
contribuir

7. Die unregelmäßigen Verben

	dar	decir	estar	haber	hacer	ir
Präsens Indikativ	**doy** das da damos dais dan	**digo** dices dice decimos decís dicen	**estoy** estás está estamos estáis están	**he** has ha (**hay**) hemos habéis han	**hago** haces hace hacemos hacéis hacen	**voy** **vas** **va** **vamos** **vais** **van**
presente de subjuntivo	**dé** des **dé** demos deis den	diga digas diga digamos digáis digan	**esté** estés esté estemos estéis estén	**haya** hayas haya hayamos hayáis hayan	haga hagas haga hagamos hagáis hagan	**vaya** vayas vaya vayamos vayáis vayan
pretérito imperfecto	daba	decía	estaba	había	hacía	**iba** **ibas** **iba** **íbamos** **ibais** **iban**
pretérito indefinido	**di** diste dio dimos disteis dieron	**dije** dijiste dijo dijimos dijisteis dijeron	**estuve** estuviste estuvo estuvimos estuvisteis estuvieron	**hube** hubiste hubo hubimos hubisteis hubieron	**hice** hiciste **hizo** hicimos hicisteis hicieron	**fui** fuiste **fue** fuimos fuisteis fueron
futuro próximo	voy a dar	voy a decir	voy a estar	va a haber	voy a hacer	voy a ir
Gerundium	dando	diciendo	estando	habiendo	haciendo	yendo
Partizip	dado	**dicho**	estado	habido	**hecho**	ido

	oír	**poder**	**poner**	**querer**	**saber**	**salir**
Präsens Indikativ	**oigo** oyes oye oímos oís oyen	puedo puedes puede podemos podéis pueden	**pongo** pones pone ponemos ponéis ponen	quiero quieres quiere queremos queréis quieren	**sé** sabes sabe sabemos sabéis saben	**salgo** sales sale salimos salís salen
presente de subjuntivo	oiga oigas oiga oigamos oigáis oigan	pueda puedas pueda podamos podáis puedan	ponga pongas ponga pongamos pongáis pongan	quiera quieras quiera queramos queráis quieran	**sepa** sepas sepa sepamos sepáis sepan	salga salgas salga salgamos salgáis salgan
pretérito imperfecto	oía	podía	ponía	quería	sabía	salía
pretérito indefinido	**oí** oíste oyó oímos oísteis oyeron	**pude** pudiste pudo pudimos pudisteis pudieron	**puse** pusiste puso pusimos pusisteis pusieron	**quise** quisiste quiso quisimos quisisteis quisieron	**supe** supiste supo supimos supisteis supieron	salí saliste salió salimos salisteis salieron
futuro próximo	voy a oír	voy a poder	voy a poner	voy a querer	voy a saber	voy a salir
Gerundium	oyendo	**pudiendo**	poniendo	queriendo	sabiendo	saliendo
Partizip	oído	podido	**puesto**	querido	sabido	salido

	ser	**tener**	**traer**	**venir**	**ver**
Präsens Indikativ	**soy** **eres** **es** **somos** **sois** **son**	**tengo** tienes tiene tenemos tenéis tienen	**traigo** traes trae traemos traéis traen	**vengo** **vie**nes **vie**ne venimos venís **vie**nen	veo ves ve vemos veis ven
presente de subjuntivo	**sea** seas sea seamos seáis sean	tenga tengas tenga tengamos tengáis tengan	traiga traigas traiga traigamos traigáis traigan	venga vengas venga vengamos vengáis vengan	vea veas vea veamos veáis vean
pretérito imperfecto	**era** **eras** **era** **éramos** **erais** **eran**	tenía	traía	venía	veía
pretérito indefinido	**fui** fuiste **fue** fuimos fuisteis fueron	**tuve** tuviste tuvo tuvimos tuvisteis tuvieron	**traje** trajiste trajo trajimos trajisteis trajeron	**vine** viniste vino vinimos vinisteis vinieron	**vi** viste vio vimos visteis vieron
futuro próximo	voy a ser	voy a tener	voy a traer	voy a venir	voy a ver
Gerundium	siendo	teniendo	trayendo	viniendo	viendo
Partizip	sido	tenido	traído	venido	**visto**

Thematischer Wortschatz der Einzelmodule

2 Así soy y así somos

saludarse y despedirse	sich begrüßen und verabschieden
Hola	Hallo!
Hola chicas / hola chicos	Hallo Leute!
hasta luego	bis dann
hasta la próxima	bis zum nächsten Mal/bis die Tage
hasta mañana	bis morgen
adiós	tschüss, chao
nos vemos	Wir sehen uns./Man sieht sich.

comunicar algo sobre sí	etwas über sich mitteilen
llamarse Me llamo Latisa. Se llama Juan.	**sich nennen, heißen** Ich heiße Latisa. (Ich nenne mich Latisa.) Er heißt Juan. (Er nennt sich Juan.)
tener... años Tengo trece años. Juan tiene catorce años.	**(... Jahre haben) ... Jahre alt sein** Ich bin 13 (Jahre alt). Juan ist 14 (Jahre alt).
ser de... ¿Eres de Madrid? Soy de Madrid. Es de Barcelona. Madalina y Roxana son de Rumanía. ¿Sois de Austria? Somos Claude y Jacques de París.	**aus ... sein** Bist du (Kommst du) aus Madrid? Ich bin (komme) aus Madrid. Er/Sie ist (kommt) aus Barcelona. Madalina und Roxana sind (kommen) aus Rumänien. Seid (Kommt) ihr aus Österreich? Wir sind Claude und Jacques aus Paris.
tener el número (de teléfono)... Tengo el (número) 6791243. El prefijo es el 0221. Mario tiene el (número) 0170 41 41 92 97.	**die (Telefon-)Nummer ... haben** Ich habe die (Nummer) 6791243. Die Vorwahl ist (die) 0221. Mario hat die 0170 41 41 92 97.
vivir en ¿Vives en Gijón? Vivo en Berlín. Cristina vive en Gijón. Vivimos en Varsovia.	**leben/wohnen in** Wohnst (lebst) du in Gijón? Ich wohne (lebe) in Berlin. Christina wohnt (lebt) in Gijón. Wir wohnen (leben) in Warschau.
hablar ¿Hablas alemán? Hablo español. Hablamos francés y alemán. ¿Habláis inglés? Hablamos inglés. Los jóvenes hablan inglés y alemán.	**sprechen** Sprichst du deutsch? Ich spreche spanisch. Wir sprechen französisch und deutsch. Sprecht ihr englisch? Wir sprechen englisch. Die Jugendlichen sprechen englisch und deutsch.
ser + profesión, nacionalidad, nombre Shakira es cantante. José Carreras es cantante de ópera. ¿Eres escritora? Somos compañeras. ¿Sois rumanos?	**sein + Beruf, Nationalität, Name** Shakira ist Sängerin. José Carreras ist Opernsänger. Bist du Schriftstellerin? Wir sind Klassenkameradinnen. Seid ihr Rumänen?
no ser de / no vivir / no hablar... No soy de Alemania. No eres turca. No somos Marek y Paul. No es cantante.	**nicht aus... sein, nicht wohnen, nicht sprechen** Ich bin nicht aus Deutschland. Du bist keine Türkin. (Du bist nicht Türkin.) Wir sind nicht Marek und Paul. Sie ist keine Sängerin. Er ist kein Sänger. (Sie ist nicht Sängerin. Er ist nicht Sänger.)

pequeñas palabras importantes	kleine wichtige Wörter
y Marek y Paul son de París y hablan alemán.	**und** Marek und Paul sind aus Paris und sprechen deutsch.
un poco –Hablo un poco de inglés.	**etwas, ein bisschen** „Ich spreche ein bisschen Englisch."
o sea El número de teléfono es el 0221 647984, o sea, el 0221 es el prefijo y 647984 el número.	**d. h. (das heißt)** Die Telefonnummer ist die 0221 647984, d. h. 0221 ist die Vorwahl und 647984 die Nummer

preguntar	fragen
¿Cómo? ¿Cómo te llamas? ¿Cómo se llama el chico? ¿Cómo se llaman los jóvenes?	**Wie?** Wie heißt du? (Wie nennst du dich?) Wie heißt der Junge? Wie heißen die Jugendlichen?
¿De dónde? ¿De dónde eres? ¿De dónde sois? ¿De dónde son las chicas?	**Woher?** Woher bist (kommst) du? Woher seid (kommt) ihr? Woher sind (kommen) die Mädchen?
¿Qué? ¿Qué eres? ¿cantante?	**Was?** Was bist du? Sängerin?
¿Qué + sustantivo ¿Qué número de teléfono tienes?	**Was für...?/welche(r,s)?** Was für eine (Welche) Telefonnummer hast du?
¿Quién? / ¿Quiénes? ¿Quién es el chico? ¿Quién es Adrián? ¿Quiénes son Adrián y Paul?	**Wer?** Wer ist der Junge? Wer ist Adrian? Wer sind Paul und Adrian?
otro tipo de preguntas ¿Eres de Madrid? ¿Son de París? ¿Es cantante? ¿Precious es de Nigeria? ¿Es Precious de Nigeria? ¿Deletreas tu apellido? ¿Sois los jóvenes de China?	**ein anderer Fragetyp** Du bist aus Madrid? Bist du aus Madrid? Sie sind aus Paris? Sind sie (Sie) aus Paris? Er ist Sänger? Ist sie Sängerin? Precious ist aus Nigeria? Ist Precious aus Nigeria? Buchstabierst du deinen Nachnamen? Ihr seid die jungen Leute aus China? Seid ihr die jungen Leute aus China?

profesiones			
estudiante La estudiante Larisa es de Nigeria. El estudiante Claude es de París.	**Schülerin Schüler** Die Schülerin Larisa ist aus Nigeria. Der Schüler Claude ist aus Paris.	**actriz** La actriz Carmen Maura es española.	**Schauspielerin** Die Schauspielerin Carmen Maura ist Spanierin.
cantante La cantante Shakira es colombiana. El cantante Carreras es español.	**Sänger/Sängerin** Die Sängerin Shakira ist Kolumbianerin. Der Sänger Carreras ist Spanier.	**escritor / escritora** El escritor Zafón es famoso. Rosa Montero es periodista y autora.	**Autor/Autorin** Der Autor Zafón ist berühmt. Rosa Montero ist Journalistin und Autorin.
periodista La periodista Rosa Montero es famosa. El periodista Juan Rico no es famoso.	**Journalist/Journalistin** Die Journalistin Rosa Montero ist berühmt. Der Journalist Juan Rico ist nicht berühmt.	**conductor** El conductor Fernando Alonso es español.	**(Renn-)Fahrer** Der Rennfahrer Fernando Alonso ist Spanier.

continentes y países		nacionalidades	
Europa		rumana	Rumänin
Nigeria		rumano	Rumäne
China		chino	Chinese
Portugal		china	Chinesin
África, Asia	Afrika, Asien	senegalesa	Senegalesin
Rumanía	Rumänien	senegalés	Senegalese
Colombia	Kolumbien	francés	Franzose
Bélgica	Belgien	francesa	Französin
Argentina	Argentinien	polaco	Pole
Austria	Österreich	polaca	Polin
Polonia	Polen		
Alemania	Deutschland		
España	Spanien		
Reino Unido	Vereinigtes Königreich		

3 Una mirada hacia España... y Alemania

hablar sobre España • über Spanien sprechen			
ser + sustantivo	**sein + Nomen**	**estar (situado,a) en**	**gelegen sein in, liegen**
El euro es la moneda de España.	Der Euro ist die Währung Spaniens (von Spanien).	Mallorca está (situada) en el Mediterráneo.	Mallorca liegt im Mittelmeer.
Madrid es la capital de España.	Madrid ist die Hauptstadt von Spanien.	Madrid está (situado) en el centro de España.	Madrid liegt in der Mitte Spaniens.
España es un país en el sur de Europa.	Spanien ist ein Land im Süden Europas.	Barcelona está situada en Cataluña.	Barcelona liegt in Katalonien.
El Ebro es un río.	Der Ebro ist ein Fluss.	España está en Europa.	Spanien liegt in Europa.
Mallorca es una isla.	Mallorca ist eine Insel.		

verbos importantes • wichtige Verben					
formar	**bilden**	**limitar con**	**grenzen an**	**incluir**	**einschließen**
Mallorca, Ibiza y Menorca forman las Baleares.	Mallorca, Ibiza und Menorca bilden die Balearen.	España limita con Francia. Alemania y Bélgica limitan con Holanda.	Spanien grenzt an Frankreich. Deutschland und Belgien grenzen an Holland.	El territorio español incluye las Baleares y las Canarias.	Das Gebiet von Spanien schließt die Balearen und die Kanaren ein.
pertenecer a	**gehören zu**	**fijarse en**	**achten auf**	**creer**	**glauben**
¿Perteneces a mi grupo? No, pertenezco al grupo de Ana.	Gehörst du zu meiner Gruppe? Nein, ich gehöre zur Gruppe von Anna.	¿Te fijas en la formación del plural?	Achtest du auf die Pluralbildung?	Creo que Granada está situada en Andalucía.	Ich glaube, dass Granada in Andalusien liegt.

determinar algo más a fondo con ayuda de un adjetivo	etwas mithilfe eines Adjektivs genauer bestimmen
estructuras con adjetivo relacionadas con informaciones geográficas	**Strukturen mit einem Adjektiv im Zusammenhang mit geografischen Informationen**
una comunidad autónoma Aragón es una comunidad autónoma.	eine autonome (selbstständige) Gemeinschaft Aragón ist eine autonome Gemeinschaft.
una frontera terrestre España tiene una frontera terrestre con Francia.	eine Landgrenze (eine terrestrische Grenze) Spanien hat eine Landgrenze mit Frankreich.

la capital española La capital española es Madrid.	die spanische Hauptstadt Die spanische Hauptstadt ist Madrid.
ciudades andaluzas Málaga y Sevilla son ciudades andaluzas.	andalusische Städte Málaga und Sevilla sind andalusische Städte.
la Península Ibérica La Península Ibérica está situada en Europa.	die Iberische Halbinsel Die Iberische Halbinsel liegt in Europa.
una parte integrante Las Canarias son una parte integrante de España.	ein integrativer Bestandteil (ein fester Bestandteil) Die Kanaren sind integrativer Bestandteil Spaniens.
la Sagrada Familia La Sagrada Familia es una catedral en Barcelona.	die Heilige Familie Die „Heilige Familie" ist eine Kathedrale in Barcelona.
algunos pequeños territorios España tiene algunos pequeños territorios en África.	einige kleine Gebiete Spanien hat in Afrika einige kleine Gebiete.
un estado federado Sajonia es uno de 16 los estados federados alemanes.	ein Bundesland (ein föderatives Land) Sachsen ist eines der 16 deutschen Bundesländer.
la matrícula automovilística La matrícula automovilística de Dresde es DD.	das Autokennzeichen Das Autokennzeichen von Dresden ist DD.
país vecino Polonia es un país vecino de Alemania.	Nachbarland (benachbartes Land) Polen ist ein Nachbarland von Deutschland.
conocer estructuras con adjetivo relacionadas con las indicaciones en clase	**Strukturen mit einem Adjektiv im Zusammenhang mit Arbeitsanweisungen im Unterricht kennen**
en voz alta Lee el texto en voz alta.	mit lauter Stimme Lies den Text laut vor (mit lauter Stimme).
en voz baja Habla en voz baja.	mit leiser Stimme Sprich leise (mit leiser Stimme).
una afirmación correcta Busca la afirmación correcta.	eine richtige Feststellung Suche die richtige Feststellung.
una palabra conocida Nación es una palabra conocida.	ein bekanntes Wort Nation ist ein bekanntes Wort.
una palabra importante La palabra 'también' es una palabra importante.	ein wichtiges Wort Das Wort ‚auch' ist ein wichtiges Wort.
el significado de las palabras nuevas Habla sobre el significado de las palabras nuevas.	die Bedeutung der neuen Wörter Sprich über die Bedeutung der neuen Wörter.

emplear términos geográficos en torno al agua	**geografische Begriffe rund ums Wasser verwenden**
un océano El Atlántico es un océano. España limita al oeste con el Océano Atlántico.	ein Ozean Der Atlantik ist ein Ozean. Der Atlantische Ozean grenzt im Westen an Spanien.
un mar El Mediterráneo es un mar. Francia y España limitan con el Mar Mediterráneo.	ein Meer Das Mittelmeer ist ein Meer. Frankreich und Spanien grenzen an das Mittelmeer.
Un río El Tajo es un río español y portugués.	ein Fluss Der Tajo ist ein spanischer und portugiesischer Fluss.
una fuente La fuente es el origen del río.	eine Quelle Die Quelle ist der Ursprung des Flusses.
un oasis En un oasis hay agua.	eine Oase In einer Oase gibt es Wasser.
una península Una península tiene tres fronteras con el mar y una es terrestre.	eine Halbinsel Eine Halbinsel hat drei Grenzen mit dem Meer und eine ist eine Landgrenze.

una playa En las costas del Mediterráneo hay muchas playas.	ein Strand An den Mittelmeerküsten sind/gibt es viele Strände.
una costa Costas famosas son la Costa Brava o la Costa de la Luz.	eine Küste Berühmte Küsten sind die Costa Brava (wilde Küste) oder die Costa de la Luz (die Küste des Lichts).
una isla Una isla no tiene fronteras terrestres.	eine Insel Eine Insel hat keine Landgrenzen.

utilizar términos geográficos en torno a los territorios y su división	**geografische Begriffe rund um Gebiete und ihre Einteilung verwenden**
un continente Europa y Asia son dos continentes vecinos.	ein Kontinent Europa und Asien sind zwei benachbarte Kontinente.
un país Portugal es un país pequeño.	ein Land Portugal ist ein kleines Land.
un estado federado 'Estado federado' es la traducción española para *Bundesland*.	ein Bundesland ‚Estado federado' ist die spanische Übersetzung für Bundesland.
una comunidad autónoma La comunidad autónoma en España es un poco como el estado federado en Alemania.	eine autonome Gemeinschaft Die autonome Gemeinschaft in Spanien ist ein bisschen so etwas wie das Bundesland in Deutschland.
la capital La capital de Portugal es Lisboa.	die Hauptstadt Die Hauptstadt von Portugal ist Lissabon.
una ciudad Hondarribia es una ciudad pequeña en el País Vasco.	eine Stadt Hondarribia ist eine kleine Stadt im Baskenland.
una provincia Granada es una de las ocho provincias andaluzas.	eine Provinz Granada ist eine der acht andalusischen Provinzen.
la superficie España tiene una superficie de medio millón de kilómetros cuadrados.	die Oberfläche Spanien hat eine Oberfläche von einer halben Million Quadrat-kilometern.

indicar los puntos cardinales	**die Himmelsrichtungen angeben**
norte El País Vasco está situado en el norte de España.	Norden Das Baskenland liegt im Norden Spaniens.
sur España es un país situado en el sur de Europa.	Süden Spanien ist ein Land, das im Süden Europas liegt.
oeste La frontera con Portugal está al oeste.	Westen Die Grenze mit Portugal liegt im Westen.
este El Mar Mediterráneo está situado al este de España.	Osten Das Mittelmeer liegt östlich von Spanien.

4 Gente joven desde la Red: ¡y en español!

hablar sobre los rasgos característicos de una persona	**über die Eigenschaften einer Person sprechen**
ser simpático,a Las chicas del curso son muy simpáticas.	sympathisch sein Die Mädchen aus dem Kurs sind sehr sympathisch.
ser guapo,a ¿Eres un chico guapo?	hübsch, schön, gut aussehend sein Bist du ein gut aussehender Junge?

ser amable Somos muy amables.	liebenswürdig sein Wir sind sehr liebenswürdig.
ser inteligente Carmen y David son inteligentes.	klug, intelligent sein Carmen und David sind klug.
ser alto,a Mi profesora es alta.	groß sein Meine Lehrerin ist groß.
ser chistoso,a Brandom de Estados Unidos es muy chistoso.	witzig sein Brandom aus den USA ist sehr witzig.
ser activo Soy una persona activa.	aktiv sein Ich bin eine aktive Person.
ser severo,a El profesor de matemáticas es un poco severo.	streng sein Der Mathematiklehrer ist etwas streng.
ser pequeño,a El curso es pequeño.	klein sein Der Kurs ist klein.
ser bonito,a El parque es bonito.	schön, hübsch, nett sein Der Park ist schön.
ser famoso,a La catedral de Colonia es famosa.	berühmt sein Der Kölner Dom ist berühmt.
ser antiguo,a La ciudad de Colonia es muy antigua.	alt sein Die Stadt Köln ist sehr alt.
ser gótico,a La catedral de Colonia es gótica.	gotisch sein Der Kölner Dom ist gotisch.
ser especial Las amigas de Nerea son especiales.	besonders, speziell sein Nereas Freundinnen sind speziell.

hablar sobre distintas actividades	**über verschiedene Aktivitäten sprechen**
estudiar Yo estudio mucho, ¿y tú?	lernen Ich lerne viel, und du?
dar un informe Doy un informe sobre el futbolista Raúl.	einen Bericht geben Ich gebe einen Bericht über den Fußballer Raúl.
practicar Practico las formas del adjetivo.	üben Ich übe die Formen des Adjektivs.
fijarse en ¿Te fijas en las formas verbales nuevas?	achten auf Achtest du auf die Verbformen?
ir en autobús / bicicleta Voy en autobús al instituto. ¿Vais también en autobús? No, vamos en bicicleta.	mit dem Bus/Rad fahren Ich fahre mit dem Bus zur Schule. Fahrt ihr auch mit dem Bus? Nein, wir fahren mit dem Rad.
ir al instituto ¿Vas al instituto o no?	zur Schule gehen Gehst du zur Schule oder nicht?
ir por el parque ¿Vas por el parque al instituto? No, no voy por el parque.	durch den Park gehen Gehst du durch den Park zur Schule? Nein, ich gehe nicht durch den Park.
mandar saludos Mandamos saludos a nuestro padre.	Grüße senden Wir senden unserem Vater Grüße.
saludar ¿Saludáis a vuestra profesora?	grüßen Grüßt ihr eure Lehrerin?
apuntar ¿Por qué no apuntas las palabras?	notieren, aufschreiben Warum schreibst du die Wörter nicht auf?

hablar sobre las actividades en el aula	über die Tätigkeiten in der Klasse sprechen
aprender Aprendo a hablar español.	lernen Ich lerne spanisch sprechen.
corregir -i- Corrijo mis errores de ortografía. Mi profesora corrige la presentación. Mis compañeras corrigen el informe. Nosotras corregimos los errores, ¿y vosotros corregís los errores?	verbessern, korrigieren Ich korrigiere die Rechtschreibfehler. Meine Lehrerin verbessert die Präsentation. Meine Mitschülerinnen verbessern den Bericht. Wir (Mädchen) verbessern die Fehler, und ihr, verbessert ihr die Fehler?
comprobar -ue- Compruebo los resultados. ¿Compruebas también los resultados? No, el maestro comprueba los resultados. Y vosotras, ¿también comprobáis los resultados? No, nuestros compañeros comprueban los resultados.	nachprüfen, kontrollieren Ich kontrolliere die Ergebnisse. Kontrollierst du auch die Ergebnisse? Nein, der Lehrer überprüft die Ergebnisse. Und ihr (Mädchen), überprüft ihr auch die Ergebnisse? Nein, unsere Mitschüler überprüfen die Ergebnisse.
formular Formulo una pregunta correcta.	formulieren Ich formuliere eine richtige Frage.
examinar ¿Examinas la formación de los adjetivos?	untersuchen Untersuchst du die Bildung der Adjektive?
conjugar ¿Cómo conjugas el verbo 'comprobar'?	konjugieren Wie konjugierst du das Verb ‚comprobar'?

hablar sobre la familia y los parientes	über Familie und Verwandte sprechen
madre ¿Qué profesión tiene tu madre?	Mutter Was für einen Beruf hat deine Mutter?
padre Nuestro padre va en bicicleta al trabajo.	Vater Unser Vater fährt mit dem Fahrrad zur Arbeit.
hermano Mi hermano es muy severo.	Bruder Mein Bruder ist sehr ernst.
hermana Las hermanas de mi madre son bastante chistosas.	Schwester Die Schwestern meiner Mutter sind ziemlich witzig.
primo Tengo un primo muy simpático.	Cousin, Vetter Ich habe einen sehr netten Vetter.
prima Acabo de ver a tu prima en la ciudad.	Cousine Ich habe gerade deine Cousine in der Stadt gesehen.
cuñado Nuestro cuñado se llama Jorge.	Schwager Unser Schwager heißt Georg.
cuñada Mi hermano y mi cuñada viven en Vich.	Schwägerin Mein Bruder und meine Schwägerin wohnen in Vich.
amiga Nosotras, las chicas, somos buenas amigas.	Freundin Wir, die Mädchen, sind gute Freundinnen.

hablar sobre las actividades diarias	über die täglichen Aktivitäten sprechen
ir al instituto Todos los días mi amigo David y yo vamos al instituto juntos.	zur Schule gehen/fahren Jeden Tag gehen mein Freund David und ich zusammen zur Schule.
ir en autobús A veces vas en autobús, ¿no?	mit dem Bus fahren Manchmal fährst du mit dem Bus, nicht wahr?
ir en bicicleta En verano vais en bicicleta al instituto, ¿no?	mit dem Rad fahren Im Sommer fahrt ihr mit dem Rad zur Schule, nicht?

ver a los amigos ¿Ves mucho a tus amigos? Sí, veo a mis amigos todos los días.	die Freunde sehen Siehst du deine Freunde viel (oft)? Ja, ich sehe meine Freunde jeden Tag.
pasar el tiempo libre ¿Pasáis el tiempo libre con las amigas?	die Freizeit verbringen Verbringt ihr die Freizeit mit euren Freundinnen?
ir por A menudo voy con alguna gente por el parque.	gehen durch Oft gehe ich mit ein paar Leuten durch den Park.
volver (-ue-) a explicar El profesor vuelve a explicar el problema.	wieder/noch einmal erklären Der Lehrer erklärt das Problem noch einmal.
estudiar Hay que estudiar mucho, ante todo matemáticas.	lernen, arbeiten Man muss viel lernen, vor allem Mathematik.
saludar Todos los días saludo a mi novio desde la red.	grüßen Ich grüße täglich meinen Freund per Internet.
hablar Hablamos sobre los detalles chistosos de la tele.	sprechen Wir sprechen über witzige Details aus dem Fernsehen.

indicar un espacio de tiempo • eine Zeitangabe machen			
a veces A veces soy severo.	manchmal Manchmal bin ich ernst.	después Después te llamo.	nachher Nachher rufe ich dich an.
a menudo A menudo es muy amable.	oft Oft ist er sehr nett.	ya ¿Ya estás en el instituto?	schon Bist du schon in der Schule?

5 Ir al instituto en España y en Alemania

conversar sobre materias y clases	**sich über Fächer und Unterrichtsstunden unterhalten**
matemáticas Tenemos matemáticas tres veces a la semana.	Mathematik Wir haben dreimal wöchentlich Mathematik.
ciencias naturales La clase de ciencias naturales es muy interesante.	Naturwissenschaften Stunden in Naturwissenschaften sind sehr interessant.
química La clase de química es bastante difícil.	Chemie Das Fach Chemie ist ziemlich schwer.
física Física pertenece a mis clases favoritas.	Physik Physik gehört zu meinen Lieblingsfächern.
biología Ya cursamos biología el segundo año.	Biologíe Wir haben schon zwei Jahre Biologie.
religión católica Religión católica es una asignatura optativa.	katholische Religion Katholische Religion ist Wahlfach.
informática ¿Cuándo comienzas con informática?	Informatik Wann fängst du mit Informatik an?
educación física En la clase de educación física somos muy activos.	Leibeserziehung, Sport In der Sportstunde sind wir sehr aktiv.
lenguas extranjeras En mi instituto aprendemos cuatro lenguas extranjeras.	Fremdsprachen In meiner Schule lernen wir vier Fremdsprachen.
educación artística Para ti, la educación artística es difícil, ¿no?	Kunsterziehung, Kunst Für dich ist Kunst schwer, nicht wahr?
inglés Mi amiga me ayuda a veces en la clase de inglés.	Englisch Meine Freundin hilft mir manchmal in der Englischstunde.

francés La lengua francesa es bonita pero un poco difícil.	Französisch Die französische Sprache ist schön, aber etwas schwierig.
español, castellano Somos 20 personas en el curso de español.	Spanisch Wir sind 20 Personen, die Spanisch haben.
geografía En geografía aprendemos mucho sobre el mundo.	Geografie, Erdkunde In Erdkunde lernen wir viel über die Welt.
historia En la clase de historia examinamos textos antiguos.	Geschichte Im Fach Geschichte untersuchen wir alte Texte.
música La clase de música puede ser interesante.	Musik Die Musikstunde kann interessant sein.
alemán En España hay pocos institutos en que puedes estudiar alemán.	Deutsch In Spanien gibt es wenige Schulen, in denen du Deutsch lernen kannst.
Medidas de atención educativa ciudadanía La asignatura ciudadanía no existe en Alemania.	Förderunterricht Erziehung zur Achtung vor demokratischen Werten Das Fach ‚ciudadanía' gibt es in Deutschland nicht.

las instalaciones de un colegio	**die Ausstattung einer Schule**
aula En el instituto hay numerosas aulas donde tenemos clase.	Klassenraum In der Schule gibt es zahlreiche Räume, in denen wir Unterricht haben.
el aula o sala de música Los pequeños dan un concierto en el aula de música.	Musikraum Die Kleinen geben ein Konzert im Musikraum.
gimnasio El gimnasio tiene todo tipo de material deportivo.	Sport-, Gymnastikhalle In der Sporthalle gibt es alle möglichen Gerätschaften für den Sportunterricht.
laboratorio de ciencias naturales Hacemos experimentos en el laboratorio de ciencias naturales.	naturwissenschaftlicher Fachraum Wir machen im naturwissenschaftlichen Fachraum Experimente.
aula de informática Nuestro instituto cuenta con un aula de informática.	Informatikraum Unsere Schule hat einen Informatikraum.
taller de tecnología No tengo clase en el taller de tecnología.	Technikraum Ich habe im Technikraum keinen Unterricht.
patio Estamos en el patio durante la media hora de recreo.	Schulhof Wir sind während der halben Stunde Pause im Schulhof.
cafetería Si quieres puedes ir a la cafetería y tomar una taza de chocolate.	Cafeteria Wenn du willst, kannst du in die Cafetería gehen und eine Tasse Kakao trinken.
biblioteca Nuestro instituto cuenta con una biblioteca con muchos libros interesantes.	Bibliothek Unsere Schule hat eine Bibliothek mit vielen interessanten Büchern.
salón de actos ¿Representáis la obra de teatro en el salón de actos?	Aula Führt ihr das Theaterstück in der Aula auf?

utilizar estructuras con distintos verbos	**Strukturen mit verschiedenen Verben benutzen**
escoger una asignatura optativa Creo que escojo física y no química. ¿Qué asignatura optativa escoges tú?	ein Wahlfach wählen/aussuchen Ich glaube, ich wähle Physik und nicht Chemie. Welches Wahlfach nimmst du?
contar con una biblioteca Nuestro instituto cuenta con una biblioteca pequeña. Nosotros contamos con dos aulas de informática.	verfügen über/haben Unsere Schule verfügt über eine kleine Bibliothek. Wir verfügen über zwei Informatikräume.

comenzar las clases ¿A qué hora comienzan las clases en tu instituto? Comenzamos a las ocho y media. Y tú, ¿cuándo comienzas? Comienzo a las ocho y media, o sea, el lunes, la primera clase comienza a las ocho y media. Normalmente comenzamos a las nueve menos cuarto.	mit dem Unterricht beginnen Wann fangen in deiner Schule die Stunden an? Wir fangen um halb neun an. Und du, wann fängst du an? Ich fange um halb neun an, d. h. montags fängt die erste Stunde um halb neun an. Normalerweise fangen wir um Viertel vor neun an.
tener lugar en La clase de religión tiene lugar en el aula normal.	stattfinden in Die Religionsstunde findet im normalen Klassenraum statt.
terminar las clases Mis clases terminan a las dos y media. Yo termino a las tres y cuarto.	die Stunden beenden/Stundenschluss sein Meine Stunden enden um halb drei. Ich hab um Viertel nach drei Schluss.
darse cuenta Me doy cuenta de que tienes un profe guapo. Tenemos tres aulas de informática, ¿te das cuenta? El profesor no se da cuenta de que no tengo los deberes.	bemerken, feststellen Ich stelle fest, dass du einen gut aussehenden Lehrer hast. Wir haben drei Informatikräume, da schaust du! Der Lehrer bemerkt nicht, dass ich meine Hausaufgaben nicht habe.
enseñar ¿Me puedes enseñar tu instituto? Te enseño primero el patio donde pasamos los ratos libres.	zeigen Kannst du mir deine Schule zeigen? Ich zeige dir erst den Schulhof, wo wir die freien Momente (die Freizeit) verbringen.
durar las clases Las clases duran 55 minutos. La educación secundaria dura cuatro años.	dauern (die Stunden) Die Stunden dauern 55 Minuten. Die Sekundarstufe I dauert vier Jahre.
pertenecer al grupo de teatro Nuestras amigas Meyrem y Catalina pertenecen al grupo de teatro.	zur Theatergruppe gehören Unsere Freundinnen Meyrem und Catalina gehören zur Theatergruppe.
realizar diversas actividades En el salón de actos realizamos diversas actividades.	verschiedene Aktivitäten durchführen, realisieren In der Aula führen wir verschiedene Aktivitäten durch.

Ausdrücke, die nützlich sind, um			
etwas umzuformulieren	**Sprechpausen zu überbrücken**	**nachzufragen oder sich zu vergewissern**	**Aufmerksamkeit zu erlangen**
o sea quiero decir que... es decir que... das heißt ich will sagen, dass das heißt, dass ...	... a ver... ... bueno... ... pues... mal sehen ... gut nun ja/na ja	¿Cómo se dice...? ¿Entiende(s)? ¿Es correcta la palabra? Wie sagt man ...? Verstehst du? Ist das Wort richtig?	Mira,... Fíjate... Date cuenta... Guck/schau mal! Stell dir mal vor!

6 La rutina diaria

la rutina matinal • die morgendliche Routine

la rutina matinal
die morgendliche Routine

despertarse
aufwachen
Me despierto a las seis.
Ich wache um sechs Uhr auf.

sonar el despertador
läuten (der Wecker)
El despertador suena.
Der Wecker läutet.

levantarse
aufstehen
¿Ya te levantas?
Stehst du schon auf?

ir al baño
ins Bad gehen
Yo voy primero al baño.
Ich gehe zuerst ins Bad.

ducharse
sich duschen
Nos duchamos después.
Wir duschen uns nachher.

pintarse
sich schminken
Las dos se pintan.
Beide schminken sich.

ponerse algo
sich etwas anziehen
Hoy no se pone la blusa.
Heute zieht sie nicht die Bluse an.

cepillarse el pelo
sich das Haar bürsten
Ahora me cepillo el pelo.
Jetzt bürste ich mir das Haar.

desayunar
frühstücken
Toda la familia desayuna en la cocina.
Die ganze Familie frühstückt in der Küche.

lavarse los dientes
sich die Zähne putzen
Al final me lavo los dientes.
Zum Schluss putze ich mir die Zähne.

intercambiar un par de indirectas entre hermanas	ein paar Sticheleien unter Schwestern austauschen
Ya sé. Ya sé quién es: Sebastián.	Ich weiß schon! Ich weiß schon, wer es ist: Sebastian!
seguro que Seguro que espera un mensaje de Sebastián.	sicher, dass; bestimmt Sicher erwartet sie eine Mail von Sebastian.
sacar la lengua Me saca la lengua.	die Zunge rausstrecken Sie streckt mir die Zunge raus.
no saber qué ponerse Teresa no sabe nunca qué ponerse. ¡Nunca sabes qué ponerte!	nie wissen, was man anziehen soll Teresa weiß nie, was sie anziehen soll. Du weißt nie, was du anziehen sollst!
ponerse la prenda favorita Seguro que se pone su prenda favorita.	das Lieblingskleidungsstück anziehen Sicher zieht sie sich ihr Lieblingskleidungsstück an.
Y ahora, ¿qué? / ¿Y qué...? ¿Y qué se pone? Claro, la chaqueta negra.	Und was jetzt?/ Und was...? Und was zieht sie an? Klar, die schwarze Jacke!

hablar sobre otras actividades diarias • sich über weitere tägliche Aktivitäten unterhalten

- dormir -ue- / schlafen
- chequear los correos electrónicos / die E-Mails checken
- ir al instituto / zur Schule gehen
- llegar al colegio / an der Schule ankommen
- tener -ie- clase / Unterricht haben
- almorzar -ue- / zu Mittag essen
- echarse la siesta / einen Mittagsschlaf halten
- acostarse -ue- / sich hinlegen

–¿Chequeas tus correos electrónicos todas las mañanas antes de ir al instituto? Checkst du deine E-Mails jeden Morgen, bevor du zur Schule gehst?
–Sí, leo los mensajes y voy al colegio. Ja, ich lese die Mails und gehe zur Schule.
–¿A qué hora llegas al colegio? Wann kommst du an der Schule an?
–Llego a las ocho y media y tengo clase hasta las tres y media. Ich komme um halb neun an und habe bis halb vier Unterricht.
–¿Almuerzas en el cole? Isst du in der Schule zu Mittag?
–Sí, normalmente almorzamos todos los días en el cole. Solo almuerzo en casa los lunes. Ja, normalerweise essen wir alle mittags in der Schule. Nur montags esse ich zu Hause.
–Y después te echas la siesta, ¿es así? Und danach machst du einen Mittagsschlaf, ist doch so?
–No, me acuesto temprano. Nos acostamos todos muy temprano y dormimos hasta la siete, bueno, mi padre duerme hasta las seis. Nein, ich lege mich früh hin. Wir legen uns alle früh hin und schlafen bis sieben, d. h. mein Vater schläft bis sechs.

hablar sobre actividades escolares y extraescolares • über schulische und außerschulische Aktivitäten sprechen

- *la comida* – das Essen
  - *Desayuno fruta.* Ich frühstücke Obst.
  - *Después de las clases como churros.* Nach dem Unterricht esse ich „churros“.
  - *Ceno cereales.* Ich esse abends Müsli.
- *dormir en clase* – im Unterricht schlafen
  - *Duermo porque...* Ich schlafe, weil...
    - *...el profe es latero.* ...der Lehrer lästig ist.
  - *Mis amigos duermen porque...* Meine Freunde schlafen, weil...
    - *...tienen cero motivación.* ...sie null Motivation haben.
  - *¿Dormís, porque...* Schlaft ihr, weil...
    - *...las clases son muy fomes?* ...die Stunden so langweilig sind?
    - *...tenéis que recuperar sueño?* ...ihr Schlaf nachholen müsst?
- *otras actividades* – andere Tätigkeiten
  - *A veces entro en una tienda para mirar o comprar algo.* Manchmal gehe ich in ein Geschäft, um zu gucken oder etwas zu kaufen.
  - *Vemos un DVD.* Wir schauen uns eine DVD an.
  - *¿Habláis con vuestras familias en Skype?* Skypt ihr mit euren Familien?
- *desconectarse del mundo escolar* – von der schulischen Welt abschalten
  - *¿Feisbuqueáis mucho?* Seid ihr viel in Facebook?
  - *Me relajo mientras leo rimas de Bécquer.* Ich entspanne, während ich Verse von Bécquer lese.
  - *Suena el teléfono, me llama mi novio, estamos en otro mundo.* Das Telefon klingelt, mein Freund ruft an, wir sind in einer anderen Welt.

7 Disfrutar del tiempo libre

el tiempo • das Wetter

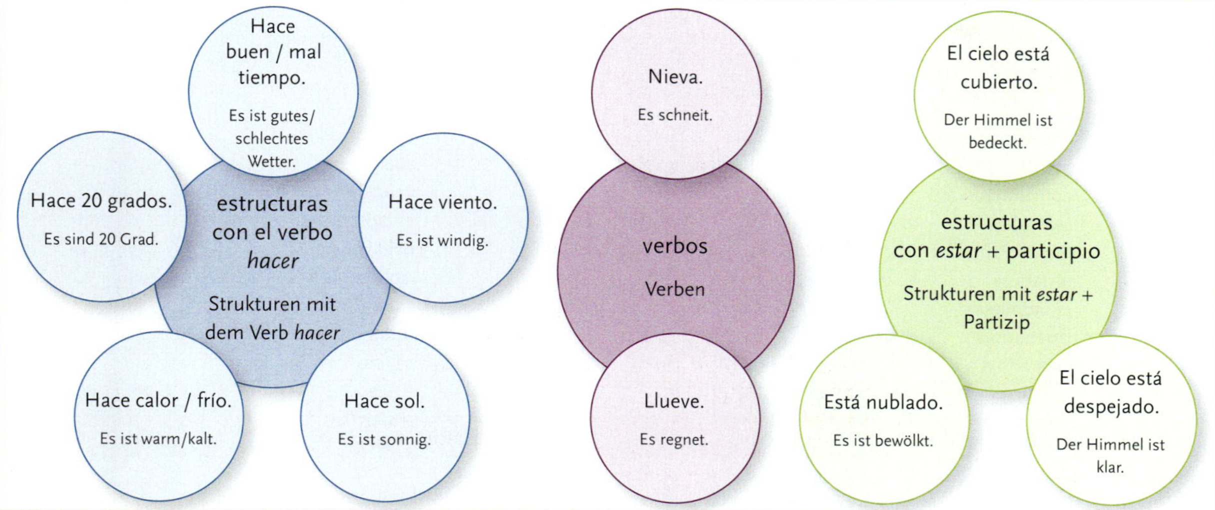

en un concierto	auf einem Konzert
evento El Cosquín Rock es un gran evento en Argentina.	Ereignis Cosquín Rock ist ein großes Ereignis in Argentinien.
entrada Compro las entradas en internet.	Eintrittskarte Ich kaufe die Eintrittskarten im Internet.
artista Manu Chao es un artista muy famoso.	Künstler/Künstlerin Manu Chao ist ein sehr berühmter Künstler.
fan Los fans quieren ver a Manu Chao.	Fan Die Fans wollen Manu Chao sehen.
actuar escenario (principal) Manu Chao actúa en el escenario principal.	auftreten (Haupt-)Bühne Manu Chao tritt auf der Hauptbühne auf.

describir a una persona			eine Person beschreiben		
Él / Ella es...			Er/sie ist ...		
alto,a	≠	bajo,a	groß	≠	klein
joven	≠	viejo,a / mayor	jung	≠	alt/älter
guapo,a	≠	feo,a	hübsch	≠	hässlich
feliz	≠	infeliz	glücklich	≠	unglücklich
delgado,a	≠	gordo,a	dünn	≠	dick
divertido,a	≠	aburrido,a	lustig	≠	langweilig
carismático,a			charismatisch		
atractivo,a			attraktiv		
famoso,a			berühmt		
rubio,a			blond		
pelirrojo,a			rothaarig		
moreno,a			dunkelhaarig		

expresar el estado de ánimo	Gemütszustände ausdrücken
¿Cómo estás?	Wie geht es dir?
Estoy bien / mal.	Mir geht es gut/schlecht.

Estoy...			Ich bin (gerade)...		
alegre	≠	triste	fröhlich	≠	traurig
contento,a	≠	descontento,a	zufrieden	≠	unzufrieden
serio,a			ernst		
loco,a			verrückt (drauf)		
rabioso,a			wütend		

Estoy...	Ich bin...
ensimismado,a	in mich gekehrt
solo,a	allein
concentrado,a	konzentriert
relajado,a	entspannt
entusiasmado,a	begeistert
aislado,a	isoliert
enfadado,a	sauer, ärgerlich
frustrado,a	frustriert, enttäuscht
cansado,a	müde

actividades en el tiempo libre		**Freizeitbeschäftigungen**
En mi tiempo libre me gusta		In meiner Freizeit
...jugar	al fútbol	... spiele ich gern Fußball
	al tenis	... spiele ich gern Tennis
	al ordenador	... spiele ich gern am Rechner
...ver	películas	... sehe ich gern Filme
...escuchar	la radio	... höre ich gern Radio
	música	... höre ich gern Musik
...hacer	deporte	... mache ich gern Sport
...ir	al cine	... gehe ich gern ins Kino
	de compras	... gehe ich gern einkaufen
	de excursión	... mache ich gern Ausflüge
	al teatro	... gehe ich gern ins Theater

momentos en los que escuchamos música			**Momente, in denen wir Musik hören**		
Al	chatear arreglar la habitación bailar hacer los deberes descansar correr	escucho música.	Beim	Chatten Zimmeraufräumen Tanzen Hausaufgabenmachen Ausruhen Laufen	höre ich Musik.

organizar un desayuno español	**ein spanisches Frühstück organisieren**
productos típicos Compramos productos típicos españoles.	typische Produkte Wir kaufen typisch spanische Produkte.
traer ¿Quién trae qué? Yo traigo la mermelada, ¿qué traes tú?	(mit-)bringen Wer bringt was mit? Ich bringe die Marmelade mit, was bringst du mit?
Traigo... ...el café. ...un litro de leche. ...zumo de naranja. ...leche con chocolate. ...chocolate caliente. ...los vasos.	Ich bringe... ... den Kaffee mit. ... einen Liter Milch mit. ... Orangensaft mit. ... Milch mit Kakaopulver mit. ... heiße Schokolade mit. ... die Gläser mit.

Traes...	Du bringst...
...las galletas.	... die Kekse mit.
...unas tostadas.	... ein paar Toasts mit.
...la mantequilla.	... die Butter mit.
...un bocadillo.	... ein belegtes Brot mit.
...el embutido.	... den Wurstaufschnitt mit.
...bollos.	... Hefegebäck mit.
...pinchos de tortilla.	... Tortilla-Häppchen mit.
...10 magdalenas.	... 10 Madeleines/Küchlein mit.
...el aceite de oliva.	... das Olivenöl mit.
...el queso.	... den Käse mit.
...la mermelada.	... die Marmelade mit.

8 Aquí vivimos

hablar sobre la ciudad en que vivo	**über die Stadt sprechen, in der ich lebe**
ser un lugar extraordinario La ciudad en que vivo es un lugar extraordinario cerca de la costa.	ein außergewöhnlicher Ort sein Die Stadt, in der ich lebe, ist ein außergewöhnlicher Ort in der Nähe der Küste.
clima agradable Es un lugar atractivo con un clima muy agradable y paisaje variado: montaña, ríos, mar y playa.	angenehmes Klima Es ist ein attraktiver Ort mit sehr angenehmem Klima und abwechslungsreicher Landschaft: Berge, Flüsse, Meer und Strand.
gente hospitalaria La gente que vive en mi ciudad es hospitalaria y amable.	gastfreundliche Leute Die Leute, die in meiner Stadt leben, sind gastfreundlich und nett.
playa magnífica Desde lejos ya puedes ver la playa magnífica.	wunderschöner/toller Strand Von fern kannst du schon den tollen Strand sehen.
acudir a las fiestas Mucha gente acude a sus fiestas.	zu den Festen strömen Viele Leute strömen zu den Festen.
fomentar Mi ciudad fomenta toda clase de deporte, p. ej. el windsurf.	fördern Meine Stadt fördert alle möglichen Sportarten, z. B. das Surfen.

distintas profesiones	**verschiedene Berufe**
actor, actriz	Schauspieler, Schauspielerin
pintor, pintora	Maler, Malerin
poeta, poetisa	Dichter, Dichterin
catedrático / catedrática de...	Studienrat/-direktor/Studienrätin/-direktorin für ...
pianista, violinista, música, músico	Pianist/Pianistin, Geiger/Geigerin, Musikerin, Musiker
escultor, escultora	Bildhauer, Bildhauerin
médico, médica, dentista	Arzt, Ärztin, Zahnarzt/Zahnärztin
abogado, abogada	Rechtsanwalt, Rechtsanwältin

ser + rasgo característico	**sein + Eigenschaft**
ser moreno y delgado Soy morena pero no soy muy delgada.	dunkelhaarig und schlank sein Ich bin dunkelhaarig, aber nicht sehr schlank.
ser bajo,a / ser bajito,a Mi hermana es bajita.	klein sein/ziemlich klein sein Meine Schwester ist ziemlich klein.
ser rubio,a ¿Tu madre es rubia o morena? Ella es morena, pero mi padre es rubio y tiene los ojos azules.	blond sein Ist deine Mutter blond oder dunkel? Sie ist dunkel, aber mein Vater ist blond und hat blaue Augen.

familia y parientes • Familie und Verwandte			
madre, padre	Mutter, Vater	padres	Eltern
hijo, hija	Sohn, Tochter	hijos	Kinder (Söhne/Töchter)
hermana, hermano	Schwester, Bruder	hermanos	Geschwister
tía, tío	Tante, Onkel	tíos	Onkel und Tanten
abuela, abuelo	Großmutter, Großvater	abuelos	Großeltern
nieta, nieto	Enkelin, Enkel	nietos	Enkelkinder
mujer, marido	Ehefrau, Ehemann	matrimonio	Eheleute
prima, primo	Cousine, Vetter	primos	Cousinen und Vettern
sobrina, sobrino	Nichte, Neffe	sobrinos	Nichten und Neffen
yerno	Schwiegersohn	hijos políticos	Schwiegerkinder
nuera	Schwiegertochter		

lo que hay en un barrio • was es in einem Stadtteil gibt

un taller de coches
restaurantes
carnicerías
un parque
tiendas de ropa
supermercados
una parada de autobuses
farmacias
una discoteca

peluquerías
una tienda de zapatos
un bar de tapas
una piscina pública
una cancha de fútbol
institutos y escuelas
un museo
un hotel o una pensión

la infraestructura de un barrio

ein Hotel oder eine Pension
ein Museum
Schulen
ein Platz zum Fußballspielen
ein öffentliches Schwimmbad
ein Lokal mit Tapas
ein Schuhladen
Frisiersalons

eine Diskothek
Apotheken
eine Bushaltestelle
Supermärkte
Bekleidungsgeschäfte
ein Park
Metzgereien
Gaststätten
eine Autoreparaturwerkstatt

una vivienda • eine Wohnung

Aquí vemos una vivienda de cuatro habitaciones. Dos de ellas tienen un balcón que da al patio. La vivienda está en un edificio alto de ocho pisos situado en una calle tranquila. Hier sehen wir eine Wohnung mit vier Zimmern. Zwei von ihnen haben einen Balkon, der zum Hof geht. Die Wohnung befindet sich in einem hohen Gebäude mit acht Stockwerken, das in einer ruhigen Straße gelegen ist.	**dormitorio** una cama y enfrente un armario al lado una mesilla de noche a la izquierda una butaca **Schlafzimmer** ein Bett und gegenüber ein Schrank daneben ein Nachttischchen links ein Lehnstuhl	**salón o cuarto de estar** una mesa y un sofá dos sillones cuadros un equipo de música un armario bajo **Wohnzimmer** ein Tisch und ein Sofa zwei Sessel Bilder eine Musikanlage ein niedriger Schrank

baño **Badezimmer**	**cocina** **Küche**	**comedor** en el centro una mesa redonda cuatro sillas enfrente de la mesa un armario de madera una alfombra **Esszimmer** in der Mitte ein runder Tisch vier Stühle gegenüber vom Tisch ein Schrank aus Holz ein Teppich	**otro cuarto** un sofá un ordenador encima de una mesa enfrente una estantería con libros una pequeña mesa redonda con un sillón cuadros y fotos **ein weiteres Zimmer** ein Sofa ein Rechner auf einem Tisch gegenüber ein Regal mit Büchern ein kleiner runder Tisch mit Sessel Bilder und Fotos

9 Hacer prácticas y practicar al mismo tiempo español

información sobre un albergue juvenil	Informationen über eine Jugendherberge
estar situado en un lugar céntrico	eine zentrale Lage haben/zentral gelegen sein
estar cerca de la estación / de la parada de autobús / del metro	in der Nähe des Bahnhofs/der Bushaltestelle/der U-Bahn-station gelegen sein
tener habitaciones dobles, triples y quíntuples	Zweibett-, Dreibett- und Fünfbettzimmer haben
tener instalaciones para personas con silla de ruedas	eingerichtet sein für Personen im Rollstuhl
ofrecer comida vegetariana / dieta especial / régimen especial	vegetarische Mahlzeiten/besondere Kost/Diät anbieten
no ser muy caro	nicht so teuer sein

defenderse en un restaurante	in einem Restaurant zurechtkommen
¿Me / nos puede dar la carta / el menú?	Können Sie mir/uns die Speisekarte bringen?
¿Qué quieres / queréis tomar? ¿Qué quiere / quieren (desea / desean) tomar ustedes?	Was möchtest du/möchtet ihr nehmen? Was möchten Sie nehmen? (Was kann ich Ihnen/dir/euch bringen?)
¿Qué me / nos recomienda?	Was empfehlen Sie mir/uns?
Me / os / le / les puedo recomendar el estofado / las albóndigas con alcaparras / un plato de judías verdes.	Ich kann dir/euch/Ihnen den Gulasch/die Fleischklöße mit Kapern (Königsberger Klopse)/ein Gericht mit grünen Bohnen empfehlen.

Muy bien, entonces vamos a tomar el estofado. ¿Y de beber, agua mineral con / sin gas? Agua mineral sin gas, por favor.	Sehr gut, dann nehmen wir den Gulasch. Und zu trinken, Mineralwasser mit/ohne Kohlensäure? Mineralwasser ohne Kohlensäure, bitte.

requisitos para trabajar en un hotel	**Anforderungen an die Arbeit in einem Hotel**
saber indicar el camino y leer el plano de una ciudad ¿Sabes leer el plano de Francfort?	einen Weg beschreiben und einen Stadtplan lesen können Kannst du den Stadtplan von Frankfurt lesen?
conocer (-zc-) los lugares de interés Conozco los lugares de interés.	die interessanten Orte/Sehenswürdigkeiten kennen Ich kenne die interessanten Orte/Sehenswürdigkeiten.
ser cortés, atento,a, paciente, amable y puntual Somos siempre atentas, pacientes, amables y puntuales. Sé que tengo que tratar de usted a la gente mayor.	höflich, aufmerksam, geduldig, liebenswürdig und pünktlich sein. Wir sind immer höflich, aufmerksam, geduldig, liebenswürdig und pünktlich. Ich weiß, dass ich ältere Menschen siezen muss.
conocer (-zc-) los horarios importantes Si quieres hacer prácticas en un hotel tienes que conocer los horarios del transporte público. ¿Sabes si el museo está abierto los lunes? Creo que está cerrado, pero no lo sé exactamente, lo voy a mirar, un momentito, por favor.	wichtige Fahrpläne und Öffnungszeiten kennen Wenn du in einem Hotel ein Praktikum machen möchtest, musst du den Fahrplan der öffentlichen Verkehrsmittel kennen. Weißt du, ob das Museum montags geöffnet hat? Ich glaube, es hat geschlossen, aber ich weiß es nicht genau, ich schaue nach, einen Moment bitte!

indicar el camino	**den Weg beschreiben**
ir / continuar / seguir todo recto Ve todo recto.	geradeaus gehen/weitergehen Geh geradeaus.
girar a la derecha / izquierda Gire a la derecha.	rechts/links ein-, abbiegen Biegen Sie links ein.
subir Subid las escaleras hasta ver a la catedral.	hinaufgehen/-steigen Geht die Treppe hoch, bis ihr die Kathedrale seht.
al llegar a / al salir de Al salir de la plaza tenéis que girar a la izquierda.	wenn man ankommt/hinausgeht, verlässt Wenn ihr den Platz verlasst, müsst ihr links gehen.
ir por la zona peatonal Vaya por la zona peatonal hasta llegar al almacén.	durch die Fußgängerzone gehen Gehen Sie durch die Fußgängerzone, bis Sie zum Kaufhaus kommen.
llegar a un cruce con semáforos Al llegar a un cruce con semáforos tienes que continuar todo recto.	zu einer Ampelkreuzung kommen Wenn du zu einer Ampelkreuzung kommst, musst du weiter geradeaus.
estar cerca La tienda está bastante cerca.	in der Nähe liegen Das Geschäft ist ziemlich in der Nähe.
estar lejos ¿Está lejos? Sí que está muy lejos, a unos cinco kilómetros.	weit sein/entfernt liegen Ist es weit? Ja, es ist sehr weit, ungefähr fünf Kilometer.
cruzar el paso de cebra Cruce el paso de cebra al lado de la parada de autobuses.	den Zebrastreifen überqueren Gehen Sie über den Zebrastreifen neben der Bushaltestelle.
coger el metro en la estación... Coja el metro en la estación enfrente de la catedral.	die U-Bahn an der Station ... nehmen Nehmen Sie die U-Bahn an der Haltestelle gegenüber der Kathedrale.

hablar sobre lo que puede llamar la atención de una ciudad	**sich äußern über das, was einem in einer Stadt auffällt**
estar repleto,a de gente ser un edificio impresionante estar repleto,a de atractivos	voll von Menschen sein ein beeindruckendes Gebäude sein voll von Sehenswürdigkeiten sein

ser un destino perfecto ser uno de los museos más visitados estar situado,a en un lugar muy céntrico contar con una zona peatonal con muchas tiendas y almacenes	ein perfektes Ziel sein eines der meistbesuchten Museen sein sehr zentral gelegen sein eine Fußgängerzone mit vielen Geschäften und Kaufhäusern haben

hacer la limpieza		**saubermachen**
arreglar la habitación, por ejemplo hacer las camas		das Zimmer aufräumen, z. B. die Betten machen
quitar el polvo		Staub putzen/Staub wischen
pasar la aspiradora	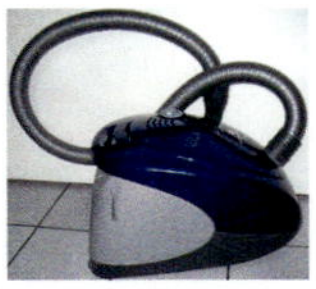	Staub saugen
limpiar el baño / el espejo		das Bad/den Spiegel putzen
cambiar las sábanas / las toallas	 	die Bettwäsche/die Handtücher wechseln
barrer la terraza		den Balkon fegen
vaciar el cubo de basura / la papelera		den Abfallkorb/den Papierkorb leeren
mirar si hay papel higiénico		nachschauen, ob Toilettenpapier da ist
fregar (-ie-) el suelo		den Boden putzen/feucht wischen

10 Fiestas y costumbres

los meses del año • die Monate des Jahres					
enero Januar	febrero Februar	marzo März	abril April	mayo Mai	junio Juni
julio Juli	agosto August	septiembre September	octubre oktober	noviembre November	diciembre Dezember

las estaciones	die Jahreszeiten
primavera	Frühling
verano	Sommer
otoño	Herbst
invierno	Winter

fiestas en Alemania y España	Feiern in Deutschland und Spanien
Navidad(es) f En Navidades muchos españoles ponen un belén. ¡Feliz Navidad!	Weihnachten Zu Weihnachten stellen viele Spanier eine Krippe auf. Frohe Weihnachten!
Nochebuena Nochebuena se celebra el 24 de diciembre.	Heiligabend Heiligabend wird am 24. Dezember gefeiert.
Nochevieja Nochevieja se celebra el 31 de diciembre.	Silvester Silvester wird am 31. Dezember gefeiert.
el Día de Reyes El seis de enero, o sea el Día de Reyes, vienen los Reyes Magos que traen los regalos.	Dreikönigstag Am sechsten Januar bzw. am Dreikönigstag kommen die Heiligen Drei Könige und bringen die Geschenke.
Pascua ¡Felices Pascuas!	Ostern Frohe Ostern!
Semana Santa En la Semana Santa hay muchas procesiones.	Karwoche In der Karwoche gibt es viele Prozessionen.
carnaval m En carnaval la gente se disfraza.	Karneval Karneval verkleiden sich die Leute.

¿Qué hacen los españoles en algunas de sus fiestas?	Was machen die Spanier auf einigen ihrer Feste?
En Navidades: • poner el belén • decorar el árbol de navidad • abrir los regalos	Zu Weihnachten: • die Krippe aufstellen • den Weihnachtsbaum schmücken • die Geschenke öffnen
En las Fallas de Valencia: • construir (-y-) figuras de madera • quemar las figuras	Während der Fallas von Valencia: • Figuren aus Holz bauen • die Figuren verbrennen
En la Semana Santa: • hay procesiones en toda la ciudad • cargar la virgen a hombros	In der Karwoche: • es gibt Prozessionen in der ganzen Stadt • die Marienfigur auf den Schultern tragen
En los Sanfermines en Pamplona: • correr delante de los toros • ondear pañuelos rojos	Während der Sanfermines in Pamplona: • vor den Stieren herlaufen • rote Tücher schwenken

Lo que pasa en la Tomatina:	Was bei der Tomatina passiert:
Antes de la batalla de tomates: • subir un palo enjabonado • soltar (-ue-) el jamón • escuchar una carcasa	Vor der Tomatenschlacht: • einen eingeseiften Pfahl erklimmen/hochklettern • den Schinken losbinden • einen Knall hören
Durante la batalla de tomates: • aplastar los tomates • arrojarlos desde un camión • lanzar los tomates a otros participantes	Während der Tomatenschlacht: • die Tomaten zerquetschen • sie von einem Lastwagen werfen • die Tomaten auf andere Teilnehmer werfen
Después de la batalla de tomates: • marcar el final de la lucha con un disparo • dejar de lanzar • organizar la limpieza • manguera • bomberos mpl • barrer la calle • quitarse el jugo de tomate del cuerpo	Nach der Tomatenschlacht: • das Ende des Kampfes mit einem Schuss anzeigen • aufhören zu werfen • die Reinigung organisieren • Schlauch • Feuerwehrleute • die Straße fegen • sich den Tomatensaft vom Körper entfernen

voces críticas	kritische Stimmen
(no) poder soportar No puedo soportar la Tomatina porque no me gusta ensuciarme.	(nicht) ertragen können Ich kann die Tomatina nicht ertragen, weil es mir nicht gefällt, mich schmutzig zu machen.
(no) estar de acuerdo con No estoy de acuerdo con los Sanfermines porque es una tradición cruel.	(nicht) einverstanden sein mit Ich bin mit den Sanfermines nicht einverstanden, weil es eine grausame Tradition ist.
... para expresar argumentos en contra de algunas fiestas: • maltratar Se maltratan los toros. • peligroso,a Correr con los toros es peligroso. • cruel Es cruel porque los animales sufren. • parecer mentira ¡Parece mentira!	... um Argumente gegen einige Feste auszudrücken: • misshandeln Stiere werden misshandelt. • gefährlich Es ist gefährlich, mit den Stieren zu laufen. • grausam Es ist grausam, weil die Tiere leiden. • unglaublich sein/kaum zu glauben sein Man glaubt es kaum! Es ist unglaublich!
... para expresar argumentos a favor de algunas fiestas: • genial Para muchos turistas la Tomatina es una fiesta genial. • impresionante Las grandes figuras de madera en las Fallas son impresionantes. • divertirse (-ie-) En todas las fiestas la gente se divierte.	... um Argumente für einige Feste auszudrücken: • genial, toll Für viele Touristen ist die Tomatina ein geniales Fest. • beeindruckend Die großen Holzfiguren auf den Fallas sind beeindruckend. • Spaß haben Auf allen Festen haben die Leute Spaß.

11 Ropa, moda y consumo

intercambiarse sobre la moda actual	sich über die aktuelle Mode austauschen
figurar entre La empresa figura entre las cien marcas más valoradas. Mi profe figura entre las personas mejor vestidas.	gehören zu, auf der Liste stehen von Die Firma gehört zu den 100 am meisten geschätzten Marken. Mein Lehrer ist einer der/gehört zu den am besten gekleideten Menschen.
confeccionar la ropa ¿Sabes dónde confeccionan la ropa?	die Kleidung herstellen Weißt du, wo sie die Kleidung herstellen?
contar con Las casas Mango y Zara cuentan con muchas tiendas en todo el mundo.	haben, besitzen, rechnen mit Die Firmen Mango und Zara besitzen viele Geschäfte in der ganzen Welt.
un mercado Los países del este de Europa son mercados recientes.	ein Markt Die Länder Osteuropas sind jüngere Märkte.
crear moda ¿Te interesa crear moda inmediata?	Mode schaffen (kreieren) Interessiert es dich, schnelle Mode zu schaffen?
desempeñar un papel Para mí las más recientes tendencias no desempeñan ningún papel.	eine Rolle spielen Für mich spielen die aktuellsten Trends keine Rolle.
a precio módico / económico / asequible Yo figuro entre las personas que compran ropa a precio asequible.	zu mäßigen/günstigen/erschwinglichen Preisen Ich gehöre zu den Leuten, die Kleidung zu erschwinglichen Preisen kaufen.
la pasarela Lo que hoy se ve en las pasarelas internacionales mañana se encuentra en las vitrinas.	der Laufsteg Was man heute auf den internationalen Laufstegen sieht, ist am nächsten Tag in den Schaufenstern.
posar ¿Sabes que para Zara posan las modelos más famosas?	posieren, als Model arbeiten Weißt du, dass die berühmtesten Models für Zara arbeiten?
tener importancia Para nosotras la ropa de marcas no tiene ninguna importancia.	von Bedeutung/Wichtigkeit sein Für uns haben die Modemarken keinerlei Bedeutung.
entrar en un tienda Mi hermana nunca entra en una tienda de Zara porque el corte de la ropa no le gusta.	ein Geschäft betreten Meine Schwester betritt nie ein Geschäft von Zara, weil ihr der Schnitt der Kleidung nicht gefällt.
quedar bien Normalmente los vestidos de Mango me quedan bien.	gut stehen/gut sitzen Normalerweise sitzen die Kleider von Mango gut bei mir.
preferir una cosa a otra cosa Prefiero las fibras naturales a las sintéticas.	eine Sache der anderen vorziehen Ich ziehe natürliche Fasern den synthetischen vor.
ayudar a ¿Me ayudas a comprarme una blusa?	helfen Hilfst du mir, eine Bluse zu kaufen?
la talla ¿Qué talla tienes?	die Größe Welche Größe hast du?
el probador Mira, el probador está allí, delante del espejo grande.	die Umkleidekabine Guck mal, die Umkleidekabine ist da hinten, vor dem großen Spiegel.
¿Cómo estoy? Estás muy guapa con esta blusa a cuadros.	Wie sehe ich aus? Du siehst sehr gut aus mit der karierten Bluse.
ser mona Mira, sabes que eres una chica muy mona, pero hoy, con esta blusa estás monísima.	hübsch sein Du weißt, dass du ein sehr hübsches Mädchen bist, aber heute mit dieser Bluse bist du besonders hübsch.
ser feo No eres feo y tampoco estás feo con esta camiseta.	hässlich sein Du bist nicht hässlich und mit diesem T-Shirt bist du auch nicht hässlich.

prendas de vestir • Kleidungsstücke			
una blusa pink	eine pinkfarbene Bluse	pantalón, pantalones	Hose, Hosen
un vestido a rayas	ein gestreiftes Kleid	vaqueros, jeans	Jeans
falda, minifalda	Rock, Minirock	una camiseta de seda	ein T-Shirt aus Seide
un par de zapatos rojos	ein Paar rote Schuhe	sandalias italianas	italienische Sandalen
un jersey estampado	ein bunter Pullover	un camisón de seda	ein seidenes Nachthemd
una bata de fibra sintética	ein Morgenmantel aus synthetischen Fasern	un top de tirantes	ein Top mit Trägern
ropa interior de algodón	Unterwäsche aus Baumwolle	una chaqueta de terciopelo	eine Samtjacke

discutir sobre el consumo excesivo / módico	über den maßlosen/gemäßigten Konsum diskutieren
nacer como método de protesta La acción "Ropa Limpia" nace como método de protesta contra las condiciones de trabajo.	als Methode des Protests entstehen Die Aktion „Saubere Kleidung" entsteht als Methode des Protestes gegen die Arbeitsbedingungen.
denunciar las condiciones de trabajo Mucha gente denuncia las condiciones en que trabajan las mujeres p. ej. en China.	die Arbeitsbedingungen anprangern Viele Leute prangern die Arbeitsbedingungen an, unter denen die Frauen z. B. in China arbeiten.
hacer una manifestación	eine Demonstration machen
concienciar a los consumidores Mediante las acciones se intenta concienciar a los consumidores.	die Konsumenten sensibilisieren Durch die Aktionen versucht man, die Konsumenten zu sensibilisieren.
tener que ver con Me pregunto lo que tienen que ver las condiciones de trabajo en las Filipinas conmigo.	zu tun haben mit Ich frage mich, was die Arbeitsbedingungen auf den Philippinen mit mir zu tun haben.
explotar Algunos propietarios de empresas textiles explotan a las trabajadoras y a los niños para poder vender ropa barata en Europa.	ausnutzen, ausbeuten Einige Textilfabrikbesitzer beuten die Arbeiterinnen und die Kinder aus, um in Europa billig Kleidung zu verkaufen.
contaminar el medio ambiente Las sustancias tóxicas contaminan el ambiente.	die Umwelt verschmutzen Die giftigen Substanzen verschmutzen die Umwelt.
ser conveniente Un día sin compras es conveniente para recordar la vida triste de los niños trabajadores.	angebracht, zweckmäßig sein Ein Tag ohne Einkauf ist angebracht, um an das traurige Leben der arbeitenden Kinder zu erinnern.
renunciar Creo que para mí es muy difícil renunciar a las compras.	verzichten Ich glaube, für mich ist es sehr schwer, auf Einkäufe zu verzichten.
ser un argumento convincente Me parece un argumento convincente que se ahorra mucho dinero en un día sin compra.	ein überzeugendes Argument sein Mir scheint es ein überzeugendes Argument zu sein, dass man viel Geld an einem Tag ohne Einkäufe spart.
desde mi punto de vista Desde mi punto de vista un día sin compras no va a cambiar nada.	von meinem Standpunkt aus Von meinem Standpunkt aus ändert ein Tag ohne Einkäufe gar nichts.
referirse a ¿Te refieres a lo que yo acabo de decir?	sich beziehen auf Beziehst du dich auf das, was ich gerade gesagt habe?
pertenecer a No pertenezco a los simpatizantes de "Ropa Limpia".	gehören zu Ich gehöre nicht zu den Sympathisanten von „Saubere Kleidung".
declararse contra Yo me declaro contra el trabajo infantil.	sich gegen ... aussprechen Ich spreche mich gegen die Kinderarbeit aus.
presentarse a sí mismo,a ¿Os presentáis a vosotras mismas?	sich selbst vorstellen Stellt ihr euch selbst vor?

12 Latinoamérica y el agua

diferentes tipos de aguas	verschiedene Gewässerarten
manantial m	Quelle
río	Fluss
cascada	Wasserfall
lago	See
pantano	Sumpf, auch: Stausee
mar mf	Meer

Cómo puede ser el agua • Wie das Wasser sein kann

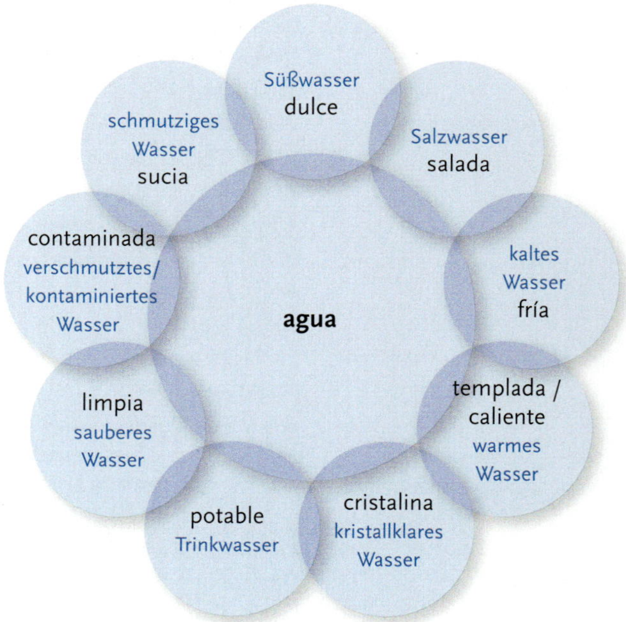

naturaleza • Natur			
reserva de la biosfera	Biosphärenreservat	cielo	Himmel
desierto	Wüste	vegetación f	Vegetation
valle m	Tal		

actividades en el agua	Aktivitäten im/auf dem Wasser
buceo El buceo es uno de mis deportes favoritos.	Tauchsport Das Tauchen ist eine meiner Lieblingssportarten.
bucear Bucear en el Golfo de México es fascinante.	tauchen Im Golf von Mexiko zu tauchen ist faszinierend.
natación La natación es buena para mí.	Schwimmsport/das Schwimmen Das Schwimmen ist gut für mich.
nadar En mi tiempo libre me gusta nadar.	schwimmen In meiner Freizeit schwimme ich gern.
ir en canoa En Spreewald se puede ir en canoa muy bien.	Kanu fahren Im Spreewald kann man gut Kanu fahren.
navegar a vela Me gusta navegar a vela cuando hace mucho viento.	segeln Ich segle gern, wenn es sehr windig ist.

en qué gastamos el agua	wofür wir Wasser verbrauchen
gasto	Verbrauch
gastar	verbrauchen
Todos los días gasto agua • para cocinar • para beber • para regar las plantas • para limpiar • para bañarme • para ducharme • para el wáter • para lavar los platos • para el aseo • para la lavadora • para lavar el coche	Jeden Tag verbrauche ich Wasser, • um zu kochen • um zu trinken • um die Pflanzen zu gießen • um zu putzen • um zu baden • um zu duschen • für das WC • um Geschirr zu spülen • für die Körperpflege • für die Waschmaschine • um das Auto zu waschen

expresar opiniones (ojo: con subjuntivo)			Meinungen ausdrücken		
Me gusta que		**vengan** tantos turistas.	Mir gefällt es, dass		so viele Touristen kommen.
Me parece	bien que mal que triste que importante que horrible que interesante que		Ich finde es	gut, dass schlecht, dass traurig, dass wichtig, dass furchtbar, dass interessant, dass	
(No) quiero que			Ich möchte (nicht), dass		
Critico que			Ich kritisiere, dass		

expresar consecuencias		Konsequenzen ausdrücken	
En México hay muchos atractivos acuáticos…		In Mexiko gibt es viele Wasser-Attraktionen…	
• así que • Por eso • En consecuencia • Entonces	vienen muchos turistas.	• sodass • Deshalb • Also • Folglich	viele Touristen kommen. kommen viele Touristen.
porque Vienen muchos turistas porque en México hay muchos atractivos acuáticos.		weil Es kommen viele Touristen, weil es in Mexiko viele Wasser-Attraktionen gibt.	
como Como en México hay muchos atractivos acuáticos vienen muchos turistas.		da, weil Da/Weil es in Mexiko viele Wasser-Attraktionen gibt, kommen viele Touristen.	

ejemplos de cómo se puede ahorrar agua	Beispiele, wie man Wasser sparen kann
en cuanto al grifo – reparar un grifo roto – cerrar el grifo cuando lavas los platos – no dejar abierto el grifo cuando te lavas los dientes	in Bezug auf den Wasserhahn – einen kaputten Wasserhahn reparieren – das Wasser nicht laufen lassen, wenn du abwäschst – das Wasser nicht laufen lassen, wenn du dir die Zähne putzt
en el baño – ducharse en vez de bañarse – no tirar basura al wáter – poner una botella llena en la cisterna	im Bad – duschen statt baden – keinen Müll ins WC werfen – eine volle Flasche in den Spülkasten legen

problemas relacionadas con la falta de agua limpia	Probleme im Zusammenhang mit dem Mangel an sauberem Wasser
desnutrición asistencia médica La desnutrición y la falta de asistencia médica son problemas en países pobres.	Unterernährung medizinische Versorgung Unterernährung und das Fehlen einer medizinischen Versorgung sind Probleme in armen Ländern.
diarrea morir (-ue-) Mucha gente muere a causa de diarrea.	Durchfall sterben Viele Leute sterben aufgrund von Durchfall.
pureza hervir (-ie-) vendedor privado Como mucha gente tiene duda de la pureza del agua la hierve antes de tomarla o la compra a vendedores privados.	Sauberkeit, Reinheit (ab)kochen private Verkäufer Weil viele Leute Zweifel an der Sauberkeit des Wasser haben, kochen sie es vor dem Trinken ab oder kaufen es von privaten Verkäufern.

13 España más a fondo

presentar datos clave sobre España	Schlüsselinformationen zu Spanien präsentieren
área (el área pequeña) El área de España es de más de medio millón de kilómetros cuadrados.	Fläche, Gebiet (die kleine Fläche) Die Fläche von Spanien beträgt mehr als eine halbe Million Quadratkilometer.
cabeza del Estado El cabeza del Estado es el rey, actualmente es Juan Carlos I.	Staatsoberhaupt Das Staatsoberhaupt ist der König, zurzeit ist es Juan Carlos I.
forma de gobierno La forma de gobierno es la monarquía constitucional, o sea, España es un reino con rey y reina.	Staatsform Die Staatsform ist die konstitutionelle Monarchie, d. h. Spanien ist ein Königreich mit König und Königin.
lengua oficial La lengua oficial del país es el castellano, internacionalmente conocido como "español".	offizielle Sprache, Amtssprache Die Amtssprache ist „Kastilisch", international bekannt als „Spanisch".
lenguas cooficiales La lengua oficial es el castellano si bien existen distintos idiomas que son oficiales en determinadas comunidades.	kooffizielle Sprachen Die offizielle Sprache ist Kastilisch, auch wenn verschiedene Sprachen existieren, die in bestimmten Comunidades offiziell sind.
los idiomas catalán, gallego, valenciano y vasco A excepción del vasco los idiomas de España tienen su origen en el latín.	die Sprachen Katalanisch, Galizisch, Valenciano und Baskisch Außer dem Baskischen haben alle spanischen Sprachen ihren Ursprung im Lateinischen.
existir diversas teorías Sobre el origen del vasco existen diversas teorías.	unterschiedliche Theorien geben/existieren Über den Ursprung des Baskischen gibt es unterschiedliche Theorien.

hablar sobre una de las regiones españolas	über eine der spanischen Regionen sprechen
dar una visión general Primero voy a dar una visión general de Galicia	einen allgemeinen Überblick geben Zuerst werde ich einen allgemeinen Überblick über Galizien geben.
ser un destino La región es un destino al margen del turismo de masas. También es un destino privilegiado para el turismo individual, o sea, un destino ideal.	ein Ziel sein Die Region ist ein Ziel am Rande des Massentourismus./ Die Region ist kein Ziel des Massentourismus. Es ist auch ein bevorzugtes Ziel des Individualtourismus, das heißt, ein ideales Ziel.
ofrecer (-zc-) Las regiones ofrecen paisajes de increíble belleza. Te ofrezco subir a las cumbres más altas.	(an-)bieten, zu bieten haben Die Regionen haben Landschaften von unglaublicher Schönheit zu bieten. Ich biete dir an, auf die höchsten Gipfel zu steigen.

ser una atracción turística de primer orden	eine touristische Attraktion ersten Ranges sein
una oferta turística muy variada	ein sehr vielfältiges touristisches Angebot
encontrarse Aquí te encuentras con una de las provincias más auténticas de España.	treffen auf (sich treffen mit) Hier triffst du auf eine der ursprünglichsten Provinzen Spaniens.
respirar un aire excepcionalmente fresco	außergewöhnlich frische Luft atmen
ser una clara y abierta recomendación Es una región sin turismo de masas lo que es una clara recomendación para esta comunidad.	eine klare und offene Empfehlung/eine gute Adresse sein In der Region gibt es keinen Massentourismus, was eine klare Empfehlung für die Comunidad ist.
estar al corriente desde hace tiempo También en Alemania hay gente que está al corriente desde hace tiempo de esta región privilegiada.	seit Langem auf dem Laufenden sein/Bescheid wissen Auch in Deutschland gibt es Leute, die seit Langem über diese bevorzugte Region auf dem Laufenden sind.
ser gente abierta	offene Menschen sein
encontrar hospitalidad En Galicia encuentras una hospitalidad que casi no existe en otros lugares. El carácter hospitalario de su gente convierte Andalucía en una de las regiones más atractivas para el turismo.	Gastfreundschaft finden In Galizien findest du eine Gastfreundschaft, wie sie an anderen Orten nahezu nicht existiert. Der gastfreundliche Charakter seiner Menschen macht Andalusien zu einer der für den Tourismus attraktivsten Regionen.
destacar el carácter de la gente	den Charakter der Menschen herausstellen
aliviar Una suave brisa alivia en los meses de calor.	Linderung, Erleichterung schaffen, lindern, bessern Eine leichte Brise schafft in den Monaten, in denen es heiß ist, Linderung.
visitar no sin asombro una de las costas más abruptas	nicht ohne Erstaunen eine der steilsten Küsten besuchen (besichtigen)
invitar a Playas kilométricas invitan a bañarse.	einladen zu Kilometerlange Strände laden zum Baden ein.
pintorescos pueblos	malerische Dörfer
una variedad de	eine Vielfalt von
dejar una huella Antiquísimas civilizaciones dejaron sus huellas.	eine Spur hinterlassen Uralte Zivilisationen haben ihre Spuren hinterlassen.
ser patria de mitos	die Heimat von Mythen (Legenden) sein
conocer el ritual en su autenticidad	das Ritual in seiner Ursprünglichkeit kennen(lernen)
conocer el mundo asombroso de la doma	die erstaunliche Welt der Zähmung (von Tieren) kennen(lernen)
ser una ciudad de contrastes	eine Stadt der Kontraste/Gegensätze sein
convivir en perfecta armonía	in vollkommener Harmonie zusammenleben
ser fácil encontrar paz y tranquilidad	leicht Frieden und Ruhe finden
disfrutar de un relajante paseo	einen entspannenden Spaziergang genießen
disfrutar de la naturaleza sin salir de la ciudad	die Natur genießen, ohne die Stadt zu verlassen

deportes y pasatiempos	**Sport und Freizeit**
practicar deportes	Sport treiben
instalaciones deportivas	Sportanlagen, -stätten
bucear	tauchen
pescar	angeln, fischen
navegar a vela	segeln

hacer surf	surfen
caminar	wandern, laufen
esquiar	Ski laufen
practicar el parapente	Paragliding machen
disfrutar de fantásticas pistas de golf	fantastische Golfplätze vorfinden/nutzen
realizar legendarias rutas ecuestres	legendäre Ausritte machen
recorrer rutas a caballo	Ausritte machen
bañarse en el mar	im Meer baden
ser un lugar donde el aburrimiento no existe	ein Ort sein, an dem Langeweile nicht existiert
tener una vida nocturna fuera de lo común	ein Nachtleben außerhalb des Gewöhnlichen bieten/ein ungewöhnliches Nachtleben bieten
ofrecer una ruta por pueblos con encanto	eine Route durch Dörfer mit besonderem Zauber anbieten
hacer una excursión ¿Te apetece hacer una excursión?	einen Ausflug machen Würde es dir gefallen, einen Ausflug zu machen? Möchtest du gerne einen Ausflug machen?
hacer un recorrido por Te recomiendo hacer un recorrido por la comunidad de Madrid.	eine Rundreise machen durch Ich empfehle dir, eine Rundreise durch die Comunidad Madrid zu machen.

comer	**essen**
formar parte de la dieta El pescado forma parte de la dieta.	Teil der Kost bilden/zur Kost (zum Essen) gehören Der Fisch ist Teil der Kost./Der Fisch gehört zur Kost.
ofrecer una amplia cantidad de La cocina gallega ofrece una gran cantidad de platos típicos. Hoy te ofrezco un plato de pescado muy rico.	eine große Menge an... bieten Die galizische Küche bietet eine große Menge an typischen Gerichten. Heute biete ich dir ein sehr gutes/leckeres Fischgericht an.
probar la comida típica de la región	das typische Essen der Region probieren
preferir ¿Prefieres comer pescado o carne?	vorziehen Ziehst du Fisch oder Fleisch vor?/Isst du lieber Fisch oder Fleisch?

14 La actualidad y el pasado de una estrella de la música pop: Juanes

expresiones para caracterizar una estrella de pop	**Ausdrücke, um eine Pop-Größe zu charakterisieren**
ser una figura relevante	eine wichtige Person sein
ser un poeta con guitarra eléctrica	ein Poet (Dichter) mit elektrischer Gitarre sein
ser un héroe cultural	ein kultureller Held sein
tener gran imaginación	eine große Vorstellungskraft haben
tener un don para las letras poéticas	eine Gabe für poetische Texte haben
ser el artista más grande e importante	der größte und wichtigste Künstler sein
ser una superestrella	ein Superstar sein
ser una de las estrellas de rock más grandes	einer der größten Rock-Stars der Welt sein
ser un cantante y compositor candente	ein hochaktueller Sänger und Komponist sein
tener una actitud crítica	eine kritische Haltung haben

intercambiarse sobre el mundo del pop	sich austauschen über die Welt der Popmusik
¿Crees que Juanes es la figura más relevante de la música pop latina?	Glaubst du, dass Juanes der bedeutendste Vertreter der lateinamerikanischen Musik ist?
Amazon considera a Juanes un héroe cultural.	Amazon betrachtet Juanes als kulturellen Helden.
Es interesante leer que para el New York Times Juanes es un cantante y compositor candente.	Es ist interessant zu lesen, dass Juanes für die New York Times ein hochaktueller Sänger und Komponist ist.
La revista RollingStone destaca que Juanes es una de las estrellas de rock más grandes del mundo.	Die Zeitschrift RollingStone hebt hervor, dass Juanes einer der größten Rockstars der Welt ist.
Me parece que las letras de algunas canciones de Juanes son realmente poéticas.	Mir scheint, dass die Texte einiger Lieder von Juanes wirklich poetisch sind.
¿Qué músico es para ti una superestrella?	Welcher Musiker ist für dich ein Superstar?
La música de... es mi música favorita.	Die Musik von ... ist meine Lieblingsmusik.
ser el tema principal Juanes subraya que el amor es uno de los temas principales y que el amor incluso puede significar odio y guerra.	das Hauptthema sein Juanes unterstreicht, dass die Liebe eines der Hauptthemen ist und dass Liebe sogar Hass und Krieg bedeuten kann.
lanzar una canción Juanes muestra las canciones a su madre antes de lanzarlas.	ein Lied auf den Markt bringen Juanes zeigt seiner Mutter die Lieder, bevor er sie auf den Markt bringt.

hablar sobre la letra y la música	über Text und Musik sprechen
tematizar el lado claro y el lado oscuro en una relación	die helle und die dunkle Seite einer Beziehung themati-sieren
ser palabras clave La palabra "fiesta" es una palabra clave porque hace pensar en vivencias bonitas y perfectas.	Schlüsselwörter sein Das Wort „Fest" ist ein Schlüsselwort, weil es an schöne und vollkommene Erlebnisse denken lässt.
Destaca un contraste entre el "amor para siempre" y el "adiós".	Er hebt den Gegensatz zwischen der „Liebe für immer" und dem „Abschied" hervor.
Subraya la mala suerte que tiene.	Er unterstreicht das Pech (Unglück), das er hat.
Habla de la pena que le duele lo cual significa que el amor no es rutina para él.	Er spricht von einem Kummer, der ihn schmerzt, was bedeutet, dass die Liebe keine Routine für ihn ist.
La música es a veces rápida y a veces lenta y sentimental.	Die Musik ist manchmal schnell und manchmal langsam und gefühlvoll.
ser un tema principal	ein Hauptthema sein
tener que ver con Toda la música de Juanes tiene que ver con sus propias experiencias, también con la difícil situación política en Colombia, su patria.	zu tun haben mit Die ganze Musik von Juanes hat mit den eigenen Erfahrungen zu tun, auch mit der schwierigen politischen Situation in Kolumbien, seiner Heimat.
encontrar un propio sonido	einen eigenen Klang/Stil finden
tener elementos de La música tiene elementos de rock y del folclore.	Elemente/Anteile von ... haben Die Musik hat Rock- und Folkoreelemente.
ser un puente entre dos mundos diferentes	eine Brücke zwischen zwei unterschiedlichen Welten sein
tener una afición por Juanes tiene una afición por la música guasca.	eine Vorliebe haben für Juanes hat eine Vorliebe für die *música guasca*.

historias familiares	Familiengeschichten
ser chiquito,a	klein sein
ser gordito,a	etwas dick, rundlich sein
no poder con la guitarra	die Gitarre kaum halten/tragen können
ser muy pesado,a	sehr schwer sein
tocar siempre la misma canción	immer dasselbe Lied spielen
recordar las vacaciones en la finca	sich an die Ferien auf dem Bauernhof erinnern
jugar por todas partes Los pequeños juegan por todas partes.	überall spielen Die Kleinen spielen überall.
encerrarse en un cuarto Los hermanos se encierran en un cuarto para estar solos.	sich in einem Zimmer einschließen Die Geschwister schließen sich im Zimmer ein, um allein zu sein.
quejarse todo el día Los vecinos se quejan porque la música el insoportable.	sich den ganzen Tag beschweren, beklagen Die Nachbarn beschweren sich, weil die Musik unerträglich ist.
ser muy vicioso,a La madre de Juanes cree que los rockeros son muy viciosos.	sehr lasterhaft sein Die Mutter von Juanes glaubt, dass Rockmusiker sehr lasterhaft sind.
proponerse una cosa Si me propongo algo, lo consigo.	sich etwas vornehmen Wenn ich mir etwas vornehme, erreiche ich es auch.
cuidar cada detalle Juanes es perfeccionista, cuida cada detalle.	auf jede Kleinigkeit achten, sorgfältig sein Juanes ist Perfektionist, er achtet auf jedes Detail.
concordar en una opinión La gente concuerda en que Juanes es un gran músico.	in einer Meinung übereinstimmen Die Leute stimmen darin überein, dass Juanes ein großer Musiker ist.
ser complicado,a para la comida Juanes es un poco complicado para la comida: No le gusta todo.	etwas kompliziert (wählerisch) mit dem Essen sein Juanes ist etwas kompliziert mit dem Essen: Ihm schmeckt/Er mag nicht alles.
no tener plata	kein Geld haben
no saber cocinar	nicht kochen können

en torno a los sentimientos y el estado de ánimo	rund um Gefühle und den Gemütszustand
nostálgico,a	nostalgisch
animado,a	fröhlich, heiter
alegría	Freude
sentimental	sentimental, gefühlvoll
tristeza	Trauer
curiosidad f	Neugier, Wissbegierde
desengaño	Enttäuschung
traición f	Verrat
despedida	Abschied
amoroso,a	liebevoll
estar de luto	in Trauer sein
culpa	Schuld
por culpa de	durch die Schuld von
pena	Kummer, Sorge
alma Tiene el alma negra.	Seele Er hat eine schwarze Seele.

doler -ue- Sus palabras de despedida le duelen.	schmerzen Ihre Abschiedsworte schmerzen ihn.
mala suerte Mi mala suerte es tu alegría.	Pech Mein Pech ist deine Freude.
embrujo	Verzauberung
amargo,a	bitter
herir -ie- Me hiere su mentira.	schmerzen, verletzen Mich verletzt seine Lüge.

15 Desde España a las Indias: Cristóbal Colón

sueño y realidad	Traum und Wirklichkeit
morir (-ue-) por culpa de En la Europa del siglo XVI muchas personas morían por culpa de la peste.	sterben aufgrund von/an Im Europa des 16. Jahrhunderts starben viele Menschen an der Pest.
soñar (-ue-) con Mucha gente soñaba con las maravillas del Oriente.	träumen von Viele Leute träumten von den Wundern des Orients.
ser un lugar lejano y desconocido	ein weit entfernter und unbekannter Ort sein
quedar a varios meses de viaje	mehrere Reisemonate entfernt sein
traer productos valiosos de Los comerciantes traían productos valiosos como especias o telas de allí.	wertvolle Produkte mitbringen von, aus Die Händler brachten wertvolle Produkte wie Gewürze und Stoffe von dort mit.
creer que Cristóbal creía que el mundo era redondo.	glauben, dass Cristóbal glaubte, dass die Welt rund ist.
salir para A Cristóbal le encantaba ir al puerto y observar los barcos que salían para tierras lejanas.	aufbrechen nach/zu Cristóbal gefiel es sehr, zum Hafen zu gehen und zu beobachten, wie die Schiffe zu fernen Ländern aufbrachen.
tener experiencias Cristóbal tenía numerosas experiencias en navegación.	Erfahrungen haben Cristóbal hatte zahlreiche Erfahrungen in der Schifffahrt.
buscar una ruta Cristóbal quería salir para buscar la ruta por el mar.	einen Weg suchen Cristóbal wollte aufbrechen, um den Weg übers Meer zu suchen.

productos del Oriente	Produkte aus dem Orient
especias canela nuez moscada clavo de olor pimienta negra sedas perlas piedras preciosas	Gewürze Zimt Muskatnuss Gewürznelke schwarzer Pfeffer Seiden Perlen Edelsteine

alrededor de tierra y mar • rund um Erde und Meer			
un lugar lejano / una isla lejana / tierras lejanas	ein entfernter Ort/eine entfernte Insel/entfernte Welten	detrás del horizonte	hinter dem Horizont
las maravillas del Oriente	die Wunder des Orients	quedar a varios meses de viaje	mehrere Reisemonate entfernt sein
una tierra de productos valiosos	eine Gegend mit wertvollen Produkten	salir para otras tierras	in andere Welten/Länder aufbrechen
un lugar desconocido	ein unbekannter Ort	viajar por el mar	übers Meer fahren
recorrer mares conocidos	bekannte Meere befahren	soñar con viajar	davon träumen zu reisen
llegar a un país por tierra y por mar	auf dem Land- und Seeweg in ein Land kommen	acercarse a la playa	zum Strand gehen, sich dem Strand nähern
una ruta por el mar / un camino marítimo	ein Seeweg	financiar un viaje	eine Reise finanzieren
dar la vuelta	umkehren	tras largas semanas de viaje	nach langen Wochen der Reise
diario de a bordo	Bordtagebuch	el viaje de vuelta	die Rückfahrt
divisar tierra	Land erblicken	tomar una lancha	ein Boot nehmen
tomar posesión	in Besitz nehmen	remar	rudern
marinero / marineros	Seemann/Seeleute	almirante m	Admiral
durante una tormenta horrorosa	während eines schlimmen Gewitters	estar despejado (el cielo)	wolkenlos sein (Himmel)

etapas de la vida	Lebensabschnitte
nacer y crecer –¿Dónde naciste? –Nací y crecí en una ciudad con un puerto grande.	geboren werden und (auf-)wachsen „Wo bist du geboren?“ „Ich bin geboren und aufgewachsen in einer Stadt mit einem großen Hafen.“
instalarse en Se instaló en la capital portuguesa.	sich niederlassen in Er ließ sich in der portugiesischen Hauptstadt nieder.
casarse con Se casó con una mujer bella y fina.	heiraten/sich verheiraten mit Er heiratete eine schöne und zarte Frau.
nacer y bautizar Al año siguiente nació el hijo. Le bautizaron con el nombre de Diego.	geboren und getauft werden Im folgenden Jahr wurde der Sohn geboren. Er wurde auf den Namen Diego getauft.
aprobar y firmar Finalmente la reina aprobó y firmó el contrato.	genehmigen und unterschreiben Schließlich genehmigte und unterschrieb die Königin den Vertrag.
partir En agosto Colón y su tripulación partieron desde el puerto.	aufbrechen, losfahren Im August brachen Kolumbus und seine Mannschaft vom Hafen auf.
empezar a inquietarse y rebelarse Durante el viaje los marineros empezaron a inquietarse y rebelarse.	beginnen, unruhig zu werden und sich aufzulehnen Während der Reise fingen die Seeleute an, unruhig zu werden und sich aufzulehnen (zu meutern).
divisar Después de un viaje de más de dos meses una mañana el vigía divisó tierra.	erblicken, sehen Nach einer mehr als zweimonatigen Reise erblickte der Wachposten Land.
tomar una lancha y remar En la madrugada tomaron una lancha y remaron a la isla.	ein Boot nehmen und rudern In der Morgendämmerung nahmen sie ein Boot und ruderten zu der Insel.

llegados a la isla Llegados a la isla todos se arrodillaron.	auf der Insel angekommen Auf der Insel angekommen, knieten alle nieder.
tomar posesión Colón tomó posesión de la isla en nombre de las majestades españolas.	in Besitz nehmen Kolumbus nahm die Insel im Namen der spanischen Majestäten in Besitz.
volver Cristóbal volvió a España en marzo de 1493.	zurückkehren Kolumbus kehrte im März 1493 nach Spanien zurück.
asediar con preguntas Todo el mundo asedió a los hombres con preguntas acerca del viaje.	mit Fragen bestürmen Alle bestürmten die Männer mit Fragen über die Reise.
mirar con asombro La gente miró con asombro a los indígenas.	mit Erstaunen betrachten Die Leute betrachteten die Eingeborenen mit Erstaunen.
asustarse La reina se asustó por el grito fuerte de uno de los papagayos.	(sich) erschrecken Die Königin erschrak beim lauten Schrei eines der Papageien.
al final de Al final de la audiencia en el palacio las majestades se levantaron y despidieron a Colón de manera muy amable.	am Ende von/zum Schluss der/des Zum Schluss der Audienz im Palast erhoben sich die Majestäten und verabschiedeten Kolumbus auf sehr liebenswürdige Weise.

(partes de) frases frecuentes	**häufige Sätze oder Teile von Sätzen**
¿Crees que de verdad es...?	Glaubst du wirklich, sie/er ist ...?
Algún día voy a...	Eines Tages werde ich ...
Creo que tiene razón.	Ich glaube, er/sie hat recht.
Tengo otra opinión.	Ich bin anderer Meinung.
Todo esto no importa, lo que pasa es que...	Das ist alles egal, es ist so, dass ...
a cambio espero...	als Gegenleistung erwarte ich ...
–No creo que... –Ni yo tampoco.	„Ich glaube nicht, dass ..." „Ich auch nicht."
¡Rápido, date prisa!	Schnell, beeil dich!
Espera un momento, ya voy / ya bajo	Warte einen Moment, ich komme schon/ich komme schon runter
Gracias, muchas gracias.	Danke, vielen Dank!

16 Asuntos personales: mi diario y yo

un domingo perfecto	ein perfekter Sonntag
pasar el día leyendo estar tumbado,a en la cama poner la música a todo gas comer un menú suculento hacer una patinada / patinar encontrarse con la pandilla tener un estado de ánimo bastante bueno ir al centro comercial	den ganzen Tag lesen im Bett liegen die Musik voll aufdrehen ein schmackhaftes Menü essen inlineskaten sich mit der Clique treffen ziemlich gut gelaunt sein ins Einkaufszentrum gehen

lenguaje juvenil	Jugendsprache
hoy me siento la mar de pacífico,a todo va como la seda chinche m poner la directa	heute fühle ich mich superruhig alles läuft wie geschmiert Nervensäge, Quälgeist (auch: Wanze) voll durchstarten

amor y desamor	Liebe und Abneigung
conocer a alguien hacer un regalo amoroso,a cortar la relación dejar a alguien mala suerte	jemanden kennenlernen ein Geschenk machen Liebes- die Beziehung beenden jemanden verlassen Pech

el placer de leer	die Freude am Lesen
coger un buen libro novela es un libro muy difícil prestar un libro el libro que más me ha gustado es prometer un libro de ciencia ficción editorial f aburrirse tener mala suerte	ein gutes Buch zur Hand nehmen Roman es ist ein sehr schwieriges Buch ein Buch leihen das Buch, das mir am besten gefallen hat, ist ein Science-Fiction-Buch versprechen Verlag sich langweilen Pech haben

en el instituto	in der Schule
tablón de anuncios	schwarzes Brett
sermón m El profesor nos ha largado un sermón sobre... • un comportamiento ejemplar • el reglamento interno • nuestro espíritu de trabajo	Predigt Der Lehrer hat uns eine Predigt gehalten über • vorbildliches Verhalten • die Hausordnung • unseren Arbeitsgeist

rasgos característicos	Eigenschaften
ser chulo,a ser modesto,a ser agradable ser desagradable ser ridículo,a ser asqueroso,a	angeberisch sein bescheiden sein angenehm sein unangenehm sein lächerlich sein eklig sein

Chronologischer Wortschatz der Einzelmodule

Hinweis: Bei den zweisprachigen Modulen 2 – 4 (1. Abschnitt) wird der auf die Arbeitsanweisungen bezogene Wortschatz in zusammenhängenden Blöcken am Ende jedes Kapitels gesondert ausgewiesen. In den Modulen 5–10 werden die Vokabeln aus den Arbeitsanweisungen violett markiert. Im Anschluss an den jeweiligen Wortschatz der Module 2–8 finden sich für die weiter gehende und selbstständige Arbeit am Aufbau des Wortschatzes **Mehrsprachigkeits- bzw. Wortbildungsboxen**, z. T. mit Aufgaben.

verwendete Abkürzungen:
ugs. = umgangssprachlich
E = Englisch
F = Französisch
L = Latein
Am. = lateinamerikanisches Spanisch

2 Así soy y así somos

así	so
soy	ich bin
somos	wir sind
ser	sein

1 Hola, me llamo María, ¿y tú?

hola	hallo
me llamo	ich heiße
¿Cómo te llamas?	Wie heißt du?
llamarse	heißen, sich nennen
tú	du
¿cómo?	wie?
¿de dónde?	woher?
eres	du bist
¿cuántos años tienes?	Wie alt bist du?
y	und
¿cuánto?	wie viel?
año m	Jahr
tener -ie-	haben, besitzen
catorce	vierzehn
adiós m	auf Wiedersehen, ~hören
verse	sich sehen
¡nos vemos!	wir sehen uns!
lengua f	Sprache; Zunge
abrir	öffnen
nuevo,a	neu
horizonte m	Horizont
chico m	Junge
chica f	Mädchen
paella f	Paella (Reisgericht)
número m	Zahl, Nummer
uno	eins
dos	zwei
tres	drei
cuatro	vier
cinco	fünf
seis	sechs
siete	sieben
ocho	acht
nueve	neun
cero	null
dejar	hinterlassen
mensaje m	Nachricht
después de	nach
señal f	Piepton, Signal
número m	Nummer
correcto,a	richtig, korrekt
o sea	das heißt

2 Estudiantes de todo el mundo

estudiante f	Schülerin
estudiante m	Schüler
de todo el mundo	aus aller Welt, von überall
mundo m	Welt
aprender	lernen
en	in
acabar de hacer algo	gerade etwas getan haben
saber hablar español	Spanisch sprechen können
sé hablar español	ich kann Spanisch (sprechen)
hermano m	Bruder

hermana f	Schwester
aún	noch
todavía	noch
que	dass / das
¿quién?	wer?
persona f	Person
¿dónde?	wo?
hay	es gibt
nombre m	Name
difícil	schwer
entender -ie-	verstehen
No sé.	Ich weiß nicht.
creo que	ich glaube, dass
creer	glauben
alumno m	Schüler
alumna f	Schülerin
tener -ie- que	müssen
apellido m	Nachname
tilde f	grafischer Akzent
curso m de verano m	Sommer-/Ferienkurs
curso m	Kurs
internacional	international
verano m	Sommer
aprender	lernen
hablar	sprechen
vivir	leben, wohnen
francés m	Französisch
español m	Spanisch
alemán m	Deutsch
inglés m	Englisch
polaco m	Polnisch
¿qué tal?	wie geht's?
escuchar	hören
joven	jung
jóvenes mf pl	Jugendliche
país m	Land
origen m	Herkunft
estudiante f	Schülerin, Studentin
estudiante m	Schüler, Student
perfil m	Profil
turco m	Türkisch
adivinar	raten
persona f	Person
pregunta f	Frage
ya	schon
conocer -zc-	kennen, kennenlernen
caminar	laufen
aula f	Klassenraum
sin	ohne
mirar	sehen, schauen
mucho	viel
compañero m	Mitschüler
compañera f	Mitschülerin
otro,a	andere/s/r
clase f	Klasse, Unterricht(sstunde)
acabar de hacer algo	gerade etwas getan haben
un poco de	ein bisschen, etwas
poco,a	wenig
teléfono m	Telefon
número m de teléfono m	Telefonnummer
pero	aber
latín m	Latein
libro m	Buch
prefijo m	Vorwahl
encontrarse -ue-	sich treffen
conocerse -zc-	sich kennenlernen
hablar	sprechen
en	in
grupo m	Gruppe
sobre	über
saber	können, wissen
perfil m	Profil
con	mit
todo,a	alle, alles
hay que	man muss
buenos días	guten Tag
bueno,a	gut
día m	Tag
¿qué número de...?	welche Nummer ...?
¿de dónde?	woher?
bien	gut
regular	so einigermaßen
para	für
pequeño,a	klein
ficha f	Karteikarte
cada	jede, jeder
tema m	Thema
p. ej. (por ejemplo) m	z. B. (zum Beispiel)
ciudad f	Stadt
país m	Land
lengua f	Sprache
ruso	Russisch
buenas tardes	guten Tag
tarde f	Nachmittag

Wortschatz der Arbeitsanweisungen

contestar	antworten
preguntar	fragen
mutuamente	gegenseitig

deletrear	buchstabieren
escribir	schreiben
presentación f	Präsentation
insertar	einfügen
hueco m	Lücke
rellenar	ausfüllen
tabla f	Tabelle
cuaderno m	Heft
añadir	hinzufügen
frase f	Satz
según	nach, laut
ejemplo m	Beispiel
apuntar	aufschreiben
utilizar	benutzen
verbo m	Verb
sistematizar	systematisieren
copiar	abschreiben, kopieren
comparar	vergleichen
resultado m	Ergebnis
parte f	Teil
anotar	notieren
formular	formulieren
lo que ya sabéis	was ihr schon wisst
confeccionar	herstellen
elemento m	Element
discursivo	Dialog-
tratado,a en clase	im Unterricht behandelt
completar	vervollständigen
lista f	Liste
buscar	suchen
sitio m	Platz, Ort
practicar	üben
presentar	vorstellen
mirar	schauen
texto m	Text
método m	Methode
aprender	lernen
palabra f	Wort
estructura f	Struktur
preparar	vorbereiten

3 Estrellas del mundo hispánico

estrella f	Stern, Star
mundo m hispánico	spanischsprachige Welt
edad f	Alter
portugués m	Portugiesisch
profesión f	Beruf
cantante mf	Sänger(in)
futbolista mf	Fußballspieler(in)
famoso,a	berühmt
cantante m de ópera m	Opernsänger
escritora f	Schriftstellerin
escritor m	Schriftsteller
periodista mf	Journalist(in)
conductor m de Fórmula Uno	Formel-Eins-Rennfahrer
actriz f	Schauspielerin
funcionar	funktionieren
más	mehr
como	wie
citas rápidas	Speed-Dating
cita f	Verabredung, Zitat
rápido,a	schnell
profesor m	Lehrer
profesora f	Lehrerin
ritmo m	Rhythmus
participante mf	Teilnehmer(in)
de forma libre	frei
forma f	Form

Bloque de ejercicios adicionales

bloque m	Block
ejercicio m	Übung
adicional	zusätzlich
querer -ie-	wollen, mögen, lieben

Wortschatz der Arbeitsanweisungen

redactar	verfassen
sobre	über
marcar	markieren
palabras f clave	Schlüsselwörter
clave f	Schlüssel
papelito m	kleines Stück Papier
acentuación f	Akzentsetzung
pronunciación f	Betonung
sílaba f	Silbe
tocar las palmas f	in die Hände klatschen
palmear	klatschen
fuerte	laut, stark
acentuado,a	betont
ordenar	anordnen
regla f	Regel
investigación f	Forschung, Untersuchung
red f	Netz
tomar	nehmen
apunte m	Notiz
tándem m	Tandem
elegir -i-	aussuchen
hoja f	Blatt
diálogo m	Dialog

Mehrsprachigkeitsbox

In diesen Kästen findest du jeweils eine Übersicht über diejenigen Wörter des Moduls, die du aus anderen Sprachen kennst – **Englisch E**, **Französisch F**, **Latein L**, **Deutsch D** – oder aus ihnen ableiten kannst. Außerdem findest du Wörter, in denen du ein **deutsches Fremdwort FW erkennst oder sichtbare Verwandtschaften – Wortfamilie WF – mit Wörtern aus anderen Sprachen**.
Hier ist ein Beispiel: → *ejemplo*: E example F exemple L exemplum FW Exempel. *Ejemplo* verstehst du, weil es auf Englisch *example*, auf Französisch *exemple* heißt. Wer Latein lernt, kennt *exemplum*. Manche haben im Deutschen schon mal gehört, dass jemand ein Exempel statuieren möchte. Das heißt, dass jemand ein Urteil fällt, das andere abschrecken soll.

Weiterhin werden einige Wörter als „falsche Freunde" fF gekennzeichnet. Das sind Wörter, die in der eigenen oder einer anderen Sprache gleich oder fast gleich sind, aber eine andere Bedeutung haben. Ein bekannter fF zum deutschen Wort „bekommen" ist z. B. das englische Verb *become*.

alemán	F allemand WF alemannisch
año m	F l'an(née) L annus
apellido m	WF F s'appeller
aprender	F apprendre L apprehendere
aula f	fF Aula: Festraum in der Schule
cantante mf	F cantatrice WF chanter, chanson
clase f	E class(room) F classe D Klasse fF Klasse(nraum)
comparar	E compare F comparer L comparare
confeccionar	WF Konfektion
conocer -zc-	F connaître
copiar	E copy F copier D kopieren
curso m	E course F course L cursus D Kurs
diálogo m	E F dialogue D Dialog
difícil	E difficult F dificile FW diffizil
ejemplo m	E example F exemple L exemplum FW Exempel
elemento m	E element F élément D Element
entender -ie-	F entendre
escribir	F écrire
escuchar	F écouter
estudiante mf	E student F étudiant/e D Student/in
famoso,a	E famous F fameux fF famos
ficha f	F fiche
formar	E form F former D formen
frase f	E phrase
grupo m	E group F groupe D Gruppe
horizonte m	E F horizon D Horizont
insertar	E insert F insérer L insertare
intentar	E intent FW intendieren
investigación f	E F investigation FW Investigation
latín m	E F latin D Latein
lengua f	E language F langage L lingua
marcar	F marquer D markieren
mensaje m	E F message
meter	F mettre
mirar	WF F miroir
nombre m	F nom L Nomen
nuevo,a	F nouveau L novus
número m	E number F numéro D Nummer
origen m	E origin F origine L origo
otro,a	F autre
país m	F pays
parte f	E F part L pars
participante mf	F participant WF partizipieren
persona f	E person F personne L persona D Person
portugués m	F portugais D Portugiesisch
practicar	E practice F practiquer D praktizieren
presentación f	E presentation F présentation D Präsentation
príncipe m	E F prince D Prinz
profesión f	E F profession FW Profession
profesor,a	F professeur fF Professor
rápido,a	F rapide
redactar	WF Redakteur
resultado m	E result F résultat D Resultat
ritmo m	E rhythm F rythme D Rhythmus

saber	F savoir
señal f	E F signal D Signal
sin	L sine
sistematizar	F systématiser D systematisieren
sitio m	E site F site L situs
tabla f	E F fF table D Tabelle
teléfono m	E telephone F téléphone D Telefon
texto m	E text F texte D Text
torera f	WF Torero
trabajar	F travailler
tratar	E treat F traiter L tractare
utilizar	F utiliser
verbo m	E verb F verbe L verbum D Verb
vivir	F vivre L vivere WF vital

3 Una mirada hacia España... y Alemania

mirada f	Blick
hacia	nach

1 España: un país en el sur de Europa

sur m	Süden
Europa f	Europa
mapa m	Landkarte
península f	Halbinsel
limitar con	grenzen an
con	mit
norte m	Norden
también	auch
capital f	Hauptstadt
océano m	Ozean
estar situado,a	sich befinden, liegen
estar en	sich befinden in, (gelegen) sein
mar m	Meer
oeste m	Westen
isla f	Insel
comunidad f autónoma	autonome Gemeinschaft
poder -ue-	können, dürfen
debajo de	unter
pareja f	Partner(in)
moneda f	Währung, Münze
oasis m	Oase
río m	Fluss
playa f	Strand
costa f	Küste
¡qué mala suerte!	So ein Pech!
manchado,a	verwischt, verschmiert
seguro,a	sicher
viaje m	Reise
a través de	quer durch
información f	Information(en)
básico,a	Grund-
sobre	über
tierra f	Erde, Land
gente f	Leute
tierra y gente	Land und Leute
superficie f	Boden(fläche)
frontera f	Grenze
integrante	zugehörig
incluir -y-	einschließen
territorio m	Gebiet
medio millón de	eine halbe Million
kilómetros cuadrados	Quadratkilometer
terrestre	Land-
población f	Bevölkerung
habitante mf	Einwohner(in)
lengua f principal	Hauptsprache
castellano m	Kastilisch, Spanisch
principal	Haupt-
catalán m	Katalanisch
vasco m	Baskisch
gallego m	Galizisch
oficialmente	offiziell
reconocido,a	anerkannt
respectivo,a	jeweilig
porque	weil
creer	glauben
nombre propio m	Eigenname
importante	wichtig
quedar	(übrig-)bleiben
para	für, um zu

Wortschatz der Arbeitsanweisungen

describir	beschreiben
deducir -zc-	ableiten
leer	lesen
explicación f	Erläuterung, Erklärung
palabra f	Wort
consultar	hier: zu Hilfe nehmen, nachschlagen
vocabulario	Wörterverzeichnis
problema m	Problem
cuaderno m	Heft
dictado m	Diktat
dictar	diktieren
primero,a	erster, erste
línea f	Zeile
último,a	letzter, letzte
pertenecer -zc-	gehören
comprender	verstehen
aplicar	anwenden
estrategia f	Strategie
lectura f	Lesen, Lektüre
significado m	Bedeutung
contexto m	Kontext
previo,a	vorhergehend
preparar	vorbereiten
internacionalismo m	Internationalismus
conocido,a	bekannt
dialogar	miteinander sprechen
entendido,a	verstanden
lo entendido	das Verstandene
comprensión f	Verständnis
reflexionar	überlegen
ayudar	helfen
recordar -ue-	erinnern
retener -ie- información	Informationen behalten
memoria f	Gedächtnis
en voz baja	mit leiser Stimme
dictar	diktieren
comentar	kommentieren
tarea f	Aufgabe
voluntario,a	freiwillig
presentar	vorstellen
coherente	zusammenhängend
chuleta f	Kotelett; hier: Spickzettel
tamaño m de la palma de la mano	Größe der Handfläche

2 Una investigación gramatical sobre los artículos, el singular y el plural de los sustantivos

sobre	über
artículo m	(hier: grammatischer) Artikel
singular	Singular
plural m	Plural
sustantivo m	Nomen
desorden m	Unordnung
ordenar	ordnen
dólar m ($)	Dollar
euro m (€)	Euro
libra f (£)	britisches Pfund
conocimiento m	Kenntnis

3 Alemania, un país en el centro de Europa

en el centro m	im Zentrum, mitten in
centro m	Zentrum, Mitte
estado m federado	Bundesland
vecino,a	Nachbar(in), Nachbar-
matrícula f	Kennzeichen
automovilístico,a	Auto-
efectivamente	tatsächlich
pues	denn
fijarse en	achten auf
completo,a	vollständig
error m	Fehler
minuto m	Minute

Wortschatz der Arbeitsanweisungen

relacionar con	in Zusammenhang bringen, verbinden mit
afirmación f	Behauptung
explicar	erklären
ayuda f	Hilfe
sistema m de apoyo m	Hilfssystem
adjunto	beigefügt
por escrito	schriftlich
primero	zuerst
intervención f	Beitrag, Kurzvortrag
detalle m	Detail, Einzelheit
expresar	ausdrücken
aspecto m	Aspekt
comprensible	verständlich
concordancia f	Übereinstimmung
variado,a	vielfältig, verschieden
libremente	frei
miedo m	Angst
normal	normal

Mehrsprachigkeitsbox

a través de	F à travers
aplicar	E apply F appliquer L applicare
artículo m	E article F article L articulus D Artikel
aspecto m	E aspect D Aspekt
básico,a	WF F base
capital f	E capital F capitale L caput
centro m	E center F centre L centrum D Zentrum
coherente	F cohérent L cohaerentia FW kohärent
comentar	E comment F commenter FW kommentieren
completo	E complete F complet
comprender	F comprendre L comprehen-dere
comprensible	F compréhensible
comprensión f	E comprehension F com-préhension
conocido,a	F connu
conocimiento m	F connaissance
consultar	E consult F consulter L consultare FW konsul-tieren
contexto m	E context F contexte D Kontext
costa f	E coast F coté D Küste
creer	F créer L credere
cuaderno m	F cahier
deducir -zc-	E deduce F déduire L deducere FW deduzieren
describir	E describe F décrire L describere FW WF Deskription
desorden m	F désordre
detalle m	F detail FW Detail
dialogar	WF F dialogue D Dialog
dictado m	E dictation F dictée D Diktat
dictar	E dictate F dicter D diktieren
dólar ($) m	E dollar D Dollar
efectivamente	F effectivement D effektiv
error m	F erreur L error
estrategia f	E strategy F stratégie D Strategie
euro (€) m	E F euro D Euro
Europa	E F Europe D Europa
explicación f	E F explication L explicatio
explicar	E explain F expliquer L explicare FW explizieren
expresar	E express
frontera f	E frontier F frontière L frons
fuente f	E fountain F fontaine fF Fontäne
habitante mf	E **in**habitant F habitant,e
importante	E F important
incluir -y-	E include F inclure L incluyere
información f	E F information D Informa-tion
integrante	E integral WF integrieren
internacionalismo m	WF Internationalismus, international
intervención f	F intervention
isla f	E island F île L insula D Insel
kilómetro m	E kilometre F kilomètre D Kilometer
lectura f	E lecture F lecture FW Lektüre
leer	F lire
libremente	F librement
línea f	E line F ligne
mar m	F mer L mar D Meer
memoria f	E memory F mémoire L memoria
millón f	E F million D Million
minuto m	E F minute D Minute
moneda f	E money F monnaie
nombre m	E name F nom L nomen D Name
normal	E F D normal
norte m	E north F nord D Norden
oasis m	E F oasis D Oase
océano m	E ocean F océan D Ozean
oeste m	E west F ouest D Westen
playa f	F plage
plural m	E plural F pluriel D Plural
población f	E F population L populus
preparar	E prepare F préparer L preparare FW präparieren

presentar	E present F présenter L praesentare FW präsentieren
primero	F premier L primus
principal	E F principal
problema m	E problem F problème L problema D Problem
pronunciación f	E pronunciation F prononciation
reflexionar	E reflect F réfléchir FW Reflexion
relacionar con	E relate WF Relation
río m	E river F rivière
significado m	E F signification
singular	E singular F singulier FW Singular
superficie f	E F surface L superficies
sur m	E south F sud D Süden
sustantivo m	F sustantif FW Substantiv
terrestre	E terrestrial F terrestre
territorio m	E territory F territoire L territorium FW Territorium
último,a	L ultimus WF bis ultimo!
variado,a	E varied F varié WF Varieté
vecino,a	F voisin
viaje m	F voyage
vocabulario	E vocabulary F vocabulaire L vocabularium D Vokabular
voluntario,a	E volunteer F volontaire L voluntarius

4 Gente joven desde la Red: ¡y en español!

gente f joven	junge Leute
desde la Red	vom Netz aus, im Internet

1 Estudiantes de español de todo el mundo en Madrid

japonés, japonesa	japanisch, Japaner(in)
simpático,a	sympathisch
activo,a	aktiv
guapo,a	hübsch, schön
bien	gut
cosa f	Sache
ahora	jetzt
estudiar	lernen, studieren
francés, francesa	französisch, Franzose/Französin
novio m	Freund, Verlobter
novia f	Freundin, Verlobte
antipático,a	unsympathisch
numeroso,a	zahlreich, groß
mujer f	Frau
chistoso,a	witzig
actualmente	zurzeit, gegenwärtig
(ex)futbolista m	(Ex-)Fußballspieler

Wortschatz der Arbeitsanweisungen

presentar a personas	Personen vorstellen
atentamente	aufmerksam
respuesta f	Antwort
cerrar -ie-	schließen
corregir -i-	korrigieren, verbessern
negación f	Verneinung
dar	geben
informe m	Auskunft, Bericht
oral	mündlich
corto,a	kurz

2 El adjetivo y su papel en una frase

adjetivo m	Adjektiv
papel m	Rolle; Papier
además	außerdem
muy	sehr
rasgo m característico	Charakterzug
fijarse en	achten auf
observar	beobachten
regla f	Regel
cambio m	Änderung
ordenar	ordnen
sistemáticamente	systematisch
expresión f	Ausdruck
intensidad f	Intensität
amiga f	Freundin
amigo m	Freund

3 Estudiantes de español en Alemania

foto f	Foto
ver	sehen
solamente	nur
pasar	verbringen
tiempo m libre	Freizeit
juntos,as	zusammen
bastante	ziemlich
izquierda: a la izquierda	links
normalmente	normalerweise
ir	gehen, fahren
colegio m	Schule
a veces	manchmal
vez f	Mal
a	zu, nach
al	zum
ir en bicicleta	mit dem Fahrrad fahren
bicicleta f	Fahrrad
parque m	Park
por el parque	durch den Park
ir en autobús	mit dem Bus fahren
autobús m	Bus
hombre m	Mann
bueno,a	gut
severo,a	streng
asignatura f	(Unterrichts-)Fach
español m	Spanisch, Spanier
matemáticas f pl	Mathematik
casi	fast
moderno,a	modern
bonito,a	schön, hübsch
antiguo,a	alt
orilla f	Ufer
catedral f	Kathedrale
gótico,a	gotisch
ante todo	vor allem
nacionalidad f	Nationalität
madre f	Mutter
padre m	Vater
entonces	also, dann
brasileña f	Brasilianerin
brasileño,a	brasilianisch
dónde	wo
comprobar -ue-	überprüfen
curso m de español m	Spanischkurs
¿cuándo?	wann
volver -ue- a hacer algo f	wieder etwas tun
notar	auffallen
profe f (ugs.)	Abkürzung für profesor,a (Lehrer/in)
instituto m	Gymnasium
inteligente	intelligent
amable	freundlich

4 Estudiantes españoles mandan saludos desde *La Gaceta extremeña de educación*

mandar	schicken, senden
saludo m	Gruß
extremeño,a	aus der Extremadura
saludar	(be-)grüßen
maestro m	Grundschullehrer
maestra f	Grundschullehrerin
familia f	Familie
especial	besondere/r/s
en especial	insbesondere
primo m	Vetter
prima f	Cousine
niño / niña	Kind
tutora	Tutorin, Klassenlehrerin
cuñado m	Schwager
cuñada f	Schwägerin

Saludos por Internet

encontrar -ue-	finden
a menudo	oft
examinar	überprüfen
fenómeno m	Phänomen, Erscheinung
admirar	bewundern
conocer -zc-	kennen, kennenlernen
poner	setzen, legen, stellen
conjugar	konjugieren
columna f	Kolumne
¡ojo! m	Auge; hier: Achtung!
preposición f	Präposition
modelo m	Modell, Beispiel

Bloque de ejercicios adicionales

nombrar	benennen
tirar el dado	würfeln
tocarle a una persona	an der Reihe sein
Te toca a ti.	Du bist an der Reihe.
Es tu turno.	Du bist an der Reihe.
decir	sagen
género m	Genus, Geschlecht

Mehrsprachigkeitsbox

activo,a	E active F actif L activus D aktiv
actualmente	F actuellement D aktuell
adjetivo m	E adjective F adjectif L adiectivum D Adjektiv
admirar	E admire F admirer L admirari
amable	F amable L amabilis
amiga f	F amie L amica
amigo m	F ami L amicus
antiguo,a	FW L antiquus FW antik
antipático,a	F antipathique WF Antipathie
atentamente	F attentivement
autobús m	E F bus D Bus
bicicleta f	E bicycle F bicyclette
bien	F bien L bene
brasileña f	E Barazilian F brésilienne D Brasilianerin
bueno,a	F bon, bonne L bonus
casi	fF quasi L quasi
catedral f	E cathedral F cathédrale L cathedralis D Kathedrale
colegio m	E college F fF collège
columna f	E column F colonne L columna D Kolumne
comprobar	L comprobare
conjugar	E conjugate F conjuguer L conjugare D konjugieren
corregir	E correct F corriger L correctio D korrigieren
corto,a	F court L curtus D kurz
cosa f	F chose
cuándo	F quand L quando
curso m	E course F cours L cursus D Kurs
decir	F dire L dicere
Es tu turno.	E It's your turn.
español	F espagnol L WF Hispaniola
especial	E special F spécial L specialis
estudiar	E study F étudier L studere D studieren
examinar	E examine F examiner L examinare FW examinieren
expresión f	E F expression L expressio FW Expression
familia f	E family F famille L familia D Familie
fenómeno m	F phénomène FW Phänomen
foto	E F photo D Foto
francesa	F française
futbolista mf	E futbol player F footballeur
género m	E genus F genre L genus D Genus
gente f pl	F gens L gens
gótico,a	E gothic F got(h)ique D gotisch
hombre m	F homme L homo
instituto m	hier: fF Institut
inteligente	E F intelligent L WF intellegentia D intelligent
intensidad f	E intensity F intensité D Intensität
japonés	E Japanese F japonais D japanisch
madre f	E mother F mère L mater D Mutter
maestro m	E fF master
matemáticas f pl	E mathematics F mathématiques L mathematica D Mathematik
modelo m	E model F modèle L modelus D Modell
moderno,a	E modern F moderne L modernus D modern
nacionalidad f	E nationality F nationalité L natio D Nationalität
negación f	F négation L negatio FW Negation
nombrar	F nommer L nominare FW nominieren
normalmente	E normally F normalment D normalerweise
notar	E notice L notare
observar	E observe F observer L observare FW observieren
oral	E F oral FW oral
ordenar	E order L ordinare D ordnen
padre m	E father F père L pater D Vater
papel m	hier: E fF paper F D fF papier/Papier

parque m	E park F parque D Park
pasar	E pass F se passer
poner	E put L pondere
preposición f	E preposition F préposition L praepositio D Präposition
presentar	E present F presente L praesentare
persona f	E person F une personne L persona D Person
regla f	F règle L regula D Regel
respuesta f	F réponse L responsio FW Respons
saludar	F saluer L salutare WF salutieren
saludo m	F salutations
severo,a	F sévère L severus
simpático,a	F sympatique L WF sympathia D sympathisch
sistemático,a	F systématique D systematisch
solamente	F seulement
tutora f	E tutor L tutor D Tutorin
ver	F voir L videre FW Video

5 Ir al instituto en España y en Alemania

ir al instituto m	zur Schule gehen

1 Horario y materias escolares

horario m	Stundenplan
materia f escolar	Schulfach
materia f	Lehrstoff, Unterrichtsfach
escolar	Schul-
hacer	durchführen, machen, tun
hacer ESO	in der Sekundarstufe I sein
gimnasio m	Turnhalle
educación f física	Sport(unterricht)
educación para la ciudadanía	Staatsbürgerkunde
laboratorio m	Labor
ciencias f pl naturales	Naturwissenschaften
ciencias f pl de la naturaleza f	Naturwissenschaften
química f	Chemie
física f	Physik
biología f	Biologie
o	oder
sala f	Saal, Raum
música f	Musik
aula f de música f	Musikraum, ~saal
lunes m	Montag
martes m	Dienstag
miércoles m	Mittwoch
jueves m	Donnerstag
viernes m	Freitag
sábado m	Samstag, Sonnabend
domingo m	Sonntag
tener -ie- lugar	stattfinden
naturaleza f	Natur
alternativa f	Alternative
religión f	Religion
católico,a	katholisch
escoger	aussuchen
medidas de atención educativa	Förderunterricht
aclarar	klären
fin m de semana f	Wochenende
cursar	besuchen
hora f	Uhrzeit, Stunde
hora f de clase f	Unterrichtsstunde
lengua f materna	Muttersprache
indicar	zeigen
comenzar -ie-	anfangen
terminar	(be-)enden
recreo m	Pause
informática f	Informatik
historia f	Geschichte
lengua f extranjera	Fremdsprache
educación f artística	Kunsterziehung
geografía f	Geografie
fácil	leicht, einfach
difícil	schwer, schwierig
discutir	diskutieren
hispanizar	hispanisieren
algo	etwas
obligatorio,a	verpflichtend, obligatorisch
arriba	oben
momento m	Moment

a ver	mal sehen
darse cuenta de	(be)merken
durar	dauern
desde... hasta	von ... bis
mediación f	Sprachmittlung

2 Las instalaciones de un instituto

instalación f	Einrichtung
biblioteca f	Bibliothek
salón m de actos m	Aula
contar -ue- con	verfügen über
planta f baja	Erdgeschoss
aproximadamente	ungefähr
plaza f	Platz
estudio m	(Selbst-)Studium
rato m libre	Freizeit, ein freier Augenblick
servicio m de préstamo	Ausleihe
centro (instituto) m	Schulzentrum
cafetería f	Cafeteria
comedor m	Mensa
abierto,a	geöffnet
situado: estar situado,a en	sich befinden in, bei
junto a	neben
patio m	Hof
tipo m	Art
material m	Material
deportivo,a	Sport-
además de	abgesehen von, außer
numeroso,a	zahlreich
taller m	(Lern-)werkstatt
tecnología f	Technologie
realizar	durchführen
diverso,a	verschieden(artig), unterschiedlich
actividad f	Aktivität, Beschäftigung
tales como	so wie
obra f de teatro m	Theaterstück
película f	Film
etc.	usw.
taza f	Tasse
chocolate m	Schokolade
ordenador m	Computer
concierto m	Konzert
proyección f	Projektion
experimento m	Experiment
ruso,a	russisch, Russe, Russin
resumen m	Zusammenfassung, Inhaltsangabe
quizás	vielleicht
intercambio m	Austausch
prepararse	sich vorbereiten
este m	dieser, dieses
esta f	diese
posible	möglich
ir andando	zu Fuß gehen
enseñar	zeigen, lehren
servicio m	Dienst, Dienstleistung
padres m pl	Eltern
claro	klar, natürlich
optativo,a	wahlfrei
duración f	Dauer
en fin	schließlich
diferente	anders, verschieden
tranvía m	Straßenbahn
educación secundaria obligatoria	Sekundarstufe I
ciclo m de educación f infantil	Vorschule
educación f primaria	Primarstufe
bachillerato m	Oberstufe
pelota f	Ball
informarse	sich erkundigen, sich informieren
cuadro m	Bild
conversar	sich unterhalten
etapa f	Etappe
deseo m	Wunsch
obligación f	Verpflichtung
posibilidad f	Möglichkeit
por eso	deswegen
sino (que)	sondern
realidad f	Wirklichkeit
entrada f	Eintrag (z. B. im Tagebuch/ Internetforum)
cuarto m de hora	Viertelstunde
entre	zwischen

Mehrsprachigkeitsbox

aclarar	L acclarare D klären
actividad f	E activity F activité FW Aktivität
alternativa f	E F alternative L WF alternare FW Alternative
aproximadamente	E approximately F approximativement
aula f	L aula fF Aula
biblioteca f	F bibliothèque L bibliotheca D Bibliothek
biología f	E biology F biologie D Biologie
cafetería f	E café F cafétéria FW Cafeteria
católico,a	E catholic F catholique L catholicus D katholisch
chocolate m	E chocolate F chocolat D Schokolade
ciclo m	E F cycle L cyclus FW Zyklus
ciencia f	E F science L scientia
claro	D klar
comenzar	F commencer
concierto m	E F concert D Konzert
contar	E count F conter
conversar	L conversare FW Konversation
cuadro m	F cadre
cuarto de hora	E quarter of an hour F quart d'heure L quarta hora
deseo m	F désir
diferente	E different F différent L differens
difícil	E difficult F difficile L difficilis FW diffizil
discutir	E discuss F discuter L discutere D diskutieren
diverso,a	E diverse F divers L diversus FW diverse
duración f	E duration F durée L durabilis
durar	F durer L durare
educación f	E education F éducation L educatio
entre	F entre L inter
escolar	E WF school F scolaire L WF schola
este	L iste
estudio m	E study F étude D Studium
etapa f	F étappe D Etappe
etc.	E F L D et cetera
experimento m	E experiment L experimentum D Experiment
fácil	F facil L facile
física f	E physics F physique L physica D Physik
geografía f	E geography F géographie L geographia D Geografie
gimnasio m	E gym F gymnase L gymnasium fF Gymnasium
historia f	E history F histoire L historia
hora f	E hour F heure L hora
indicar	F indiquer L indicere
infantil	L infantilis fF infantil
informarse	E inform F informer L informare D s. informieren
informática f	F informatique L information D Informatik
instalación f	E F installation FW Installation
ir	Spanisch: (tú) vas F tu vas
jueves m	F jeudi
laboratorio m	E laboratory F laboratoire L labor D Labor(atorium)
lengua f materna	F langue maternelle L lingua materna
lunes m	F lundi L WF luna
martes m	F mardi
materia f	F matière L materia D Materie
material m	E F material L materia D Material
mediación f	E mediation F médiation L WF mediator
miércoles m	F mercredi
momento m	E F moment L momentum D Moment
música f	E music F musique L musica D Musik
naturaleza f	E F fF nature L fF natura fF Natur
numeroso,a	E numerous F nombreux L numerosus

obligación f	E F obligation L obligatio
obligatorio,a	E obligatory F obligatoire L obligatio FW obligatorisch
optativo,a	E optional F optionnel L optio FW optativ
ordenador m	F ordinateur
plaza f	E place F place D Platz
posibilidad f	E possibility F possibilité L possibilitatis
posible	E F possible L possibilis
prepararse	E prepare F préparer L praeparare FW sich präparieren
proyección f	E F projection FW Projektion
química f	E chemistry F chimie D Chemie
realidad f	E reality F réalité FW Realität
realizar	E realize F réaliser FW realisieren
recreo m	E recreation F récréation L recreare
religión f	E religión F religión L religio D Religion
resumen m	F résumé L resumere FW Resümee
ruso,a	E Russian F russe D russisch
sala f	E F salle D Saal
servicio m	E F service
situado,a	E situated F situé L situs
taza f	F tasse D Tasse
terminar	F terminer L terminare
tipo m	E F type L typus D Typ
viernes m	F vendredi

6 La rutina diaria

rutina f	Routine, Gewohnheit, Ablauf
diario,a	täglich, alltäglich
vida f	Leben
cama f	Bett
acostarse -ue-	schlafen gehen
dormir -ue-	schlafen
trabajo m	Arbeit
despertarse -ie-	aufwachen
levantarse	aufstehen
alistarse (Am.)	sich fertig machen
almorzar -ue-	zu Mittag essen

1 Pasar un día normal y corriente

pasar un día m	einen Tag verbringen
normal y corriente	ganz normal
hoy	heute
mañana f	Morgen
mañana	morgen
negro,a	schwarz
pelo m sg	Haar(e)
castaño,a	braunhaarig
oscuro,a	dunkel
ambos,as pl	beide
largo,a	lang
rizado,a	lockig
dormir -ue-	schlafen
sonar -ue-	klingeln, läuten
en punto	genau
despertador m	Wecker
siempre	immer
ponerse algo	sich etwas anziehen
bata f	Bademantel
blanco,a	weiß
baño m	Bad
espejo m	Spiegel
sacar una foto	fotografieren, ein Foto machen
lavarse los dientes	sich die Zähne putzen
duchar(se)	(sich) duschen
secar(se)	(sich) abtrocknen, trocknen
toalla f	Handtuch
sacar la lengua	die Zunge herausstrecken
malo,a	böse, schlecht
delante de	vor (*örtlich*)
armario m	Schrank
nunca	niemals
sacar	ziehen; herausnehmen
blusa f	Bluse
estampado,a	(bunt) bedruckt
pensar -ie-	denken
seguro que	sicher, dass; bestimmt
esperar	warten, hoffen
prenda f	Kleidungsstück
favorito,a	Lieblings-

chaqueta f	Jacke
pintarse	sich schminken
mientras	während
cepillarse	sich (das Haar) bürsten
antes de	vor (*zeitlich*)
echar un vistazo m a	einen Blick werfen auf
test m	Test
chequear (ugs.)	checken
correo m electrónico	elektronische Post; E-Mails
manera f	Art, Weise
original	originell
escritorio m	Schreibtisch
escuela f	Schule
aquí	hier
cocina f	Küche
desayunar	frühstücken
llevarse bien	sich gut verstehen
despedirse -i-	sich verabschieden
encontrarse -ue-	sich befinden
salir	ausgehen; hier: aufbrechen
temprano,a	früh
matinal	morgendlich
comentario m	Kommentar
encender -ie-	anmachen, anzünden
más o menos	mehr oder weniger
peinarse	sich kämmen
chatear (ugs.)	chatten
feisbuquear (ugs.)	facebooken
reconstruir -y-	rekonstruieren, wieder herstellen

1.2 La rutina diaria de Maya

lavar(se)	(sich) waschen
cara f	Gesicht
vestirse -i-	sich anziehen
llegar a	ankommen
conversación f	Konversation, Gespräch
fruta f sg	Obst
camino m	Weg
comer	essen
churro m	frittiertes Gebäck
entrar	hineingehen, eintreten
tienda f	Geschäft
comprar	einkaufen
echarse	sich hinlegen
siesta f	Mittagsschlaf
bañarse (Am.)	duschen, sich baden
cenar	zu Abend essen
cereales m pl	Müsli
computadora f (Am.)	Rechner, Computer
coger	nehmen, greifen
visitar	besuchen
decidir	entscheiden
verdadero,a	wahr
entrevistarse	interviewen
ficticio,a	fiktiv
mitad f	Hälfte
cortés	höflich
rodamiento m de bolas f	Kugellager
entonación f	Intonation
concordancia f	Konkordanz
informar sobre	informieren über

2 ¿Rutina diaria?

¿por qué?	warum
dormir -ue-	schlafen
en clase	während des Unterrichts
principalmente	hauptsächlich
ciencias políticas fpl	Politikwissenschaft
demasiado	zu viel
demasiado,a	zu viel
latero,a	lästig
motivación f	Motivation
entrete = entretenido,a (ugs.)	unterhaltsam
hacerse	werden
monótono,a	monoton, eintönig
fome (Am.)	langweilig
quedarse dormido,a	einschlafen
cálculo m	Rechnen
aburrirse	sich langweilen
recuperar	nachholen
sueño m	Schlaf
como a las...	ungefähr um
desconectar	abschalten
opinar	meinen
autora	Verfasserin
durante	während
lenguaje m juvenil	Jugendsprache
atención f	Aufmerksamkeit
prestar atención	aufpassen, beachten
traducir -zc-	übersetzen
juvenil	Jugend-
apodo m	Spitzname, *nickname*

3 Dos poesías

alegría f	Freude
optimismo m	Optimismus
melancolía f	Wehmut, Melancholie
pesimismo m	Pessimismus

tristeza f	Trauer
monotonía f	Eintönigkeit, Monotonie
felicidad f	Glück
verso m	Vers
poético,a	poetisch, dichterisch
poesía f	Gedicht
poesía f visual	konkrete Poesie
rima f	Reim, Vers
igual	(genau) gleich
cielo m	Himmel
gris	grau, Grau
horizonte	Horizont
poeta m	Dichter
sentimiento m	Gefühl
predominar	überwiegen
subrayar	unterstreichen
estrofa f	Strophe
ayer	gestern
eterno,a	ewig
andar	gehen

4 Una pregunta por Internet

resolver -ue-	lösen
alguien	jemand
necesitar	notwendig sein, brauchen
ducha f	Dusche
revisar	überprüfen
periódico m	Zeitung
falta f	Fehler
ortografía f	Rechtschreibung
gramática f	Grammatik
ejercicio m	Übung
estilo m	Stil
redacción f	Aufsatz
usuario,a	Benutzer(in)
revisión f	Revision, Überprüfung
contenido m	Inhalt
mencionar	erwähnen
seleccionar	aussuchen
variar	variieren
diptongo m	Diphthong
adecuado,a	geeignet
doble m	doppelt
idéntico,a	identisch, gleich
orden m	Reihenfolge

Wortbildungsbox – Möglichkeiten der Wortbildung erkennen und so den Wortschatz erweitern

1. Hispanisierte Begriffe aus der Sprache des Internet

a) Lies die folgenden Wörter laut vor:
feisbuquear – chatear – escáner – escaip – féisbuk – émail – tuitero – tuitear – táblet

b) Erkläre, wie es zu der Schreibweise kommt.

2. Wörter ableiten und Wortbildungsmuster bzw. Verwandtschaften erkennen

Nomen	Adjektiv	Verb	Nomen	Verb	Nomen	Adjektiv
trabajo	trabajador,a	trabajar	cocina	cocinar	juventud	juvenil, joven
vida	vital	vivir	alm**uer**zo	almorzar	rutina	rutinario
despertador	desp**ie**rto,a	despertar(se)	desayuno	desayunar	atención	atento,a
pensa**miento**	pensativo,a	pensar -ie-	enc**ue**ntro	encontrar	día	diario,a
entreteni**miento**	entretenido,a	entretener	llegada	llegar	escuela	escolar
aburri**miento**	aburrido,a	aburrir(se)	entrada	entrar		
senti**miento**	sentimental	sentir	llamada	llamar		
			pregunta	preguntar		
			despedida	despedir		
			vestido	vestir		
			salida	salir		
			comida	comer		

3. versteckte Nomen

alistar	**lista**	cepillar	**cepillo**	bañar	**baño**	desayunar	**desayuno**	cenar	**cena**
visitar	**visita**	peinar	**peine**	duchar	**ducha**	almorzar	**almuerzo**	comprar	**compra**

4. feminine Nomen bilden auf -ura

negro,a	negr**ura**	blanco,a	blanc**ura**	largo,a	larg**ura**	diente	denta**dura**	pintar	pint**ura**

5. feminine Nomen bilden auf -dad

normal eterno,a	normal**idad** etern**idad**	oscuro,a idéntico,a	oscur**idad** ident**idad**	seguro,a malo,a	segur**idad** mal**dad**	feliz	feli**cidad**

6. feminine Nomen bilden auf -ión

pronunciar informar recuperar	pronuncia**ción** informa**ción** recupera**ción**	motivar opinar variar	motiva**ción** opin**ión** varia**ción**	redactar revisar seleccionar	redac**ción** revis**ión** selec**ción**	decidir traducir	decis**ión** traduc**ción**

7. Nomen bilden auf -ía, -ismo und -ista

monótono,a	monoton**ía**	melancólico,a	melancol**ía**	pesimista	pesim**ismo** pesim**ista** mf	optimista	optim**ismo** optim**ista** mf

7 Disfrutar del tiempo libre

disfrutar de	(etwas) genießen
tiempo m libre	Freizeit

1 La música nos acompaña

me gusta algo	mir gefällt etwas
gustar	gefallen
situación f	Lage
acompañar	begleiten
contar -ue-	erzählen
cerrado,a	geschlossen
canción f	Lied
imaginar	vorstellen
arreglar	aufräumen, in Ordnung bringen
habitación f	Zimmer
correr	rennen, laufen
bailar	tanzen
deberes mpl	Hausaufgaben
descansar	entspannen, sich ausruhen
letra (de la canción) f	(Lied-)Text
reconocer -zc-	erkennen
noche f	Nacht
corazón m	Herz
avión m	Flugzeug
viajar	reisen
viento m	Wind
soñar -ue-	träumen
moto f	Motorrad
lluvia f	Regen
volver -ue-	zurückkehren
diccionario m	Wörterbuch
uso m	Gebrauch
siguiente	(nach)folgend
averiguar	herausfinden
entrevista f	Interview
en absoluto	überhaupt nicht
tampoco	auch nicht
gusto m	Geschmack
sobre gustos no hay nada escrito	über Geschmack lässt sich nicht streiten
ir de compras	einkaufen, shoppen gehen
fiesta f	Feierlichkeiten, Feier
deporte m	Sport
creativo,a	schöpferisch, kreativ
categoría f	Kategorie
interés m	Interesse
general	allgemein
evento m	Ereignis
actual	aktuell
descripción f	Beschreibung
fanático,a	hier: Fan
privacidad f	Privatsphäre

noticia f	Nachricht
reciente	neu, jüngst
tocar	(Instrument) spielen
enero m	Januar
todos,as	alle
oportunidad f	Gelegenheit
fecha f	Datum
entrada f	Eintrittskarte
venta f	Verkauf
valor m	Wert, hier: Preis
peso	Peso, argentinische Währung
artista mf	Künstler(in)
ligeramente	leicht
adaptado,a	bearbeitet, adaptiert
fan mf	Fan, Anhänger/in
página f web	Internetseite
éxito m	Erfolg
desgraciadamente	unglücklicherweise
escenario m	Bühne
principal	Haupt-
programación f	Programm
actuar	spielen, auftreten
tarde f	Nachmittag, früher Abend
tiempo m	Wetter
sol m	Sonne
calor m	Hitze, Wärme
frío m	Kälte
grado m	Grad
cielo m	Himmel
atardecer m	Abenddämmerung
estar despejado,a	wolkenlos sein
estar nublado,a	bewölkt sein
estar cubierto,a	bedeckt sein
llover -ue-	regnen
nevar -ie-	schneien
ventana f	Fenster
físico m	Figur, Äußeres
estado m (de ánimo)	Gemütslage, Gemütszustand
ánimo m	Gemüt
feo,a	hässlich
sobre todo	vor allem
carismático,a	charismatisch, mit viel Ausstrahlung
atractivo,a	attraktiv
ser feliz	glücklich sein
ser infeliz	unglücklich sein
rubio,a	blond
pelirrojo,a	rothaarig
ser moreno,a	dunkelhäutig, dunkelhaarig sein
bajo,a	klein, niedrig
delgado,a	schlank
gordo,a	dick
divertido,a	lustig
aburrido,a	langweilig, gelangweilt
estar aburrido,a	gelangweilt sein
ser aburrido,a	langweilig sein
mayor	alt, älter
viejo,a	alt
pasivo,a	passiv
alto,a	groß (*Körpergröße*)
romántico,a	romantisch
femenino,a	weiblich
masculino,a	männlich
serio,a	ernst
pensativo,a	nachdenklich
contento,a	zufrieden
estar contento,a	zufrieden sein
descontento,a	unzufrieden
rabioso,a	wütend
enfadado,a	verärgert
cansado,a	müde
relajado,a	entspannt
ensimismado,a	in sich gekehrt
concentrado,a	konzentriert
aislado,a	isoliert
entusiasmado,a	begeistert
frustrado,a	frustriert
solo,a	allein, einsam
loco,a	verrückt
fascinado,a	fasziniert, begeistert
alegre	fröhlich
triste	traurig
barba f	Bart
gorra f	Mütze
mensaje m	hier: SMS
móvil m	Handy
reservado,a	zurückhaltend

2 Actividades en el tiempo libre

actividad f	Aktivität
base f	Grundlage
estadística f	Statistik
participar	teilnehmen
encuesta f	Umfrage
porcentaje m	Prozentsatz
en voz f alta	mit lauter Stimme
redondear	auf-, abrunden
mitad f	Hälfte, Mitte
hacer deporte m	Sport treiben

teatro m	Theater
salir	(hin-)ausgehen
cine m	Kino
usar	benutzen
excursión f	Ausflug
jugar -ue-	spielen
jugar al tenis	Tennis spielen
quedar con	sich verabreden mit
rebaja f	Sonderangebot
tele f	Fernsehen
examen m	Prüfung
venir -ie-	(her)kommen
abuelo m	Großvater
abuela f	Großmutter
relajarse	entspannen
museo m	Museum
hacer planes m pl	planen, Pläne machen
ocio m	Freizeit
radio f	Radio
cómic m	Comic
guitarra f	Gitarre
judo m	Judo
hacer una barbacoa f	grillen
nadie	niemand
juventud f	Jugend
allí	dort

3 Organizar un desayuno español con el curso

organizar	organisieren
desayuno m	Frühstück
queso m	Käse
zumo m	Saft
naranja f	Orange, Apfelsine
leche f	Milch
galleta f	Keks
tostada f	Toast
mantequilla f	Butter
mermelada f	Marmelade
tortilla f	Omelette
aceite m de oliva f	Olivenöl
embutido m	Wurstaufschnitt
bollo m	Hefeteilchen
café m	Kaffee
bocadillo m	belegtes Brot
magdalena f	Madeleine (Gebäck)
pan m tostado	getoastetes Brot
producto m	Produkt
típico,a	typisch
bar m	Gaststätte
consistir en	bestehen aus
tradicional	traditionell
caliente	warm
casa f	Haus
vaso m	Glas
acompañado,a (con)	begleitet (von)
soler -ue- hacer u. c.	etwas zu tun pflegen, gewöhnlich tun
pincho m	Häppchen, Tapa
porción f	Portion
región f	Region, Gegend
tomate m	Tomate
habitual	gewöhnlich
costumbre f	Gewohnheit
en común	gemeinsam
mientras que	während, wohingegen
en cambio	hingegen
tanto... como	so ... wie
preferir -ie-	vorziehen, bevorzugen
pizarra f	Tafel
traer	(mit-)bringen
referirse -ie- a	sich beziehen auf
carta de invitación f	Einladungskarte
panadería f	Bäckerei
supermercado m	Supermarkt
invitar	einladen
dulce	süß
placer m	Genuss
disco m	CD, Platte
azúcar m	Zucker
jamón m	Schinken

Angebot zur selbstständigen Arbeit am Wortschatz des Moduls

Du hast jetzt schon viel zum Ableiten von Wörtern aus anderen Sprachen und zur Wortbildung erfahren. Jetzt kannst du zeigen, wie du deine Kenntnisse anzuwenden vermagst.

1. Welches Verb steckt jeweils in folgenden Nomen?
   gusto – imaginación – canción – baile – descanso – sueño – compras – interés

2. Bilde aus den folgenden Adjektiven Nomen. Überlege (wenn du das Nomen nicht schon kennst) zuerst, wie es im Deutschen (oder auch in anderen Sprachen) lautet, und hispanisiere es dann. Achte auf die Rechtschreibung!
Beispiel: atractivo → Attraktion (attraction) → atracción
carismático – creativo – fanático – pasivo – entusiasmado – activo – actual – tradicional – feliz – adaptado (2: -ión; 5: -dad; 1: -ismo; 1: -a; 1: -o)

3. Aus welchen Sprachen (er)kennst du die folgenden Wörter?
excursión – tostado – plan – relajarse – queso – típico – región – teatro – frustrado – noticia – consistir

8 Aquí vivimos

1 La ciudad de Gijón vista por el actor Javier Ríos

vista por	gesehen von
actor m	Schauspieler
agradable	angenehm
paisaje m	Landschaft
variado,a	vielfältig, verschieden
fomentar	fördern
majo,a	nett, schön
equipo m de fútbol m	Fußballmannschaft
lugar m de nacimiento m	Geburtsort
lugar m	Ort, Stelle
excelente	hervorragend
magnífico,a	herrlich
perfecto,a	perfekt
lo mejor	das Beste

2 El barrio

barrio m	Stadtteil, Stadtviertel
puerto m	Hafen
terraza f	Terrasse
carnicería f	Metzgerei
piso m	Stock(-werk)
peluquería f	Frisiersalon
jardín m	Garten
aparcamiento m	Parkplatz
coche m	Auto, Wagen
cerca de	in der Nähe von, nahe bei
edificio m	Gebäude
farmacia f	Apotheke
abajo	unten
al lado	daneben
enfrente	gegenüber
parada f	Haltestelle
estación f de tren m	Bahnhof
tren m	Zug
carne f	Fleisch
cancha f	Sportplatz
entrenarse	trainieren
silencioso,a	ruhig, still
cadena f	Kette
alguno,a	irgendwelche(r), irgendeine(r)
atractivo m	Sehenswürdigkeit
frutería f	Obstgeschäft
restaurante m	Restaurant
mexicano,a	mexikanisch, Mexikaner(in)
tienda f de ropa f	Bekleidungsgeschäft
ropa f	Kleidung, Wäsche
zapatería f	Schuhgeschäft
parque m zoológico	Zoo
taller m de coches m	Autowerkstatt
piscina f	Schwimmbad
plaza f de toros	Stierkampfarena
monumento m	Monument, Denkmal
bar m de tapas f pl	Tapas-Bar
infraestructura f	Infrastruktur
cortar el pelo	Haare schneiden
cliente mf	Kunde/Kundin
reparar (coches)	(Autos) reparieren
zapato m	Schuh
discoteca f	Diskothek
medicina f	Medikament, Medizin
animal m	Tier
exótico,a	exotisch
salvaje	wild
corrida f de toros m	Stierkampf
torear	mit Stieren kämpfen

nadar	schwimmen
beber	trinken
ninguno,a	kein(e)
doble	doppelt
chulo,a	toll
moda f	Mode
marca f	Marke
chino,a	chinesisch, Chinese, Chinesin
por aquí	hier: in der Nähe
extraordinario,a	außerordentlich, außergewöhnlich
acudir	sich einfinden, hingehen
vacaciones f pl	Ferien
entusiasmo m	Begeisterung

3 Una vivienda del siglo pasado

casa-museo f	Wohnhaus als Museum
vivienda f	Wohnung
siglo m	Jahrhundert
el siglo m pasado	das letzte Jahrhundert
dormitorio m	Schlafzimmer
hierro m	Eisen
mesilla f de noche f	Nachttisch
sillón m	Sessel
armario m	Schrank
estufa f	Ofen
en el centro m	in der Mitte
madera f	Holz
al lado m izquierdo	auf der linken Seite
mesa f	Tisch
redondo,a	rund
único,a	einzige(r)
silla f	Stuhl
lavabo m	Waschbecken, ~gelegenheit
comedor m	Esszimmer
florero m	Blumenvase
balcón m	Balkon
gramófono m	Grammophon
dueña f	Eigentümerin
calle f	Straße
pensión f	Pension
modesto,a	bescheiden
estancia f	Aufenthalt
entonces	damals
catedrático,a	Studienrat, -rätin
sencillo,a	einfach
pobre	arm
común	gewöhnlich
aquella época f	hier: damals
época f	Epoche
retrato m	Porträt
pasillo m	Flur
escalera f	Treppe
subir	hinaufsteigen
piso m superior	oberes Stockwerk
donde	wo
conservar	aufbewahren
mueble m	Möbelstück
combatir	bekämpfen
invierno m	Winter
dar al patio m	zum Hof gehen
delante	davor
existir	existieren
documento m	Dokument
lista f	Liste
objeto m	Objekt
desde	seit (*zeitlich*)
universidad f popular	Volkshochschule
visita f	Besuch
impresión f	Eindruck
causar	verursachen
acertado,a	treffend
extraño,a	fremd
anticuado,a	veraltet
acogedor,a	gemütlich
cómodo,a	bequem
raro,a	merkwürdig
hospitalario,a	gastfreundlich
pasado,a de moda	altmodisch
interesante	interessant
huésped mf	Gast
usual	üblich
butaca f	Lehnstuhl
mantel m	Tischdecke
alrededor de	ringsherum
encima de	auf, über
flor f	Blume
amarillo,a	gelb
exposición f	Ausstellung
diseñar	entwerfen
colage m	Collage
catálogo m	Katalog
convertir -ie-	verwandeln
boceto	Skizze
vivo,a	lebhaft, lebendig
marco m	Rahmen
estantería f	Regal
alfombra f	Teppich
póster m	Plakat
equipo m de música f	Musikanlage

4 Familias y relaciones familiares

relación f	Beziehung
familiar	familiär
detrás de	hinter
lejos de	entfernt von
lejos	fern, weit weg
historia f familiar	Familiengeschichte
inspirar	inspirieren
pintor m	Maler
pianista mf	Klavierspieler(in)
azul	blau
médico m	Arzt
médica f	Ärztin
brazo m	Arm
dentista mf	Zahnarzt, Zahnärztin
de pie	stehend
vestido m	Kleid
violinista mf	Geigenspieler(in)
liso,a	glatt
perro de caza f	Jagdhund
perro m	Hund
caza f	Jagd
cariñoso,a	liebevoll
suave	zart, weich
pintar	malen
globalmente	global
al fondo / en el fondo	hinten, im Hintergrund
dominar	herrschen, überragen
lado m	Seite
distinguir	unterscheiden
a la derecha	rechts
primer plano m	Vordergrund
aparecer -zc-	erscheinen
locutor m	Sprecher
locutora f	Sprecherin
abogada f	Rechtsanwältin
mecánico m	(Auto-)Mechaniker
árbol m genealógico	Stammbaum
probablemente	wahrscheinlich
marido m	Ehemann
esposa f	Ehefrau
hijo m	Sohn
hija f	Tochter
nieto m	Enkel
nieta f	Enkelin
yerno m	Schwiegersohn
tío m	Onkel
tía f	Tante
sobrino m	Neffe
sobrina f	Nichte
nuera f	Schwiegertochter
materno,a	mütterlich, mütterlicherseits
paterno,a	väterlich, väterlicherseits
pariente mf	Verwandte(r)

Bloque de ejercicios adicionales

baloncesto m	Basketball
voleibol m	Volleyball
amueblar	möblieren
puerta f	Tür

Gramática y estructuras

campo m	Land
abrigo m	Mantel
bebé mf	Baby
botella m	Flasche
plato m	Teller
desgraciadamente	leider
en total	insgesamt
centro m juvenil	Jugendzentrum
oferta f	Angebot
iglesia f	Kirche
barato,a	preiswert, billig
lamentablemente	leider, bedauerlicherweise
tirita f	(Heft-)Pflaster

Wortbildungsregeln kennenlernen und anwenden

1. **Zusammengesetzte Nomen**
   Im Deutschen können wir Nomen miteinander verbinden und erhalten so ein neues Nomen. Das funktioniert im Spanischen nicht. Deshalb müssen wir die Nomen mit der Präposition *de* aneinanderreihen. Das Wort, das näher bestimmt wird, steht dabei am Anfang, während es im Deutschen am Ende steht.
   Beispiel: Auto**werkstatt** → **taller** de coches (die Werkstatt für Autos)

Wie heißen die folgenden Nomen auf Spanisch?
Fußballmannschaft – Geburtsort – Gaststättenparkplatz – Fleischereibesitzer – Bahnhof – Stierkampfarena – Nachttisch – Bushaltestelle

2. Sich des eigenen passiven Wortschatzes bewusst werden und ihn erweitern
Was bedeuten die folgenden Wörter und welches Wort des Moduls gehört zu derselben Familie?
excelencia – paisajístico,a – nacer – fomento – carne – pelo – aparcar – cercanía – parar – silencio – atraer – zapato – torero – clientela – médico – natación – bebida – entusiasmado,a – vivir – mesa – silla – redondez – lavar – flor – estar – retratar – subida – amueblar – combate – acostumbrarse – comunidad – cambiar – referencia – invitar – dulzura

3. Namen von Geschäften
a) Viele Namen für Geschäfte enden auf -ía. Nenne fünf mit den folgenden Anfangsbuchstaben: f – c – p (2x) – z
b) Wie heißen die Geschäfte, in denen du die folgenden Artikel kaufen kannst? café – libros – productos de papel (Papier)

4. Berufe und Verwandte: maskuline und feminine Nomen
In vielen Fällen haben feminine Nomen ein -a am Ende und maskuline ein -o. Aber es gibt auch Ausnahmen: Manche Nomen sind z. B. im Femininum und Maskulinum gleich, und man kann nur am Artikel oder am Attribut erkennen, welches Genus es hat; dies gilt für die Nomen auf -ista. Manche maskuline Nomen enden auf den Konsonanten -r, und das Femininum hat ein -a hinten. Es gibt auch die feminine Form auf -triz. Oder die Wörter sind im Femininum und Maskulinum jeweils ganz anders.
a) Bestimme, welches jeweils die feminine bzw. maskuline Form folgender Nomen ist: actriz – peluquero – farmacéutica – torero – mexicana – catedrático – dueña – huésped (¡!) – yerno (¡!) – pintor – madre (¡!) – dentista – violinista – marido (¡!) – nieto – abuela – sobrino – pariente – locutor.
b) Welche der Nomen in a) musst du dir besonders merken und warum?

9 Hacer prácticas y practicar al mismo tiempo español

hacer prácticas f pl	ein Praktikum machen

1 Prácticas en un albergue juvenil

albergue m juvenil	Jugendherberge
al mismo tiempo	gleichzeitig, zur selben Zeit
mismo,a	selber, selbst, gleich
prácticas f pl	Praktikum
página f	Seite
geográfico,a	geografisch
kilómetro m	Kilometer
transporte m	Transport
metro m	U-Bahn
apto,a	geeignet
minusválido,a	Körperbehinderte(r)
equipamiento m	Ausstattung
comida f	Essen
vegetariano,a	vegetarisch
dieta f	Diät, (Schon-)Kost
régimen m especial	Spezialdiät
precio m	Preis
por día	täglich, pro Tag
semana f	Woche
quíntuple (habitación)	Fünferzimmer
desplazarse	sich fortbewegen
silla f de ruedas f pl	Rollstuhl
necesario,a	notwendig
sábana f	Bettlaken, ~tuch
céntrico,a	zentral gelegen
gracias f pl	danke
borrador m	Entwurf

2 Hacer prácticas de camarera o camarero en un restaurante alemán

hacer prácticas f pl de camarero,a	ein Praktikum als Kellner/in machen
restaurante m	Restaurant
estofado m	Gulasch
probar -ue-	probieren
realmente	wirklich
agua f mineral	Mineralwasser
con gas m	mit Kohlensäure
señor m	Herr
beber	trinken
recomendar -ie-	empfehlen
especie f	Art
albóndiga f	Fleischkloß
grande	groß
salsa f	Sauce
alcaparra f	Kaper
patata f	Kartoffel
vapor m	Dampf
rico,a	hier: lecker
patatas f pl fritas	Pommes frites
ensalada f	Salat
menú m	Menü
solución f	Lösung
original	original
desear	wünschen
camarero,a	Kellner(in)
a la hora de la comida	zur Essenszeit
carta f	Speisekarte
servir -i-	(be)dienen, behilflich sein
adquirir -ie-	erwerben
bilingüe	zweisprachig
plato m	Gericht, Teller
consultar	nachschlagen
abreviatura f	Abkürzung
entrada f (del diccionario)	Eintrag (im Wörterbuch)
paso m	Schritt
sacar consecuencias f pl	Schlussfolgerungen, Konsequenzen ziehen
consecuencia f	Konsequenz, Schlussfolgerung
al menos	mindestens
diferente	verschieden
bebida f	Getränk

3 Prácticas en un hotel

requisito m	Anforderung
desempeñar un puesto	einen Posten einnehmen
sector m hotelero	Hotelsektor
dinero m	Geld
cambiar dinero m	Geld wechseln
estar enfermo,a	krank sein
atender -ie- a	sich kümmern um
cortés	höflich
atento,a	aufmerksam
paciente	geduldig
puntual	pünktlich
plano m de la ciudad	Stadtplan
tratar de usted	siezen
mayores m	ältere Menschen
competencia f	Fähigkeit, Kompetenz
disponer de	verfügen über
funcionar	funktionieren
cuarto m	Zimmer
empleado,a	Angestellte(r)
cartel m	Schild
consejo m	Ratschlag
recomendación f	Empfehlung
aviso m	Ankündigung
confianza f	Vertrauen
respetar	respektieren
colega mf	Kollege, Kollegin
emplear	benutzen
tener -ie- en cuenta	beachten
cuando	wann
cambiar	wechseln
sílaba f	Silbe
acentuado,a	betont
desaparecer -zc-	verschwinden
transformar en	umformen
despacio	langsam
maleta f	Koffer
subir	hier: nach oben begleiten
barrer	kehren, fegen
escoba f	Besen
recogedor m	Kehrblech
escobilla f	Handfeger
practicante mf	Praktikant(in)
limpiar el baño	das Bad sauber machen
limpiar	putzen, sauber machen
hacer las camas	Betten machen
recoger	aufräumen
basura f	Müll, Abfall
llenar	füllen
poner detergente	Putzmittel hinzufügen
fregar -ie-	wischen
suelo m	Boden
bayeta f	Putzlappen

vaciar	leeren
colocar	legen, stellen
papel m higiénico	Toilettenpapier
quitar el polvo	Staub wischen
trapo m	Lappen
pasar la aspiradora f	Staub saugen
pecado m	Sünde
personal m	Personal
molestar	stören
impuntual	unpünktlich
prohibición f	Verbot
replicar	erwidern
fumar	rauchen

4 Prácticas en una oficina de turismo alemana

oficina f de turismo m	Fremdenverkehrsbüro
turismo m	Tourismus
preguntando se llega a Roma	fragend kommt man nach Rom
buenas tardes f pl	guten Tag, guten Abend
señora f	Dame, Frau
indicación f	Hinweis
cruzar	überqueren
zona f peatonal	Fußgängerzone
repleto,a	prall gefüllt
almacén m	Laden
continuar	weitergehen, fortfahren
girar	sich wenden
todo recto	geradeaus
cruce m	Kreuzung
semáforo m	Ampel
paso m de cebra f	Zebrastreifen
a mano izquierda	links
cortesía f	Höflichkeit
interesar	interessieren
bocacalle f	Straßeneinmündung
simular	simulieren, so tun, als ob
destino m	Ziel
serie f	Reihe
olvidar	vergessen

5 Un destino perfecto: el Museo del Chocolate en Colonia

festivo,a	Feier-
día m festivo	Feiertag
costar -ue-	kosten
reducido,a	ermäßigt
pagar	bezahlen
gratuito,a	kostenlos
rol m	Rolle
repartido,a	verteilt
par m	paar
compuesto,a	zusammengesetzt
cubo m de basura f	Mülleimer

10 Fiestas y costumbres

1 Fiestas y costumbres en Alemania y España

subir	hier: hochheben
cruz f	Kreuz
los Reyes Magos m pl	die Heiligen Drei Könige
cantar	singen
belén m	(Weihnachts-)Krippe
uva f	(Wein-)Traube
traducción f	Übersetzung
cronológicamente	chronologisch
Nochebuena f	Heiligabend
Semana Santa f	Karwoche, Osterwoche
carnaval m	Karneval, Fasching
Pascua f	Ostern
Nochevieja f	Silvester
mes m	Monat
margen m	Rand
trabajador,a	Arbeiter(in)
enero m	Januar
febrero m	Februar
marzo m	März
abril m	April
mayo m	Mai
junio m	Juni
julio m	Juli
agosto m	August
septiembre m	September
octubre m	Oktober
noviembre m	November
diciembre m	Dezember
árbol m	Baum
desfile m	Zug, Umzug
calendario m	Kalender
navideño,a	Weihnachts-, weihnachtlich
decorar	schmücken
huevo m	Ei
analizar	analysieren

2 Así se celebra en España

celebrar	feiern

2.1 Fiestas españolas

regalo m	Geschenk
quemar	hier: verbrennen
figura f	Figur
cartón m	Pappe
cargar	tragen, (be)laden
hombro m	Schulter
a hombros	geschultert, auf den Schultern
virgen f	Marienfigur, Jungfrau
lanzar	werfen
procesión f	Prozession, Umzug
ondear	schwenken
pañuelo m	(Taschen-)Tuch
rojo,a	rot
vídeo m	Video
tradición f	Tradition

2.2 Una fiesta muy popular: la Tomatina de Buñol

popular	hier: beliebt, auch: Volks-
arrojar	werfen
comienzo m	Anfang
espectáculo m	Spektakel, Schauspiel
acto m	Akt
palo m	Pfahl
jabón m	Seife
superior	obere(r,s)
poste m	Pfosten
enjabonado,a	eingeseift
mientras tanto	währenddessen
visitante mf	Besucher(in)
alcanzar la cima	den höchsten Punkt erreichen
cima f del poste	Spitze des Pfostens
soltar -ue- el jamón	den Schinken losbinden
inicio m	Anfang
carcasa f	Knall
batalla f	Kampf
varios,as	mehrere
camión m	Laster
verter -ie-	schütten
en abundancia f	in Hülle und Fülle
cultivar	anbauen
consumo m	Konsum
pueblo m	Dorf
proceder de	stammen aus
específicamente	spezifisch
festival m	Festival
ya que	denn
por tanto	deswegen
menos	weniger
costoso,a	kostspielig
exactamente	genau
lucha f	Kampf
concluir -y-	beenden
disparo m	Schuss
final m	Ende
jugo m de tomate m	Tomatensaft
bombero m	Feuerwehrmann
encargado,a	Beauftragte(r)
limpieza f	Reinigung
manguera f	Schlauch
quitar	entfernen, wegmachen
cuerpo m	Körper
ayuntamiento m	Rathaus
proponer	vorschlagen
duro,a	hart
romper	kaputt machen
camiseta f	T-Shirt, Unterhemd
aplastar	zerquetschen
mantener -ie-	halten
distancia f	Entfernung
dejar de	aufhören zu
oír	hören
anotación f	Anmerkung, hier: Vokabelangabe

hipótesis f	Hypothese
justificar	rechtfertigen
párrafo m	Absatz
público m	Publikum
irse	weggehen
prohibido,a	verboten
entero,a	ganz, gesamt
acercarse	sich nähern
auténtico,a	authentisch
responder	antworten
peligroso,a	gefährlich
enlace m	Bindewort
relato m	Erzählung
a continuación f	anschließend
luego	danach
al final	am Ende
finalmente	schließlich
origen m	Ursprung
alcalde m	Bürgermeister
pelea f	Kampf
coger	nehmen
puesto m (de verduras)	(Gemüse-)Stand
verdura f	Gemüse

próximo,a	nahe gelegen
contra	gegen
enemigo m	Feind
al poco	kurz danach
fuerzas f pl del orden	Ordnungskräfte
ellos mismos	sie selbst
de nuevo	von Neuem
a principios de	zu Beginn der/von
prohibir	verbieten
celebración f	Feier
frenar	bremsen
ser detenido	festgenommen werden
sin embargo	trotzdem
volcarse -ue- con (ugs.)	sich für jemanden ein Bein ausreißen
rápidamente	schnell
libertad f	Freiheit
dejar en libertad f	freilassen
permitir	erlauben
bajo	unter
cierto,a	ein(e) gewisse(r)
norma f	Norm
gracias a	dank
valiente	mutig
en su día	zum rechten Zeitpunkt
luchar por	kämpfen für
cuándo	wann
acontecimiento m	Ereignis
habitante mf	Einwohner(in)
pasado m	Vergangenheit
reportaje m	Reportage, Bericht
accidente m	Unfall
superar	hier: übertreffen
previsión f	Prognose
incluso	sogar
lograr	erreichen
grito m	Schrei
tonelada f	Tonne
repartir	verteilen
valorar	schätzen
positivamente	positiv
señalar	signalisieren, (an)zeigen
pasárselo bien	Spaß haben

3 Voces críticas acerca de las fiestas

voz f	Stimme
acerca de	über, zu, in Bezug auf
crítico,a	kritisch
tirar	hier: wegwerfen
ensuciar(se)	(sich) schmutzig machen
diversión f	Spaß
ganar	verdienen
tortura f	Folter, Qual
soportar	ertragen
adoración f	Verehrung
oler -ue-	riechen
aprovechar	(aus)nutzen
kilo m	Kilo
pasar el / un rato m	sich die Zeit vertreiben
pasar hambre	Hunger leiden
hambre f	Hunger
montón m	Haufen
pólvora f	(Schieß-)Pulver
petardo m	Böller
a todas horas	rund um die Uhr
sufrimiento m	Leiden
lo peor	das Allerschlimmste
ponerse a llorar	zu weinen beginnen
cerdo m	Schwein
lleno,a	voll
parecer -zc-	scheinen, wirken
mentira f	Lüge
farsa f	Schwindel; Farce
asistir a	teilnehmen an
hacerse notar	sich bemerkbar machen
estatua f	Statue
negativo,a	negativ
estar de acuerdo con	einverstanden sein mit
criticar	kritisieren
completar	ergänzen
discusión f	Auseinandersetzung, Diskussion
servir de intérprete mf	als Dolmetscher(in) dienen
brutal	brutal
armónico,a	harmonisch
criar	züchten
especialmente	besonders, insbesondere
impresionante	beeindruckend
fuego m	Feuer
opinión f	Meinung
especificar	spezifizieren, im Einzelnen darlegen
conectar	verbinden
matar	töten
cruel	grausam
recibir	bekommen
bien alto	schön laut
en cuanto a	in Bezug auf
maltratar	misshandeln
media f	Strumpf

calcetín m	Socke
muro m	Mauer
atacar	angreifen
escapar de	sich retten vor, entkommen
divertirse -ie-	Spaß haben
cumpleaños m	Geburtstag
tanto (no me gusta tanto)	so (sehr) (es gefällt mir nicht so)
genial	genial
sufrir	leiden
conmigo	mit mir
pasar por	vorbeikommen an

11 Ropa, moda y consumo

1 ¿Moda de marcas o productos sin nombre?

moda f de marcas f	Markenmode
producto m sin nombre m	Nicht-Markenartikel (*no name-Produkt*)

1.1 La moda española de hoy

imperio m	Imperium
empresa f	Unternehmen
mundial	Welt-
valorado,a	geschätzt
textil	Textil-
confección f	Anfertigung, Konfektion
figurar entre	auf der Liste stehen, Teil sein
considerado,a	betrachtet als
poderoso,a	mächtig
mercado m	Markt
diseñador,a	Designer(in)
crear	(er)schaffen, schöpfen
inmediato,a	hier: schnell, sofortig
pronta	schnell
pasarela f	Laufsteg
tendencia f	Tendenz, Trend
creador m	Schöpfer
módico,a	gering, mäßig (Preis)
falso,a	falsch
preferir -ie-	vorziehen
calidad f	Qualität
continente m	Kontinent
masculino,a	Herren-
infancia f	hier: Kinder-
manipular	manipulieren
clientela f	Kundschaft
llamativo,a	auffällig
superlativo	Superlativ
visitado,a	besucht
modelo f	Model, Mannequin
desempeñar	ausüben
desempeñar un papel	eine Rolle spielen
tela f	Stoff
coser	nähen
propio,a	eigene/r/s
económico,a	preiswert
miembro m	Mitglied

1.2 Ir de compras

tutearse	sich duzen
mismo,a	derselbe, dieselbe
autoridades f pl	Autoritäten, hochgestellte Persönlichkeiten
a cuadros m	kariert
clásico,a	klassisch
manga f	Ärmel
largo,a	lang
corte m	Schnitt
juvenil	jugendlich
algodón m	Baumwolle
temporada f	Saison
dependienta f	Verkäuferin
talla f	Größe
probarse -ue-	anprobieren
probador m	Ankleidekabine
tejido m sintético,a	Synthetikfaser
seda f	Seide
encantar	begeistern
fibra f natural	Naturfaser

2 Una tendencia actual: comprar ropa en el mercadillo

mercadillo m	Flohmarkt, Trödelmarkt
tendencia f	Tendenz
descubrir	entdecken
ancho,a	breit
lona f	Plane
techo m	Dach
tender -ie-	aufhängen
tendero,a	Händler(in)
cachivaches m pl	Krempel, Kram

antigüedades m pl	Antiquitäten
cubiertos m pl	Besteck
vajilla f	Geschirr
vender	verkaufen
sandalia f	Sandale
calzado m	Schuhwerk
ropa f interior	Unterwäsche
complementos m pl	Accessoires
publicado,a	veröffentlicht
artículo m	Artikel
pasearse	spazieren gehen
trenza f	Zopf
aunque	obwohl
comparación f	Vergleich
asequible	erschwinglich
llevar años (+ ger.)	seit Jahren
jeans	Jeans
terciopelo m	Samt
cuello alzado	hoher Kragen
darse cuenta de	bemerken, sich bewusst werden
¡daos cuenta!	etwa: und was glaubt ihr?
mono,a	schön, toll
monísimo,a	ganz toll
abrazo m	Umarmung
varios,as	mehrere
cómodo,a	bequem
feo,a	hässlich
imagen f de palabras f	Wortbild
linda,o	hübsch, schön
hermoso,a	schön, entzückend
horrible	schrecklich, fürchterlich
publicar	veröffentlichen
desfile m de moda f	Modenschau
jersey m	Pullover
a rayas	gestreift
pantalón m de campana	Hose mit Schlag
conjunto m	Ensemble
camisón m	Nachthemd
aniversario m	Jahrestag, Jubiläum
década f	Dekade, Jahrzehnt
lucir -zc-	zeigen, zur Schau stellen
lana f	Wolle
top m	Top
tirante m	Träger
pantalón m	Hose
vaqueros m pl	Jeans
bermudas f pl	Bermudashorts
falda f	Rock
minifalda f	Minirock
traje m	Anzug
abrigo m	Mantel
color m	Farbe
chaquetón m	Jacke
lila	lila
gris	grau
pink	rosa
verde	grün
claro,a	hell
chillón	grell
brillante	leuchtend, glänzend
mate	matt
estrecho,a	eng
ancho,a	breit, weit
convicción f	Überzeugung
a cuadros	kariert
regular	durchschnittlich, regelmäßig
convicción f	Überzeugung
originalidad f	Originalität, Echtheit
perfección f	Vollkommenheit
mediante	durch, mit Hilfe von
medio m estilístico	Stilmittel
divino,a	himmlisch
subrayar	unterstreichen
acentuar	unterstreichen, betonen
destacar	herausstellen, betonen
mejorar	verbessern
mágico,a	magisch
exclamación f	Ausruf
reseña f	Rezension
título m	Titel

3 Un día sin compras

acción f	Aktion
excesivo,a	exzessiv, ausufernd
limpio,a	sauber
campaña f	Kampagne
nacer -zc-	geboren werden
grandes almacenes m pl	große Kaufhäuser
método m	Methode
protesta f	Protest
denunciar	hier: anprangern
organización f	Organisation
institución f	Institution
simpatizante mf	Sympathisant(in)
manifestación f	Demonstration
centro m comercial	Einkaufszentrum
fábrica f	Fabrik
producir -zc-	herstellen

condiciones f pl de trabajo m	Arbeitsbedingungen
concienciar	sensibilisieren, bewusst machen
consumidor m	Verbraucher
captura de pantalla	Screenshot
protección f laboral	Arbeitsschutz
sustancia f	Substanz
tóxico,a	giftig
sindicato m	Gewerkschaft
contaminar	verseuchen
medio m ambiente	Umwelt
útil	nützlich
conveniente	angebracht
ahorrar	sparen
motivo m	Motiv
ecológico,a	ökologisch
rechazar	ablehnen
renunciar a	verzichten auf
mesa f redonda	Diskussionsrunde
experiencia f	Erfahrung
quedar bien	gut sitzen
polémico,a	polemisch
vendedora f	Verkäuferin
anticipar	vorwegnehmen
argumento m	Argument
evaluación f	Evaluation
desarrollar	entwickeln
convincente	überzeugend
razón f	Grund
resumir	zusammenfassen

12 Latinoamérica y el agua

1 Me gusta el agua

riqueza f	Reichtum
acuático,a	Wasser-
valle m	Tal
frío,a	kalt
reserva f de la biosfera f	Biosphärenreservat
biosfera f	Biosphäre
proporcionar	bereitstellen
buceo m	Tauchen, Tauchsport
natación f	Schwimmsport
desierto m	Wüste
manantial m	Quelle
cálido,a (Am.)	warm
templado,a	warm
paraíso m	Paradies
rodeado,a	umgeben (von)
vegetación f	Vegetation
lago m	See
cristalino,a	kristallklar
espacio m	Raum
acampar	campen, zelten
pantano m	hier: Sumpf, auch: Stausee
tercio m	Drittel
extenso,a	ausgedehnt, weit
tablón m de notas	Pinnwand
asociar	verbinden
cascada f	Wasserfall
extensión f	Fläche
ir en canoa f	Kanu fahren
navegar a vela f	segeln

2 El agua: un bien escaso

cocinar	kochen
regar -ie-	gießen
lavadora f	Waschmaschine
aseo m	Körperpflege
wáter m	WC
gastar	verbrauchen
gasto m	Verbrauch
litro m	Liter
calcular	schätzen
oración f subordinada	Nebensatz
escasez f	Knappheit
cifra f	Ziffer, Zahl
pez m	Fisch
parabrisas m pl	Windschutzscheibe
saltar	springen
sorprendente	überraschend
acceso m a	Zugang zu
potable	trinkbar
recurso m	Ressource, Vorrat
pozo m	Brunnen
milla f	Meile, ≈ 1,6 km
a pie m	zu Fuß
seco,a	trocken
planta f	Pflanze

plantar las cosechas	aussäen
dificultoso,a	mühsam
tomar	hier: trinken
propósito m	Zweck
hervir -ie-	(ab)kochen
duda f	Zweifel
adicional	zusätzlich
tanque m	Tank
alimentar	ernähren
guardar	aufbewahren
cemento m	Zement
pureza f	Reinheit
haber	geben

3 El problema del agua en el mundo

acceso m	Zugang
morir -ue-	sterben
alejado,a	entfernt
vendedor,a	Verkäufer(in)
privado,a	privat
contaminado, a	verschmutzt, kontaminiert
diarrea f	Durchfall
ni... ni...	weder ... noch ...
muchas veces	oft
en consecuencia	folglich
como	da, weil (am Satzanfang)
flecha f	Pfeil
ensayar	üben, proben
organización f humanitaria	Hilfsorganisation
independiente	unabhängig
desnutrición f	Unterernährung
tratar de	handeln von
símbolo m	Symbol
dato m	Angabe
provocar	hervorrufen
hogar m urbano	städtischer Haushalt
suico,a	schmutzig, dreckig
injusticia f	Ungerechtigkeit
error m	Fehler
asistencia f médica	medizinische Versorgung
exigir	erfordern
dirigirse a	sich begeben nach, sich wenden an
requerir -ie-	erfordern
grifo m	Wasserhahn
roto,a	kaputt, entzwei, zerbrochen
medio vacío	halbvoll
sobrar	übrig sein
reparar	reparieren
vacío,a	leer
en vez de	anstelle von, (an)statt
cisterna f	hier: Spülkasten
cuenco m	Topf, Gefäß
revista f	Zeitschrift
pegar	kleben
tantos,as	so viele

13 España más a fondo

1 España más a fondo

más a fondo	in die Tiefe gehend, näher/genauer betrachtet
área f	Fläche, Gebiet
oficial	offiziel
denominado,a	genannt
respectivamente	jeweils
forma f de gobierno m	Regierungsform
monarquía f	Monarchie
constitucional	verfassungsmäßig
cabeza del Estado	Staatsoberhaupt
rey m	König
Presidente m del Gobierno m	Regierungschef
reina f	Königin
comprender (territorio)	hier: (ein Gebiet) umfassen
si bien	wenn auch
distinto,a	verschieden
idioma m	Sprache
a excepción de	außer
teoría f	Theorie
refrán m	Sprichwort

2 Galicia

2.1 Galicia: visión general

visión f	(Über)blick
órganos m pl de Gobierno m	Regierungsorgane
clima m	Klima

precipitación f	Niederschlag
medir -i-	messen
barra f	Säule
climograma m	Klimadiagramm

2.2 Galicia, país verde...

margen m (al margen de)	Rand (am Rande von)
masa f	Masse
privilegiado,a	privilegiert, bevorzugt
individualista	individualistisch
claro,a	deutlich
al corriente (estar)	auf dem Laufenden sein
desde hace	seit
hospitalidad f	Gastfreundschaft
ya no	nicht mehr
hacer surf	surfen
abarrotado,a	überfüllt
montaña f	Berg
pino m	Kiefer
eucalipto m	Eukalyptus
asombro m	Erstaunen
abrupto,a	steil
brisa f	Brise
veraniego,a	sommerlich
aliviar	erleichtern
corriente f	Strom
pescado m	Fisch
marisco m	Meeresfrucht
gallego,a	galizisch
de hecho	hier: eigentlich
litoral m	Küste
cantidad f	Menge
pintoresco,a	malerisch
langosta f	Languste
centollo m	Meerspinne
pulpo m	Oktopus, Krake
almeja f	Venusmuschel
peregrino m	Pilger
interior m	hier: Landesinneres
pescar	fischen
reflejar	widerspiegeln
plantear	aufwerfen
amplio,a	umfangreich
excepcional	außergewöhnlich
verdaderamente	wirklich
buscador m	Suchmaschine
definición f	Definition
ilustrar	illustrieren

3 Andalucía y Madrid: otras dos comunidades autónomas de España

3.1 Andalucía (grupo A)

variedad f	Vielfalt
benignidad f	Milde
carácter m	Charakter
antiquísimo,a	uralt
civilización f	Zivilisation
huella f	Spur
adicionalmente	zusätzlich
cumbre f	Gipfel
increíble	unglaublich
belleza f	Schönheit
fauna f salvaje	wilde Fauna
esquiar	Ski fahren
practicar el surf	surfen
óptimo,a	optimal
legendario,a	legendär
recorrer	zurücklegen
rutas f ecuestres	Routen zu, für Pferde
parapente m	Paragliding
pista f de golf m	Golfplatz
patria f	Heimat
mito m	Mythos
ritual m	ritual
autenticidad f	Echtheit, Authentizität
vino m	Wein
fresco,a	frisch
bodega f	Weinkeller
rito m	Ritual
caballo m	Pferd
asombroso,a	erstaunlich
doma f	Zähmung
subtítulo m	Untertitel

3.2 Madrid (grupo B)

panorámica f	Panorama
fantástico,a	fantastisch
nocturno,a	Nacht-, nächtlich
fuera de lo común	außergewöhnlich
cinturón m (de la ciudad)	Gürtel, Ring (um die Stadt)
bosque m	Wald
respirar	atmen
altitud f	Höhe
excepcionalmente	außerordentlich
contraste m	Kontrast
convivir	zusammenleben
armonía f	Harmonie

arquitectónico,a	architektonisch
urbanístico,a	städtebaulich
permanecer -zc-	(gleich) bleiben
urbe f	Weltstadt, Großstadt
tranquilidad f	Ruhe
paseo m	Spaziergang, -fahrt
infructuoso,a	vergeblich
aburrimiento m	Langeweile
simplemente	einfach
solidario,a	solidarisch

3 Un viaje de fin de curso a España

viaje m de fin m de curso m	Kursabschlussfahrt
pedir -i-	bitten
idea f	Idee
parar	(an)halten
merecer -zc- la pena	sich lohnen
encanto m	Charme
apetecer -zc-	Lust haben, gefallen
atraer	anziehen
votar	(ab)stimmen
respectivo,a	betreffend
adivinanza f	Rätsel
marcado,a	gekennzeichnet, markiert

14 La actualidad y el pasado de una estrella de la música pop: Juanes

actualidad f	Gegenwart, Aktualität
paz f	Friede

1 La vida actual de Juanes

imagen f	Bild
actitud f	Haltung
prensa f	Presse
individual	individuell
relevante	relevant
compositor m	Komponist
guitarra f eléctrica	elektrische Gitarre
héroe m	Held
cultural	kulturell
imaginación f	Vorstellungskraft
juicio m	hier: Meinung, Urteil
carátula f	Plattencover
trasfondo m	Hintergrund
sugerir -ie-	andeuten
conforme a	gemäß
animado,a	fröhlich, heiter
irregular	unregelmäßig
nostálgico,a	nostalgisch
sentimental	sentimental
notar	(be)merken
curiosidad f	Neugierde
desengaño m	Enttäuschung
traición f	Verrat
despedida f	Abschied
amoroso,a	liebevoll
luto m	Trauer
pena f	Kummer
culpa f	Schuld
doler -ue-	schmerzen
ni siquiera	nicht einmal
seña f	Zeichen
sangre f	Blut
contrastar	hier: überprüfen
localizar	finden
confirmar	bestätigen
alma f	Seele
embrujo m	Verzauberung Hexerei
malevo,a (malévolo,a)	bösartig, böswillig
mentira f	Lüge
maldito,a	verdammt
humo m	Rauch
amargo,a	bitter
moribundo,a	im Sterben liegend
herir -ie-	schmerzen
disimulo m	Verstellung
boda f	Hochzeit
labio f	Lippe
estribillo m	Refrain

2 ¿Cómo era Juanes antes de convertirse en superestrella?

convertirse -ie- en	sich verwandeln in
superestrella f	Superstar
vulgar	vulgär
lanzar	hier: veröffentlichen
el gordo	hier: das Fett (vom Fleisch)
por fa = por favor	bitte
intimidad f	Intimität

mamá f	Mama
chiquito,a	klein
pesado,a	hier: schwer
papá m	Papa
vacaciones f pl	Ferien
finca f	Finca, Bauernhof, Gut
encerrarse -ie-	einsperren, einschließen
insoportable	unerträglich
vicioso,a	lasterhaft
afortunadamente	glücklicherweise
mostrar -ue-	zeigen
seguir -i- adelante	vorwärtskommen
personalidad f	Persönlichkeit
perfeccionista mf	Perfektionist(in)
proponerse algo	sich etwas vornehmen
conseguir -i-	erreichen
cuidar	aufpassen, sorgen
asegurarse de que	sich vergewissern, dass
concordar -ue-	übereinstimmen
mal genio	schlechte Laune
plata (dinero)	Geld
soledad f	Einsamkeit
declaración f	Aussage, Erklärung
fama f	Ruf
esmerarse	sich Mühe geben
amar	lieben
tener que ver con	mit etwas zu tun haben
amor m	Liebe
en general	im Allgemeinen
odio m	Hass
guerra f	Krieg
metal m	Metal; hier: Heavy Metal
sonido m	Klang
folclore m	Folklore
puente m	Brücke
contemporáneo,a	zeitgenössisch
afición f por	Neigung, Vorliebe für
cantina f	Kantine, Wirtshaus
retumbar	dröhnen
vitrola f	Grammofon
arrabal m	Vorort, Vorstadt, Stadtviertel
descifrar	entziffern
carrera f	Laufbahn
banda f	Band
programa m	Programm
moderadora f	Moderatorin
preparativos m pl	Vorbereitungen
estimado,a	verehrtes, liebes (Publikum)
en directo	direkt, live
extraer	herausnehmen
enlazar	verbinden
mímica f	Mimik
espectador,a	Zuschauer(in)
concentrar	konzentrieren
compromiso m social	soziales Engagement
estimular	anregen
diseñar alguna actividad f	eine Aufgabe vorbereiten
interactivo,a	interaktiv
motivador,a	motivierend
compaginar	zusammenfügen
álbum m	Album
piano m	Klavier
ídolo m	Idol
vago,a	faul
quejarse	sich beklagen
desde luego	selbstverständlich
cola f	Schlange (beim Anstehen)
ansioso,a por	ungeduldig auf, wegen
ejemplar	Exemplar
exhausto,a	erschöpft
niñez f	Kindheit
pasatiempo m	Zeitvertreib
atrevido,a	mutig
fascinar	begeistern, faszinieren

15 Desde España a las Indias: Cristóbal Colón

1 Europa en la época de Colón

Oriente m	Orient, Osten
por culpa de la peste	aufgrund der Pest
peste f	Pest
maravilla f	Wunder
comerciante mf	Händler(in)
traer	(mit)bringen
especia f	Gewürz
valioso,a	wertvoll
lejano,a	fern
desconocido,a	unbekannt
canela f	Zimt
nuez f moscada	Muskatnuss
clavo m de olor m	Gewürznelke

pimienta f	Pfeffer
perla f	Perle
piedra f preciosa	Edelstein
joyas f	Schmuck
práctica f	Praxis
puerto m	Hafen
barco m	Schiff
cumplir ... años	... Jahre alt werden
estudios m pl	Studien, Ausbildung
astronomía f	Astronomie
geometría f	Geometrie
delicioso,a	köstlich
navegable	schiffbar
navegación f	Schifffahrt
profundo,a	tief, tiefgehend
enfermedad f	Krankheit

2 Etapas de la vida de Colón

etapa f	Etappe
historieta f	Bildgeschichte, Comic
crecer -zc-	(auf)wachsen
de veras	wirklich
instalarse	sich einrichten
casarse con	heiraten
proyecto m	Projekt
apoyar	unterstützen
plan m	Plan
por fin	endlich
aprobar -ue-	genehmigen
firmar	unterzeichnen, ~schreiben
contrato m	Vertrag
financiar	finanzieren
considerable	beträchtlich
a cambio	hier: als Gegenleistung, dafür
riqueza f	Reichtum
prometer	versprechen
partir	losfahren, aufbrechen
carabela f	Karavelle
nao f	Schiff
despedir -i-	verabschieden
alejarse	sich entfernen
infinito,a	unendlich
tras	nach
marinero m	Seemann
inquietarse	beunruhigen, unruhig werden
tormenta f	Gewitter
horroroso,a	schrecklich
rebelarse	rebellieren, meutern
dar la vuelta f	umkehren
vigía mf	Wachposten
divisar	erblicken
madrugada f	(Morgen-)Dämmerung
lancha f	Kahn
remar	rudern
darse prisa	sich beeilen
mano f	Hand
almirante m	Admiral
bandera f	Fahne
conquistar	erobern
bautizar	taufen
viñeta f	Bild, Vignette
revelar	enthüllen
audiencia f	Audienz
ante	vor
estancia f	Aufenthalt
prestar atención	beachten, aufpassen
contemplar	betrachten, anschauen
consejero m	Berater
majestad f	Majestät
castillo m	Burg, Schloss
tomar posesión de	in Besitz nehmen
recapitular	zusammenfassen, rekapitulieren
reunirse	sich versammeln, sich treffen
mesón m	Wirtshaus
asediar con	bestürmen mit
verdad f	Wahrheit
exclamar	ausrufen
pájaro m	Vogel
vuelta f	Rückkehr
abrazar	umarmen
hasta	sogar
alegrarse	sich freuen
vivencia f	Erlebnis
diario m	Tagebuch
a bordo	an Bord
anteayer	vorgestern
de repente	plötzlich
enseguida	gleich, sofort
prismáticos m pl	Fernglas
tripulación f	Schiffsmannschaft
plegaria f	Gebet
agradecer -zc-	danken
cura m	Pfarrer, Priester
apreciado,a	geschätzt
descubrimiento m	Entdeckung
regreso m	Rückkehr
llegada f	Ankunft
hacer escala f	einen Zwischenaufenthalt einlegen

alivio m	Erleichterung
arrodillarse	sich nierderknien
pronunciar una plegaria	ein Gebet sprechen

3 Acciones, circunstancias y descripciones

circunstancia f	Umstand
descripción f	Beschreibung
dibujo m	Zeichnung
palacio m	Palast
estar sentado,a	sitzen
cronista mf	Chronist(in)
sucesivo,a	(aufeinander)folgend
pupitre m	(Schreib-)Pult
escribano m	Schreiber
indígena mf	Eingeborene(r)
piel f	Haut
gritar	schreien
asustarse	erschrecken
sentir -ie-	fühlen
ganas de	Lust zu
mayoría f	Mehrheit
plano,a	flach
convencido,a	überzeugt
marítimo,a	See-
provenir -ie-	herstammen, herkommen
cofa f	Mastkorb
testimonio m	Augenzeugenbericht
regresar	zurückkehren
retorno m	Rückkehr
pasar revista f	Revue passieren lassen

Bloque de ejercicios adicionales

fino,a	fein
dedicar	widmen
tierra f firme	Festland
bullicioso,a	laut
ideal	ideal

16 Asuntos personales: mi diario y yo

asunto m	Angelegenheit
diario	Tagebuch

1 El diario azul de Carlota

cabeza f	Kopf
lleno,a	voll
sobre todo	vor allem
dejar a alguien	jemanden verlassen
experiencia f	Erfahrung
ocurrir	geschehen
suerte f	Glück
protagonista mf	Protagonist(in)
introducción f	Einführung
conseguir -i- algo	etwas erreichen
estrecho,a	eng
presente m	Gegenwart
varias veces	mehrmals
regular	regelmäßig
irregular	unregelmäßig
quitar	wegnehmen
desinencia f	Endung
raíz f del verbo	Verbstamm
igual	(genau) gleich
acción	hier: Handlung
hablante mf	Sprecher(in)
regalo m	Geschenk
cortar la relación f	die Beziehung beenden
amoroso,a	Liebes-
basarse en	basieren auf
novela f	Roman
la mar de (ugs.)	sehr
pacífico,a	friedlich, ruhig
ir como la seda f	wie am Schnürchen laufen
estar tumbado,a	liegen
chinche m (ugs.)	Wanze, hier: Nervensäge
a todo gas m (ugs.)	volle Kanne
pila f	Stapel
colosal	kolossal, riesig
suculento,a	schmackhaft
arroz m	Reis
gentileza f	Aufmerksamkeit, Nettigkeit
pandilla f	Clique
en definitiva	letzten Endes
hacer una patinada f	hier: Inlineskaten gehen
poner la directa f	voll durchstarten
la recta f final	Ziellinie
estado m de ánimo	Gemütszustand
a pesar de que	obwohl
sentirse -ie- bien/mal	sich wohl, gut/schlecht fühlen
caótico,a	chaotisch
encargarse de algo	sich um etwas kümmern

patinar	hier: inlineskaten
increíble	unglaublich
llamada telefónica	Anruf
centro m comercial	Einkaufszentrum
en absoluto	überhaupt nicht
incluso	sogar
en vez de	anstelle, (an)statt

2 El diario de Alberto

coger	nehmen
prestar	ver-, ausleihen
dificultad f	Schwierigkeit
de todas formas	durchaus, jedenfalls
un tal	ein gewisser
prometer	versprechen
ciencia f ficción	Science Fiction
editorial f	Verlag
repasar	wiederholen
repetir -i-	wiederholen
no del todo	nicht ganz
tablón m de anuncios m	schwarzes Brett
a mí me toca el grupo B	hier: ich komme in die Gruppe B
resultar que	sich erweisen
chulo,a	eingebildet
asqueroso,a	eklig
más bien	eher
tanto	so sehr
entrada f	Eintritt, Eintreten
ridículo,a	lächerlich
tropezar -ie- con	stolpern über
por poco	beinahe
caerse	hinfallen
bajito,a (von: bajo)	ziemlich klein
loro m	Papagei
desagradable	unangenehm
exagerar	übertreiben
oír	hören
tropezón m	Stolpern
triunfal	triumphal
avanzar	voranschreiten
decidido,a	entschlossen, entschieden
tarima f	Podium
dar la bienvenida f	willkommen heißen
sermón m	Predigt
largar (ugs.) un sermón	eine Predigt halten
espíritu de trabajo	Arbeitsgeist
BUP	früher: Abiturklasse in Spanien
comportamiento m	Benehmen
ejemplar	vorbildlich
volverse -ue-	sich umdrehen
repartir	verteilen
reglamento interno	Hausordnung
cada uno, una	jede(r) (Einzelne)
devolver -ue-	zurückgeben
firma f	Unterschrift
conformidad f	Genehmigung
advertir -ie-	hinweisen
robo m	Diebstahl
aconsejar	einen Rat geben
a continuación f	anschließend
parecer -zc-	(er)scheinen
preferencia f	Vorliebe
contrario m	Gegenteil
digno,a	würdig
al revés	umgekehrt
valer	Wert sein
ganar	gewinnen
morir -ue-	sterben

17 Ofertas para el aprendizaje autónomo

Proyecto A: Descubrir el flamenco (una galería)

decisión f	Entscheidung
exponer	hier: vortragen
en torno a	über, um
intercambiar	austauschen

Grupo A: El flamenco: Patrimonio Cultural de la Humanidad

eje m	Achse
reconocido,a	anerkannt
proteger	(be)schützen
potenciar	fördern
certificar	bestätigen
constatación f	Bestätigung
reconocimiento m	Anerkennung
merecido,a	verdient
implicado,a	Beteiligte(r)

Grupo B: Pequeña historia del flamenco

juglaresco	Gaukler-
sedimentación f	Ablagerung
convertirse -ie- en	sich verwandeln in
fusión f	Fusion
iniciar	beginnen
gitano,a	Zigeuner(in)
estético,a	ästhetisch
procedente de	stammend von, aus
inmensa mayoría	die große Mehrheit
hacia el año 1870	um das Jahr 1870 herum

Grupo C: Enrique Morente, un representante del flamenco

adiós m	Abschied
inteligencia f	Intelligenz
renovar -ue-	erneuern
unir	verbinden
tronco m	Abstammung, Stamm
noble	nobel, adlig
fallecer -zc-	sterben
refundador	Neuschöpfer
ferozmente tierno	äußerst zart
artífice m	Künstler, Schöpfer
mezcla f	Mischung

Proyecto B: El mundo futbolístico (un puzzle de expertos)

Grupo A: Andrés Iniesta

marcar un gol m	ein Tor schießen
exhibir	vorzeigen
victoria f	Sieg
mundial m	Weltmeisterschaft
fuera m de juego m	abseits

Grupo B: Iker Casillas

blanquiazul = blanco y azul	weißblau
donar	spenden, schenken
recibir un pase	einen Pass annehmen
será recordado	man wird sich seiner (ihrer) erinnern
andadura f	Wegstrecke
dar comienzo	beginnen
en los benjamines m	bei den Jüngsten
ascender -ie-	aufsteigen
plantilla f	Mannschaft
torneo m	Turnier
capitán m	Kapitän
imponer	durchsetzen
profesionalidad f	Professionalität
portero m	Torwart
ágil	flink, geschickt, agil
reflejo m	Reflex
listo,a	klug
unánime	einstimmig

Grupo C: Fernando Torres

ser incluido	eingeschlossen, unter ... sein
diario m	Zeitung
museo m de cera f	Wachsfigurenmuseum
un rincón en el aula	eine Ecke im Klassenraum
cuna f	Wiege
escalafón m	Rangliste
guardameta m	Torschütze
imbatible	unschlagbar
líder m	(An-)Führer
congelar	einfrieren

18 Taller literario

Hinweis: Da das Modul 18 fakultativ ist, wurde der Wortschatz nicht ins alphabetische Gesamtverzeichnis aufgenommen.

1 Leer, ver y crear poesías

apto,a	geeignet
Doña	Frau (+ Vor- und Nachname)
Doña	Frau (+ Vorname) respektvolle Anrede für eine Frau
guante m	Handschuh
muy	sehr
elegante	elegant
sombrero m	Hut
plumero m	Federbusch
toquilla f	Umhängetuch
polilla f	Motte
avenida f	Straße
flor f	Blume

mujer f	Frau
admirador m	Bewunderer
corazón m	Herz
escritura f	Schrift
raro,a	seltsam
contigo	mit dir
vecino,a	hier: benachbart

2 Informarse sobre cuatro novelas juveniles

fragmento m	Ausschnitt, Fragment
resumen m	Zusammenfassung
callejón m sin salida f	Sackgasse
ventaja f	Vorteil
inconveniente m	Nachteil
dueño m	Besitzer, Inhaber
cocinera f	Köchin
enamorarse de	sich verlieben in
reducir -zc-	verringern
camino m	Weg
indudablemente	zweifelsfrei
volverse gris	schwarz aussehen
reposar	ausruhen; hier: (im Krankenhaus) bleiben
tras	nach
apendicitis f	Blinddarmentzündung
lo peor	das Schlimmste
aguantar	ertragen
bruja f	Hexe
arrebatar	entreißen
intromisión f	Einmischung
fallecer -zc-	sterben
torbelino m	Wirbel
rabia f	Zorn
nostalgia f	Sehnsucht, Nostalgie
dolor m	Schmerz
protagonista mf	Protagonist(in), Hauptfigur
altura f	hier: Körpergröße
tremendamente	sehr, schrecklich
tontería f	Dummheit
agudo,a	scharf
irresistiblemente	unwiderstehlich
tierno,a	sanft
cualquier otro,a	jede(r) andere
independencia f	Unabhängigkeit
con independencia de	unabhängig von
piel f	Haut
inmigrante mf	Einwanderer, Einwanderin
musulmán m	Moslem
renegado,a	Abrünnige(r)
abandonar	verlassen
extraño,a	hier: Fremde(r), Ausländer(in)
largarse	sich entfernen, weggehen
extranjero,a	Ausländer(in)
raza f	Rasse
maldito,a	verflucht
presión f	Druck
discriminar	diskriminieren
bicho m raro	seltsames Tier
convivir	zusammenleben
sombrero m	Hut
finca f	Haus mit Grundstück auf dem Land
discutir	hier: streiten; diskutieren
perdidamente	unsterblich
encantador,a	reizend, bezaubernd
regalar	schenken
ser aficionado,a a	eine Sache sehr gerne tun
plato m favorito	Lieblingsgericht
peli f (película)	Film
dedicarse	sich widmen
tener ganas f de	etwas gerne tun wollen, Lust haben zu
especie f amenazada	bedrohte Art
deber	müssen
aclarar mis ideas	meine Gedanken ordnen
asunto m	Angelegenheit
esconder	verstecken
ombligo m	Nabel
perro m de peluche	Stoff-, Schmusetier
sonrisa f	Lächeln
hacer caso a	hier: Rücksicht nehmen auf
lamer el culo a (ugs.)	sich einschleimen bei
estar inclinado,a	geneigt sein
colarse (ugs.)	sich einschleichen
obsesionar	besessen machen
nubarrón m	dicke Wolke
recital m	hier: (Dichter-, Autoren-) Lesung

3 Re-crear cuentos de hadas

cuento m de hadas f	Märchen
rana f	Frosch
corona f	Krone
cabeza f	Kopf
decir	sagen
besar	küssen
animal m	Tier
estar encantado,a	verzaubert sein
convertirse -ie- en	sich verwandeln in

hermoso,a	wunderschön
princesa f	Prinzessin
heredera f	Erbin
reino m	Königreich
casarse	heiraten
ser rico	reich sein
al instante m	im selben Augenblick
sapo m	Kröte
viscoso,a	schleimig
exclamar	ausrufen
feliz	glücklich
amor mío	meine Liebe!
salvar	retten
breve	kurz
cuento m original	Originalgeschichte
basarse en	sich gründen auf
princesa f	Prinzessin
pozo m	Brunnen
pelota f	Ball
caer al agua f	ins Wasser fallen
rey m	König
cumplir con una promesa f	ein Versprechen halten
distinguirse de	sich unterscheiden
La Bella Durmiente	Dornröschen
pincharse el dedo con huso m	sich den Finger stechen an Spindel
quedarse dormido,a	eingeschlafen sein, bleiben
durante 100 años en un palacio m	während 100 Jahren in einem Palast
rodeado,a de un seto m de rosales m	umgeben von einer Rosenhecke
espeso,a	dicht
despertar -ie-	aufwecken
nacer -zc- (una princesita)	(eine Prinzessin) geboren werden
aparecer -zc-	erscheinen
hada f	Fee
un hada f no invitada	eine nicht eingeladene Fee
celebrar el día m del bautizo m	die Taufe feiern
acudir	hier: besuchen
regalo m	Geschenk
cuento m alternativo	Alternativerzählung; Gegenerzählung
La Cenicienta	Aschenputtel

4 "El Ingenioso Hidalgo Don Quixote de la Mancha" (1605) de Miguel de Cervantes: un acercamiento

ingenioso,a	geistreich
hidalgo m	Edelmann
perder -ie- el juicio m	den Verstand, das Urteilsvermögen verlieren
manchego,a	aus der Mancha (Gegend in Zentralspanien)
libro m de caballerías f	Ritterroman
aldea f	Dorf
en defensa f de los débiles	hier: um für die Schwachen zu kämpfen
caballero m andante	fahrender Ritter
dama f	Dame
aldeana f	Dorfbewohnerin
caballo m	Pferd
ir montado,a a	reiten auf
rocín m	Gaul, Mähre
humilde	einfach
paisano,a	Bauer, Bäuerin
servir -i- de	dienen als
escudero m	Knappe
aventura f	Abenteuer
suceder	sich ereignen
molino m	Windmühle
yelmo m	Helm
galeote m	Galeerensträfling
desbordado,a	überschäumend
chocar	zusammenstoßen
éxito m	Erfolg
influencia f	Einfluss
acontecer -zc-	geschehen
validez f	Gültigkeit
adaptación f	Bearbeitung
historia f mínima	Kleinstgeschichte
páramo m	Öde, karges Land
sol m de ocaso	untergehende Sonne
linde f	Grenze; hier: Rand
cementerio m	Friedhof
alargar	ausstrecken
gigante m	Riese
duda f	Zweifel
estar quieto,a	ruhig sein
otear	beobachten
zancada f	großer Schritt
avanzar	vorankommen
legua f	Meile
tras un intervalo m	nach einer Zeit
con voz f compungida	mit bedrückter Stimme
con tejas f y aspas f	mit Ziegeln und Flügeln

grave	hier: tief
en derechura	direkt
preocupar	besorgt machen
permanecer -zc-	bleiben
inmóvil	unbeweglich
encender -ie-	hier: aufgehen (der Mond)
enciclopedia f	Lexikon
actuación f	Auftritt
actuar	auftreten
emisora f de radio f	Radiosender

Alphabetischer Wortschatz

Hinweis: Die Zahlen geben jeweils die erste Fundstelle des Begriffs an (Modul/Seite).

A

a 4/47 nach, zu
al 4/47 zum
a cambio 15/195 hier: als Gegenleistung, dafür
a continuación f 10/127 anschließend
a cuadros m 11/138 kariert
a excepción de 13/163 außer
a la derecha 8/100 rechts
a la hora f **de la comida** 9/111 zur Essenszeit
a mano izquierda 9/116 links
a menudo 4/50 oft
a pesar de que m 16/210 obwohl
a pie m 12/152 zu Fuß
a principios de 10/127 zu Beginn der/von
a rayas 11/141 gestreift
a todas horas 7/129 rund um die Uhr
a todo gas m (ugs.) 16/210 volle Kanne
a través de 3/34 quer durch
a veces 4/47 manchmal
a ver 5/58 mal sehen!
abajo 8/95 unten
abarrotado,a 13/165 überfüllt
abierto,a 5/59 geöffnet
abogado,a 8/101 Rechtsanwalt, Rechtsanwältin
abrazo m 11/140 Umarmung
abreviatura f 9/111 Abkürzung
abrigo m 8/103 Mantel
abril m 10/122 April
abrir 2/18 öffnen
abrupto,a 13/165 steil
abuela f 7/85 Großmutter
abuelo m 7/85 Großvater
aburrido,a 6/71 langweilig
aburrimiento m 13/172 Langeweile
aburrirse 6/71 sich langweilen
acabar de hacer algo 2/22 gerade etwas getan haben
acampar 12/148 campen, zelten
acceso m **a** 12/151 Zugang zu
accidente m 10/128 Unfall
acción f 11/142 Aktion, Handlung
aceite m **de oliva** f 7/87 Olivenöl
acentuación f 2/25 Akzentsetzung
acentuado,a 2/25 betont
acentuar 11/141 unterstreichen, betonen
acerca de 10/129 über, zu, in Bezug auf
acercarse 7/125 sich nähern, hingehen
acertado,a 8/99 treffend
aclarar 5/56 klären
acogedor,a 8/99 gemütlich
acompañado,a (con) 7/87 begleitet von
acompañar 7/80 begleiten
aconsejar m 16/213 einen Rat geben
acontecimiento m 10/127 Ereignis
acostarse -ue- 6/64 schlafen gehen
actitud f 14/178 Haltung
actividad f 5/59 Aktivität, Beschäftigung
activo,a 4/44 aktiv
acto m 10/124 Akt
actor m 8/94 Schauspieler
actriz f 2/25 Schauspielerin
actual 7/82 aktuell
actualidad f 14/176 Gegenwart, Aktualität
actualmente 4/45 zurzeit, gegenwärtig
actuar 7/83 spielen, handeln
acuático,a 12/148 Wasser-
acudir 8/97 sich einfinden, hingehen
adaptado,a 7/82 bearbeitet
adecuado,a 6/73 geeignet
además 4/46 außerdem
además de 5/59 abgesehen von, außer
adicional 12/152 zusätzlich
adicionalmente 13/168 zusätzlich
adiós m 17/221 Abschied
adiós m 2/18 auf Wiedersehen, ~hören
adivinanza f 13/174 Rätsel
adivinar 2/22 raten
adjunto 3/37 beigefügt
admirar 4/50 bewundern
adoración f 10/129 Verehrung
adquirir -ie- 9/111 erwerben
advertir -ie- m 16/213 hinweisen, bemerken, warnen
afición f **por** 14/183 Neigung, Vorliebe für
afirmación f 3/37 Behauptung
afortunadamente 14/181 glücklicherweise
ágil 17/223 flink, geschickt, agil
agosto m 10/122 August
agradable 8/94 angenehm
agradecer -zc- 15/199 danken
agua f 3/32 Wasser
agua f **mineral** 9/110 Mineralwasser
aguantar 18/232 ertragen
ahora 4/44 jetzt
ahorrar 11/142 sparen
aire m 1/11 Luft
aislado,a 7/84 isoliert
al corriente (estar) 13/165 auf dem Laufenden (sein)
al final 10/127 am Ende
al fondo / en el fondo 8/100 hinten, im Hintergrund
al lado 8/95 daneben
al lado de 8/100 neben
al lado m **izquierdo** 8/98 auf der linken Seite
al menos 9/111 mindestens
al mismo tiempo 9/106 gleichzeitig, zur selben Zeit
al oeste 3/34 im Westen, westlich
al poco 10/127 kurz danach
al revés 16/214 umgekehrt
albergue m **juvenil** 9/108 Jugendherberge
albóndiga f 9/110 Fleischkloß

álbum m 14/186 Album
alcalde m 7/126 Bürgermeister
alcanzar la cima f 7/124 den höchsten Punkt erreichen
alcaparra f 9/110 Kaper
alegre 7/84 fröhlich
alegría f 14/180 Freude
alejado,a 12/153 entfernt
alejarse 15/195 sich entfernen
alemán,a 2/21 deutsch, Deutsche(r)
alfombra f 8/99 Teppich
algo 5/58 etwas
algodón m 11/139 Baumwolle
alguien 6/73 jemand
alguno,a 8/97 irgendeine(r)
alimentar 12/152 ernähren
alistarse 6/64 (Am.) sich fertig machen
aliviar 13/165 erleichtern
alivio m 15/199 Erleichterung
allá 15/197 dort
allí 7/86 dort
alma f 14/180 Seele
almacén m 9/116 Kaufhaus, Laden
almeja f 13/165 Venusmuschel
almirante m 15/196 Admiral
almorzar -ue- 6/64 zu Mittag essen
alrededor de 8/99 ringsherum
alternativa f 5/56 Alternative
altitud f 13/172 Höhe
alto,a 7/84 groß (Körpergröße), hoch
alumna f 2/20 Schülerin
alumno m 2/20 Schüler
amable 4/48 freundlich
amar 14/182 lieben
amargo,a 14/180 bitter
amarillo,a 8/99 gelb
ambiente m 1/13 Atmosphäre
ambos,as pl 6/66 beide
amiga f 4/46 Freundin
amigo m 4/46 Freund
amor 14/182 Liebe
amoroso,a 14/180 liebevoll, Liebes-
amplio,a 13/167 umfangreich
amueblar 8/102 möblieren
analizar 10/122 analysieren
ancho,a 11/141 breit
andadura f 17/223 Wegstrecke
andar 6/72 gehen

animado,a 14/179 fröhlich, heiter
animal m 8/96 Tier
ánimo m 7/84 Gemüt, Mut
aniversario m 11/141 Jahrestag, Jubiläum
anotación f 7/125 Anmerkung, hier: Vokabelangabe
anotar 16/206 notieren
ansioso,a por 14/187 ungeduldig
ante 15/197 vor
ante todo 4/47 vor allem
anteayer 15/199 vorgestern
antes de 6/67 vor (*zeitlich*)
anticipar 11/143 vorwegnehmen
anticuado,a 8/99 veraltet
antigüedades m pl 11/139 Antiquitäten
antiguo,a 4/47 alt
antipático,a 4/45 unsympathisch
antiquísimo,a 13/168 uralt
añadir 2/21 hinzufügen
año m 2/18 Jahr
aparcamiento m 8/95 Parkplatz
aparecer -zc- 8/100 erscheinen
apellido m 2/20 Nachname
apetecer -zc- 13/174 Lust haben
aplastar 10/124 zerquetschen
aplicar 3/34 anwenden
apoyar 15/194 unterstützen
apreciado,a 15/199 geschätzt
aprender 2/21 lernen
aprobar -ue- 15/195 genehmigen
aprovechar 10/129 (aus)nutzen
aproximadamente 5/59 ungefähr
apto,a 9/109 geeignet
apuntar 2/22 aufschreiben, notieren
apunte m 2/25 Notiz
aquella época f 8/98 hier: damals
aquí 6/67 hier
árbol m 10/122 Baum
árbol m **genealógico** 8/101 Stammbaum
área f 13/162 Fläche, Gebiet
arena f 3/32 Sand
argumento m 11/143 Argument
armario m 6/66 Schrank
armonía f 13/172 Harmonie
armónico,a 10/129 harmonisch
arquitectónico,a 13/172 architektonisch

arrabal m 14/183 Vorort, Vorstadt, Stadtviertel
arreglar 7/80 aufräumen
arriba 5/58 oben
arrodillarse 15/199 niederknien, sich hinknien
arrojar 10/124 werfen
arroz m 16/210 Reis
arte m 1/11 Kunst
artículo m 11/139 Artikel
artífice m 17/221 Künstler, Schöpfer
artista mf 7/82 Künstler(in)
ascender 17/223 aufsteigen
asediar con 15/198 bestürmen mit
asegurarse de que 14/181 sich vergewissern, dass
aseo m 12/151 Körperpflege
asequible 11/140 erschwinglich
así 2/16 so
asignatura f 4/47 (Unterrichts-)Fach
asistencia médica 12/154 medizinische Versorgung
asistir a 7/129 teilnehmen an
asociar 12/148 verbinden, assoziieren
asombro m 13/165 Erstaunen
asombroso,a 13/168 erstaunlich
aspecto m 3/38 Aspekt
asqueroso,a m 16/213 eklig
astronomía f 15/192 Astronomie
asunto m 16/206 Angelegenheit
asustarse 15/200 erschrecken
atacar 10/131 angreifen
atardecer m 7/83 Abenddämmerung
atención f 6/71 Aufmerksamkeit
atender a -ie- 9/112 sich kümmern um
atentamente 4/44 aufmerksam
atento,a 9/112 aufmerksam
atractivo m 8/96 Sehenswürdigkeit
atractivo,a 7/84 attraktiv
atraer 13/174 anziehen
atrevido,a 14/187 mutig, gewagt
audiencia f 15/197 Audienz
aula f 2/22 Klassenraum
aún 2/20 noch
aunque 11/140 obwohl
autenticidad f 13/168 Echtheit, Authentizität

auténtico,a 7/125 authentisch
autobús m 4/47 Omnibus
automovilístico,a 3/37 Auto-
autora 6/71 Verfasserin
autoridad f 11/139 Autorität
autoridades f pl 11/139 Autoritäten, hochgestellte Persönlichkeiten
avanzar 16/212 voranschreiten
averiguar 7/81 herausfinden
avión m 7/80 Flugzeug
aviso m 9/112 Bekanntmachung, Rat
ayer 6/72 gestern
ayuda f 3/37 Hilfe
ayudar 3/34 helfen
ayuntamiento m 7/124 Rathaus
azúcar m 7/89 Zucker
azul 8/100 blau

B

bachillerato m 5/60 Oberstufe
bailar 7/80 tanzen
bajito,a (von: bajo) 16/212 ziemlich klein
bajo,a 7/84 klein, niedrig, unter
balcón m 8/98 Balkon
baloncesto m 8/102 Basketball
banda f 14/183 (Musik-)Band
bandera f 3/37 Fahne
bañarse (Am.) 6/69 sich duschen, baden
baño m 6/66 Bad
bar m 7/87 Gaststätte
bar m **de tapas** f 8/96 Tapas-Bar
barato,a 8/103 preiswert, billig
barba f 7/84 Bart
barco m 5/192 Schiff
barrer 9/113 kehren, fegen
barrio m 8/96 Stadtteil, Stadtviertel
basarse en 16/210 basieren auf
base f 7/85 Grundlage
básico,a 3/34 Grund-
bastante 4/47 ziemlich
basura f 9/114 Müll, Abfall
bata f 6/66 Bademantel
batalla f 10/124 Kampf
bautizar 15/196 taufen
bayeta f 9/114 Putzlappen
bebé mf 8/103 Baby, Säugling
beber 8/96 trinken
bebida f 9/111 Getränk
belén m 10/120 (Weihnachts-) Krippe
belleza f 13/168 Schönheit
benignidad f 13/169 Milde
benjamín m 17/223 Benjamin
bermudas fpl 11/141 Bermudashorts
biblioteca f 5/59 Bibliothek
bicicleta f 4/47 Fahrrad
bien 2/22 gut
bien alto 10/130 schön laut
bilingüe 9/111 zweisprachig
biología f 5/56 Biologie
biosfera f 12/148 Biosphäre
blanco,a 6/66 weiß
blanquiazul (blanco y azul) 17/223 weißblau
blusa f 6/66 Bluse
bocacalle f 9/116 Straßeneinmündung
bocadillo m 7/87 belegtes Brot
boceto 8/99 Skizze
boda f 14/180 Hochzeit
bodega f 13/169 Weinkeller
bollo m 7/87 Hefegebäck
bombero m 7/124 Feuerwehrmann
bomberos m pl 10/124 Feuerwehrleute
bonito,a 4/47 schön, hübsch
bordo m 15/199 Bord
borrador m 9/109 Entwurf
bosque m 13/172 Wald
botella f 8/103 Flasche
brasileño,a 4/47 brasilianisch
brazo m 8/100 Arm
brillante 11/141 leuchtend, glänzend
brisa f 13/165 Brise
brutal 7/129 brutal, gewalttätig
buceo m 12/148 Tauchen, Tauchsport
buenas tardes f pl 2/23 guten Tag, guten Abend
bueno,a 2/23 gut
buenos días m pl 2/23 guten Morgen, guten Tag
bullicioso,a 15/203 laut
buscador m 13/167 Suchmaschine
buscar 2/23 suchen
butaca f 8/99 Lehnstuhl

C

caballo m 13/168 Pferd
cabeza del Estado 13/162 Staatsoberhaupt
cabeza f 16/206 Kopf
cachivaches m pl 11/139 Krempel, Kram
cada uno,a 16/212 jede(r) Einzelne
cadena f 8/95 Kette
caerse 16/213 hinfallen
café m 7/87 Kaffee
cafetería f 5/59 Cafeteria
calcetín m 10/130 Socke
calcular 12/151 schätzen, rechnen
cálculo m 6/71 Rechnen
calendario m 10/122 Kalender
calidad f 11/136 Qualität
cálido,a 12/148 warm
caliente 7/87 warm, heiß
calle f 8/98 Straße
calor m 7/83 Hitze, Wärme
calzado m 11/139 Schuhwerk
cama f 6/64 Bett
camarera f 9/110 Kellnerin
camarero m 9/110 Kellner
cambiar 9/113 wechseln
cambio m 4/46 Änderung
caminar 2/22 laufen, wandern
camino m 6/69 Weg
camión m 10/124 Lastwagen
camisa f 11/143 Hemd
camiseta f 10/124 T-Shirt, Unterhemd
camisón m 11/141 Nachthemd
campamento m 1/11 Ferienlager
campaña f 11/142 Kampagne
campo (en el ~) m 8/103 Land, im Grünen
cancha f 8/95 Sportplatz
canción f 7/80 Lied
canela f 15/192 Zimt
cansado,a 7/84 müde
cantante mf 2/24 Sänger, Sängerin
cantante mf **de ópera** f 2/25 Opernsänger(in)
cantar 10/120 singen
cantidad f 13/165 Menge
cantina f 14/183 Kantine, Wirtshaus
caótico,a 17/210 chaotisch
capital f 3/32 Hauptstadt

capitán m 17/223 Kapitän
captura de pantalla 11/142 Screenshot
cara f 6/69 Gesicht
carabela f 15/195 Karavelle
carácter m 13/168 Charakter
carátula f 14/179 (Platten-)Cover
carcasa f 7/124 Knall
cargar 10/123 tragen, laden
cariñoso,a 8/100 liebevoll
carismático,a 7/84 charismatisch
carnaval m 10/122 Fasching, Karneval
carne f 8/95 Fleisch
carnicería f 8/95 Metzgerei
carrera f 14/183 Laufbahn
carta de invitación 7/88 Einladungsbrief, ~karte
carta f 9/111 Speisekarte
cartel m 9/112 Schild, Plakat
cartón m 10/123 Pappe
casa f 7/87 Haus
casarse con 15/194 heiraten
cascada f 12/148 Wasserfall
casi 4/47 fast
castaño,a 6/66 braunhaarig
castellano m 3/34 Kastilisch, Spanisch
castillo m 15/197 Burg, Schloss
catalán m 3/34 Katalanisch
catálogo m 8/99 Katalog
catedral f 4/47 Kathedrale
catedrático,a 8/98 Studienrat, Studienrätin
categoría f 7/82 Kategorie
católico,a 5/56 katholisch
causar 8/99 verursachen
celebración f 7/127 Feier
cemento m 12/152 Zement
cenar 6/69 zu Abend essen
centollo m 13/165 Meerspinne
céntrico,a 9/109 zentral gelegen
centro m 3/37 Mitte
centro (el instituto) m 5/59 Schulzentrum
centro m **comercial** 11/142 Einkaufszentrum
centro m **juvenil** 8/103 Jugendzentrum
cepillarse 6/67 sich (das Haar) bürsten
cerca de 8/95 in der Nähe von, nahe bei
cerdo m 10/129 Schwein
cereales m pl 6/69 Müsli
cerrado,a 7/80 geschlossen
cerrar -ie- 4/44 schließen
certificar 17/218 bestätigen
chaqueta f 6/66 Jacke
chaquetón m 11/141 Jacke (für draußen)
charla f 2/23 Gespräch
chatear (ugs.) 6/68 chatten
chequear (ugs.) 6/67 checken
chica f 2/18 Mädchen
chico m 2/18 Junge
chillón 11/141 grell
chinche m 16/210 Heftzwecke, Wanze, hier: Nervensäge
chino,a 8/97 chinesisch, Chinese, Chinesin
chiquito,a 14/181 klein
chistoso,a 4/45 witzig
chocolate m 5/59 Schokolade
chuleta f 3/35 Spickzettel; Kotelett
chulo,a 8/97 toll, eingebildet
churro m 6/69 frittiertes Gebäck
ciclo m **de educación** f **infantil** 5/60 Vorschule
cielo m 6/72 Himmel
ciencia f **ficción** f 16/212 Science Fiction
ciencias f pl **naturales** 5/56 Naturwissenschaften
ciencias políticas f pl 6/71 Politikwissenschaft
cierto,a 10/127 gewisse(r)
cima f **del poste** m 10/124 Spitze des Pfostens
cine m 7/85 Kino
cinturón m 13/172 Gürtel, Ring
cisterna f 12/154 Zisterne; hier: Spülkasten
cita f 2/25 Verabredung, Zitat
citas rápidas 2/25 Speed-Dating
ciudad f 2/21 Stadt
ciudadanía f 5/56 Staatsbürgerkunde
civilización f 13/169 Zivilisation
claro 5/60 (na) klar, natürlich!
claro,a 11/141 hell
clase f 2/22 Klasse, Unterricht(sstunde)
clásico,a 11/139 klassisch
clave f **(palabra ~)** 2/24 Schlüssel (Schlüsselwort)
clavo m **de olor** m 15/192 Gewürznelke
cliente m 8/96 Kunde
clientela f 11/137 Kundschaft
clima m 13/164 Klima
climograma m 13/2 Klimadiagramm
coche m 8/95 Auto, Wagen
cocina f 6/67 Küche
cocinar 12/150 kochen
cofa f 15/201 Mastkorb
coger 6/69 greifen, nehmen
coherente 3/35 zusammenhängend
cola f 14/187 Schlange (von Leuten)
colage 8/99 Collage
colega mf 9/113 Kollege, Kollegin
colegio m 4/47 (Privat-)Schule
colocar 9/114 legen, stellen
color m 11/141 Farbe
colosal 16/210 kolossal, riesig
columna f 4/50 Kolumne
combatir 8/98 bekämpfen
comedor m 5/59 Mensa, Esszimmer
comentar 3/35 kommentieren
comentario m 6/67 Kommentar
comenzar -ie- 5/57 anfangen
comer 6/69 essen
comerciante mf 15/192 Händler/in
cómic m 7/86 Comic
comida f 9/109 Essen
comienzo m 10/124 Anfang
como 2/25 wie
como 12/153 da, weil (am Satzanfang)
como a las... 6/71 ungefähr um ... (Uhrzeit)
cómo 2/18 wie
cómodo,a 8/99 bequem
compaginar 14/186 zusammenfügen
compañera f 2/22 Mitschülerin
compañero m 2/22 Mitschüler
comparación f 11/140 Vergleich
comparar 2/22 vergleichen

competencia f 9/112 Fähigkeit; Kompetenz
complementos m pl 11/139 Accessoires
completar 10/129 vervollständigen
completo,a 3/38 vollständig
comportamiento m 16/213 Benehmen
compositor,a 14/178 Komponist(in)
comprar 6/69 einkaufen
compras f pl 7/85 Einkäufe
comprender 3/34 verstehen
comprender (territorio) 13/162 hier: umfassen
comprensible 3/38 verständlich
comprensión f 3/34 Verständnis
comprobar -ue- 4/47 überprüfen
compromiso m **social** 14/185 soziales Engagement
compuesto,a 9/118 zusammengesetzt
computadora f (Am.) 6/69 Rechner, Computer
común 8/98 gewöhnlich
comunidad f **autónoma** 3/32 autonome Gemeinschaft
con 3/32 mit
con gas m 9/110 mit Kohlensäure
concentrado,a 7/84 konzentriert
concentrar 14/185 konzentrieren
concienciar 11/142 sensibilisieren, bewusst machen
concierto m 5/59 Konzert
concluir -y- 10/124 beenden
concordancia f 3/38 Konkordanz, Übereinstimmung
concordar -ue- 14/1 übereinstimmen
condiciones f **de trabajo** m 11/142 Arbeitsbedingungen
conductor m **de Fórmula Uno** 2/25 Formel-1-Rennfahrer
conectar 10/130 verbinden
confección f 11/136 Anfertigung, Herstellung, Konfektion
confeccionar 2/23 anfertigen
confianza f 9/113 Vertrauen
confirmar 14/180 bestätigen
conforme a 14/179 gemäß
conformidad f 16/213 Genehmigung
congelar 17/225 einfrieren
conjugar 4/50 konjugieren
conjunto m 11/141 Ensemble
conmigo 7/130 mit mir
conocer -zc- 2/22 kennen, kennenlernen
conocerse -zc- 2/27 sich kennenlernen
conocido,a 3/34 bekannt
conocimientos m pl 3/36 Kenntnisse
conquistar 15/196 erobern
consecuencia f 9/111 Konsequenz, Folge
conseguir -i- 14/181 erreichen
consejero,a 15/197 Berater(in)
consejo m 9/112 Ratschlag
conservar 8/98 aufbewahren
considerable 15/195 beträchtlich
considerado,a 11/136 betrachtet als
consistir en 7/87 bestehen aus
constatación f 17/218 Bestätigung
constitucional 13/162 verfassungsmäßig
consultar 3/32 hier: zu Hilfe nehmen, nachschlagen
consumidor mf 11/142 Verbraucher
consumo m 10/124 Konsum, Verbrauch
contaminado,a 12/153 verschmutzt, verseucht
contaminar 11/142 verseuchen
contar -ue- 7/80 erzählen
contar -ue- **con** 5/59 verfügen über
contemplar 15/197 betrachten, anschauen
contemporáneo,a 14/183 zeitgenössisch
contenido m 6/73 Inhalt
contento,a 7/84 zufrieden
contestar 2/20 antworten
contexto m 3/34 Kontext
continente m 11/1 Kontinent
continuar 9/116 weitergehen
contra 10/127 gegen
contrario m 16/214 Gegenteil
contrastar 14/180 überprüfen
contraste m 13/172 Kontrast
contrato m 15/195 Vertrag
convencido,a 15/201 überzeugt
conveniente 11/142 angebracht
conversación f 6/69 Konversation, Gespräch
conversar 5/60 sich unterhalten
convertir -ie- 8/99 verwandeln
convertirse -ie- **en** 14/181 sich verwandeln in
convicción f 11/141 Überzeugung
convincente 11/143 überzeugend
convivir 13/172 zusammenleben
copiar 2/22 kopieren, abschreiben
corazón m 7/80 Herz
correcto,a 3/37 korrekt, richtig
corregir -i- 4/44 korrigieren, verbessern
correo m **electrónico** 6/67 elektronische Post, E-Mail
correr 7/80 rennen, laufen
corrida f **de toros** m pl 8/96 Stierkampf
corriente 6/66 normal, üblich
corriente f 13/165 Strom
cortar el pelo 8/96 Haare schneiden
cortar la relación f 16/209 die Beziehung beenden
corte m 11/139 Schnitt
cortés 6/69 höflich
cortesía f 9/116 Höflichkeit
corto,a 4/45 kurz
cosa f 4/44 Sache
coser 11/137 nähen
costa f 8/94 Küste
costar -ue- 11/143 kosten
costoso,a 10/124 kostspielig
costumbre f 7/88 Gewohnheit
creador m 11/136 Schöpfer
crear 11/136 (er)schaffen, schöpfen
creativo,a 11/137 kreativ, schöpferisch
crecer -zc- 15/194 (auf)wachsen
creer 2/20 glauben
criar 10/129 züchten
cristalino,a 12/148 kristallklar
criticar 10/129 kritisieren
crítico,a 10/129 kritisch
cronista mf 15/200 Chronist(in)
cronológicamente 10/122 chronologisch
cruce m 9/116 Kreuzung
cruel 10/130 grausam

cruz f 10/120 Kreuz
cruzar 9/116 überqueren
cuaderno m 2/21 Heft
cuadro m 5/60 Bild
cuando 9/113 wann
¿cuándo? 4/48 wann?
¿cuánto? 2/18 wie viel?
¿cuántos años tienes? 2/18 wie alt bist du?
cuarto m **de hora** 5/60 Viertelstunde
cuarto m 9/112 Zimmer
cubierto,a 7/83 bedeckt
cubiertos m pl 11/139 Besteck
cubo m **de basura** f 9/118 Mülleimer
cubo m 9/114 Eimer
cuello m **alzado** 11/140 hoher Kragen
cuenco m 12/156 Topf, Gefäß
cuerpo m 10/124 Körper
cuidar 14/181 aufpassen, sorgen
culpa f 14/180 Schuld
cultivar 7/124 anbauen
cultural 14/178 kulturell
cumbre f 13/168 Gipfel
cumpleaños m 10/131 Geburtstag
cumplir... años 15/192 ... Jahre alt werden
cuna f 17/225 Wiege
cuñada f 4/49 Schwägerin
cuñado m 4/49 Schwager
cura m 15/199 Pfarrer
curiosidad f 14/180 Neugierde
cursar 5/57 besuchen (Unterricht, Kurs)
curso m 2/21 Kurs

D

danza f 1/11 Tanz
daos cuenta 11/140 etwa: Und was glaubt ihr?
dar 4/45 geben
dar al patio m 8/98 zum Hof gehen
dar comienzo 17/223 beginnen
dar la bienvenida f 16/213 willkommen heißen
dar la vuelta f 15/195 umkehren
darse cuenta de 5/58 (be)merken
darse prisa 15/196 sich beeilen
dato m 12/154 Angabe
de 2/18 von
de acuerdo 11/138 hier: nach
¿de dónde? 2/18 woher
de forma libre 2/25 frei
de hecho 13/165 hier: eigentlich
de nuevo 7/127 von Neuem
de pie 8/100 stehend
de repente 15/199 plötzlich
de todas formas 16/212 durchaus, jedenfalls
de veras 15/194 wirklich
debajo de 3/32 unter
deberes m pl 7/80 Hausaufgaben
década f 11/141 Jahrzehnt
decidido,a 16/212 entschlossen, entschieden
decidir 6/69 entscheiden
decir 4/51 sagen
decisión f 17/218 Entscheidung
declaración f 14/181 Aussage, Erklärung
decorar 10/122 schmücken
dedicar 15/202 widmen
deducir -zc- 3/32 ableiten
definición f 13/167 Definition
dejar 2/19 (hinter)lassen
dejar a u. p. 16/208 jemanden verlassen
dejar de 10/124 aufhören zu
dejar en libertad 7/127 freilassen
delante 8/98 davor
delante de 6/66 vor
deletrear 2/20 buchstabieren
delgado,a 7/84 schlank
delicioso,a 15/193 köstlich
demasiado 6/71 zu viel
denominado,a 13/162 genannt
dentista mf 8/100 Zahnarzt, Zahnärztin
denunciar 11/142 hier: anprangern, anzeigen
dependienta f 11/138 Verkäuferin
deporte m 7/81 Sport
deportivo,a 5/59 Sport-
desagradable 16/213 unangenehm
desaparecer -zc- 9/113 verschwinden
desarrollar 11/143 entwickeln
desayunar 6/67 frühstücken
desayuno m 7/87 Frühstück
descansar 7/80 entspannen, ausruhen
descifrar 14/183 entziffern
desconectar 6/71 abschalten
desconocido,a 15/192 unbekannt
descontento,a 7/84 unzufrieden
describir 3/32 beschreiben
descripción f 7/82 Beschreibung
descubrimiento m 15/198 Entdeckung
descubrir 11/139 entdecken
desde hace 13/165 seit
desde luego 14/186 selbstverständlich
desde 8/98 seit (*zeitlich*)
desde... hasta 5/58 von ... bis
desear 9/110 wünschen
desempeñar un papel 11/137 eine Rolle spielen
desengaño m 14/180 Enttäuschung
deseo m 5/60 Wunsch
desfile m 10/122 Zug, Umzug
desfile m **de moda** f 11/141 Modenschau
desgraciadamente 7/82 unglücklicherweise, leider
desierto m 12/148 Wüste
desinencia f 16/209 Endung
desnutrición f 12/154 Unterernährung
desorden 3/36 Unordnung
despacio 9/113 langsam
despedida f 14/180 Abschied
despedir -i- 15/195 verabschieden
despedirse -i- 6/67 sich verabschieden
despejado,a 7/83 wolkenlos
despertador m 6/66 Wecker
despertarse -ie- 6/66 aufwachen
desplazarse 9/109 sich fortbewegen
después 2/19 danach
después de 2/19 nach
destacar 11/138 hervorheben
destino m 9/116 Bestimmungsort
detalle m 3/38 Detail, Einzelheit
detener -ie- 10/127 festnehmen
detrás de 8/100 hinter
devolver -ue- 16/213 zurückgeben
día m 2/23 Tag
dialogar 3/34 miteinander sprechen

diálogo m 2/27 Dialog
diario m 15/199 Tagebuch
diario m 17/224 Zeitung
diario,a 6/64 täglich, alltäglich
diarrea f 12/153 Durchfall
dibujo m 15/200 Zeichnung
diccionario m 7/80 Wörterbuch
diciembre m 10/122 Dezember
dictado m 3/33 Diktat
dictar 3/33 diktieren
diente m 6/66 Zahn
dieta f 9/109 Kost, Diät
diferente 5/60 anders, verschieden
difícil 2/20 schwer
dificultad f 16/213 Schwierigkeit
dificultoso,a 12/152 mühsam
digno,a 16/214 würdig
dinero m 11/142 Geld
diptongo m 6/73 Diphthong
director m **de cine** m 2/25 Regisseur
dirigirse a 12/155 sich begeben nach, sich wenden an
disco m 7/88 CD, Platte
discoteca f 8/96 Diskothek
discursivo 2/23 Dialog-, Rede-
discusión f 10/129 Auseinandersetzung, Diskussion
discutir 5/58 diskutieren, streiten
diseñador,a 11/136 Designer(in)
diseñar 8/99 entwerfen
diseñar alguna actividad f 14/185 eine Aufgabe gestalten, vorbereiten
disfrutar 7/78 **de** (etwas) genießen
disimulo m 14/180 Verstellung
disparo m 10/124 Schuss
disponer de 9/112 verfügen über
distancia f 10/124 Entfernung
distinguir 8/100 unterscheiden
distinto,a 13/163 verschieden
diversión f 10/129 Spaß, Abwechslung
diverso,a 5/59 verschieden(artig), unterschiedlich
divertido,a 7/84 lustig
divertirse 10/131 Spaß haben
divino, a 11/141 göttlich, himmlisch
divisar 15/196 erblicken
doble m 6/73 doppelt
documento m 8/98 Dokument
dólar ($) m 3/36 Dollar
doler -ue- 14/180 schmerzen
doma f 13/168 Zähmung
dominar 8/100 herrschen, überragen
domingo m 5/56 Sonntag
donar 17/223 spenden, schenken
donde 6/47 wo
¿dónde? 2/20 wo?
dormir -ue- 6/66 schlafen
dormitorio m 8/98 Schlafzimmer
ducha f 6/73 Dusche
duchar(se) 6/66 (sich) duschen
duda f 12/152 Zweifel
dueña f 8/98 Eigentümerin
dulce 7/88 süß
duración f 5/60 Dauer
durante 7/84 während
durar 5/58 dauern
duro,a 10/124 hart

E

echar un vistazo m **a** 6/67 einen Blick werfen auf
echarse la siesta 6/69 einen Mittagsschlaf machen
ecológico,a 11/142 ökologisch
económico,a 11/139 preiswert
edad f 2/24 Alter
edificio m 8/95 Gebäude
editorial f 16/212 Verlag
educación f 5/60 **primaria** Primarstufe
educación f **artística** 5/57 Kunsterziehung
educación f **física** 5/57 Sport(unterricht)
educación f **secundaria obligatoria** 5/56 Sekundarstufe I
efectivamente 3/37 tatsächlich
eje m 17/218 Achse
ejemplar m 14/187 Exemplar
ejemplar 16/212 vorbildlich
ejemplo m 2/21 Beispiel
ejercicio m 2/26 Übung
el siglo m **pasado** 8/98 das letzte Jahrhundert
elegir -i- 2/27 aussuchen
elemento m 2/23 Element
ellos mismos 7/127 sie selbst
embrujo m 14/180 Verzauberung, Hexerei
embutido m 7/87 Wurstaufschnitt
empleado,a 9/112 Angestellte(r)
emplear 9/113 benutzen
emprender 15/198 aufbrechen
empresa f 11/36 Unternehmen
en 2/20 in
en absoluto 7/81 überhaupt nicht
en abundancia f 10/124 in Hülle und Fülle
en cambio 7/88 dagegen
en común 7/88 gemeinsam
en consecuencia 12/153 folglich
en cuanto a 10/130 in Bezug auf
en definitiva 16/210 letzten Endes
en directo 14/184 live
en el centro m 8/98 in der Mitte
en especial 4/49 insbesondere
en fin 5/60 schließlich
en general 14/182 im Allgemeinen
en punto 6/66 genau, pünktlich
en seguida 15/199 sofort, gleich
en su día 10/127 zum rechten Zeitpunkt
en torno a 17/218 über, um
en total 8/103 insgesamt
en vez f **de** 12/154 anstelle, (an)statt
en voz f **baja** 3/35 mit leiser Stimme
en voz f **alta** 7/85 mit lauter Stimme
encantar 11/139 begeistern
encanto m 13/174 Charme
encargado,a 10/124 Beauftragte(r)
encargarse de algo 16/210 sich um etwas kümmern
encender -ie- 6/67 anmachen, anzünden
encerrarse -ie- 14/181 sich einschließen
encima de 8/99 auf, über
encontrar -ue- 4/50 finden
encontrarse -ue- 6/67 sich befinden
encuentro m 1/11 Treff, Begegnung
encuesta f 7/85 Umfrage
enemigo 10/127 Feind
enero m 10/122 Januar
enfadado,a 7/84 verärgert
enfermedad f 15/193 Krankheit
enfermo,a 9/112 krank
enfrente 8/95 gegenüber
enjabonado,a 10/124 eingeseift
enlace m 10/127 Bindewort

enlazar 14/184 verbinden
ensalada f 9/110 Salat
ensayar 12/153 üben, proben
enseguida 15/203 sofort
enseñar 5/59 zeigen, lehren
ensimismado,a 7/84 in sich gekehrt
ensuciar(se) 10/129 (sich) schmutzig machen
entender -ie- 2/20 verstehen
entendido,a 3/34 verstanden
entero,a 7/125 ganz
entonación f 6/69 Intonation
entonces 8/98 damals
entonces 4/47 also, dann
entrada f 5/60 hier: Interneteintrag
entrada f 7/82 hier: Eintrittskarte
entrada f 9/111 hier: Wörterbuch-Eintrag
entrada f 16/212 hier: das Eintreten
entrar en 6/69 hineingehen, eintreten
entre 5/60 zwischen
entrenarse 8/95 trainieren
entrete (ugs.) 6/71 unterhaltsam
entrevista f 7/81 Interview
entrevistarse 6/69 interviewen
entusiasmado,a 7/84 begeistert
entusiasmo m 8/97 Begeisterung
época f 8/98 Epoche
equipamiento m 9/109 Ausstattung
equipo m **de música** f 8/99 Musikanlage
equipo m **de fútbol** m 8/102 Fußballmannschaft
error m 3/38 Fehler
escalafón m 17/225 Rangliste
escalera f 8/98 Treppe
escapar de 10/131 sich retten vor, entkommen
escaparate m 11/143 Schaufenster
escasez f 12/151 Knappheit
escenario m 7/83 Bühne
escoba f 9/113 Besen
escobilla f 9/113 Handfeger
escoger 5/56 aussuchen
escolar 5/56 Schul-
escribano m 15/200 Schreiber
escribir 2/20 schreiben
escritor m 2/25 Schriftsteller
escritora f 2/25 Schriftstellerin
escritorio m 6/67 Schreibtisch
escuchar 2/21 hören
escuela f 6/69 Schule
esmerarse 14/182 sich Mühe geben
espacio m 12/148 Raum
español m 2/20 Spanisch
español,a 4/54 Spanier/in
especia f 15/192 Gewürz
especial 4/49 besondere/r/s
especialmente 10/129 besonders, insbesondere
especie f 9/110 Art
específicamente 10/124 spezifisch
especificar 10/130 spezifizieren, im Einzelnen darlegen
espectacular 11/139 spektakulär
espectáculo m 10/124 Spektakel
espectador,a 14/184 Zuschauer/in
espejo m 6/66 Spiegel
esperar 6/66 warten, hoffen
espíritu m **de trabajo** m 16/213 Arbeitsgeist
esposa f 8/101 Ehefrau
esquiar 13/168 Ski fahren
estación f **de tren** m 8/95 Bahnhof (Zug)
estadística f 7/85 Statistik
estado m **(de ánimo)** 7/84 Gemütslage, Gemütszustand
estados federados 3/37 Bundesländer
estampado,a 6/66 (bunt) bedruckt
estancia f 8/98 Aufenthalt
estantería f 8/99 Regal
estar 3/32 sich befinden, sein
estar aislado,a 7/84 isoliert, vereinsamt sein
estar alegre 7/84 fröhlich sein
estar al margen de 13/167 sich am Rand befinden von
estar cansado,a 7/84 müde sein
estar céntrico 9/109 zentral gelegen sein
estar concentrado,a 7/84 konzentriert sein
estar contento,a 7/84 zufrieden sein
estar de acuerdo con 10/129 einverstanden sein mit
estar descontento,a 7/84 unzufrieden sein
estar enfadado,a 7/84 ärgerlich, verärgert sein
estar ensimismado,a 7/84 in sich gekehrt sein
estar entusiasmado,a 7/84 begeistert sein
estar frustrado,a 7/84 frustriert, enttäuscht sein
estar loco,a 7/84 verrückt sein
estar pensativo,a 7/84 nachdenklich sein
estar rabioso,a 7/84 zornig, wütend sein
estar relajado,a 7/84 ausgeruht sein
estar sentado,a 15/200 sitzen
estar serio,a 7/84 ernst sein
estar situado,a 3/32 sich befinden, liegen
estar solo,a 7/84 allein, einsam sein
estar triste 7/84 traurig sein
estar tumbado,a 16/210 liegen
estatua f 10/129 Statue
este m, **esta** f 5/50 dieser, diese, dieses (hier)
estético,a 17/220 ästhetisch
estilo m 6/73 Stil
estimado,a 14/184 verehrt/geschätzt
estimular 14/185 anregen
estofado m 9/110 Gulasch
estrategia f 3/34 Strategie
estrecho,a 11/141 eng
estrella f 2/24 Star
estribillo m 14/180 m Refrain
estrofa f 6/72 Strophe
estructura f 4/47 Struktur
estudiante mf 2/21 Student(in)
estudiar 4/44 lernen, studieren
estudio m 5/59 Selbststudium
estudios m pl 15/192 Studien, Ausbildung
estufa f 8/98 Ofen
etapa f 5/60 Etappe
etc. 5/59 usw.
eterno,a 6/72 ewig
eucalipto m 13/165 Eukalyptus
euro (€) m 3/36 Euro
evaluación f 11/143 Evaluation
evento m 7/82 Ereignis

(ex)futbolista 4/45 (ehemaliger) Fußballspieler
exactamente 10/124 genau
exagerar 16/213 übertreiben
examen m 7/85 Prüfung
examinar 4/50 überprüfen
excelente 8/94 hervorragend
excepcional 13/167 außergewöhnlich
excepcionalmente 13/172 außerordentlich
exclamación f 11/141 Ausruf
exclamar 15/198 ausrufen
excursión f 7/85 Ausflug
exhausto,a 14/187 erschöpft
exhibir 17/222 vorzeigen
exigir 12/154 erfordern
existir 8/98 existieren
éxito m 7/82 Erfolg
exótico,a 8/96 exotisch, fremdländisch
experiencia f 11/143 Erfahrung
experimento m 5/59 Experiment
explicación f 3/32 Erläuterung, Erklärung
explicar 3/37 erklären
exponer 17/218 vortragen
exposición f 8/99 Ausstellung
expresar 3/38 ausdrücken
expresión f 4/46 Ausdruck
extensión f 12/148 Fläche, Ausdehnung
extenso,a 12/148 ausgedehnt, weit
exterior 8/98 Außen-
extraer 14/184 herausnehmen
extraño,a 8/99 fremd
extraordinario,a 8/97 außerordentlich

F

fábrica f 11/142 Fabrik
fácil 5/57 leicht, einfach
falda f 11/137 Rock
fallecer -zc- 17/221 sterben
falso,a 11/136 falsch
falta f 6/73 Fehler
fama f 14/182 Ruf
familia f 4/49 Familie
familiar 8/100 familiär
famoso,a 2/24 berühmt
fan mf 7/82 Fan, Anhänger(in)
fanático,a 7/82 fanatisch
fantástico,a 13/171 fantastisch
farmacia f 8/95 Apotheke
farsa f 7/129 Schwindel
fascinado,a 7/84 fasziniert, begeistert
fascinar 14/187 faszinieren
fauna f **salvaje** 13/168 wilde Fauna
favorito,a 6/66 Lieblings-
febrero m 10/122 Februar
fecha f 7/82 Datum
feisbuquear 6/68 (ugs.) Facebook nutzen
feliz 7/84 glücklich
femenino,a 7/84 weiblich
fenómeno m 4/50 Phänomen, Erscheinung
feo,a 7/84 hässlich
ferozmente tierno 17/221 äußerst zart
festival m 10/124 Festival
festivo,a 9/117 feierlich
fibra f **natural** 11/139 Naturfaser
ficha f 2/23 Karteikarte, Steckbrief
ficticio,a 6/69 fiktiv
fiesta f 7/81 Feierlichkeiten, Feier, Fest
figura f 10/123 Figur
figurar entre 11/136 auf der Liste stehen
fijarse en 3/38 achten auf
fin de curso 13/174 Kursende
fin m **de semana** f 5/56 Wochenende
final m 10/124 Ende
finalmente 10/127 schließlich
financiar 15/195 finanzieren
finca f 14/181 Bauernhof, Gut
fino,a 15/202 fein
firma f 16/213 Unterschrift
firmar 15/197 unterzeichnen, unterschreiben
física f 5/56 Physik
físico m 7/84 Figur, Äußeres
flecha f 12/153 Pfeil
flor f 8/99 Blume
florero m 8/98 Blumenvase
folclore m 14/183 Folklore
fome (ugs.) 6/71 langweilig
fomentar 8/94 fördern
forma f 2/25 Form
forma f **de gobierno** m 13/162 Regierungsform
formar 2/23 bilden
formular 2/25 formulieren
foto f 4/47 Foto
francés m 2/21 Französisch
francés,esa 4/44 französisch, Franzose, Französin
frase f 2/21 Satz
fregar -ie- 9/114 wischen
frenar 10/127 bremsen
fresco,a 13/168 frisch
frío m 7/83 Kälte
frontera f 3/34 Grenze
frustrado,a 7/84 frustriert
fruta f sg 6/69 Obst
frutería f 8/102 Obstladen
fuego m 10/130 Feuer
fuente f 3/34 Quelle
fuera de lo común 13/172 außergewöhnlich
fuera m **de juego** m 17/222 abseits
fuerte 2/25 laut, stark, heftig
fuerzas f **del orden** m 10/127 Ordnungskräfte
fumar 9/114 rauchen
funcionar 2/25 funktionieren
fusión f 17/220 Fusion
futbolista mf 2/24 Fußballspieler(in)

G

gallego,a 3/34 galizisch, Galizisch
galleta f 7/87 Keks
ganar 10/129 verdienen, gewinnen
ganas de 15/200 Lust zu, auf
gastar 12/151 verbrauchen
gasto m 12/151 Verbrauch
general 7/82 allgemein
género m 4/51 Genus, Geschlecht
genial 10/131 genial
gente f **joven** 4/42 junge Leute
gente f sg 3/34 Leute
gentileza f 16/210 Aufmerksamkeit
geografía f 5/57 Geografie
geográfico,a 9/109 geografisch
geometría f 15/192 Geometrie
gimnasio m 5/56 Turnhalle
girar 9/116 wenden

gitana f 17/220 Romni (früher: Zigeunerin)
gitano m 17/220 Rom (früher: Zigeuner)
globalmente 8/100 global
gordo m 14/181 hier: Fett (vom Fleisch)
gordo,a 7/84 dick
gorra f 7/84 Mütze
gótico,a 4/47 gotisch
gracias a 10/127 dank
gracias f pl 9/109 danke
grado m 7/83 Grad
gramática f 6/73 Grammatik
gramófono m 8/98 Grammofon
grande 9/110 groß
grandes almacenes m pl 11/142 große Kaufhäuser
gratuito,a 9/117 kostenlos
grifo m 12/156 Wasserhahn
gris 6/72 grau
gritar 15/200 schreien
grito m 10/128 Schrei
grupo m 2/23 Gruppe
guapo,a 4/44 hübsch, schön
guardameta m 17/225 Torschütze
guardar 12/152 aufbewahren
guerra f 14/182 Krieg
guitarra f 7/86 Gitarre
guitarra f **eléctrica** 14/178 elektrische Gitarre
gustar 7/80 gefallen
gusto m 7/81 Geschmack

H

haber 12/152 geben
habitación f 7/80 Zimmer
habitante mf 3/34 Einwohner(in)
habitual 7/87 gewöhnlich
hablante mf 16/209 Sprecher(in)
hablar 2/21 sprechen
hacer las camas f 9/114 die Betten machen
hacer 5/59 durchführen, machen, tun
hacer deporte m 7/85 Sport treiben
hacer escala f 15/198 einen Zwischenaufenthalt einlegen
hacer planes m pl 7/86 planen, Pläne machen
hacer surf 13/165 surfen
hacer una barbacoa f 7/86 grillen
hacer una patinada f 16/210 hier: inlineskaten
hacerse 6/71 werden
hacerse notar 10/129 sich bemerkbar machen
hacia 17/220 gegen
hacia 3/30 nach
hambre f 10/129 Hunger
hasta 2/23 bis
hay 2/20 es gibt
hay que 4/50 man muss
herir -ie- 14/180 verletzen
hermana f 2/20 Schwester
hermano m 2/20 Bruder
hermoso,a 11/140 schön, entzückend
héroe m 14/178 Held
hervir -ie- 12/152 (ab)kochen
hierro m 8/98 Eisen
hija f 8/101 Tochter
hijo m 8/101 Sohn
hipótesis f 7/125 Hypothese
hispanizar 5/58 hispanisieren
historia f 5/57 Geschichte
historia f **familiar** 8/100 Familiengeschichte
hogar m **urbano** 12/154 städtischer Haushalt
hoja f 2/27 Blatt
hola 2/18 Hallo
hombre m 4/47 Mann
hombro m 10/123 Schulter
hora f 5/56 Uhrzeit, Stunde
horario m 5/56 Stundenplan
horizonte m 2/18 Horizont
horrible 11/140 schrecklich, fürchterlich, furchtbar
horroroso,a 15/195 schrecklich
hospitalario,a 8/99 gastfreundlich
hospitalidad f 13/165 Gastfreundschaft
hotelero,a 9/118 Hotel-
hoy 6/66 heute
hueco m 2/21 Lücke
huella f 13/168 Spur
huésped m 8/99 Gast
huevo m 10/122 Ei
humo m 14/180 Rauch

I

idea f 13/174 Idee
ideal 15/203 ideal
idéntico,a 6/73 identisch, gleich
idioma m 13/163 Sprache
ídolo m 14/186 Idol
iglesia f 8/103 Kirche
igual 6/72 (genau) gleich
ilustración f 15/190 Abbildung
ilustrar 13/167 illustrieren
imagen f 11/140 Bild
imagen f **de palabras** f 11/140 Wortbild
imaginación f 14/178 Vorstellungskraft
imaginar 7/80 sich vorstellen
imbatible 17/225 unschlagbar
imperio m 11/136 Imperium
implicado,a 17/218 Beteiligte(r)
imponer 17/223 durchsetzen
importante 3/34 wichtig
impresión f 8/99 Eindruck
impresionante 10/129 beeindruckend
impuntual 9/114 unpünktlich
incluir -y- 3/34 einschließen
incluso 10/128 sogar
increíble 13/168 unglaublich
independencia f 1/11 Unabhängigkeit
independiente 12/154 unabhängig
indicación f 9/115 Hinweis
indicar 5/57 zeigen
indígena mf 15/200 Eingeborene(r)
individual 14/178 individuell
individualista m 13/165 individualistisch
infancia f 11/137 Kindheit; hier: Kinder
infeliz 7/84 unglücklich
infinito,a 15/195 unendlich
información f 3/34 Information(en)
informar sobre 6/70 informieren über
informarse 5/60 sich erkundigen, sich informieren
informática f 5/57 Informatik
informe m 4/45 Auskunft, Bericht
infraestructura f 8/96 Infrastruktur
infructuoso,a 13/172 vergeblich

inglés m 2/21 Englisch
iniciar 17/220 beginnen
inicio m 10/124 Anfang
injusticia f 12/154 Ungerechtigkeit
inmediato,a 11/136 hier: schnell
inmensa mayoría f 17/220 große Mehrheit
inquietarse 15/195 sich beunruhigen, unruhig werden
insertar 2/21 einfügen
insoportable 14/181 unerträglich
inspirar 8/100 inspirieren
instalación f 5/59 Einrichtung
instalarse 15/194 sich einrichten
institución f 11/142 Institution
instituto m 4/48 Gymnasium
integrante 3/34 zugehörig
inteligencia f 17/221 Intelligenz
inteligente 4/48 intelligent, klug
intensidad f 4/46 Intensität
intentar 2/23 versuchen
interactivo,a 14/185 interaktiv
intercambiar 17/218 austauschen
intercambio m 5/59 Austausch
interés m 7/82 Interesse
interesante 8/99 interessant
interesar 9/116 interessieren
interior m 13/167 hier: Landesinneres
internacional 1/11 international
internacionalismo m 3/34 Internationalismus
intervención f 3/38 Beitrag, Kurzvortrag
intimidad f 14/181 Intimität
introducción f 16/208 Einführung
investigación f 2/25 Untersuchung
invierno m 8/98 Winter
invitación f 7/88 Einladung
invitar 7/87 einladen
ir 4/47 gehen, fahren
ir andando 5/60 zu Fuß gehen
ir como la seda f 16/210 wie am Schnürchen laufen
ir de compras 7/81 einkaufen gehen, shoppen
ir en autobús 4/47 mit dem Bus fahren
ir en bicicleta 4/47 mit dem Fahrrad fahren
ir en canoa f 12/149 Kanu fahren
irregular 14/179 unregelmäßig
irse 7/125 weggehen
isla f 3/32 Insel
izquierda: a la izquierda 4/47 links

J

jabón m 10/124 Seife
jamón m 7/89 Schinken
japonés,esa 4/44 japanisch, Japaner(in)
jardín m 8/95 Garten
jeans m 11/140 Jeans
jersey m 11/141 Pullover
joven 2/21 jung
joya f 15/192 Schmuckstück
judo m 7/86 Judo
juego m **de dados** m 1/15 Würfelspiel
jueves m 5/56 Donnerstag
jugar -ue- 7/85 spielen
jugar al tenis m 7/86 Tennis spielen
juglaresco 17/220 Gaukler-
jugo m 10/126 Saft
jugo m **de tomate** m 10/126 Tomatensaft
juicio m 14/178 hier: Meinung
julio m 10/122 Juli
junio m 10/122 Juni
junto a 5/59 neben, mit
juntos,as 4/47 zusammen
justificar 7/125 rechtfertigen
juvenil 6/71 Jugend- , jugendlich
juventud f 7/86 Jugend

K

kilo m 10/129 Kilo(gramm)
kilómetro m 9/109 Kilometer
kilómetro m **cuadrado** 3/34 Quadratkilometer

L

la mar de (ugs.) 16/210 sehr
la recta f **final** 16/210 Ziellinie
labio f 14/180 Lippe
laboratorio m 5/56 Labor
lado m 8/100 Seite
lamentablemente 8/103 leider, bedauerlicherweise
lana f 11/141 Wolle
lancha f 15/196 Kahn
langosta f 13/165 Languste
lanzar 10/123 werfen
lanzar 14/181 hier: veröffentlichen
largar un sermón (ugs.) 16/213 eine Predigt halten
largo,a 6/66 lang
latero,a 6/71 lästig
latín m 2/22 Latein
lavabo m 8/98 Waschbecken, ~gelegenheit
lavadora f 12/150 Waschmaschine
lavar 9/109 waschen
lavarse 6/66 sich waschen
leche f 7/87 Milch
lectura f 3/34 Lesen, Lektüre
leer 3/32 lesen
legendario,a 13/168 legendär
lejano,a 15/192 fern, entfernt
lejos 8/100 fern, weit weg
lejos de 8/100 entfernt von
lengua f 2/18 Sprache
lengua f 6/66 Zunge
lengua f **extranjera** 5/57 Fremdsprache
lengua f **materna** 5/57 Muttersprache
lenguaje m **juvenil** 6/71 Jugendsprache
letra f **(de una canción)** 7/80 (Lied-)Text
levantarse 6/64 aufstehen
libertad f 10/127 Freiheit
libra (£) f 3/36 britisches Pfund
libremente 3/38 frei
libro m 6/69 Buch
líder m 17/225 (An-)Führer
ligeramente 7/82 leicht
limitar con 3/32 grenzen an
limpiar el baño 9/114 das Bad sauber machen
limpiar 12/150 putzen
limpieza f 10/124 Reinigung
limpio,a 11/142 sauber
linda,o 11/140 hübsch, schön
línea f 11/138 Linie
línea f 3/33 Zeile
liso,a 8/100 glatt
lista f 8/98 Liste
listo,a 17/223 klug

litoral m 13/165 Küste
litro m 12/150 Liter
llamar 6/68 (an)rufen
llamada telefónica 16/211 Anruf
llamarse 2/18 heißen, sich nennen
llamativo,a 11/137 auffällig
llegada f 15/199 Ankunft
llegar 6/69 ankommen
llenar 9/114 füllen
lleno,a 10/129 voll
llevar años (+ gerundio) 11/140 seit Jahren
llevarse bien 6/67 sich gut verstehen
llover -ue- 7/83 regnen
lluvia f 7/80 Regen
lo mejor 8/95 das Beste
lo peor 10/129 das Allerschlimmste
localizar 14/180 finden
loco,a 10/84 verrückt
locutor,a 8/101 Sprecher(in)
lograr 10/128 erreichen
lona f 11/139 Plane
loro m 16/213 Papagei
lucha f 10/124 Kampf
luchar por 10/127 kämpfen für
lucir -zc- 11/141 zeigen
luego 10/127 danach, später
lugar m 8/94 Ort, Stelle
lunes m 5/56 Montag
luto m 14/180 Trauer
luz f 8/98 Licht

M

madera f 8/98 Holz
madre f 4/47 Mutter
madrugada f 15/196 (Morgen-) Dämmerung
maestro,a 4/49 Grundschullehrer(in)
magdalena f 7/87 Madeleine (Gebäck)
mágico,a 11/141 magisch
magnífico,a 8/94 herrlich
majestad f 15/197 Majestät
majo,a 8/94 schön
mal genio 14/181 schlechte Laune
mal parecer que 14/180 schlechterdings scheinen, dass
mala suerte f 14/180 Pech, Unglück
maldito,a 14/180 verdammt
maleta f 9/113 Koffer
malevo,a (malévolo,a) 14/180 bösartig, böswillig
malo,a 6/66 böse, schlecht
maltratar 10/130 misshandeln
mamá f 14/181 Mama
manantial m 12/148 Quelle
manchado,a 3/33 verwischt, verschmiert
mandar 4/49 senden, schicken, befehlen
manera f 6/67 Art, Weise
manga f 11/138 Ärmel
manguera f 7/124 Schlauch
manifestación f 11/142 Demonstration
manipular 11/137 manipulieren
mano f 3/35 Hand
mantel m 8/99 Tischdecke
mantener -ie- 10/124 (beibe)halten
mantequilla f 7/87 Butter
mañana 6/66 morgen
mañana f 6/66 Morgen
mapa m 3/32 Landkarte
mar m 3/32 Meer
maratón f 1/11 Marathon(lauf)
maravilla f 15/192 Wunder
marca f 8/97 Marke
marcado,a 13/174 gekennzeichnet, markiert
marcar 2/24 markieren
marcar un gol m 17/222 ein Tor schießen
marco m 8/99 Rahmen
margen m 10/122 Rand
marido m 8/101 Ehemann
marinero m 15/195 Seemann
marisco m 13/165 Meeresfrucht
marítimo,a 15/201 See-
martes m 5/56 Dienstag
marzo m 10/122 März
más 2/25 mehr
más o menos 6/68 mehr oder weniger
masa f 13/165 Masse
masculino,a 11/136 Herren-
masculino,a 7/84 männlich
matar 10/130 töten
mate 11/141 matt
matemáticas f pl 4/47 Mathematik
materia f 5/56 Lehrstoff, Unterrichtsfach
material m 5/59 Material
materno,a 8/101 mütterlich, mütterlicherseits
matinal 6/67 morgendlich
matrícula f 3/37 Kennzeichen
mayo m 10/122 Mai
mayor 7/84 alt, älter
mayores (personas ~) 9/112 ältere Menschen
mayoría f 15/201 Mehrheit
mecánico,a 8/101 Automechaniker(in)
media 10/130 Strumpf
mediación f 5/58 Sprachmittlung
mediante 11/141 durch, mit Hilfe von
medicina f 8/96 Medikament, Medizin
médico,a m 8/100 Arzt, Ärztin
medio m **ambiente** 11/142 Umwelt
medio m **estilístico** 11/141 Stilmittel
medio millón 3/34 eine halbe Million
medio vacío 12/156 halbvoll
mejor 11/145 besser
mejorar 11/141 verbessern
memoria f 3/34 Gedächtnis
mencionar 6/73 erwähnen
menos 10/124 weniger
mensaje m 2/19 Nachricht, Botschaft
mensaje m **corto** 7/84 SMS
mentira f 10/129 Lüge
menú m 9/110 Menü
mercadillo m 11/139 Straßenmarkt
mercado m 11/136 Markt
merecer -zc- **la pena** 13/174 sich lohnen
merecido,a 17/218 verdient
mermelada f 7/87 Marmelade
mes m 10/122 Monat
mesa f **redonda** 11/143 Diskussionsrunde
mesa f 8/98 Tisch
mesilla f **de noche** f 8/98 Nachttisch
mesón m 15/198 Wirtshaus
meta f 1/15 Ziel
metal m 14/183 Metall; Heavy Metal

meter 2/23 einfügen, legen
método m 11/142 Methode
metro m 9/109 U-Bahn
mexicano,a 8/96 mexikanisch, Mexikaner(in)
mezcla f 17/221 Mischung
miedo m 2/38 Angst
miembro m 11/137 Mitglied
mientras 6/67 während
mientras que 7/88 während, wohingegen
mientras tanto 10/124 währenddessen
miércoles m 5/56 Mittwoch
milla f 12/152 Meile ≈ 1,6 km
mímica f 14/184 Mimik
minifalda f 11/141 Minirock
minusválido,a 9/109 Körperbehinderte(r)
minuto m 3/39 Minute
mirada f 3/30 Blick
mirar 2/22 schauen, sehen
mismo,a 9/106 der-, dieselbe
mitad f 6/69 Hälfte, Mitte
mito m 13/168 Mythos
moda f 8/97 Mode
moda de marcas 11/136 Markenmode
modelo m 4/50 Modell, Beispiel
modelo mf 11/137 Model, Mannequin
moderador,a 14/184 Moderator(in)
moderno,a 3/47 modern
modesto,a 8/98 bescheiden
módico,a 11/136 gering (Preis); mäßig
molestar 9/114 stören
momento m 5/58 Moment
monarquía f 13/162 Monarchie
moneda f 3/32 Währung, Münze
monísimo,a 11/140 wirklich toll
mono,a 11/140 schön, toll
monótono,a 6/71 monoton, eintönig
montaña f 13/165 Berg
montón m 10/129 Haufen
monumento m 8/96 Monument
moreno,a 7/84 dunkelhäutig, braun gebrannt
moribundo,a 14/180 im Sterben liegend
morir -ue- 12/153 sterben
mostrar -ue- 14/181 zeigen
motivación f 6/71 Motivation
motivador,a 14/185 motivierend
motivo m 11/142 Motiv
moto f 7/80 Motorrad
móvil m 7/84 Hand
movimiento m 1/11 Bewegung
muchas veces 12/153 oft, häufig, viele Male
mucho 2/22 viel
mueble m 8/98 Möbelstück
mujer f 3/45 Frau
mundial 12/154 Welt-
mundial mf 17/222 (Fußball-)Weltmeisterschaft
mundo m 6/71 Welt
muro m 10/130 Mauer
museo m 7/85 Museum
música f 5/56 Musik
mutuamente 2/20 gegenseitig
muy 4/46 sehr

N

nacer -zc- 11/142 geboren werden
nacimiento m 8/94 Geburt
nacionalidad f 4/47 Nationalität
nadar 8/96 schwimmen
nadie 7/86 niemand
nao f 15/195 Schiff
naranja f 7/87 Orange
natación f 12/148 Schwimmsport
naturaleza f 5/56 Natur
navegable 15/192 schiffbar
navegación f 15/192 Schifffahrt
navegar a vela f 12/149 segeln
navideño,a 10/122 Weihnachts-, weihnachtlich
necesario,a 9/109 notwendig
necesitar 6/73 notwendig sein, brauchen
negación f 4/44 Verneinung
negativo,a 10/129 negativ
negro,a 6/66 schwarz
nevar -ie- 7/83 schneien
ni siquiera 14/180 nicht einmal
ni... ni... 12/153 weder ... noch ...
nieta f 8/101 Enkelin
nieto 8/101 Enkel
ninguno,a 8/97 kein(e)
niñez f 14/187 Kindheit
niño,a 4/49 Kind
no del todo 16/212 nicht ganz
No sé. 2/20 Ich weiß nicht.
noble 17/221 nobel, adlig
noche f 7/80 Nacht
Nochebuena f 10/122 Heiligabend
Nochevieja f 10/122 Silvester
nocturno,a 13/172 Nacht-
nombrar 4/51 benennen; ernennen
nombre m 2/20 Name
nombre propio m 3/34 Eigenname
norma f 10/127 Norm
normal 3/38 normal
normal y corriente 6/66 völlig normal
normalmente 4/47 normalerweise
norte m 3/32 Norden
nostálgico,a 14/179 nostalgisch
notar 4/48 auffallen, (be)merken
noticia f 7/82 Nachricht
novela f 16/210 Roman
noviembre m 10/122 November
novio,a 4/44 Freund(in), Verlobte(r)
nublado,a 7/83 bewölkt
nuera f 8/101 Schwiegertochter
nuevo,a 2/18 neu
nuez f **moscada** 15/192 Muskatnuss
número m 2/19 Zahl
número m **de teléfono** m 2/22 Telefonnummer
numeroso,a 4/45 zahlreich
nunca 6/66 niemals

O

o 2/24 oder
o sea 2/19 das heißt
oasis m 3/32 Oase
objeto m 8/98 Objekt
obligación f 5/60 Verpflichtung
obligatorio,a 5/58 verpflichtend, obligatorisch
obra f **de teatro** m 5/59 Theaterstück
observar 4/46 beobachten
océano m 3/32 Ozean
ocio m 7/86 Freizeit
octubre m 10/122 Oktober
ocurrir 16/206 geschehen
odio m 14/182 Hass
oeste m 3/32 Westen

oferta f 8/103 Angebot
oficial 13/162 offiziell
oficialmente 3/34 offiziell
oficina f **de turismo** m 9/115 Fremdenverkehrsbüro
ofrecer -zc- 11/137 anbieten
oír 7/124 hören
¡ojo! m 4/50 Auge; Achtung!
ola f 3/32 Welle
oler -ue- 10/129 riechen
olvidar 9/116 vergessen
ondear 10/123 schwenken
opinar 6/71 meinen
opinión f 10/130 Meinung
oportunidad f 7/82 Gelegenheit
optativo,a 3/35 wahlfrei; optativ
óptimo,a 13/168 optimal
oración f **subordinada** 12/151 Nebensatz
oral 4/45 mündlich
orden m 6/74 Reihenfolge
ordenador m 5/59 Rechner, Computer
ordenar 2/25 ordnen
organización f 11/142 Organisation
organización f **humanitaria** 12/154 Hilfsorganisation
órganos m pl **de gobierno** 13/164 Regierungsorgane, Behörden
orgullo m 11/138 Stolz
orientarse en 11/137 sich orientieren an
Oriente m 15/192 Orient
origen m 2/21 Herkunft
original 6/67 original, originell
originalidad f 11/141 Originalität, Echtheit
orilla f 4/47 Ufer
ortografía f 6/73 Rechtschreibung
oscuro,a 6/66 dunkel
otro,a 2/22 andere/s/r

P

p. ej. 8/96 z. B.
paciente 9/112 geduldig
pacífico,a 16/210 friedlich, ruhig
padre m 4/47 Vater
padres m pl 5/60 Eltern
pagar 9/117 bezahlen
página f 9/109 Seite
página f **web** 7/81 Internetseite
país m 2/21 Land
paisaje m 8/94 Landschaft
pájaro m 15/108 Vogel
palabra f 3/32 Wort
palacio m 15/200 Palast
palmear 2/25 klatschen
palo m 10/124 Pfahl
pan m **tostado** 7/87 getoastetes Brot
panadería f 7/88 Bäckerei
pandilla f 16/210 Clique
pantalón m **de campana** 11/141 Hose mit Schlag
pantalón m 11/141 Hose
pantano m 12/148 hier: Sumpf, auch: Stausee
pañuelo m 10/123 (Taschen-)Tuch
papá m 14/181 Papa
papel m 6/69 Papier, Rolle
papel m **higiénico** 9/114 Toilettenpapier
papelito m 2/24 kleines Stück Papier
par m 9/118 paar
para 3/34 für, um zu
parabrisas m pl 12/151 Windschutzscheibe
parada f 8/95 Haltestelle
paraíso m 12/148 Paradies
parapente m 13/168 Paragliding
parar 13/174 (an-)halten
parece mentira f 10/129 unglaublich!
parecer 7/129 scheinen, wirken
pared f 9/112 Wand
pareja f 3/32 Partner(in)
pariente mf 8/101 Verwandte(r)
parque m 4/47 Park
parque m **zoológico** 8/96 zoologischer Garten
párrafo m 7/125 Absatz
parte f 2/22 Teil
participante mf 2/25 Teilnehmer(in)
participar 7/85 teilnehmen
partir 15/195 losfahren
pasado m 10/128 Vergangenheit
pasado,a de moda 8/99 altmodisch
pasar 4/47 verbringen
pasar el/un rato m 10/129 sich die Zeit vertreiben
pasar hambre 10/129 Hunger leiden
pasar la aspiradora f 9/114 Staub saugen
pasar por 7/130 vorbeikommen an
pasar revista f 15/201 Revue passieren lassen
pasarela f 11/136 Laufsteg
pasárselo bien 10/128 Spaß haben
pasatiempo m 14/187 Zeitvertreib
Pascua f 10/122 Ostern
pasearse 11/139 spazieren gehen
paseo m 13/172 Spaziergang, -fahrt
pasillo m 8/98 Flur
pasivo,a 7/84 passiv
paso m 9/111 Schritt
paso m **de cebra** f 9/116 Zebrastreifen
patata f 9/110 Kartoffel
patatas f pl **fritas** 9/110 Pommes frites
paterno,a 8/101 väterlich, väterlicherseits
patinar 16/210 hier: inlineskaten
patio m 5/59 Hof
patria f 13/168 Heimat
paz f 1/11 Frieden
pecado m 9/114 Sünde
pedir -i- 13/174 bitten
pegar 12/156 kleben
peinarse 6/68 sich kämmen
pelea f 10/127 Kampf, Streit
película f 5/59 Film
peligroso,a 7/125 gefährlich
pelirrojo,a 7/84 rothaarig
pelo m sg 6/66 Haar(e)
pelota f 5/60 Ball
peluquería f 8/95 Frisiersalon
pena f 14/180 Kummer
península f 3/32 Halbinsel
pensar -ie- 6/66 denken
pensativo,a 7/84 nachdenklich
pensión f 8/98 Pension
pequeño,a 2/23 klein
peregrino,a 13/167 Pilger(in)
perfección f 11/141 Vollkommenheit
perfeccionista mf 14/181 Perfektionist
perfecto,a 8/94 perfekt
perfil m 2/21 Profil
periódico m 6/73 Zeitung
periodista mf 2/25 Journalist(in)

perla f 15/192 Perle
permanecer -zc- 13/172 bleiben
permitir 10/127 erlauben
pero 2/22 aber
perro 8/100 Hund
perro de caza f 8/100 Jagdhund
persona f 2/20 Person
personal m 9/114 Personal
personalidad f 14/181 Persönlichkeit
perspectiva f 11/138 Perspektive
pertenecer -zc- 3/33 gehören
pesado,a 14/181 lästig
pescado m 13/165 Fisch
pescar 13/167 fischen
peso 7/82 Peso (argentinische Währung)
peste f 15/192 Pest
petardo m 10/129 Böller
pez m 12/151 Fisch
pianista mf 8/100 Klavierspieler(in)
piano m 14/186 Klavier
piedra f **preciosa** 15/192 Edelstein
piel f 15/200 Haut
pila f 16/210 Stapel
pimienta f 15/192 Pfeffer
pincho m 7/87 Häppchen, Tapa
pino m 13/165 Spitze
pintar 8/100 malen
pintarse 6/67 sich schminken
pintor m 8/100 Maler
pintoresco,a 13/165 malerisch
piscina f 8/96 Schwimmbad
piso m 8/95 Stock(werk)
piso m **superior** 8/98 oberes Stockwerk
pista f **de golf** m 13/168 Golfplatz
pizarra f 7/88 Tafel
placer m 7/88 Genuss
plan m 15/194 Plan
plano m **de la ciudad** f 9/112 Stadtplan
plano,a 15/201 flach
planta f 12/156 Pflanze
planta f **baja** 5/59 Erdgeschoss
planta f 12/152 Pflanze
plantar las cosechas 12/152 aussäen
plantear 13/167 aufwerfen
plantilla f 17/223 Mannschaft
plata 14/181 Geld (Silber)
plataforma f 1/11 Plattform
plato m 8/103 Teller
plato m 9/111 Gericht
playa f 3/32 Strand
plaza f 5/59 Platz
plaza f **de toros** m 8/96 Stierkampfarena
plegaria f 15/199 Gebet
población f 3/34 Bevölkerung
pobre 8/98 arm
poco,a 2/21 wenig
poder -ue- 3/32 können, dürfen
poderoso,a 11/136 mächtig
poesía f 6/72 Gedicht
poesía f **visual** 6/72 Konkrete Poesie
poeta m 6/72 Dichter
poético,a 6/72 poetisch, dichterisch
polaco,a 2/21 polnisch, Pole, Polin
polémico,a 11/143 polemisch
pólvora f 10/129 (Schieß-)Pulver
poner 4/50 setzen, legen, stellen
poner detergente m 9/114 Putzmittel hinzufügen
poner la directa f 16/210 voll durchstarten
ponerse a llorar 10/129 zu weinen beginnen
ponerse algo 6/66 sich etwas anziehen
popular 7/124 hier: beliebt, auch: Volks-
por aquí 8/97 hier: in der Nähe
por culpa f **de la peste** f 15/192 aufgrund der Pest
por día 9/109 täglich
por escrito 3/38 schriftlich
por eso 5/60 deswegen
por fa = por favor 14/181 bitte
por fin 15/195 endlich
por poco 16/213 beinahe
por tanto 10/124 deswegen
porcentaje m 7/85 Prozentsatz
porción f 7/87 Portion
porque 3/34 weil
portero m 17/223 Torwart
portugués m 2/24 Portugiesisch
posibilidad f 5/60 Möglichkeit
posible 5/60 möglich
positivamente 10/128 positiv
poste m 10/124 Pfosten
póster m 8/99 Plakat
potable 12/151 trinkbar
potenciar 17/218 fördern
pozo m 12/152 Brunnen
práctica f 15/192 Praxis
practicante mf 9/114 Praktikant(in)
practicar 2/23 üben
practicar el surf 13/168 surfen
prácticas f pl 9/106 Praktikum
precio m 9/109 Preis
precipitación f 13/164 Niederschlag
predominar 6/72 überwiegen
preferencia f 16/213 Vorliebe
preferir -ie- 7/87 vorziehen, bevorzugen
prefijo m 2/23 Vorwahl
pregunta f 2/22 Frage
preguntar 2/20 fragen
prenda f 6/66 Kleidungsstück
prensa f 14/178 Presse
preparar 3/34 vorbereiten
prepararse 5/59 sich vorbereiten
preparativos m pl 14/184 Vorbereitung(en)
preposición f 4/50 Präposition
presentación f 2/21 Präsentation
presentar 3/35 vorstellen
presentar a personas 4/44 Personen vorstellen
presente m 16/209 Gegenwart
presidente m **del gobierno** m 13/162 Regierungschef
prestar atención f 6/71 aufpassen, beachten
prestar 16/212 (ver-, aus)leihen
previo,a 3/34 vorhergehend
previsión f 10/128 Vorhersage
prima f 4/49 Cousine
primer plano m 8/100 Vordergrund
primero 3/38 zuerst
primero,a 3/33 erste/r
primo m 4/49 Vetter
principal 3/34 Haupt-
principalmente 6/71 hauptsächlich
prismáticos m pl 15/199 Fernglas
privacidad f 7/82 Privatsphäre
privado,a 12/153 privat
privilegiado,a 13/165 privilegiert
probablemente 8/101 wahrscheinlich
probador m 11/139 Ankleidekabine
probar -ue- 9/110 probieren

probarse -ue- 11/139 anprobieren
problema m 3/33 Problem
procedente de 17/220 stammend von, aus
proceder de 10/124 stammen aus
procesión f 10/123 Prozession, Umzug
producir -zc- 11/142 herstellen
producto m 7/87 Produkt
profe mf (ugs.) 4/48 Lehrer(in)
profesión f 2/24 Beruf
profesional 1/11 professionell
profesionalidad f 17/223 Professionalität
profesor,a 2/25 Lehrer(in)
profundo 15/192 tief, tiefgehend
programa m 14/184 Programm
programación f 7/83 Programm
prohibición f 9/114 Verbot
prohibido,a 7/125 verboten
prohibir 10/127 verbieten
prometer 15/195 versprechen
pronta 11/136 schnell
pronunciación f 2/25 Aussprache
pronunciar una plegaria 15/199 ein Gebet sprechen
propio,a 3/34 eigene/r
proponer 10/124 vorschlagen
proponerse algo 14/181 sich etwas vornehmen
proporcionar 12/148 bereitstellen
propósito m 12/152 Zweck
protagonista mf 16/208 Protagonist(in)
protección f **laboral** 11/142 Arbeitsschutz
proteger 17/218 (be)schützen
protesta f 11/142 Protest
provenir 15/201 herstammen, herkommen
provincia f 3/36 Provinz
provocar 12/154 hervorrufen
próximo,a 10/127 nahe gelegen; nächste(r)
proyección f 5/59 Projektion
proyecto m 15/194 Projekt, Vorhaben
publicado,a 11/139 veröffentlicht
publicar 11/140 veröffentlichen
público m 7/125 Publikum
pueblo m 10/124 Dorf
puente m 14/183 Brücke
puerta f 8/102 Tür
puerto m 8/95 Hafen
pues 3/38 denn
puesto m 10/127 **(de verduras)** (Gemüse-)Stand
pulpo m 13/165 Oktopus, Krake
puntual 9/112 pünktlich
pupitre m 15/200 (Schreib-)Pult
pureza f 12/152 Reinheit

Q

que 2/20 dass / das
¡qué mala suerte! 3/33 So ein Pech!
¿qué tal? 2/21 wie geht's?
quedar 3/34 (übrig)bleiben
quedar bien 11/143 gut stehen
quedar con 7/85 sich verabreden mit
quedarse dormido,a 6/71 einschlafen
quejarse 14/186 sich beklagen
quemar 10/123 brennen, verbrennen
querer -ie- 2/27 wollen, mögen, lieben
queso m 7/87 Käse
quién 2/20 wer
química f 5/56 Chemie
quíntuple (habitación) 9/109 Fünferzimmer
quitar 16/209 wegnehmen
quitar el polvo m 9/114 Staub wischen
quitarse 10/124 entfernen, wegmachen
quizás 5/59 vielleicht

R

rabioso,a 7/84 wütend
radio f 7/86 Radio
raíz f **del verbo** m 16/209 Verbstamm
rápidamente 10/127 schnell
rápido,a 2/25 schnell
raro,a 8/99 merkwürdig
rasgo m **característico,a** 4/46 Charakterzug
rato m **libre** 5/59 Freizeit, Pause
razón f 11/143 Grund
realidad f 5/60 Realität, Wirklichkeit
realizar 5/59 durchführen, realisieren
realmente 9/110 wirklich
rebaja f 7/85 Sonderangebot, Ermäßigung
rebelarse 15/195 rebellieren
rebelión f 15/197 hier: Meuterei
recapitular 15/197 zusammenfassen, rekapitulieren
rechazar 11/142 ablehnen
recibir 10/130 bekommen
recibir un pase 17/223 einen Pass annehmen (Fußball)
reciente 7/82 neu, jüngst
recogedor m 9/113 Kehrblech
recoger 9/114 aufräumen
recomendación f 9/112 Empfehlung
recomendar -ie- 9/110 empfehlen
reconocer -zc- 7/80 erkennen
reconocido,a 3/34 anerkannt
reconocimiento m 17/218 Anerkennung
reconstruir -y- 6/68 rekonstruieren
recordar -ue- 3/34 (sich) erinnern
recorrer 13/168 zurücklegen, bereisen
recreo m 5/57 Pause
recuperar 6/71 nachholen
red f 2/25 Netz, Internet
redacción f 6/73 Aufsatz
redactar 2/24 verfassen
redondear 7/85 auf-, abrunden
redondo,a 8/98 rund
reducido,a 9/117 ermäßigt
referirse -ie- **a** 7/88 sich beziehen auf
reflejar 13/167 widerspiegeln
reflejo m 17/223 Reflex
reflexionar 3/34 überlegen, nachdenken
refrán m 13/163 Sprichwort
refundador 17/221 Neuschöpfer
regalo m 10/123 Geschenk
regar -ie- 12/150 gießen
régimen m **especial** 9/109 Spezialdiät
región f 7/87 Region, Gegend
regla f 2/25 Regel
reglamento interno 16/213 Hausordnung

regresar 15/201 zurückkehren
regreso m 15/199 Rückkehr
regular 2/22 durchschnittlich, regelmäßig
reina f 13/162 Königin
relación f 8/100 Beziehung
relacionar 3/37 in Zusammenhang bringen, verbinden
relajado,a 7/84 entspannt
relajarse 7/85 entspannen
relato m 10/127 Erzählung
relevante 14/178 relevant
religión f 5/56 Religion
rellenar 2/21 ausfüllen
remar 15/196 rudern
renovar -ue- 17/221 erneuern
renunciar 11/142 verzichten
reparar 8/96 reparieren
repartido,a 9/118 verteilt
repartir 10/128 verteilen
repasar 16/212 wiederholen
repetir -i- 16/212 wiederholen
repleto,a 9/116 prall gefüllt
replicar 9/114 erwidern
reportaje m 10/128 Reportage, Bericht
representar 11/143 vertreten
requerir -ie- 12/155 erfordern
requisito m 9/112 Anforderung
reseña f 11/141 Rezension
reserva f **de la biosfera** f 12/148 Biosphärenreservat
reservado,a 7/84 zurückhaltend
resolver -ue- 6/73 lösen
respectivamente 13/162 jeweils
respectivo,a 3/34 jeweilig, betreffend
respetar 9/113 respektieren
respirar 13/172 atmen
responder 7/125 antworten
respuesta f 4/44 Antwort
restaurante m 8/96 Restaurant
resultado m 2/22 Ergebnis
resultar que 16/213 sich erweisen
resumen m 5/59 Zusammenfassung, Inhaltsangabe
resumir 11/143 zusammenfassen
retener -ie- **información** 3/34 Informationen behalten
retorno m 15/201 Rückkehr
retrato m 8/98 Porträt
retumbar 14/183 dröhnen
reunirse 15/198 sich versammeln
revelar 15/197 enthüllen
revisar 6/73 überprüfen
revisión f 6/73 Revision, Überarbeitung
revista f 12/156 Zeitschrift
rey m 13/162 König
Reyes Magos m pl 10/120 Heilige Drei Könige
rico,a 9/110 hier: lecker
ridículo,a m 16/213 lächerlich
rima f 6/72 Reim, Vers
rincón m **en el aula** 17/225 eine Ecke im Klassenraum
río m 3/32 Fluss
riqueza f 12/148 Reichtum
ritmo m 2/25 Rhythmus
rito m 13/169 Ritual, Ritus
ritual m 13/169 Ritual
rizado,a 6/66 lockig, gelockt
robo m 16/213 Diebstahl
rodamiento m **de bolas** f 6/69 Kugellager
rodeado,a 12/148 umgeben
rojo,a 10/123 rot
rol m 9/118 Rolle
romper 7/124 kaputt machen
ropa f 8/96 Kleidung, Wäsche
ropa f **interior** 11/139 Unterwäsche
roto,a 12/156 kaputt, entzwei
rubio,a 7/84 blond
ruso,a 5/59 russisch, Russe, Russin
rutas f **ecuestres** 13/168 Routen zu Pferde
rutina f 6/64 Routine, Gewohnheit, Ablauf

S

sábado m 5/56 Samstag, Sonnabend
sábana f 9/109 Bettlaken, Betttuch
saber 2/20 wissen, können
sacar 6/66 ziehen
sacar consecuencias f pl 9/111 Schlussfolgerungen, Konsequenzen ziehen
sacar fotos f 6/66 Fotos machen
sacar la lengua f 6/66 die Zunge rausstrecken
sala f 5/56 Saal, Raum
salida f 1/15 Ausgang
salir 7/85 (hin-)ausgehen
salir 6/67 ausgehen, hier: aufbrechen
salón m **de actos** m pl 5/59 Aula
salsa f 9/110 Soße
saltar 12/151 springen
saludar 4/49 (be)grüßen
salvaje 8/96 wild
sandalia f 11/139 Sandale
sangre f 14/180 Blut
secar 9/109 trocknen
secarse 6/66 sich (das Haar) föhnen
seco,a 12/152 trocken
seda f 11/139 Seide
sedimentación f 17/220 Ablagerung
seguir adelante 14/181 vorwärtskommen, weitergehen
según 2/21 nach, laut
seguro que 6/66 sicher, dass; bestimmt
seguro,a 3/33 sicher
seleccionar 6/73 aussuchen
semáforo m 9/116 Ampel
semana f 9/109 Woche
Semana Santa 10/122 Karwoche
sencillo,a 8/98 einfach
sentimental 14/179 sentimental, gefühlvoll
sentimiento m 6/72 Gefühl
sentir -ie- 15/200 fühlen
sentirse -ie- **bien/mal** 16/210 sich wohl, gut/schlecht fühlen
seña f 14/180 Zeichen
señal f 2/19 Piepton, Signal
señalar 10/128 signalisieren
señor m 9/110 Herr
señora f 9/115 Dame
septiembre m 10/122 September
ser 2/22 sein
ser detenido 7/127 festgenommen werden
ser incluido 17/225 eingeschlossen sein, aufgenommen werden
ser moreno,a 7/84 dunkelhäutig, dunkelhaarig sein

será recordado 17/223 man wird sich seiner (ihrer) erinnern
serie f 9/116 Reihe, Serie
serio,a 7/84 ernst
sermón m 16/213 Predigt
servicio m 5/59 Dienst, Dienstleistung
servicio m **de préstamo** m 5/59 Ausleihe
servir de intérprete mf 10/129 als Dolmetscher/in dienen
servir -i- 9/111 (be)dienen, behilflich sein
severo,a 4/47 streng
si bien 13/163 wenn auch
siempre 6/66 immer
siesta f 6/69 Mittagsschlaf
siglo m 8/98 Jahrhundert
siglo m **pasado** 8/98 letztes Jahrhundert
significado m 3/34 Bedeutung
siguiente 7/81 (nach)folgend
sílaba f 2/25 Silbe
silencioso,a 8/95 ruhig, still, schweigsam
silla f 8/98 Stuhl
silla f **de ruedas** f pl 9/109 Rollstuhl
sillón m 8/98 Sessel
símbolo m 12/154 Symbol
simpático,a 4/44 sympathisch
simpatizante mf 11/142 Sympathisant(in)
simplemente 13/172 einfach
simular 9/116 simulieren, so tun, als ob
sin 2/22 ohne
sin embargo 10/127 trotzdem
sindicato m 11/142 Gewerkschaft
sino (que) 5/60 sondern
sistema m **de apoyo** m 3/37 Hilfssystem
sistemáticamente 4/46 systematisch
sistematizar 2/22 systematisieren
sitio m 2/23 Ort, Stelle
situación f 7/80 Lage
situado: estar situado,a en 5/59 sich befinden
sobrar 12/156 übrig sein
sobre 2/24 über
sobre gustos no hay nada escrito 7/81 über Geschmack lässt sich nicht streiten
sobre todo 7/84 vor allem
sobrina f 8/101 Nichte
sobrino m 8/101 Neffe
social 11/142 sozial
sol m 7/83 Sonne
solo,a 7/84 allein, einsam
solamente 4/47 nur
soledad f 14/181 Einsamkeit
soler -ue- 7/87 zu tun pflegen
solidario,a 13/172 solidarisch
soltar el jamón m 10/124 den Schinken losbinden
solución f 9/110 Lösung
sonar -ue- 6/66 klingeln, läuten
sonido m 14/183 Klang
soñar -ue- 7/80 träumen
soportar 10/129 ertragen
sorprendente 12/151 überraschend
suave 8/100 zart, weich
subir 8/98 hinaufsteigen; hochheben
subir 9/113 hier: nach oben begleiten
subrayar 6/72 unterstreichen
subtítulo m 13/170 Untertitel
sucesivo,a 15/200 (aufeinander) folgend
sucio,a 9/112 schmutzig
suculento,a 16/210 schmackhaft
suelo m 9/114 Boden
sueño m 6/71 Schlaf, Traum
suerte f 16/206 Glück
sufrimiento m 7/129 Leiden
sufrir 10/131 leiden
sugerir -ie- 14/179 andeuten
superar 7/128 hier: übertreffen
superar 10/128 überwinden
superficie f 3/34 Boden(fläche)
superior 10/124 obere(r,s)
superlativo 11/137 Superlativ
supermercado m 7/88 Supermarkt
sur m 3/32 Süden
sustancia f 11/142 Substanz
sustantivo m 3/36 Nomen

T

tabla f 2/21 Tabelle
tablón m **de notas** 12/148 Pinnwand
tablón m **de anuncios** m 16/213 schwarzes Brett
tal(es) como 5/59 so wie
talla f 11/139 Größe
taller m 5/59 (Lern-)Werkstatt
taller m **de coches** 8/102 Autowerkstatt
tamaño de la palma de la mano 3/35 von der Größe der Handfläche
también 3/32 auch
tampoco 7/81 auch nicht
tándem m 2/27 Tandem
tanque m 12/152 Tank
tanto 10/131 (no me gusta tanto) so (sehr, besonders)
tanto... como 7/88 so ... wie
tantos,as 12/154 so viele
tapa f 8/96 kleines Häppchen
tarde f 7/83 Nachmittag, früher Abend
tarea f 3/35 Aufgabe
tarima f 16/212 Podium
taza f 5/59 Tasse
teatro m 7/85 Theater
techo m 11/140 Dach
tecnología f 5/59 Technologie
tejido m **sintético,a** 11/139 Synthetikfaser
tela f 11/137 Stoff
tele f 7/85 Fernsehen
teléfono m 2/22 Telefon
templado,a 12/148 warm
temporada f 11/139 Saison
temprano/a 6/67 früh
tendencia f 11/136 Tendenz, Trend
tender -ie- 11/140 aufhängen
tendero,a 11/140 Händler(in)
tener en cuenta 9/113 beachten
tener -ie- 2/18 haben, besitzen
tener -ie- **lugar** 5/56 stattfinden
tener que -ie- 2/20 müssen
tener que ver con 14/182 mit etwas zu tun haben
tenis m 7/85 Tennis
teoría f 13/163 Theorie
tercio m 12/148 Drittel

terciopelo m 11/140 Samt
terminar 5/57 (be-)enden
terraza f 8/95 Terrasse
terrestre 3/34 Land-
territorio m 3/34 Gebiet
test m 6/67 Test
testimonio m 15/201 Augenzeugenbericht
textil 11/136 Textil-
texto m 2/24 Text
tía f 8/101 Tante
tiempo m 7/83 Wetter, Zeit
tiempo m **libre** 4/47 Freizeit
tienda f 6/69 Geschäft, Laden
tierra f 3/34 Erde, Land
tierra f **firme** 15/203 Festland
tierra f **y gente** f 3/34 Land und Leute
tilde f 2/20 grafischer Akzent
tío m 8/101 Onkel
típico,a 7/87 typisch
tipo m 5/59 Art
tirante m 11/141 Träger
tirar 10/129 hier: wegwerfen
tirar el dado 4/51 würfeln
tirita f 8/103 (Heft-)Pflaster
título m 11/141 Titel
toalla f 6/66 Handtuch
tocar 7/82 (Instrument) spielen, berühren
tocar 16/213 zufallen, zukommen
tocar las palmas f 2/25 in die Hände klatschen
tocarle a una persona 4/51 an der Reihe sein
todavía 2/20 noch
todo recto 9/116 geradeaus
todos,as 7/81 alle
tomar 2/25 nehmen
tomar 12/152 hier: trinken
tomar posesión de 15/197 in Besitz nehmen
tomate m 7/87 Tomate
tonelada f 10/128 Tonne
top m 11/141 Top
torear 8/102 mit Stieren kämpfen
tormenta f 15/195 Gewitter
torneo m 17/223 Turnier
tortilla f 7/87 Omelette
tortura f 10/129 Folter, Qual
tostada f 7/87 Toast
tóxico,a 11/142 giftig
trabajador,a 10/122 Arbeiter(in)
trabajar 2/23 arbeiten
trabajo m 6/64 Arbeit
tradición f 1/13 Tradition
tradicional 7/87 traditionell
traducción f 10/122 Übersetzung
traducir -zc- 6/71 übersetzen
traer 7/88 (mit)bringen
traición f 14/180 Verrat
traje m 11/141 Anzug
tranquilidad f 13/172 Ruhe
transformar en 9/113 umformen
transporte m 9/109 Transport
tranvía m 5/60 Straßenbahn
trapo m 9/114 Lappen
tras 15/195 nach
trasfondo m 14/179 Hintergrund
trastes m 12/152 hier: Geschirr
tratar 2/23 behandeln
tratar de 12/154 handeln von, versuchen
tratar de usted 9/112 siezen
tren m 9/109 Zug
trenza f 11/139 Zopf
tripulación f 15/199 Schiffsmannschaft
triste 7/84 traurig
tristeza f 14/180 Trauer
triunfal 16/212 triumphal
tronco m 17/221 Abstammung, Stamm
tropezar -ie- 16/213 stolpern
tropezón 16/212 Stolpern
turco m 2/21 Türkisch
turismo m 1/13 Tourismus
tutear 11/138 duzen
tutearse 11/138 sich duzen
tutor,a 4/49 Tutor(in), Klassenlehrer(in)

U

último,a 3/33 letzte/r
un poco de 2/22 ein bisschen
un tal 16/212 ein gewisser
unánime 17/223 einstimmig
único,a 8/98 einzige(r), einzigartige(r)
unir 17/221 verbinden
universidad f 8/98 Universität
universidad f **popular** 8/98 Volkshochschule
urbanístico,a 13/172 städtebaulich
urbe f 13/172 Weltstadt, Großstadt
usar 7/85 benutzen
uso m 7/81 Gebrauch
usual 8/99 üblich
usuario,a 6/73 Benutzer(in)
útil 11/142 nützlich
utilizar 2/22 benutzen
uva f 10/120 (Wein-)Traube

V

vacaciones f pl 8/97 Ferien
vaciar 9/114 leeren
vacío,a 2/156 leer
vago,a 14/186 faul
vajilla f 11/139 Geschirr
valer 16/214 wert sein
valiente 10/127 mutig
valioso,a 15/192 wertvoll
valle m 12/148 Tal
valor m 7/81 Wert, hier: Preis
valorar 10/128 schätzen
valorado,a 11/136 geschätzt
vapor m 9/110 Dampf
vaqueros m pl 11/141 Jeans
variado,a 3/38 vielfältig, verschieden
variar 6/73 variieren
varias veces 16/209 mehrmals
variedad f 13/169 Vielfalt
varios,as 7/124 mehrere
vasco m 3/34 Baskisch
vaso m 7/87 Glas
vecino,a 3/37 Nachbar-
vegetación f 12/148 Vegetation
vegetariano,a 9/109 vegetarisch
vendedor,a 11/143 Verkäufer(in)
vender 11/140 verkaufen
venir 7/85 (her)kommen
venta f 7/82 Verkauf
ventana f 7/83 Fenster
ver 4/47 sehen
veraniego,a 13/165 sommerlich
verano m 2/21 Sommer
verbo m 2/22 Verb
verdad f 15/198 Wahrheit
verdaderamente 13/167 wirklich
verdadero,a 6/69 wahr

verde 11/141 grün
verdura f 10/127 Gemüse
verse 2/18 sich sehen
verso m 6/72 Vers
verter -ie- 7/124 schütten
vestido m 8/100 Kleid
vestirse -i- 6/69 sich anziehen
vez f 4/47 Mal
viajar 7/80 reisen
viaje m 3/34 Reise
vicioso,a 14/1 lasterhaft
victoria f 17/222 Sieg
vida f 6/64 Leben
vídeo m 10/123 Video
viejo,a 7/84 alt
viento m 7/80 Wind
viernes m 5/56 Freitag
vigía mf 15/196 Wachposten
vino m 13/168 Wein
viñeta f 15/197 Bild, Vignette
violinista mf 8/100 Geigenspieler(in)
virgen f 10/123 Marienfigur, Jungfrau
visión f 13/164 (Über-)Blick
visita f 8/99 Besuch
visitado,a 11/137 besucht
visitante mf 10/124 Besucher(in)
visitar 6/69 besuchen
vista por 8/94 gesehen von
vitrola f 14/183 Grammofon
vivencia f 15/199 Erlebnis
vivienda f 8/98 Wohnung
vivir 2/21 leben, wohnen
vivo,a 8/99 lebhaft
vocabulario 3/32 Wörterverzeichnis
volcarse -ue- **con** (ugs.) 10/127 sich für jemanden ein Bein ausreißen
voleibol m 8/102 Volleyball
volver -ue- 7/80 zurückkehren
volver -ue- **a hacer algo** f 4/48 wieder etwas tun
volverse -ue-16/212 sich umdrehen
votar 13/174 (ab)stimmen
vuelta f 15/198 Rückkehr
vulgar 14/181 vulgär

W

wáter m 12/150 WC

Y

y 2/20 und
ya 2/22 schon
ya no 13/165 nicht mehr
ya que 10/124 denn
yerno m 8/101 Schwiegersohn

Z

zapatería f 8/96 Schuhgeschäft
zapato m 8/96 Schuh
zona f **peatonal** 9/116 Fußgängerzone
zumo m 7/87 Saft

Übersicht über die Kompetenzen (Schwerpunkte) in den Modulen

Kompetenzschwerpunkte	Grammatik und Strukturen Strategien *sistemas de apoyo*
1 ¡A empezar!	
Hör- und Leseverstehen: • Vorwissen aus der Muttersprache und anderen Sprachen aktivieren und für das Verstehen von Wörtern und Informationen nutzen • durch Leitfragen gelenkt einfache Informationen über eine Person aus einem Hörtext entnehmen **Orientierungswissen:** • Vorkenntnisse über spanischsprachige Länder austauschen **Sprachenlernen:** • Wörter und Definitionen zuordnen • Verstehensleistungen und -strategien gemeinsam reflektieren • erste Ausspracheregelmäßigkeiten entdecken • vorhandene Kenntnisse anderer Sprachen aktivieren und im Spiel austauschen	→ Verstehensstrategien zur Worterschließung → Aussprache → Orthografie
2 Así soy y así somos	
2.1 Hola, me llamo María, ¿y tú?	
Miteinander-Sprechen: • sich in einem Kennenlern-Dialog vorstellen • Alter und Telefonnummern austauschen **Hörverstehen:** • Dialogelemente und Telefonnummern verstehen **Sprachenlernen:** • Regelmäßigkeiten und Besonderheiten in der Aussprache und Schreibweise erkennen	→ Zahlen 1–20 → allgemeine Kenntnisse von Begrüßungsdialogen nutzen → Aussprache → Orthografie
2.2 Estudiantes de todo el mundo	
Sprechen und Miteinander-Sprechen: • Informationen über Spanischlernende erfragen und wiedergeben • kurze Vorstellungsgespräche führen **Hör- und Leseverstehen:** • Informationen über Teilnehmende eines Sommerkurses entnehmen und ordnen **Schreiben und zusammenhängendes Sprechen:** • kurze Vorstellungen von Sprachenlernenden verfassen und (frei) vortragen **Sprachenlernen:** • spanische Verben systematisieren • Karteikarten anlegen	→ Fragepronomen → buchstabieren → Vokabellernen
2.3 Estrellas del mundo hispánico	
Lesen und interkulturelle Kompetenzen: • Steckbriefen und dem Internet Informationen über berühmte Personen entnehmen **Schreiben:** • Profile berühmter Personen verfassen **zusammenhängendes Sprechen:** • berühmte Personen aus Spanien und Lateinamerika vorstellen **Sprachenlernen:** • Regeln der spanischen Akzentsetzung und Aussprache erkennen	→ Präsentationsstrategien → Akzentsetzung und Aussprache

Kompetenzschwerpunkte	Grammatik und Strukturen Strategien *sistemas de apoyo*
3 Una mirada hacia España... y Alemania	
3.1 España: un país en el sur de Europa	
Leseverstehen: • eine Spanienkarte und die Beschriftung verstehen • Vorkenntnisse über geografische Namen und aus anderen Sprachen sowie Internationalismen nutzen **Orientierungswissen:** • Grundkenntnisse über Spanien erwerben **zusammenhängendes Sprechen (fakultativ):** • eine Kurzpräsentation über Spanien erstellen und vortragen	→ Strategien zur Bedeutungserschließung entwickeln → Kenntnisse langfristig speichern → Stichwörter nutzen
3.2 Una investigación gramatical	
Sprachenlernen: • Regeln zu Singular und Plural von Artikeln und Substantiven herausfinden **Grammatik:** • Regeln im Kontext zu Spanien anwenden	→ grammatisches Geschlecht → bestimmter und unbestimmter Artikel → Pluralbildung
3.3 Alemania: un país en el centro de Europa	
Sprachenlernen: • spanische Bezeichnungen Ländernamen und Namen deutscher Bundesländer zuordnen **Orientierungswissen und Miteinander-Sprechen:** • Grundkenntnisse über Spanien und Deutschland richtigstellen und sich darüber verständigen **zusammenhängendes Sprechen:** • einen Kurzvortrag über das eigene Bundesland vorbereiten und halten	→ Verstehensstrategien → Kenntnisse langfristig speichern → *sistema de apoyo* → einen Vortrag anhand von Kriterien gezielt üben
4 Gente joven desde la Red: ¡y en español!	
4.1 Estudiantes de español de todo el mundo en Madrid	
Hör- und Leseverstehen: • einfachen, kurzen Texten Informationen über Sprachenstudierende entnehmen **Sprechen:** • sich über bekannte Personen unterhalten • Personen mit Basisinformationen vorstellen **Schreiben:** • einen kurzen Bericht über bekannte Fußballspieler verfassen	→ Verneinung → Präsentationsstrategien → (Schreib-)Stil verbessern
4.2 El adjetivo y su papel en una frase	
Sprachenlernen: • Regeln der Adjektivangleichung entdecken **Grammatik:** • Regeln in der Beschreibung von Personen korrekt anwenden **Sprechen:** • jemanden aus dem Kurs oder dem Freundeskreis vorstellen	→ Adjektivangleichung → *muy / mucho* → einen Vortrag anhand von Kriterien gezielt üben
4.3 Estudiantes de español en Alemania	
Hör- und Leseverstehen: • einen Text über einen Kölner Spanischkurs erschließen **Sprechen:** • Fragen zum eigenen Spanischkurs beantworten **zusammenhängendes Sprechen:** • den eigenen Spanischkurs vorstellen	→ Possessivpronomina → Präsentationsstrategien → *sistema de apoyo*

Kompetenzschwerpunkte	Grammatik und Strukturen Strategien *sistemas de apoyo*
4.4 Estudiantes españoles mandan saludos desde *La Gaceta extremeña de educación*	
Leseverstehen und interkulturelle Kompetenzen: • einfachen Forumsbeiträgen spanischer Schülerinnen und Schüler wesentliche Informationen über Freunde, Familie und Schule entnehmen **Sprachenlernen:** • Regeln für die Verwendung von „a“ bei Personen erkennen **Schreiben:** • einen Gruß für ein Forum verfassen	→ Objekt bei Personen
5 Ir al instituto en España y en Alemania	
5.1 Horario y materias escolares	
Lesen und interkulturelles Orientierungswissen: • Stundenpläne spanischer Schüler kennen **Miteinander-Sprechen:** • sich über Stundenpläne austauschen und Stundenpläne kommentieren • spanische Stundenpläne vorstellen **Sprachmittlung:** • spanischen Schülerinnen und Schülern den eigenen Stundenplan erklären • Austauschschülerinnen und -schüler in Gespräche über die Schule integrieren	→ Uhrzeit → Ordnungszahlen → Strategien der Sprachmittlung → *sistema de apoyo*
5.2 Las instalaciones de un instituto	
Lesen und interkulturelles Orientierungswissen: • eine Internetseite einer spanischen Schule über die Einrichtungen der Schule verstehen • eine Frage in einem spanischen Forum über ein Schuljahr in Spanien verstehen • das spanische Schulsystem in den Grundzügen kennen **Miteinander-Sprechen:** • sich über das spanische Schulsystem austauschen und befragen **Schreiben:** • eine Forumsantwort verfassen **Sprachmittlung:** • die Einrichtungen der eigenen Schule spanischen Austauschschülern erklären • das spanische und das deutsche Schulsystem vergleichen • das eigene Schulleben spanischen Schülern erklären	→ *sistema de apoyo* → Demonstrativpronomen
6 La rutina diaria	
6.1 Pasar un día normal y corriente	
Lesen und interkulturelles Orientierungswissen: • die tägliche Routine spanischer Schülerinnen und Schüler in einem Fotolog und einem Blog kennenlernen **Miteinander-Sprechen und zusammenhängendes Sprechen:** • sich über morgendliche Aktivitäten und die tägliche Routine austauschen • Daten über morgendliche Aktivitäten des Kurses zusammenfassen und präsentieren **Sprachenlernen:** • die Bildung der reflexiven Verben erklären • den Wechsel des Stammvokals bei einigen Verben untersuchen	→ reflexive Verben → Uhrzeit → einige diphthongierende Verben → einige Verben mit Wechsel des Stammvokals

Kompetenzschwerpunkte	Grammatik und Strukturen Strategien *sistemas de apoyo*
6.2 ¿Rutina diaria?	
Lesen und interkulturelles Orientierungswissen: • Internetbeiträge spanischer Jugendlicher über die Langeweile im Unterricht verstehen **Schreiben:** • einen kurzen Blogbeitrag über langweiligen Unterricht verfassen **Sprachbewusstheit:** • über den Gebrauch der Jugendsprache reflektieren	→ reflexive Verben
6.3 Dos poesías	
Lesen: • die ersten Strophen von zwei kurzen Gedichten über die tägliche Routine verstehen **kreative Textproduktion:** • ein Gedicht fortsetzen • ein alternatives Gedicht bzw. ein Parallelgedicht verfassen	
6.4 Una pregunta por Internet	
Korrektur von Texten: • Rechtschreib- und Grammatikfehler in einem Internetbeitrag über die tägliche Routine finden und berichtigen **Textproduktion:** • den Text des Internetnutzers verbessern – mithilfe von Bindewörtern und Infinitiven – mithilfe von textstrukturierenden Ausdrücken	→ Textüberarbeitungsstrategien

7 Disfrutar del tiempo libre	
7.1 La música nos acompaña	
interkulturelles Orientierungswissen: • den Sänger Manu Chao in einem Konzert in Cosquín Rock kennenlernen **Hörverstehen:** • verstehen, was Manu Chao gefällt **kreative Textproduktion:** • eine Strophe zum Lied “Me gustas tú” schreiben **Lesen:** • eine Internetinformation über ein Konzert verstehen **Sprachenlernen:** • eine Regel für den Gebrauch von *me gusta(n)* formulieren • über den Gebrauch des Wörterbuchs reflektieren • eine Regel für das periphrastische Futur formulieren **zusammenhängendes Sprechen/Miteinander-Sprechen:** • eigene Vorlieben und die anderer Personen ausdrücken • ausdrücken, was in einem Konzert passieren wird • über das Wetter an verschiedenen Orten sprechen • Manu Chao und seine Fans beschreiben	→ *me gusta* → Hörverstehensstrategien → *ir a* + inf. (periphrastisches Futur) → das Wetter → *sistema de apoyo* → der Gebrauch von *ser* und *estar* (+ Adjektiv)

Kompetenzschwerpunkte	Grammatik und Strukturen Strategien *sistemas de apoyo*
7.2 Actividades en el tiempo libre	
Lesen und interkulturelles Orientierungswissen: • statistische Daten einer Umfrage über die Freizeitaktivitäten spanischer Jugendlicher verstehen **Miteinander-Sprechen:** • sich über die bevorzugten Freizeitaktivitäten austauschen • über Pläne für das Wochenende sprechen **zusammenhängendes Sprechen:** • statistische Daten kommentieren • die bevorzugten Freizeitaktivitäten spanischer Jugendlicher im Vergleich zu denen deutscher Jugendlicher vorstellen	→ Leseverstehensstrategien (diskontinuierliche Texte) → *ir a* + inf. (periphrastisches Futur) → Präsentationsstrategien → Prozentzahlen angeben → *sistemas de apoyo*
7.3 Organizar un desayuno español con el curso	
Lesen und interkulturelles Orientierungswissen: • das spanische Frühstück kennenlernen • das spanische Frühstück mit deutschen Frühstücksgewohnheiten vergleichen **Sprachenlernen:** • den Gebrauch und die Stellung von Pronomen erklären **Miteinander-Sprechen:** • ein spanisches Frühstück mit dem Kurs organisieren	→ *sistema de apoyo* → direktes Objektpronomen

8 Aquí vivimos	
8.1 La ciudad de Gijón vista por el actor Javier Ríos	
Hör-/Sehverstehen und interkulturelles Orientierungswissen: • die Vorstellung der Stadt Gijón (Asturias) durch einen Schauspieler aus der Stadt verstehen **Sprechen:** • die eigene Meinung über Gijón äußern • erläutern, was das Schönste einer Stadt ist	→ Hör-/Sehverstehensstrategien → Superlativ von *bueno/malo* → Substantivieren von Adjektiven
8.2 El barrio	
Lesen: • Blogbeiträge von Jugendlichen aus Gijón über ihre Stadtviertel verstehen **Sprechen:** • beschreiben, was es im eigenen Stadtviertel gibt • ausdrücken, was man in verschiedenen Geschäften und Einrichtungen des Stadtviertels tut **Sprachenlernen:** • Indefinitpronomen und die doppelte Verneinung systematisieren	→ *pasiva refleja* → Indefinitpronomen/doppelte Verneinung
8.3 Una vivienda del siglo pasado	
Lesen: • die Beschreibung des Hauses von Antonio Machado in Segovia verstehen **Sprechen/zusammenhängendes Sprechen:** • Fotos von Zimmern des Hauses von Machado beschreiben • persönliche Eindrücke über das Haus ausdrücken **kreative Textproduktion:** • ein Zimmer für eine Ausstellung im Klassenraum entwerfen • die Gestaltung des Zimmers vorstellen • eine deutsche Gruppe durch das Haus von Machado führen	→ *estar* y *hay* → Strategien der Sprachmittlung

Kompetenzschwerpunkte	Grammatik und Strukturen Strategien *sistemas de apoyo*
8.4 Familias y relaciones familiares	
Bildbeschreibung: • das Bild „Die Familie Soler" von Picasso beschreiben **Hör- und/oder Leseverstehen:** • eine Beschreibung der Familie Soler verstehen • den Stammbaum der Familie Soler verstehen **Sprechen/zusammenhängendes Sprechen:** • über Verwandtschaftsbeziehungen sprechen • einen Stammbaum vorstellen	→ *estar y hay* → *sistema de apoyo*
9 Hacer prácticas y practicar al mismo tiempo español	
9.1 Prácticas en un albergue juvenil	
Lesen: • die E-Mail einer spanischen Familie an die Jugendherberge in Köln verstehen **Schreiben:** • eine Antwort-E-Mail verfassen **Sprachmittlung (optativ):** • eine spanische Version des Internetauftritts der Kölner Jugendherberge verfassen	→ Strategien der Sprachmittlung
9.2 Prácticas de camarera o camarero en un restaurante alemán	
Lesen: • einen Restaurantdialog rekonstruieren **Sprachmittlung :** • deutsche Gerichte Besuchern aus Spanien beschreiben **Sprachenlernen:** • das zweisprachige Wörterbuch verwenden, um die fehlerhafte Übersetzung einer spanischen Speisekarte zu rekonstruieren und zu verstehen **Miteinander-Sprechen:** • einen Restaurantdialog simulieren (Rollenspiel)	→ das zweisprachige Wörterbuch verwenden
9.3 Prácticas en un hotel	
interkulturelles Orientierungswissen: • Anforderungen für ein Hotelpraktikum kennen **Sprechen/Miteinander-Sprechen:** • Anweisungen, Ratschläge und Empfehlungen für das Hotelpersonal ausdrücken **Sprachenlernen:** • die Bildung des Du-Imperativs erklären (bejaht und verneint)	→ der Du-Imperativ → der Du-Imperativ (bejaht und verneint)
9.4 Prácticas en una oficina de turismo alemana	
Sprechen/Miteinander-Sprechen: • Wegbeschreibungen und -erklärungen mithilfe eines Stadtplans geben • einen Dialog in einer Touristeninformation simulieren (Rollenspiel) • über das Schokololadenmuseum in Köln und andere interessante Ziele der eigenen Stadt informieren	→ der gesiezte Imperativ → *sistema de apoyo*

Kompetenzschwerpunkte	Grammatik und Strukturen Strategien *sistemas de apoyo*
10 Fiestas y costumbres en Alemania y España	
10.1 Fiestas y costumbres	
interkulturelles Orientierungswissen: • spanische Feiertage und Gebräuche kennenlernen **Sprechen:** • Feiertage im Jahresverlauf erklären • Fotos über Feiertage in Spanien und Deutschland beschreiben **Sprachenlernen:** • eine Regel für den Gebrauch von *estar* + *gerundio* aufstellen	→ Datumsangabe → Strategien der Sprachmittlung → *estar* + Gerundium
10.2 Así se celebra en España	
Hör-Sehverstehen und Leseverstehen/interkulturelles Orientierungswissen: • spanische Feiern detaillierter kennenlernen, insbesondere die Tomatina in Buñol • Artikel und einen Comic über die Tomatina verstehen **Schreiben:** • einen Blogeintrag über die Tomatina verfassen **Miteinander-Sprechen/zusammenhängendes Sprechen:** • über den Beginn der Tomatina berichten **Sprachenlernen:** • die Bildung des indefinido erklären (3. Ps. Sg./Pl.)	→ Hör-Seh-Verstehensstrategien → Leseverstehensstrategien → *sistema de apoyo* → *indefinido* (Vergangenheitszeit) → *indefinido* (3. Ps. Sg./Pl.)
10.3 Voces críticas acerca de las fiestas	
Lesen und interkulturelles Orientierungswissen: • kritische Stimmen über einige Feiern und Gebräuche verstehen • Informationen ordnen **Sprachmittlung:** • Simulation einer Diskussion über Feiern und Gebräuche zwischen Deutschen und Spaniern	→ Leseverstehensstrategien

11 Ropa, moda y consumo	
11.1 ¿Moda de marcas o productos sin nombre?	
Lesen und interkulturelles Orientierungswissen: • einen Blogeintrag über Modegeschäfte verstehen • einen Dialog in einem Modegeschäft rekonstruieren **Miteinander-Sprechen:** • sich über die persönliche Bedeutung von Modemarken austauschen **Sprechen und Schreiben:** • die Informationen einer Bloggerin über Zara zusammenfassen und wiedergeben • Modemarken vergleichen • einen Einkaufsdialog simulieren (Rollenspiel) **Sprachenlernen:** • die Bildung des Superlativs und des Komparativs erklären	→ Leseverstehensstrategien → *sistema de apoyo* → Superlativ und Komparativ

Kompetenzschwerpunkte	Grammatik und Strukturen Strategien *sistemas de apoyo*
11.2 Una tendencia actual: llevar ropa del mercadillo	
Lesen und interkulturelles Orientierungswissen: • einen Artikel über den Rastro von Madrid verstehen • Blogbeiträge über einen erfolgreichen Einkauf verstehen **Miteinander-Sprechen:** • auf dem Rastro einkaufen • eine Modenschau organisieren und durchführen **Schreiben:** • einen Kommentar über die Wirkung einer Person auf einem Foto beschreiben • einen Artikel über die Modenschau verfassen **Sprachenlernen:** • den Unterschied zwischen "ser (guapa)" und "estar (guapa)" herausfinden	→ Leseverstehensstrategien → Superlativ und Komparativ → *sistema de apoyo* → *ser* y *estar* + Adjektiv
11.3 Un día sin compras	
Leseverstehen/interkulturelles Orientierungswissen: • Informationen über die Kampagne "Ropa Limpia" und den Tag ohne Einkäufe verstehen **Miteinander-Sprechen:** • die Meinung über den Tag ohne Einkäufe äußern • eine Diskussionsrunde über den Tag ohne Einkäufe durchführen	→ *sistemas de apoyo*
12 Latinoamérica y el agua	
12.1 Me gusta el agua	
Lesen: • Texte über den Wasser- bzw. Gewässerreichtum Mexikos verstehen **Sprechen/Miteinander-Sprechen:** • Gewässer in Mexiko beschreiben • über bevorzugte Ziele in Mexiko sprechen **Sprachmittlung und Schreiben:** • eine E-Mail an einen spanischen Freund/eine spanische Freundin über mögliche Urlaubsziele in Deutschland schreiben	→ Leseverstehensstrategien → Substantive mit betontem „a" → *sistema de apoyo*
12.2 El agua: un bien escaso	
Lesen: • Statistiken über den Wasserverbrauch und den Wassermangel verstehen • einen Internetartikel über die Bedeutung des Wassers für eine mexikanische Familie verstehen **Schreiben/zusammenhängendes Sprechen:** • den persönlichen Wasserverbrauch grafisch darstellen • über den persönlichen Wasserverbrauch sprechen	→ Strategien zum Verständnis einer Statistik → Leseverstehensstrategien → *sistema de apoyo*
12.3 El problema del agua en el mundo	
Lesen: • Aussagen über Wasserprobleme in Peru verstehen • Aussagen über die Kritik der „Acción contra el hambre" verstehen **zusammenhängendes Sprechen:** • über die Wasserproblematik und mögliche Konsequenzen sprechen **Hör-/Sehverstehen:** • ein Video über „Acción contra el hambre" verstehen **Sprechen und Schreiben:** • Empfehlungen zum Wassersparen formulieren • einen Artikel über die Wasserproblematik verfassen **Sprachenlernen:** • die Bildung und den Gebrauch des *subjuntivo* untersuchen	→ *subjuntivo* → Präsentationsstrategien → *sistemas de apoyo* → *subjuntivo* → Textüberarbeitungsstrategien

Kompetenzschwerpunkte	Grammatik und Strukturen Strategien *sistemas de apoyo*
13 España más a fondo	
13.1 Datos de España	
Lesen und interkulturelles Orientierungswissen: • grundlegende Daten über Spanien verstehen **zusammenhängendes Sprechen:** • Informationen über Spanien und die Sprachen Spaniens zusammenfassen **Schreiben:** • einen Informationstext über Spanien verfassen	→ Zahlen runden → *sistemas de apoyo*
13.2 Galicia	
Lesen und interkulturelles Orientierungswissen: • grundlegende Daten, eine Karte, ein Klimadiagramm sowie einen touristischen Text über Galizien verstehen **Miteinander-Sprechen:** • sich über Galizien austauschen **zusammenhängendes Sprechen:** • einen Kurzvortrag über Galizien vorbereiten und vorstellen • die zentralen Informationen notieren **Internet (optativ):** • weitere Informationen im Internet recherchieren und in den Vortrag einbauen	→ Präsentationsstrategien → *sistema de apoyo*
13.3 Andalucía y Madrid → projektorientiertes Arbeiten	
selbstständiges (Sprachen-)Lernen: • kooperativ anhand des Modells zu Galizien über eine weitere spanische *Comunidad Autónoma* arbeiten **Lesen und interkulturelles Orientierungswissen:** • grundlegende Daten, eine Karte, ein Klimadiagramm sowie einen touristischen Text verstehen **Miteinander-Sprechen:** • sich über die *Comunidad Autónoma* austauschen **Zusammenhängendes Sprechen:** • einen Kurzvortrag über die *Comunidad Autónoma* vorbereiten und vorstellen • dem Vortrag zentrale Informationen entnehmen und notieren **Internet (optativ):** • weitere Informationen im Internet recherchieren und in den Vortrag einbauen	→ Strategien selbstständigen und kooperativen Arbeitens → Präsentationsstrategien → *sistema de apoyo*
13.4 Un viaje de fin de curso a España	
Lesen: • eine Bitte um touristische Empfehlungen in einem Forum verstehen **Schreiben:** • eine Antwort auf die Forumsfrage verfassen • einen überzeugenden Werbetext über das bevorzugte Reiseziel in Spanien verfassen **Miteinander-Sprechen:** • die bevorzugten Reiseziele vorstellen und über ein Ziel für die Kursfahrt abstimmen	→ *sistema de apoyo*

Kompetenzschwerpunkte	Grammatik und Strukturen Strategien *sistemas de apoyo*
14 La actualidad y el pasado de una estrella de la música pop: Juanes	
14.1 La vida actual de Juanes	
Lesen und interkulturelles Orientierungswissen: • Pressekommentare über Juanes verstehen und vergleichen **Miteinander-Sprechen/zusammenhänges Sprechen:** • sich über Vorkenntnisse austauschen • Fotos von Juanes und ein Platten-Cover beschreiben • Eindrücke über die Musik von Juanes ausdrücken und über einen Liedtext sprechen **Hörverstehen:** • global verstehen, wovon ein Lied handelt **Sprachmittlung:** • den Inhalt eines Liedes für deutsche Freunde zusammenfassen	→ *sistema de apoyo* → Hörverstehensstrategien
14.2 ¿Cómo era Juanes antes de convertirse en superestrella?	
Lesen und interkulturelles Orientierungswissen: • Erinnerungen von Familienmitgliedern und Freunden über die Vergangenheit von Juanes verstehen • ein Interview mit Juanes über seine Lieder und die Entwicklung seines musikalischen Stils verstehen **Miteinander-Sprechen:** • sich über Details aus Juanes' Vergangenheit austauschen • ein Fernsehinterview mit Juanes planen und durchführen **Sprachenlernen:** • die Verbformen des *imperfecto* systematisieren und eine Regel zur Bildung der Formen aufstellen **Internet und interkulturelles Orientierungswissen (optativ):** • im Internet Zusatzinformationen über Kolumbien und Juanes' soziales Engagement heraussuchen und in eine Präsentation integrieren **zusammenhängendes Sprechen (optativ):** • das Profil von Juanes erstellen und präsentieren	→ *imperfecto* (Vergangenheitszeit) → *sistema de apoyo* → Vorbereitungs- und Auswertungsstrategien → Präsentationsstrategien
15 Desde España a las Indias: Cristóbal Colón	
15.1 Europa en la época de Colón	
Lesen und interkulturelles Orientierungswissen: • Informationen über Kolumbus und Europa zu seiner Zeit verstehen **Miteinander-Sprechen:** • sich über Kolumbus und Europa im 15. und 16. Jahrhundert austauschen **zusammenhängendes Sprechen:** • einen Kurzvortrag über das Leben im Europa des 15. und 16. Jahrhunderts vorbereiten und präsentieren	→ *imperfecto* → Präsentationsstrategien
15.2 Etapas de la vida de Colón	
Lesen und interkulturelles Orientierungswissen: • eine Bildergeschichte über Kolumbus' Lebensabschnitte verstehen • eine Unterhaltung und einen Ausschnitt aus dem Schiffstagebuch von Kolumbus über die erste Fahrt verstehen **Sprechen und Schreiben:** • Kolumbus' Biografie und einen Ausschnitt aus seinem Schiffstagebuch rekonstruieren • die Ereignisse der ersten Fahrt rekapitulieren und sich darüber austauschen • ein fiktives Interview mit Kolumbus führen **Sprachenlernen:** • vollständige Verbparadigmen des *indefinido* anlegen	→ *indefinido* → Verstehensstrategien → *indefinido* (Formen und Aussprache)

Kompetenzschwerpunkte	Grammatik und Strukturen Strategien *sistemas de apoyo*
15.3 Acciones, circunstancias y descripciones	
Sprechen und interkulturelles Orientierungswissen: • die Stimmung eines Bildes über die Rückkehr von Kolumbus beschreiben • sich über das Leben von Kolumbus austauschen **Sprachenlernen:** • den Gebrauch der Vergangenheitszeiten erläutern • die komplementären Funktionen der Vergangenheitszeiten kennen und reflektieren **Schreiben:** • die Lebensphasen und die erste Fahrt von Kolumbus rekonstruieren • den Augenzeugenbericht eines Besatzungsmitglieds von Kolumbus verfassen	→ *indefinido* und *imperfecto*

16 Asuntos personales: mi diario y yo	
16.1 El diario azul de Carlota	
Lesen und interkulturelles Orientierungswissen: • die Handlung des Films "El diario de Carlota" und die Situation der Protagonistin verstehen • den Tagebucheintrag von Carlota über einen perfekten Sonntag verstehen **Sprachenlernen:** • Regeln über den Gebrauch und die Bildung des Perfekts aufstellen • regelmäßige und unregelmäßige Partizipien kennen **Schreiben:** • die Erinnerungen Carlotas vervollständigen • einen persönlichen Tagebucheintrag verfassen **Miteinander-Sprechen:** • über einen perfekten Sonntag sprechen • ein Telefonat zwischen Carlota und ihrer Freundin Elisa simulieren	→ Perfekt
16.2 El diario de Alberto	
Lesen und interkulturelles Orientierungswissen: • einen Tag aus dem „Diario de Alberto" verstehen • den Tagebucheintrag Albertos über den ersten Schultag nach den Ferien verstehen und rekonstruieren **Miteinander-Sprechen:** • die Tage von Alberto und seiner Familie rekapitulieren • über eigene Vorlieben sprechen • eigene Präferenzen für einen perfekten Sonntag ausdrücken **Schreiben:** • einen Tagebucheintrag über eine Schulwoche verfassen **Sprachenlernen:** • weitere unregelmäßige Partizipien kennen	→ Leseverstehensstrategien → Perfekt

Kompetenzschwerpunkte	Grammatik und Strukturen Strategien *sistemas de apoyo*
17 Ofertas para el aprendizaje autónomo	
17.1 Descubrir el flamenco (una galería)	
interkulturelles Orientierungswissen: • den Flamenco und seine Geschichte kennenlernen **kooperatives Arbeiten und mündliche Präsentation:** • verschiedene Details über den Flamenco erforschen (die kulturelle Bedeutung, die Geschichte, den Musiker Morente) • die Ergebnisse in einem Galeriegang präsentieren • das thematische Vokabular während der Präsentation vermitteln • Fragen zur Verständnissicherung vorbereiten **Miteinander-Sprechen:** • Meinungen, Eindrücke und Beobachtungen über den Flamenco austauschen	→ Lesestrategien und Wortschatzarbeit → Präsentationsstrategien → Strategien selbstständigen und kooperativen Arbeitens
17.2 El mundo futbolístico (un puzzle de expertos)	
interkulturelles Orientierungswissen: • drei berühmte spanische Fußballer kennenlernen (Andrés Iniesta, Iker Casillas, Fernando Torres) **kooperatives Arbeiten und mündliche Präsentation:** • sich über einen der drei Fußballer informieren • mündliche Vorträge über die drei Fußballer vorbereiten und austauschen • den Lieblingsfußballer im Wachsmuseum vorstellen • Fragen zur Verständnissicherung vorbereiten **zusammenhängendes Sprechen und Internet (optativ):** • im Internet Informationen über einen weiteren Fußballer recherchieren und ihn im Wachsmuseum vorstellen	→ Lesestrategien und Wortschatzarbeit → Präsentationsstrategien → Strategien selbstständigen und kooperativen Arbeitens
18 Taller literario	
18.1 Leer, ver y crear poesías	
Lesen und interkulturelle Kompetenzen: • Gedichte spanischsprachiger Dichterinnen und Dichter kennenlernen **Umgang mit Texten:** • über die Gedichtform und ihre Wirkung reflektieren **kreatives Schreiben:** • anhand von Modellen Ideen sammeln und eigene Strophen oder Gedichte verfassen und gestalten • eine Lesung bzw. eine Plakatpräsentation vorbereiten	→ Verstehensstrategien (Fotos und grafische Darstellung für das Verstehen nutzen)
18.2 Informarse sobre cuatro novelas juveniles	
Lesen und interkulturelles Orientierungswissen: • die Zusammenfassungen von vier Werken von Gemma Lienas, Fina Casalderrey, Manuel Valls und Care Santos verstehen **Sprechen (Umgang mit Texten):** • über zentrale Themen der Werke sprechen • sich über Figuren, ihre Probleme und Gefühle austauschen • Meinungen über die literarischen Werke sowie über eigene Textproduktionen austauschen **Schreiben:** • ein Zusatzkapitel für die Werke verfassen • aus der Perspektive der Protagonisten schreiben	

Kompetenzschwerpunkte	Grammatik und Strukturen Strategien *sistemas de apoyo*
18.3 Re-crear cuentos de hadas	
Lesen und interkulturelles Orientierungswissen: • eine unerwartete Version eines Märchens verstehen **Sprechen (Umgang mit Texten):** • über Unterschiede zwischen der unerwarteten Version und dem Originalmärchen sprechen **kreative Textproduktion:** • ein alternatives Märchen schreiben • eine Lesung organisieren und eine Präsentation für den Internetauftritt der Schule erstellen	→ Verstehensstrategien (Weltwissen und Vorkenntnisse nutzen)
18.4 "El Ingenioso Hidalgo Don Quixote de la Mancha" (1605) de Miguel de Cervantes: un acercamiento	
Lesen und interkulturelles Orientierungswissen: • den historischen Kontext des „Quijote" verstehen • moderne Adaptationen des „Quijote" verstehen (Erich Kästner, Javier Tomeo) **Sprechen und Schreiben:** • sich über „Quijote" und seine Abenteuer austauschen • die Episode über die Windmühlen zusammenfassend wiedergeben • sich über Meinungen über den „Quijote" austauschen • moderne Versionen mit dem Original vergleichen • eine Vorstellung im Kurs vorbereiten **Kooperation und sprachliche Interaktion (optativ):** • „Don Quijote en nuestro cole" als Miniprojekt organisieren und durchführen	→ Verstehensstrategien → Strategien der Sprachmittlung → Strategien selbstständigen und kooperativen Arbeitens

Übersicht über die *sistemas de apoyo*

2 Así soy y así somos	**S. 21 Perfiles: presentarse** **S. 23 Encontrarse y conocerse**
3 Una mirada hacia España... y Alemania	**S. 34 Explicar la comprensión de palabras** **S. 38 Comentar si las afirmaciones son correctas o no**
4 Gente joven desde la Red: ¡y en español!	**S. 48 Presentar el curso de español**
5 Ir al instituto en España y Alemania	**S. 58 nützliche Ausdrücke für die Mündlichkeit** **S. 60 Un mensaje de respuesta**
6 La rutina diaria	**S. 73 Expresiones para estructurar un texto**
7 Disfrutar del tiempo libre	**S. 83 Hablar sobre el tiempo** **S. 83 Hablar de estadísticas y redondear cifras** **S. 86 El tiempo libre: presentar los datos de una encuesta en el curso** **S. 88 Expresar lo que tienen en común y lo que no tienen en común (el desayuno español y el alemán)**
8 Aquí vivimos	**S. 90 Describir una imagen, una foto, un dibujo**
9 Hacer prácticas y practicar al mismo tiempo español	**S. 110 Un diálogo modelo: en un restaurante** **S. 116 Explicar el camino**
10 Fiestas y costumbres	**S. 124 Formular hipótesis sobre el contenido de un texto** **S. 127 Contar una historia (la de la Tomatina)**
11 Ropa, moda y consumo	**S. 138 Un diálogo modelo: Ir de compras en una tienda de moda** **S. 141 Describir ropa** **S. 141 Moderar un desfile de moda** **S. 142 Formular una opinión individual (sobre un día sin compras)** **S. 143 Opinar en una mesa redonda**
12 Latinoamérica y el agua	**S. 149 Hablar de los destinos preferidos** **S. 150 Hablar sobre el uso personal del agua durante el día** **S. 151 Explicar una foto** **S. 153 Expresar consecuencias** **S. 154 Expresar por qué algo no me gusta**
13 España más a fondo	**S. 162 Dar información general de un país** **S. 167 Dar una intervención sobre (una comunidad autónoma)** **S. 174 Dar consejos a un visitante**
14 La actualidad y el pasado de una estrella de la música pop: Juanes	**S. 179 Comentar la música de una canción** **Comparar la letra y la música de una canción** **S. 184 Actuar en una entrevista en la tele**

Index der Grammatik und Strukturen

Indicaciones para las actividades • *Arbeitsanweisungen*

Adivinar: Los otros grupos lo tienen que adivinar.	*Die anderen Gruppen müssen es raten.*
Anota los aspectos en tu cuaderno.	*Notiere die Aspekte in deinem Heft.*
Apunta las expresiones / lo comprendido...	*Schreibe die Ausdrücke/das, was du verstanden hast, auf.*
Añade una característica.	*Füge eine Eigenschaft hinzu.*
Aplica las estrategias de lectura / la regla...	*Wende die Lesestrategien/die Regel ... an.*
Busca (ejemplos) en Internet.	*Suche (Beispiele) im Internet.*
Cierra el libro.	*Schließe das Buch.*
Comenta la lectura.	*Kommentiere das Lesen.*
Compara las soluciones / los resultados con la parte gramatical del libro.	*Vergleiche die Lösungen/die Ergebnisse mit dem Grammatikteil des Buchs.*
Completa las frases / la tabla con...	*Vervollständige die Sätze/die Tabelle mit ...*
Comprueba si conoces el vocabulario...	*Überprüfe, ob du die Vokabeln kennst ...*
Comunicaos en el grupo sobre...	*Verständigt euch in der Gruppe über ...*
Confecciona una tabla / una ficha / un gráfico.	*Fertige eine Tabelle/eine Karteikarte/einen Steckbrief/eine Grafik an.*
Conjuga los verbos.	*Konjugiere die Verben.*
Contesta a las preguntas.	*Beantworte die Fragen.*
Copia la tabla.	*Übertrage die Tabelle in dein Heft.*
Corrige las afirmaciones.	*Berichtige die Feststellungen.*
Consulta el diccionario.	*Schlage im Wörterbuch nach.*
Conversad sobre...	*Unterhaltet euch über ...*
Cuenta lo que sabes sobre...	*Erzähle, was du über ... weißt.*
Da la información geográfica.	*Gib die geografischen Informationen.*
Da un informe.	*Gib einen Bericht.*
Decide si las afirmaciones son correctas o falsas.	*Entscheide, ob die Aussagen richtig oder falsch sind.*
Deduce el significado de las palabras de...	*Leite die Bedeutung der Wörter ab von ...*
Deletrea tu nombre.	*Buchstabiere deinen Namen.*
Describe la imagen / a la familia...	*Beschreibe das Bild/die Familie ...*
Determina la cronología.	*Bestimme die Chronologie.*
Dialogad sobre lo entendido.	*Tauscht euch über das Verstandene aus.*
Dictaos algunas frases sobre...	*Diktiert euch gegenseitig einige Sätze über ...*
Discutid las opiniones en el grupo.	*Diskutiert die Meinungen in der Gruppe.*
Diseña una actividad.	*Entwirf/Stelle eine Aufgabe.*
Dividid el curso en dos grupos.	*Teilt den Kurs in zwei Gruppen auf.*
Elige...	*Wähle ... aus.*
Emplea la doble negación.	*Verwende die doppelte Verneinung.*
Ensaya la presentación.	*Probe die Präsentation.*
Entrevista a una compañera.	*Befrage eine Mitschülerin.*
Entrevistaos (mutuamente) sobre...	*Befragt euch (gegenseitig) über ...*
Escribe un anuncio / una estrofa...	*Schreibe eine Anzeige/eine Strophe ...*
Escucha las presentaciones.	*Höre den Präsentationen zu.*
Estudia el gráfico.	*Untersuche die Grafik.*
Examina el horario.	*Befasse dich mit dem Stundenplan.*
Explica la regla / cómo se forma(n)...	*Erkläre die Regel/wie man ... bildet.*
Explícalo con ayuda del sistema de apoyo.	*Erkläre es mithilfe des Unterstützungssystems.*
Fíjate en los aspectos siguientes: ...	*Achte auf die folgenden Aspekte: ...*
Formad grupos de 5 personas.	*Bildet Fünfer-Gruppen.*
Formula una hipótesis / una regla para...	*Formuliere eine Hypothese/eine Regel für ...*
Haced preguntas y dad respuestas.	*Stellt euch Fragen und gebt Antworten.*
Haced un concurso / una encuesta sobre...	*Erstellt ein Quiz über .../eine Umfrage zu ...*
Haced un rodamiento de bolas y practicad...	*Macht ein Kugellager und übt ...*
Habla de sobre tu amiga / la foto /...	*Sprich über deine Freundin/das Foto/...*
Haz una lista.	*Fertige eine Liste an.*
Indica cuál de las hipótesis es la correcta.	*Gib an, welche Hypothese zutrifft.*
Infórmate en Internet sobre...	*Informiere dich im Internet über ...*

Inserta la forma correcta (en los huecos).	*Füge die korrekte Form (in die Lücken) ein.*
Intercambiad ideas / argumentos.	*Tauscht Ideen/Argumente aus.*
Lee las explicaciones.	*Lies die Erläuterungen.*
Lee con atención otra vez los textos...	*Lies noch einmal aufmerksam die Texte ...*
Llamaos.	*Ruft euch gegenseitig auf.*
Marca las formas / palabras clave.	*Markiere die Formen/Schlüsselwörter.*
Mira solo los apuntes.	*Schaue dir nur die Stichpunkte an.*
Nombra uno de los verbos siguientes.	*Nenne eines der folgenden Verben.*
Observa atentamente el mapa.	*Beobachte/Betrachte aufmerksam die Karte.*
Ordena... sistemáticamente.	*Ordne ... systematisch (an).*
Pon... en orden.	*Ordne ...*
Practica en voz baja la lectura.	*Übe leise das (Vor-)Lesen.*
Practicad la intercorrección.	*Korrigiert euch/eure Texte gegenseitig.*
Preguntaos mutuamente sobre los estudiantes.	*Stellt euch gegenseitig Fragen zu den Studierenden.*
Prepara una ficha personal de... / una intervención sobre... / una chuleta.	*Bereite einen Steckbrief von .../einen Kurzvortrag über .../ einen Spickzettel vor.*
Presenta a la persona al curso.	*Stelle die Person dem Kurs vor.*
Puedes empezar así:...	*So kannst du beginnen: ...*
Realizad un debate sobre...	*Führt eine Debatte über ... durch.*
Recapitula el vocabulario temático.	*Rekapituliere den thematischen Wortschatz.*
Reconstruye la cronología.	*Rekonstruiere die Chronologie.*
Redacta un e-mail / un artículo sobre...	*Verfasse eine E-Mail/einen Artikel über ...*
Reflexiona:...	*Überlege: ...*
Relaciona las informaciones / las frases...	*Verbinde die Informationen/die Sätze ...*
Rellena la tabla / los huecos.	*Fülle die Tabelle/die Lücken aus.*
Repartid los anuncios / los textos por el curso.	*Verteilt die Anzeigen/die Texte im Kurs.*
Responde en una entrada de blog.	*Antworte in einem Blogeintrag.*
Resume...	*Fasse ... zusammen.*
Revisa el texto.	*Überarbeite den Text.*
... según el modelo	*... nach dem Modell*
Simulad el diálogo.	*Simuliert den Dialog.*
Sistematizad las formas.	*Systematisiert die Formen.*
Subraya los artículos y sustantivos.	*Unterstreiche die Artikel und Nomen.*
Termina las frases.	*Beende/Vervollständige die Sätze.*
Tira el dado. (Es tu turno. / Te toca a ti.)	*Würfele. (Du bist dran.)*
Toma notas para preparar la presentación.	*Fertige Notizen zur Vorbereitung der Präsentation an.*
Trabaja con las palabras nuevas.	*Arbeite mit dem neuen Wortschatz.*
Transforma las frases.	*Forme die Sätze um.*
Usa el diccionario.	*Benutze das Wörterbuch.*
Utiliza el sistema de apoyo.	*Verwende das Unterstützungssystem.*
Vuelve a leer los textos.	*Lies die Texte erneut durch.*

Expresiones útiles para la comunicación en clase • *nützliche Wendungen für die Kommunikation im Unterricht*

¿Puede(s) repetirlo, por favor?	*Könnten Sie/Könntest du das bitte wiederholen?*
¿Puedes hablar más alto, por favor?	*Könntest du bitte lauter sprechen?*
¿Puedes hablar más despacio, por favor?	*Könntest du bitte langsamer sprechen?*
¿Cómo? ¿Qué? ¿Qué dices?	*Wie bitte? Was? Was sagst du?*
¿Sigo? ¿Seguimos?	*Soll ich/Sollen wir weitermachen?*

Pedir y dar explicaciones	***Erklärungen erbitten und geben***
Perdón. No comprendo..., ¿puede(s) explicar... otra vez, por favor?	*Entschuldigung, ich verstehe ... nicht. Könnten Sie/könntest du es bitte noch einmal erklären?*
Tengo una pregunta...	*Ich habe eine Frage.*
¿Qué significa...?	*Was bedeutet ...?*
¿Sabes cómo se dice... en español / en alemán?	*Weißt du, was ... auf Spanisch/auf Deutsch heißt?*
–Creo que se dice...	*–Ich glaube, es heißt ...*
¿Cómo se pronuncia?	*Wie spricht man das aus?*
¿Y cómo se pronuncia la "g" cuando va con "e"...?	*Wie spricht man das „g" vor einem „e" aus?*
¿Cómo se escribe "Valencia", con "b" o con "v"?	*Wie schreibt man Valencia, mit „b" oder mit „v"?*
¿Lo puedes deletrear?	*Kannst du es buchstabieren?*
¿Tiene tilde?	*Schreibt man es mit Akzent?*
¿Puede(s) escribir la palabra... en la pizarra, por favor?	*Könnten Sie/Könntest du das Wort bitte an die Tafel schreiben?*
¿En qué página está?	*Auf welcher Seite steht das?*

Cooperación	***Zusammenarbeit***
¿Quieres hacer esta actividad conmigo?	*Willst du diese Übung mit mir machen?*
¿Tienes un boli? ¿Me lo dejas?	*Hast du einen Kugelschreiber? Leihst du ihn mir?*
¿Me dejas un bolígrafo, un lápiz, una goma de borrar, un rotulador, un marcador, una hoja...?	*Leihst du mir einen Kugelschreiber, einen Bleistift, einen Radiergummi, einen Filzstift, einen Textmarker, ein Blatt ...?*
¿Me puedes ayudar con esto?	*Kannst du mir hierbei helfen?*
¿Sabes qué significa?	*Weißt du, was es bedeutet?*
–Creo que esta palabra significa... Lo sé porque es parecida al inglés / francés / latín...	*–Ich glaube, das Wort bedeutet ... Ich weiß es, weil es auf Englisch/Französisch/Latein ... ähnlich ist.*
–No, no lo sé, pero puedo buscarlo en el diccionario.	*–Nein, weiß ich nicht, aber ich kann es im Wörterbuch nachschlagen.*
¿Me pasas el diccionario?	*Reichst du mir das Wörterbuch?*
¿Tienes un diccionario?, quiero buscar una palabra.	*Hast du ein Wörterbuch? Ich möchte ein Wort nachschlagen.*
Date prisa, casi no queda tiempo.	*Beeil dich. Die Zeit ist fast um.*
¿Me puedes ayudar hoy con los deberes?	*Kannst du mir heute bei den Hausaufgaben helfen?*

Abreviaturas • *Abkürzungen*

cf.	compárese	*vergleiche*
etc.	etcétera	*usw.*
f / fem.	femenino	*Femininum (weiblich)*
m / masc.	masculino	*Maskulinum (männlich)*
p. ej.	por ejemplo	*zum Beispiel*
pl.	plural	*Plural*
ps. / Ps.	persona	*Person*
sg.	singular	*Singular*
v	véase	*siehe*
vs	versus	*versus*

Puntuación • *Zeichensetzung*

C/	calle
/	barra
@	arroba
_	guión bajo
–	guión
.	punto
:	dos puntos
,	coma
...	puntos suspensivos
"..."	comillas
—	raya
¿...?	signos de interrogación
¡...!	signos de admiración o de exclamación
(...)	el paréntesis / en paréntesis
*	asterisco

Bildquellenverzeichnis

Umschlag: vorne: Birgit Willenbrink, hinten: Gabriele Heufelder; S. 11: o.l.: http://media.photobucket.com/image/cartel%20%252522museo%20de%20arte%20moderno%252522/gelipon/trabajos/cartelMAMFINAL1.png; o.M.: http://turismo.maspalomas.com/descargas/carnaval2011_cartel.jpg; o.r.: http://2.bp.blogspot.com/_e3DnJ3RtWlc/TVGgBHfW7rI/AAAAAAAABaQ/2zbOKN7Zof8/s1600/3_cursoCartelParamoGrande2011.jpg; M.l.: http://www.bibliotecaspublicas.es/doshermanas/imagenes/contenido41540.JPG; M.M.: http://jorgevillanueva.files.wordpress.com/2008/08/cartel-enseprofesionales.jpg; M.r.: http://www.fapar.org/Fiesta_Escuela_Publica_2009/Cartel_Fiesta_2009_aresoluc.jpg; u.l.: http://musicaalaire.lacotorra.org/wp-content/uploads/cartel.jpg; u.M.: http://www.ustea.org/SOCIOPOLITICO/noalaguerra/imagenes/Cartel26enero_DEFINITIVO_A2.jpg; u.r.: http://3.bp.blogspot.com/-spg90dfB_RM/Tdgr87hZXbI/AAAAAAAAAPY/unD6PFhLHuw/s1600/Cartel2011.jpg; S. 16: Günther Einecke; S. 17 o.l. und 19 u.: Christina May; S. 17 o.r. und 20: Esther Fernandez-Valdes, Gijón; S. 17 u.l. und 24 l.: © picture-alliance/dpa; S. 17 u.r und 24 r.: © picture-alliance / empics; S. 18: Günther Einecke; S. 19 o.: © Klaus Eppele – Fotolia.com; S. 21: © imago / United Archives; S. 22: © Monkey Business – Fotolia.com; S. 23: © Joaquín Salvador Lavado (QUINO) De Viaje con Quino – Lumen, 2004; S. 25: von links nach rechts: © picture-alliance/dpa, © picture-alliance / maxppp, ullstein bild – Jürgen Bauer, © picture-alliance/dpa, www.zoonar.de/mandoga; S. 30, 32 u., 33 o. und u., 35, 39: Günther Einecke; S. 34: Europa en movimiento: Viaje a través de Europa, Oficina de Publicaciones Oficiales de las Comunidades Europeas, Luxemburgo, 1996; © CECA-CE-CEEA, Bruselas, Luxemburgo, 1996; S. 36 o.: © Maksim Smasiuk – Fotolia.com; S. 42, 46, 49: Günther Einecke; S. 43 o.l., 44 r., 45 r.: http://www.abrilescuela.com/spanish/index.html; S. 43 u.l. und 47: Björn Boos; S. 44: l.o.: © picture-alliance / augenklick/firo Sportphoto; l.u.: © picture-alliance / Newscom; S. 50 o.: Avenue Images/Index Stock/HIRB; S. 51 (Flagge Brasil): © schneemann – Fotolia.com, (Flagge Irán): © littlebell – Fotolia.com; S. 54 und 58 o.: Björn Boos; S. 55 u. und 59 o.: © picture-alliance / Süddeutsche Zeitung Photo; S. 56: l.: © picture-alliance / Koen Suyk, M.: vario images, r.: © picture-alliance / Süddeutsche Zeitung Photo; S. 57: Günther Einecke; S. 59: r.M.: © picture-alliance / Image Source, r.u.: © picture-alliance / Berliner_Zeitung, l.: © picture-alliance / Diane Auckland/Arcaid; S. 60: © picture-alliance / Aflo; S. 64: http://www.illi-pro.com/vida-diaria-geek/; S. 65 o.l., 66, 67, 68 l. und 69: Günther Einecke; S. 65 o.r. und 71: © Lisa F. Young – Fotolia.com; S. 72: akg-images; S. 78: Günther Einecke; S. 79 o. und 82 u.: http://sp5.fotolog.com/photo/21/9/41/djmriogrande/1260548885821_f.jpg; S. 79 u.r. und 87: Teller/Messer/Gabel: © romvo / Fotolia.com; bocadillo: © Ramon Grosso – Fotolia.com; café: © marlyne – Fotolia.com; bollos: © Nelson Hemández che – Fotolia.com/© Aaron Amat – Fotolia.com/© dulsita – Fotolia.com; churros con chocolate und embutidos: © nito – Fotolia.com; aceite de oliva: © Luis Carlos Jiménez – Fotolia.com; tortilla: © almaestudio – Fotolia.com; leche y galletas: © dulsita – Fotolia.com; tostada: © Alex Bramwell – Fotolia.com; leche con chocolate: © thongsee – Fotolia.com; zumo de naranja: © Alex Bramwell – Fotolia.com; queso: © nito – Fotolia.com; magdalena: © full images – Fotolia.com; S. 80: correr: © picture-alliance / Cultura; chatear: plainpicture/apply pictures; leer: © A1PIX/Your Photo Today; hacer deberes: © Marie Docher; descansar: beyond/Lea Roth; bailar: Sean Sprague/Still Pictures; arreglar la habitación: Bildagentur-online/Begsteiger; Manu Chao (auch S. 84 o.): http://kikv.ru/wp-content/uploads/2007/10/5553_manu_chao_45364.jpg; S. 82 o.: https://www.facebook.com/group.php?gid=48293357898; S. 83 o.: http://rockargento.com/wp-content/uploads/2010/09/c_29770_2004_2871.jpg; S. 83 M.: Matthias Berghahn, Bielefeld; S. 84 M. und u.: Foto 1: © picture-alliance / dpa / dpaweb; Foto 3: © picture-alliance / SCHROEWIG/RD; Fotos 2, 4, 5, 6 und u.r.: © picture-alliance/dpa; S. 88: © romvo / Fotolia.com; S. 92: o.: Birgit Willenbrink, u.: Günther Einecke; S. 93 o.l. und 94 o.l.: http://www.youtube.com/watch?v=4Zy5O-BMwrc; © Turismo Gijón; S. 93 o.r. und 95: Luftbild und Hochhaus: © Google Earth; cancha: Birgit Willenbrink; jamones: Volker Einecke; 3 Fotos: Günther Einecke; S. 93 u.l. und 98: Günther Einecke; S. 93 u.r., 100 und 101: © Succession Picasso / VG Bild-Kunst, Bonn 2011; S. 94 r.: Birgit Willenbrink; S. 96: frutería, restaurante, bar de tapas, parque zoológico, taller: Volker Einecke; Rest: Günther Einecke; S. 97: Birgit Willenbrink; S. 102: Volker Einecke; S. 106, 107, 108, 110, 112, 114, 115 (4 Fotos), 117: Günther Einecke; S. 115 u.: Google; S. 120 und 122 (Fotorahmen): © Dirk Schumann – Fotolia.com; S. 120: o.l.: Caro / Frank Sorge; o.r.: © picture-alliance / dpa; M.l., 121 o.l. und 123: http://www.cabalgatalcala.com/galeria%20fotografica/heraldos%20reales%202011/_MG_6530.jpg; M.M.: http://fiestas.edreams.es/wp-content/uploads/2009/11/carnaval-de-cadiz-420x278.jpg; M.r.: Schapowalow/Oettel; u.l.: © bildstelle / Creaps; u.M.: Blume/blumebild.com; u.r.: © picture-alliance / ZB; S. 121 o.r. und 127 M.: http://2.bp.blogspot.com/_UuscK3ZEfZI/SjbTd0HCc2I/AAAAAAAAAUY/7K6UpokPfws/s400/entierro%5B1%5D.jpg; S. 121 u., 128 und 129: © picsfive – Fotolia.com; S. 122: o.l.: Günther Einecke, o.r.: Tina O., Kronberg; S. 123: ondear: Schapowalow/Mathorn; procesiones: © picture-alliance / ZB; toros: Dana Wilson / Still Pictures; lanzar tomates: Fotex / David S. Henderson; regalo: Mike Schroeder / argus; barrer la calle: © Jochem Wijnands/Lineair; construir figuras: © picture-alliance / dpa; quemar figuras: Xinhua; virgen: © picture-alliance / dpa; unten: http://www.youtube.com/watch?v=du7XeJRzGZU (© Espacio Europa); S. 124: r.o.: http://www.travelnauta.com/wp-content/uploads/2009/08/800px-Tomatina.jpg; r. 2. v.o.: © Jochem Wijnands/Lineair; r. 3. v.o.: Prisma/F1online Bildagentur RM; r. 4. v.o.: Jürgen Richter / LOOK-foto; u.l.: http://www.latomatina.es/home/inicio/?lang=es_ES; S. 126/127: Zeichnung: nii; S. 130: http://www.diariovasco.com/RC/200907/06/Media/sanfermin.jpg; S. 131 o.: © picture-alliance / dpa; S. 134: o.l.: Gabriele Heufelder; o.r.: Günther Einecke; u.: © picture-alliance / Lonely Planet Images; S. 135 o.l. und 136: Günther Einecke; S. 135 o.r. und 139 l.: http://es.wikipedia.org/wiki/Archivo:Rastro_de_Madrid_%28Espa%C3%B1a%29_7.jpg; S. 135 u., 142 und 143: http://www.youtube.com/watch?v=jORjURO5LbE; © Ropa Limpia; S. 137, 138, 139 r. (2 Fotos), 141: Günther Einecke; S. 140: Milena Einecke; S. 146: Foto o.: © picture-alliance / Bildagentur Huber; Foto u. und 150, Nr. 2: © picture-alliance / akg-images / Paul Almasy; Button o.: http://fondodebotella.com/blog/wp-content/uploads/2011/04/Me-Gusta.jpg; Button u.: http://www.nomegusta.com/; S. 147 o.l., 148 o.l. und 150 Nr. 3: http://www.tourist-a.com/Cuatro-Cienegas/cuatro-cienegas.JPG; S. 147 u. und 154 M. und r.: http://www.nomegusta.com/; © Acción contra el hambre; S. 148: r.: http://static.panoramio.com/photos/original/1424772.jpg; u.: http://www.tourist-a.com/pantanos-de-centla/pantanos%20de%20centla.jpg; l.: http://www.tourist-a.com/camecuaro/camecuaro1%20(4).jpg; S. 149: l.: © picture-alliance / Chromorange; M.: © picture-alliance / Bildagentur-online/Exß; r.: © picture-alliance / Paul Mayall; S. 150: Nr. 1: Florian Kopp, Nr. 4: © picture-alliance / Chromorange, Nr. 5: © picture-alliance / Arco Images GmbH; S. 151: M.: © picture-alliance / dpa-infografik; u.: http://josecarbonell.files.wordpress.com/2011/03/agua_ntx.jpg; S. 152: o.: http://www.learner.org/jnorth/images/graphics/mexico/water21.jpg; u.: http://www.learner.org/jnorth/images/graphics/mexico/water18_LG.jpg; S. 153: © picture-alliance / akg-images / Paul Almasy; S. 154 l.: http://www.solerprevencion.com/images/accion%20contra%20el%20hambre.png; S. 160: o. und u.l.: Günther Einecke, u.r.: Birgit Willenbrink; S. 161 o.l. und 162 u.: © picture-alliance/dpa; S. 161 o.r. und 164 o.: Gabriele Heufelder; S. 161 u.r. und 174 u.: © freehandz – Fotolia.com; S. 162 o.: © picture-alliance/dpa; S. 165: playa, Costa, pescado, barcos: Gabriele Heufelder; gaiteros: Birgit Willenbrink; almejas: © irfagu – Fotolia.com; centollo: © Nico – Fotolia.com; pulpo: © Picturefoods.com – Fotolia.com; langosta: © Ray – Fotolia.com; S. 167: l.: © picture-alliance / Lou Avers, M.: © Antonio Alcobendas – Fotolia.com, r.: Gabriele Heufelder; S. 168 (Foto): Gabriele Heufelder; S. 169: Costa del Sol: NPL / Arco Images; rutas ecuestres: vario images; Sierra Nevada: © bkim89 – Fotolia.com; corrida: © picture-alliance/dpa/Heikki Saukkomaa; lince: © picture-alliance / dpa; flamenco: Ingolf Pompe / LOOK-foto; S. 170: l.: © picture-alliance / Markus Bassler / www.bildarchiv; r.: Gabriele Heufelder; S. 171: o.l.: http://www.flickr.com/photos/josepuerta/4158454991/sizes/o/in/photostream/; o.r.: http://perdisionteatro.blogspot.es/img/madrid.jpg; S. 172: Plaza Mayor: Günther Einecke; vida nocturna: Bildagentur-online/TIPS-Images; Velázquez: akg-images / Electa; Aranjuez: © picture-alliance / United Archives/DEA; Alcalá: © tella0303 – Fotolia.com; S. 173: o.: Gabriele Heufelder, u.: Birgit Willenbrink; S. 174: 3 Fotos o.: Günther Einecke; M.: http://www.losviajeros.com/foros.php?t=129548; S. 176: o.: AP Photo / Luis Benavides, u.: © picture-alliance/dpa; S. 177 o. und 178 M.: AP Photo / David J. Phillip; S. 177 u. und 181 o.: http://juanes-fans-austria.npage.de/%C3%9Cber_juanes_und_seine_familie_83277060.html; S. 178: l.: © Richard Corkery/NY Daily News Archive via Getty Images, r.: ddp images / AP; S. 179: © Universal Music; S. 181 u.: WENN Berlin; S. 184: ddp images / AP / Wilfredo Lee; S. 185 u.: http://www.fundacionmisangre.org; S. 186: http://www.edoardochavarin.com/staging/work_sample/31edoardo-chavarin-juanes-yerbatero-f.jpg; S. 187: © picture-alliance/dpa; S. 190 u. und 191 o.: ullstein bild – AISA; S. 191 u.l. und 194, 195, 196, 200: Illustrierte Klassiker Nr. 181: Christoph Kolumbus, Bildschriftenverlag GmbH, Aachen o. J., o. S.; S. 192: l.: AKG, Berlin; Fotos Mitte: Günther Einecke; S. 193: o.: ullstein bild – AISA, u.: akg-images; S. 197 r.: ullstein bild – AISA; S. 199: Biblioteca digital hispanica; S. 201: Günther Einecke; S. 206: o.: http://sp0.fotolog.com/photo/32/36/71/lexxsbd/1279622116268_f.jpg; u. und 208 o.: http://3.bp.blogspot.com/_A75OI-Zfimhs/TEM8sfn8ZKI/AAAAAAAAEwM/h5L8PHB8Tpg/s1600/Carlota+web.PNG; S. 207 o. und 210 o.: Gemma Lienas: El diario azul de Carlota, El Aleph Editores, Barcelona 2006; S. 207 u. und 212: Francesc Sales: Diario de Alberto, Ediciones sm, Madrid 1991; S. 208 und 209 M.: http://fotos.labutaca.net/wp-content/main/2010_06/el-diario-de-carlota11.jpg; S. 209 u.: http://www.formulatv.com/fotos/a/102000/102141/lv7p44beg88mlbzfyt4a92a0d92483e_el-diario-de-carlota.jpg; S. 210 u.: Gemma Lienas, O diario violeta de Carlota, © Editorial Galaxia / Gemma Lienas, El diario rojo de Carlota, © Grupo Planeta / Gemma Lienas, El diario amarillo de Carlota, © Grupo Planeta; S. 216: o.: Günther Einecke; u., 217 u. und 223 o.r.: © picture-alliance/dpa; S. 217 o., 218 und 219: Iris Wülfing; S. 220: l.: http://es.wikipedia.org/wiki/Pueblo_gitano (Archivo: Romowie58.jpf); r.: ullstein bild – Roger Viollet; S. 221: © picture-alliance/dpa; S. 222: M.l. und r.: © picture-alliance/dpa; u.: © picture alliance/Foto Huebner; S. 223: o.l.: http://www.clubatleticodemadrid.com/es/primerequipo/jugadores.asp; u.l. und r.: © picture-alliance/dpa; S. 224: © picture-alliance/Sven Simon; S. 225: Iris Wülfing; S. 226: Günther Einecke; S. 227 o.l. und 230 o.r.: http://elarteporlaarquitectura.wordpress.com/2010/11/14/un-domingo-un-cuadro-felipe-boso/; S. 227 o.r. und 232 M.: Fina Casalderrey: ¡No te cases, papá!, Ediciones sm, Madrid 1997; © Fina Casalderrey; S. 227 u.l. und 235 o.l.: © Kostja – Fotolia.com; S. 227 u.r. und 238: John J. Allen, Patricia S. Finch: Don Quijote en el arte y pensamiento de Occidente, Ediciones Cátedra (Grupo Anaya S.A.), Madrid 2004, p. 213; S. 228: Günther Einecke (4 Fotos), Motten: © Klaus Eppele – Fotolia.com; S. 229: Günther Einecke; S. 230 o.l.: Felipe Boso: Regengedicht, in: Akzente 1970 – 1973, Band V, Verlag Zweitausendeins, Frankfurt/Main 1972, S. 333; S. 232: o.: Gemma Lienas: Callejón sin salida, Oxford University Press España, S.A.; u.: Manuel Valls: ¿Dónde estás, Ahmed?, Grupo Anaya S.A., Madrid 2000; S. 233: Günther Einecke; S. 234: El Mercurio (Chile), Viernes, 24 de marzo de 1989; S. 235: o.M.: © style-photography.de – Fotolia.com; o.r.: © picture-alliance / WILDLIFE; u.: Günther Einecke; S. 236 und 237: Der sinnreiche Junker Don Quixote von der Manche von Miguel de Cervantes, Erstes Buch, Verlag von Dennig, Finck & Co., Pforzheim 1842; S. 239: © picture-alliance / WILDLIFE; S. 240: Matthias Berghahn, Bielefeld; S. 262: © PRILL Mediendesign – Fotolia.com; S. 263: © romvo / Fotolia.com; S. 267: Günther Einecke

Grafiken und Karten S. 14 o., 31, 32 o., 37, 79 u.l., 83 u., 85, 86, 89, 124 o.l., 147 o.r., 148, 152 o.l., 156 o. und M., 163, 164, 168, 171, 185 o., 190 o., 191 u.r., 200 u., 231, 260 u. sowie vorderer und hinterer Vorsatz: Franz-Josef Domke, Hannover; Illustrationen S. 12–14 o., 50 u., 51 o., 113, 122 M., 131 M., 155, 156 u., 198, 235 u., 268 sowie Piktogramme auf S. 5 und in den Randspalten: Reinhild Kassing, Kassel

Der Verlag hat sich in allen Fällen bemüht, den jeweiligen Urheber ausfindig zu machen. Sollte trotz aller entsprechenden Bemühungen ein Irrtum unterlaufen sein, bitten wir darum, sich mit dem Verlag in Verbindung zu setzen, damit eventuelle Korrekturen vorgenommen werden können.